개정 증보판

택견 근현대사

김영만 지음

도서출판 ㈜ 글샘

택견의 연단鍊鍛은 널리 인간을 이롭게
하는 홍익인간弘益人間의 길道이다.
어질고仁, 의롭고義, 예의 바르고禮,
지혜롭고智, 믿음信의 덕德을 본본으로 한다.

추 천 사

"택견 근현대사" 출판을 축하합니다!

나는 1958년 송덕기 선생과 경무대에서 인연을 맺고, 1959년 한국외국어대학교에 택견권법부 창설, 1963년 미국 블랙벨트지에 송덕기 선생을 소개하는 기사를 게재하고, 1971년, 1973년, 1975년, 1979년 그리고 마지막으로 1983년 등 한국 방문 시에는 송덕기 선생을 찾아뵈었습니다.

총재 김수

그 후 송 선생이 세상을 떠나신 후에도 고국을 방문하면 언제나 외국인 제자들을 동행하여 인왕산 황학정 활터를 찾아가는 것을 방문 코스로 하고 있습니다. 이러한 인연으로 나는 남다른 택견에 대한 애정을 품고 있으며, 송덕기 선생의 택견 원형이 온전히 복원하기를 기대합니다.

한국 역사에서 희미한 촛불처럼 사라져가는 우리 조상의 얼이 담긴 민속 문화이자 무예인 택견이 송덕기 선생을 마지막으로 사라질 위기에서 천만다행으로 젊은 세대에서 끈을 놓지 않고 이어준 데 대하여 김영만 택견연구가를 비롯하여 여러 연구가들의 피나는 연구노력에 큰 박수를 보냅니다.

특히 택견은 기록이 극히 미흡한데도 불구하고, 집필자가 불타는 학구열과 집념으로 마치 한 자 한 자를 끌로 파내는 듯 단편의 조각들을 끌어 모아 논문을 내고 다시 취합하여 하나의 책을 만들었으니 그 노력이 가히 상상하기 어렵습니다.

실제 이전의 수많은 관련 학자들이나 연구가들이 소홀히 하여 방기했던 부분에서 택견과 연관을 짓고 이를 다시 유추해서 하나의 볼거리로 연결하는 과정은 놀랍기까지 합니다.

특히 이전에 택견이나 탁견 등 대부분의 학자들이나 연구가들이 알만한 낱말을 중심으로 검색하여 답을 찾아냈던 기존의 틀에서 벗어나 다양한 시각과 수많은 자료 섭렵을 통해 택견의 근현대사로의 접근은 택견에 대한 영역을 넓히는 계기가 되었을 뿐 아니라 후학들에게도 좋은 본보기가 될 것임을 의심치 않습니다.

현재 무형문화재이자 유네스코 인류문화유산인 택견은 여러 사람들이 많은 노력을 하였지만, 전수과정과 문화재 등록과정에 택견 기술이 상당 부분 제거되어 정립됨으로써 아쉬운 감이 없지 않았습니다. 하지만 후학들에 의해 이러한 점이 보완, 개선되어가고 있음에 한층 원형에 가까운 택견이 선보여질 날이 머지않은 듯합니다.

이 책은 택견사의 새로운 지평을 알리는 초석이 될 것입니다. 이를 통해서 택견에 대한 끊임없는 연구와 발전의 계기가 되길 바랍니다.

이 책을 통해 송덕기 선생이 저세상에서 얼마나 기뻐하실까 가히 상상해 봅니다.

자연류 무술 창시자, 김수(Grandmaster Kim Soo)

1972년 7월 서울 무교동 서린호텔에서 송덕기 선생님을 대접하고, 김수 사범은 언제나 존경의 마음으로 한국 방문 시에는 송덕기 선생을 찾아뵙고 인사 올렸다.

추 천 사

무예인류학 박사 박정진

무예를 천시하는 나라가 제대로 국가를 지키고 국민의 안녕을 보장한 경우는 없습니다. 불행하게도 우리나라가 무예를 천시하다가 경술국치庚戌國恥를 맞았고, 일제식민지의 질곡을 겪지 않을 수 없었습니다. 하늘이 한민족을 불쌍히 여겼던지 천행으로 광복을 이루고 오늘에 이르렀지만, 아직도 국가엘리트들은 무예의 호국정신과 상무정신을 하찮게 여기고 당쟁을 거듭하고 있으니 참으로 한심하다고 하지 않을 수 없습니다.

1954년 이승만 대통령은 '당수도唐手道' 시범을 관람한 후 '태껸'으로 오해하는 바람에 태권도의 원류무예가 되어 국가무형문화재가 된 택견의 운명은 결코 사라질 수 없는 우리나라 무예의 운명을 말해주는 것과 함께 참으로 다행스럽다고 하지 않을 수 없습니다. 세계 유일의 무경武經인 『무예도보통지武藝圖譜通志』의 「세계기록유산」 등재와 함께 택견의 무예를 복원할 수 있는 자료가 해마다 확충되는 것은 참으로 택견인의 노고라고 하지 않을 수 없습니다.

오키나와의 맨손무술로 알려진 당수도가 한반도에서 건너간 택견의 동작들을 고스란히 계승하고 있음이 속속 드러나고 있는 요즈음, 『무예도보통지』의 여러 무예와 함께 택견이 동아시아 삼국무예의 중심이었음을 증명하고 있어서 무예인의 자부심을 한껏 북돋우고 있습니다. 결국 『무예도보통지』의 무예, 택견, 수박 등으로 알려진 우리나라의 무예는 하나의 원류를 가졌음을 증명하기에 충분합니다.

세계 최대의 몽골제국을 맞아서 마지막까지 항전을 서슴지 않았던 삼별초의 무인들이 제주도에서 오키나와로 이주하여 당수도가 되었고, 이것이 일제강점기에 역으로 우리나라에 상륙하였음은 옛 고조선과 삼국의 무예가 일본으로 전해지고 일본 무예의 원류가 되었던 역사를 새삼 떠오르게 합니다.

택견에 관한 기존의 자료들이 부족하고, 단편적인 편린들을 재구성하는 수고를 반복하지 않을 수 없는 무예 현실을 극복하고 수십 년 동안 성실한 자세로 수많은 자료를 섭렵한 끝에 김영만 박사는 이번에 『택견 근현대사』를 발간하기에 이르렀습니다.

김 박사는 이 책의 발간을 위해 미국 LA까지 몇 번이나 방문하고 자료를 찾는 수고와 열정을 아끼지 않았습니다. 무예연구가의 한 사람으로서 축하하지 않을 수 없습니다. 이는 한 우물을 판다는 속담을 넘어 '처마의 낙수가 떨어져 댓돌에 구멍을 뚫는다.'는 낙수천석落水穿石의 사례라고 하지 않을 수 없습니다.

택견에 관한 연구서는 대개 자료의 한계로 인해 단체별 동작체계나 비교분석에 머물렀던 수준에 그쳐왔고, 그 이상의 연구 자료는 기대하기 어려웠던 게 사실이었습니다. 그러나 수많은 자료의 섭렵과 더불어 다양한 시각과 부단한 노력은 자료가 거의 고갈되었다고 생각되는 현실에서도 새로운 희망의 불씨를 지폈습니다.

택견을 했던 계층들은 대부분 중인이거나 서리계층이어서 기록문화에서 소외되어 있는데 더구나 조선은 상문경무尙文輕武의 풍조가 극에 다다라 거의 자료가 남아 있지 않습니다. 대한제국에 이은 일제강점기에는 우리 민족문화의 말살 정책으로 인해 실제 택견은 큰 고비를 맞기도 했습니다.

이러한 역사적 배경 가운데서도 조선 말기에 우리나라를 방문했던 외국인들의 기록 중 어느 누구도 택견이라고 알아볼 수 없었던 자료와 그림을 통해서 택견의 모습을 찾아내었고 신문 기사에서 '유술'로 불리었던 기록 중에서도 택견을 발견하는 날카로운 안목을 발휘하였습니다.

아울러 1983년 「중요무형문화재 제76호 택견」 기능보유자로 송덕기(우대)와 신한승(아래대)이 지정되었지만, 문화재 지정과정에서 송덕기 선생 택견의 기술이 배제되고, 신한승의 현대화된 택견이 문화재로 등록되면서 현재에도 끊임없는 원형 논쟁에서 벗어나지 못하고 있는 실정입니다.

다행히 필자는 이 책에서 송덕기 택견의 원형과 택견史의 복원을 하고자, 송덕기에게 택견을 사사한 제자들과 관련된 분들의 구술채록과 현장조사 그리고 새로운 택견의 기록을 찾고자 노력한 흔적들을 볼 수 있습니다. 조선과 현대를 잇는 유일한 택견인 송덕기의 원형 중 편린이나마 세상에 빛을 보게 되었으니 문화유산의 복원이라는 입장에서 쾌거라고 하지 않을 수 없습니다.

또한 현대화되고 경기화된 택견의 모습만이 아닌, 택견의 원형탐구는 택견의 새로운 지평을 열었다고 평가할 만합니다. 대개의 사람들은 택견과 고려의 수박이 상관성이 분명 있다는 생각을 한두 번쯤 했을 것임에도 불구하고 자료의 한계로 더 이상 나아가지 못했습니다. 하지만 일제강점기 이전의 다양한 기록에서 택견이 종합격투기의 기록을 찾아볼 수 있으나 일제강점기에는 발기술로 퇴보되는 침체기도 있었습니다. 이러한 이유로, 현재까지 수박은 손기술, 택견은 발기술로 서로 알려져 있으나 수박이 곧 택견인 것입니다.

김영만 박사가 이번에 출간한 이전의 자료를 뛰어넘는 민족전통무예 택견의 총체적인 연구서인 『택견 근현대사』의 발간을 진심으로 축하합니다.

　전통무예를 사랑하는 마음이 인연이 되어 이번에 추천사를 쓰게 된 것도 예삿일은 아닌 것 같습니다. 무예인의 혼이 하나가 되어 옛 고조선의 영화를 되찾는 역사회복의 길에 동지가 될 것을 기원해봅니다.

2020년 7월 3일

心中 박 정진

추 천 사

역사의 출발점은 정체성을 찾아가는 긴 여정과 같습니다.

택견의 정체성을 찾는 과정은 역사를 찾아가는 기나긴 여정과 같습니다.

『택견 근현대사』의 원고를 보내주면서 추천의 글을 써달라는 부탁을 받고 적잖이 당황했습니다.

총재 임성묵

택견과 무관한 사람이 택견과 관련된 추천사를 쓴다는 것에 많은 심적 부담이 있었지만, 아마도 김영만 박사께선 내가 『무예도보통지』의 무예를 복원하기 위해 다방면으로 연구하고 있는 것을 아시기에 같은 지향 선상에서 추천사를 부탁한 것으로 이해하고 염치불고하고 추천사를 쓰기로 했습니다.

택견은 국가무형문화재와 유네스코 인류무형유산에 등재하면서 한국을 대표하는 무예가 됐습니다. 그러므로 더욱더 택견의 역사를 바르게 찾아 정체성을 세우려는 노력이 더욱 절실합니다.

『택견 근현대사』를 읽으면서 武(무)를 천시한 대가가 무엇이었는지, 많은 아픔을 느꼈습니다. 그와 더불어 택견이 앞으로 가야 할 지향점을 보게 되었습니다.

일제강점기 대한제국 육군무관학교의 해산으로 하와이로 이주할 당시 왕비호위 장교를 맡았던 구한말 군인 광무군들은 과연 무슨 무술을 배웠겠는가? 조선군영에 있었던 18기속에는 권법이 있었습니다.

또한 항일독립 운동가들이 택견을 수련했던 흔적들이 있습니다.

　독립운동을 하면 3대가 거지가 된다는 말처럼 해방 후, 택견은 말 그대로 초라한 흔적만 남겼습니다. 예용해 문화재위원은 문화재 조사 보고서에 『송덕기 씨와 몇몇 택견인들에 의해서 겨우 그 명맥만 유지하여 오던 것』이라 기록했듯이 숨만 간신히 붙어있었습니다. 어디 택견뿐 이겠습니까? 전통무예는 사라지고 여전히 일본무도가 한국무예를 좌우 지하고 있는 실정입니다. 다행히 택견이 문화재로 등록되면서 무예문화의 맥을 잇는 중요한 토대가 마련되어 단절된 무맥을 잇는 전기가 됐습니다.

　그러나 아직도 택견의 역사 정립을 위한 과제가 남아 있습니다. 학계는 택견의 역사를 문헌을 들어 삼국시대로부터 전해진 것으로 보고, 고구려 무용총의 그림과 고려의 手搏(수박)에 대한 기록을 그 근거로 제시하고 있습니다. 택견은 조선 후기까지 백성들의 삶 속에 활발하게 살아 있었음에도 변변한 기록 하나 남겨놓지 않았습니다. 조사 당시 무명이 '택견'인지 '태껸'인지 정하지 못하자, 송덕기 옹은 "택견도 아니고 태껸도 아니며 '탁견'이요, 한자로는 '卓見(탁견)'이로고 쓴다"고 했습니다. 그러던 중 조사관이 해동죽지에서 '托肩戱(탁견희)'라는 詩(시)를 찾게 되면서 '탁견'의 역사적 실체를 확신하게 됩니다.

　무명에 관한 연구가 계속되면서 '手搏(수박)'이 한글 창제와 더불어 언문인 탁견, 덕견, 택견, 태껸 등으로 표기한 것으로 보고 있습니다. 이처럼 무명과 술기에 사용한 용어는 역사와 정체성을 담고 있기 때문에 연구하는 것입니다. 송덕기 옹의 체계는 신한승에 의해 재체계화되어 무형문화재로 등록되었지만, 용어와 술기 체계의 괴리로 인해 택견의 원형복원에 대한 논쟁은 여전히 진행 중입니다.

여기서 간과해선 안 될 것이 있습니다.

송덕기 옹은 "별기군과 별순검이 택견을 했다"라고 진술하고, 실제 1861년 별기군 가운데 무예별감이 존재했습니다. 송덕기 옹의 스승이었던 임호는 어전시위인 이수영과 함께 팔장사에 속한 사람입니다. 우대는 이서가, 아래대는 하급장교 이하 군인들로, 대개 중인이나 군영 소속의 직업 군인들이었습니다. 이들이 『무예도보통지』에 기록된 권법을 익혔다는 것은 자명한 일입니다. 당연히 택견은 종합무예일 수밖에 없습니다. 단지 '手搏(수박)'을 백성들은 '택견'이라 불렀고, 조선의 군영무예인 '拳法(권법)'도 '택견'이라 불렀을 뿐입니다.

택견의 원형을 찾아가다 보면, 택견과 함께 살아온 선조들의 삶과 마주하게 됩니다. 알고 보면 택견은 일개인이 점유하거나 독점할 문화가 아닙니다. 택견은 한국을 대표하는 무예로써 한민족의 정체성이 담긴 한민족 모두의 무예이고 더 나아가 세계인의 문화가 되었습니다.

『택견 근현대사』를 읽으면서 아픈 우리의 역사를 다시금 되새김질하는 계기가 되었습니다. 송덕기 옹이 살아생전 기록으로 남겨놓은 택견 술기의 원형을 복원하고 계승해야 할 가장 큰 책임은 택견인들에게 있지만, 송덕기 옹에게 택견을 가르쳤던 스승 임호와 함께 고군분투했던 무인의 역사를 찾는 것은 전통무예를 지키는 모든 무인들에게도 있습니다. 이렇게 해야만 잃어버린 택견의 역사를 바로 찾을 수 있고, 대한민국 국민들과 세계인들에게 택견의 진면목을 제대로 알리게 되는 것입니다.

『택견 근현대사』를 읽으면서 우리가 택견을 왜 지켜야 하는지, 택견 속에는 어떤 역사가 담겨있는지를 다시금 생각했습니다. 많은 사람들이 이 책을 읽고 무예의 정체성이 얼마나 중요한지, 한번 무예 문화를 잃으면 되찾기가 얼마나 어려운지 함께 고민하는 계기가 되길 바랍니다.

오랜 시간 택견의 역사와 정체성을 찾기 위해 고생하신 김영만 박사님께 추천사를 통해 감사의 말씀을 드리게 돼서 다행입니다.

택견은 민족의 얼이요 혼입니다.

2020. 6. 28.

사단법인 대한본국검예협회 총재 임성묵

조선시대 한양의 성안 모습을 그린 『태평성시도』에 궁술步射, 검교전劍交戰, 곤방棍棒, 기사騎射, 기창騎槍, 마상월도馬上月刀 등을 훈련하며 상무적 기상을 더 높이고 있다. (국립중앙박물관)

개정 증보판에 붙이는 말

　'택견 근현대사'와 관련된 학술지에 게재한 논문에 살을 덧붙여 이 저서를 출간한지 벌써 4년이 흘렀습니다. 그 동안 '택견사'와 관련된 새로운 천착이 빈약한 실정입니다.

　단재 신채호 선생은 '역사를 잊은 민족에게 미래는 없다'고 했듯이 택견의 미래를 위해서 택견사의 역사연구가 요구되는 바입니다. 역사를 정리하는 일은 과거와 현재가 소통하는 길이며, 더 나은 미래로 가는 길입니다. 택견문화는 역사입니다. 그 역사 속에 뿌리는 전통입니다. 그 뿌리가 튼튼해야 역사가 살고 문화가 꽃 피거늘 그 시대 사람들은 그 문화의 꽃을 보고 역사를 뒤돌아봅니다. 전통이란 역사적 생명력을 바탕으로 끊임없이 재탄생해 나가는 것입니다.

백범 김구 선생의 애송시 '夜雪야설'

踏雪野中去답설야중거하야 눈 덮인 들길을 걸어갈 제
不須胡亂行불수호란행하며 행여 그 걸음 아무렇게나 하지 말세라
今日我行跡금일아행적은 오늘 남긴 내 발자국이
遂作後人程수작후인정이니라 마침내 뒷사람의 길이 되리니

　　　　　-이양연 野雲-

　이 저서를 출간한 후 후속연구과정에서 고서古書의 연도표기 오기誤記를 그대로 인용하는 사례를 보면서, 백범 김구 선생의 '야설'을 생각하며 회한하고 반추하며 '개정 증보판'을 출간하게 되었습니다.

이 책을 출간한 후 경향신문(2022) '이기환의 흔적의 역사'에 "일러줄거야. 네 남편에게... 〈청구영언〉의 19금 노래가 보물이 됐네"란 제목 하에 아래 기사를 보게 되었습니다.

김천택의 『청구영언』(1728)이 가집의 전범이었습니다. 그 때문에 이후 타자가 엮은 가집의 책명을 『청구영언』으로 짓는 일이 잦았습니다. 그 중 육당 최남선(1890~1957)이 소장한 『청구영언』이 진짜 김천택 편 『청구영언』으로 소개되었습니다. 책명도 『청구영언』인데다가 김천택 편 『청구영언』의 서문과 발문을 그대로 끌어가 썼기 때문입니다.

하지만 〈육당본〉은 김천택보다 100년 이상 뒤인 19세기에 편찬된 이른바 '유사청구영언'임이 밝혀졌습니다.

북한의 『청구영언』에서 '탁견'을 연구한 리재선, 선희창, 조남훈, 한중모는 '1727년'에 편찬한 것으로 기록하고, 조선대백과사전 등에 '17세기 말~18세기'에 청구영언을 편찬한 것으로 기록하고 있습니다. 그리고 국내 학자도 청구영언은 1728년 편찬하여 김민순의 '탁견'을 기록한 내용으로 보아 1700년 전후시기로 보기도 했습니다.

고서는 필사본과 목판본 등으로 전해지면서 탈자나 오자 등이 발생하는 경향이 있으므로 여러 판본의 교차검증 작업을 통해서 사료로 활용할 필요가 있다.

택견의 기록은 정조 22년 이만영의 『재물보才物譜』(1798)가 최초의 기록으로 전해지고 있으나 그 이전의 기록으로 이운영의 『임천별곡林川別曲』(1780년경), 未詳 『백화당가빅화당가』(1790년경) 그리고 '택견'으로 표기된 최초의 기록인 『국한회어國漢會語』를 증보하였습니다.

아직 택견의 어원에 대해서 명확하게 규명하지 못한 문제가 남아 있으며 탁견, 태껸, 택견 등 다양한 용어로 기록되어 있어 혼란을 주고 있습니다.

용어用語는 시대적 상황과 환경 변화의 흐름에 따라 가변적임이 분명하고 변용 가능성이 없지 않다. 이러한 현상은 분명 어떤 영향에 따른 통시적인 흐름이다.

이 책을 통해 좀 더 원형에 가까운 택견이 있다는데 관심을 가져주시고, 더 많은 연구가나 학자들이 나왔으면 하는 바램을 가져봅니다.

서울대학교 스포츠과학연구소의 박사 후 국내연수 지도교수로 아낌없는 지도편달을 해주신 나영일 교수님께 깊은 감사를 드리며, 그리고 택견의 이론과 실기를 아낌없이 새로운 지식을 사사해주신 고용우 선생님께 깊은 감사의 인사를 올립니다.

택견서적 출판에 남다른 애정을 가진 도서출판 글샘 이기철 대표님께 감사드립니다.

목 차

제1장 서문 ··· 1

제2장 택견사 개론 ··· 17
제1절 수박手搏과 수박희手搏戱를 통해 본 택견의 관계 ············ 19
  1. 들어가기 ·· 21
  2. 수박, 수박희의 민중화 ·· 25
  3. 수박과 수박희의 차이 ··· 38
    1) 『고려사』 - 수박희手搏戱 ··· 38
    2) 『고려사』 - 수박手搏 ·· 40
  4. 수박, 수박희와 택견과의 관계 ·· 46
  5. 맺음말 ·· 51
제2절 전통무예 '탁견' 용어에 관한 연구 ································· 53
  1. 들어가기 ·· 55
  2. 문헌(1778~1964)에 나타난 '탁견 용어'의 담론 ············ 58
    1) 탁견은 일반명사인가? 혹은 고유명사인가? ············ 58
    2) 탁견과 태껸 그리고 택견의 용어에 대한 소론 ········ 71
    3) 탁견의 시대적 변천에 따른 해석의 의미에 대한 소론 77
    4) 탁견의 한문표기와 의미에 대한 소론 ···················· 82
    5) 택견의 '이칭異稱'에 대한 소론 ································ 84
  3. 맺음말 ·· 89
제3절 한국 전통무예의 다면성 ··· 93
  1. 들어가기 ·· 95
  2. 유희로서 무예와 아동대 ··· 99
    1) 아이의 유희로서 무예와 국난國難시 군사 하위조직인 아동대 99
    2) 수박과 택견 그리고 돈내기 ···································· 110
  3. 맺음말 ·· 114

제4절 택견의 수련계층에 관한 연구 ································· 117
　1. 들어가기 ··· 119
　2. 택견 수련자에 관한 담론 ······································· 125
　　1) 석전石戰과 택견 ··· 129
　　2) 몰락한 양반 ·· 133
　　3) 군인과 택견 ·· 135
　　4) 왈자와 택견 ·· 138
　3. 맺음말 ··· 144

제5절 서울의 무형유산 결련結連태껸과 석전石戰의 상관성 연구 ······ 149
　1. 들어가기 ··· 151
　2. 서울의 무형유산 결련태껸과 석전石戰의 상관성 ············ 155
　　1) 서울 결련태껸과 석전의 공시성 ·························· 155
　　2) 서울의 결련태껸과 석전石戰에 참가한 신분과 인물 ··· 158
　　3) 서울의 결련結連태껸과 석전石戰의 편싸움방식 ········· 167
　3. 맺음말 ··· 178

제6절 조선 말기 외국인의 기록을 통해 본 택견 ······················ 183
　1. 들어가기 ··· 185
　2. 택견과 관련된 기록 ··· 188
　3. 격투기와 관련된 기록 ·· 198
　4. 맺음말 ··· 211

제7절 국외 항일 독립운동과 택견과의 관계 ·························· 215
　1. 들어가기 ··· 217
　2. 국외의 항일 독립운동과 택견 ································· 220
　　1) 하와이와 멕시코의 광무군과 택견의 관계 ··············· 220
　　2) 신흥무관학교 교과목의 유술柔術과 택견과의 관계 ····· 229
　3. 맺음말 ··· 236

제8절 택견의 일제강점기 전후의 변천과 독립유공자에 관한 연구 · 241
　1. 들어가며 ··· 243
　2. 항일 독립운동과 택견 ·· 247
　　1) 일제 강점기 민족문화말살정책에 의한 택견의 변천과정 247
　　2) 독립 운동가와 택견과 관계있는 인물 ····················· 259

3) 그 외 독립운동과 관련된 택견의 인물 ······················· 267
  3. 맺음말 ·· 270
제9절 북한의 조선사회과학학술집에 나타난 맨손무술에 관한 연구 273
  1. 들어가기 ·· 275
  2. 북한의 조선사회과학학술집에 나타난 무술련마와 체력 단련
    놀이 ··· 278
    3. 북한의 조선사화과학학술집에 나타난 맨손무예 ········· 284
    1) 북한의 수박과 수박희에 관한 인식 ······················ 284
    2) 북한의 날파람에 관한 인식 ······························ 291
    3) 북한의 태권도에 관한 인식 ······························ 294
    4) 북한의 택견에 관한 인식 ································· 297
  3. 맺음말 ·· 299

제3장 택견 기술의 비교 연구 ································ 301

제1절 택견(태껸) 단체의 품밟기 동선과 용어에 관한 연구 ··········· 303
  1. 들어가기 ·· 305
  2. 품밟기 동선의 원리 비교 ··································· 310
    1) 결련택견협회 ··· 313
    2) 대한택견연맹(現, 대한택견회) ··························· 314
    3) 한국택견협회 ··· 316
    4) 현암위대태껸보존연구회(現, 세계위대태껸연맹) ······· 320
  3. 품밟기 용어의 비교 ·· 327
  4. 맺음말 ·· 330
제2절 택견(태껸) 단체의 품밟기 원리에 관한 연구 ··········· 333
  1. 들어가기 ·· 335
  2. 품밟기 원리의 비교 ·· 338
    1) 결련택견협회 ··· 340
    2) 대한택견연맹(現, 대한택견회) ··························· 343
    3) 한국택견협회 ··· 344
    4) 현암위대태껸보존연구회(現, 세계태껸연맹) ············ 349
  3. 맺음말 ·· 357

제3절 택견의 원형복원을 위한 자세의 원리 분석 ·································· 359
  1. 들어가기 ·································· 361
  2. 택견 자세姿勢의 분석 ·································· 364
    1) 택견 자세의 원리 비교 ·································· 364
    2) 택견의 원형복원을 위한 자세 분석 ·································· 369
  3. 맺음말 ·································· 378

제4절 택견의 원형복원을 위한 손질 분석 ·································· 379
  1. 들어가기 ·································· 381
  2. 송덕기와 신한승의 손질 비교 분석 ·································· 385
    1) 송덕기 택견의 손질 분석 ·································· 385
    2) 신한승 택견의 손질 분석 ·································· 394
  3. 택견 단체의 기본 수련과정의 손질 비교분석 ·································· 402
    1) 택견 단체의 손질 분석 ·································· 402
    2) 택견 단체의 원형복원을 위한 손질 방안 ·································· 405
  4. 맺음말 ·································· 406

제5절 택견의 원형복원을 위한 손질 원리 분석 ·································· 409
  1. 들어가기 ·································· 411
  2. 택견 손질의 원리 분석 ·································· 414
    1) 손질의 보폭步幅과 팔의 각도의 원리 분석 ·································· 414
    2) 손질의 효율성을 위한 짧고 바닥을 끄는 보법 ·································· 415
  3. 손의 모양에 따른 손질의 용도와 원리분석 ·································· 422
    1) 손의 모양과 손질 ·································· 422
    2) 송덕기 손질의 손 모양 ·································· 425
    3) 신한승 손질의 손 모양 ·································· 433
  4. 맺음말 ·································· 436

제1장 서문

유숙의 대쾌도(서울대학교 박물관 소장)
大快圖丙午萬花方暢時節擊壤世人寫於康衢煙月

1846
혜산蕙山 유숙劉淑(1827-1873)의 대쾌도大快圖
(서울대학교 박물관 소장)

씨름과 택견판에 별감(초립과홍의)이 들어서고 있다.
임금을 호위하는 무예별감(武藝別監) 중에서 재주가 뛰어난 호반들이 택견을 수련하였다.

남원고사 南原古詞』에서 남원이 아니라 서울왈자들이 옥에 갇힌 춘향이에게 옥바라지를 한다고 난장 亂場을 벌리면서 그 가운데 택견과 씨름을 하는 대목이 있다. 왈자는 폭력적 성향을 띠고 왈자曰者와 검계劍契는 다른 부류이나 활동공간은 일치한다. 이규상이『장대장전張大將傳』에서 검계가 자신들을 왈자라 칭하며 도박장과 창가에 종적이 두루 미친다. 쓰는 재물은 죄다 사람을 죽이고 빼앗은 것이라 했으며, 유승희는 도당徒黨을 결속하여 칼로 사람을 찌르는 조직으로 폭력적 성향이 짙고 뚜렷한 이념 없이 약탈과 겁탈을 일삼는 단순한 폭력조직으로 파악된다고 하였다. 또 강명관은 군사조직에 가까운 조직과 규율을 갖췄던 검계는 왈자에 포함된 부분집합이라 하였다. 즉 택견을 했던 부류 중에 현대적 표현으로 조직폭력배도 있었고 특히 검계는 살인도 서슴지 않는 가장 폭력성향이 짙은 일종의 조직폭력배도 있었던 것이다.

이런 점과 그간 단편적으로 알려졌던 몇 지식들 예컨대 석전石戰에서 선봉에 서는 매질꾼 등이 택견에 뛰어났지만, 기록에 거의 남지 않은 이유가 양반관료체제 하에서는 입에 담기 힘든 상것으로 치부되었기 때문이다. 이들은 현대에서도 경기가 아닌 전문싸움꾼은 기피되는데 과거 기록문화의 주류인 양반계층에서는 사회의 치부로서 당연히 더욱더 소외시킨 것으로 볼 수 있다.

즉 일반백성들의 다양한 기층문화 중에 하나였지만, 폭력배들의 문화와 공존함으로써 기록하는 사람들의 입장에서는 드러내기 어려운 양가감정兩價感情의 대상이었다. 이러한 경향은 조선에서는 거의 드러나지 않았지만, 세월이 흐르면서 오히려 일제강점기 시절 신문기자들에 의해 단편적으로 언급되기 시작하였다.

이들뿐만이 아니고 육태안이 송덕기로 전해들은 바 있는 신씨(신한승)가 전해준 말에 따르면 구한말까지 전국의 씨름판을 돌며 황소를 타가는 전문씨름꾼들처럼 경찰의 눈을 피해 은밀하게 거액의 돈이 걸린 결련태껸이 벌어졌었고, 패자는 반죽음의 상태에 이르곤 했었다는 내용이나 조선 말 우리나라를 방문했던 수많은 외국인들의 기록에서 사상자가 속출하는 싸움판의 기록은 현재 택견의 모습과는 너무도 달라 많은 의구심을 지니게 한다.

특히 우리는 조선 시대의 엄격한 주자가례朱子家禮나 성리학性理學을 떠올리면서 이런 외국인들의 공통된 기록에 대해 별반 탐탁지 않은 터라 남의 일인 양 별반 관심을 두지 않았다. 하지만 이러한 기록들은 거의 대부분 서울을 중심으로 일어난 사건들이면서 조선을 방문한 외국인들의 생생한 기록으로 봉석棒石을 이용한 석전도 있었지만, 나머지는 난투극亂鬪劇과 투사鬪士 모두 택견으로 행해진 것이었다.

그들 외국인들이 택견이라는 구체적인 표현을 대부분 몰랐을 수도 있겠지만 당시 국내 지식인으로서는 입에 담기 어려운 천박한 대상으로 치부로 경시되었기에 드러내지 않음으로써 그리 표현되었을 것이다.

고려와 조선 초기시기에 수박手搏으로 일컫던 맨손무예가 어느 순간부터 사서에서조차 사라지고 단절된 것으로 여겨졌으나 실상은 서민들의 기층문화로 깊숙이 침투되면서 당시 기록상 주류에서 소외되는 상황에 놓여 기록에 남지 않게 되었다는 사실이다. 이를 반증하듯이 수박이라는 맨손무예 용어가 쓰이다가 사라졌으며 조선 말기에는 '탁견'이라는 언문표기가 등장하게 된다. 이러한 언문표기는 당시 제도권에서 사용되지 않는 용어이며 이후에 같은 맨손무예이면서 평양의 '날파람', 함경도의 '뭉구리'도 순수한 한글표기로서 등장하게 된다. 이 모두 서민의 기층문화에 깊숙이 침투된 요소들이 시대적 상황으로 인해 다시 주목받게 됨으로써 나타난 현상이다.

언문이나 한글표기는 당연히 기록문화의 주류층인 식자층에서 배제되었기에 거의 기록이 남지 않은 것이고 조선 말기나 일제강점기에는 나라의 기반이 흔들리고 조선왕조가 희석되면서 반면에 오히려 서민의 기층문화가 부각되는 계기가 되었다. 자연 기층문화에서 사용되던 언문이나 한글표기가 수면 위로 올라와 그대로 단편적인 기록으로 남게 되었다. 특히 객관적인 시각으로 바라보는 외국인들에 바친 조선의 모습이나 소위 당시로써는 대중매체인 신문 기사는 기층문화에 대해 어느 정도 관심을 드러낼 수밖에 없는 상황이기도 했다.

여기에 언급되지는 않았지만, 대부분의 택견 용어들은 한자표기가 아닌 한글표기이다. 기회가 있다면 현재 알려지지 않은 더 많은 기법 용어들을 소개할 기회가 있으리라 본다.

과거에는 큰 발전이나 변화의 여지가 적어서 시간이 멈춘 듯 혹은 무척 느리게 흐르기도 했지만, 서민들의 기층문화는 더욱 변화의 속도가 늦어 고려나 조선 초기의 수박이 택견으로 이어지는 계기가 되었음을 유추할 수 있다. 실제로 고용우 선생은 과거 옛법을 수박기법이라 하였다.

송덕기가 출연한 KBS(1984) 문화강좌의 '선조의 수련세계'에 서 "중인들이, 깡패들이 했다"라고 언급한 부분에서 소위 깡패들은 왈자나 검계에 해당할 수 있다. 아울러 조선 말기 석전을 위하여 일부 마을에서 전문매질꾼으로 키우는 사람들도 해당할 수 있다.

한편 KBS(1984) 문화강좌 '선조의 수련세계 택견'에서 송덕기는 별기군(1881년에 설치된 신식 군대)과 별순검이 택견을 했다고 했는데 초기 아메리카 한인 이민의 상당수가 해산된 광무군(대한제국군인) 출신들이었다. 그들에게는 군대 생활을 하면서 익힌 남다른 무예 실력이 있었다.

1880년대 구한말 훈련도감訓練都監의 신식군대 별기군의 모습

1977년 취재 당시 99세로 샌프란시스코에서 말년을 보내고 있었던 1세 동포 독립투사 양주은[1] 선생은 일본사람들이 그때 시절에는 원수니까 일본사람과 맞부딪치면 우리나라 사람들이 막 조져댔거든.… 서울에서 군인이었던 사람들이 있었는데 그 사람들이 택견을 하는 거야. 두발로 이마를 차는 것인데 이런 사람들이 일본사람을 치면 한사람이 일본사람 열스물을 쳐.…그래서 일본사람이

1916년경 대한인국민회 본부 앞 지도자들, 왼쪽부터 양주은, 정영도, 백일규, 도산 안창호(민병용, 2015)

한국 사람한테 달려들지를 못했어. 멕시코의 한국인들은 더욱 대담하게 행동해서 멕시코 일본대사를 구타하기도 했다(천문권, 2011.03.08.).

---

[1] 양주은(梁柱殷, 1878~1981)은 1907년 「대동보국회大同報國會」를 발기하고, 「한인국민회」, 「애국단」, 「흥사단」, 「한인교회」 등의 설립에 공이 크신 분이다.

하와이에 살던 이민자들은 당시 조선을 강점한 일본에 대한 거부반응으로 한국을 가고 싶어도 일본 영사관에 가서 수속을 해야 하니까 가지 않고, 일본간장이나 된장이 있어도 맛이 없는 청국(중국) 간장을 사서 먹을 정도여

대한제국 해산군인

서 당시 일본 이민자들에 대해 대신 분풀이를 한 것으로 보인다.

그렇듯 아이에서부터 군인이나 왈자들 등 거의 사회 전반에 걸쳐 상당수가 택견을 익히고 있었다.

현대에서 이런 폭력적인 경향의 택견을 시전하기에는 사회적인 문제가 대두되겠지만 현재 행해지고 있는 택견의 모습과는 너무도 상이하여 택견의 진면목을 가리는 데는 상당한 괴리가 있다.

택견은 이와 같이 폭력적인 성향을 지니고 있어서 군인들과 동시에 싸움패나 매질꾼들이 하는 양면성을 지니고 있었다.

택견은 현대에 알려진 바와 같이 유희성이 짙은 부분과 과거 일부 계층에서 행해졌던 무예성(혹은 폭력성)이라는 양면성을 분명 지니고 있었다.

그래서 이러한 괴리를 좁히기 위해 과거 택견을 했다는 이들을 수소문하고 그들과의 인터뷰를 하고 실기를 배우는 과정에 현재 이루어지고 있는 택견과의 비교를 통해 차이를 재정립하게 되었다. 그 과정에 약간의 단서만 있으면 만나서 배우기를 주저하지 않고 사사받았다.

같은 스승에게서 택견을 배웠지만 각자 배운 사람의 입장에 따라 다소 다른 점들이 없는 것은 아니었지만 큰 틀에서는 확연한 차이를 깨닫지 못했다.

그리고 추적하는 과정에 의외로 송덕기 선생 아래에서 택견을 했던 이들이 적지 않았던 사실을 깨닫게 되었으며 아쉬운 점은 송덕기 선생과는 다른 계통으로 수련한 이들도 있었으나 추적과정에 시기적으로 너무 늦게 세상을 떠난 경우도 없지 않았다.

이 저서는 전편에 택견의 근·현대와 관련된 내용들로 구성하였고, 후편은 택견 기술사적技術史的 입장에서 택견 단체의 기술비교를 통해 현대 과정에 재정립된 택견의 모습과 선행연구에서 도외시 되었던 현 암위대태껸보존연구회(現. 세계태껸연맹)를 비교해서 정리한 논문들이다. 당초 송덕기 선생이 택견을 전수할 때에는 이러한 구분 없이 가르쳤지만 받아들이는 입장에서 자의적 혹은 편의적으로 재해석한 것이다.

「수박과 수박희를 통해 본 택견의 관계」를 맨 처음으로 배치하게 된 것은 역성혁명으로 나라가 바뀌어도 이를 구성하고 있는 백성은 크게 변함이 없으며 백성의 기층문화로서 무예문화 역시 다를 바 없다는 의미에서 서두에 넣게 되었다. 고려高麗는 흔히 상당히 오래전의 시기로 현대와 아주 동떨어진 것으로 생각되기 쉬우나 과거에는 시간이 무척 느리게 흘렀고 특히 기층문화는 별반 크게 달라질 기회도 적었고 수박 역시 마찬가지로 기층문화의 한 축으로 면면히 이어져 오게 되었다. 일례로 씨름이나 활쏘기 등 많은 문화들이 오늘날까지 전해지는 것만 봐도 알 수 있는 것이다. 씨름을 의미하는 용어는 의외로 상당히 많고 근세까지도 다양한 명칭으로 불렸다. 일제강점기 시절의 신문기자들은 씨름이라 하지 않고 모두 각희脚戲로 표기했다. 일단 기사에서는 모두 각희로 쓰고 내용에서는 씨름을 병기했다. 언문표기인 씨름보다는 각희라는 한문표기가 그들의 기사 전달에 더 어울린다는 생각이 아니었나 하는 생각이다. 그렇지만 씨름과 각희를 전혀 다른 종목으로 인식하지 않는다. 수박과 택견과의 관계도 마찬가지이다. 시대적으로 표기만 달랐을 뿐 같은 맨손무예인 것이다.

실제로 무예문화는 일반대중이나 서민층에서 성행하였다. 각 나라의 무예가 형성된 배경에는 특별한 계기가 없는 한 역사나 국민적 기질과 상관관계가 있어서 비록 다른 호칭으로 불려도 큰 틀에서는 달리 취급할 필요가 없다는 생각이다.

그런 점에서 수박이나 수박희 혹은 택견의 근간은 같다는 의미에서 생각이다.

「전통무예 '탁견' 용어에 관한 연구」를 다음에 배치한 것은 사람에 따라서 혹은 시기에 따라 비슷하기는 하지만 몇몇 이름으로 불린 용어가 각기 다른 해석을 지님으로써 생겨나는 혼란을 가라앉히기 위한 개인적인 의도이다.

「한국 전통무예의 다면성 - 조선 아동의 무예에 대한 인식과 격투기를 통한 내기를 중심으로」는 앞의 두 논문과 맥락을 같이하여 일반 백성에게서 행해지던 무예문화가 홀연히 생겨난 것이 아니라 어른들의 문화에서 본 딴 어린아이들의 놀이로 이미 시작되고 있었으며 당시 시대 상황으로는 무예조차 놀이의 일종이었음을 밝히는 것과 그들이 자라 성인이 되었을 때 딱히 사용할 기회가 없는 경우에 일부는 돈내기라는 왜곡된 방향으로도 흘러갔음을 의미하는 것이다.

「택견의 수련 계층에 관한 연구」나 「서울의 무형유산 결련태껸과 석전石戰의 상관성 연구」, 「조선 말기 외국인의 기록을 통해 본 택견」은 실제 택견이 그만큼 일반대중에게 널리 퍼져서 실제로 성행한 사실에 대해 언급했으며 특히 외국인의 기록은 이방인에게까지 노출된 택견의 단편적인 모습을 소개하고자 하였다.

석전石戰과 택견에 관해서는 이미 **「택견의 수련 계층에 관한 연구」** 에서 일부 한 차례 다루었다. 그럼에도 불구하고 **「서울의 무형유산 결련태껸과 석전石戰의 상관성 연구」** 항목을 집어넣은 것은 비록 중복된 부분이 없지 않지만 그만큼 석전에 있어서 택견의 역할이 중요하기 때문이다.

석전은 물론 양반계층이나 포졸들이 전혀 참여하지 않은 것은 아니나 대개 서민층에서 마치 연례행사처럼 이루어지거나 조선 후기에 와서는 이해집단 간에 충돌로 야기되기도 했다. 이는 마치 무지렁이 같은 힘없는 백성들이 석전을 통해 쌓인 한을 푸는 해방구 같은 역할을 했기에 석전에 집착한 부분도 없지 않다. 현대인의 사고로 반상의 차별이 엄격했던 시절에 백성들은 수많은 불합리한 여건 가운데서도 민란이 거의 없었던 것은 바로 석전이라는 연례행사 같은 해방구 때문이 아닌가 하는 생각이다. 아울러 머슴이라도 함부로 대하는 말투가 아니라 보통으로 낮추면서 조금 대접해 주는 뜻을 나타내는 어투로 '자네'나 '하게'등을 사용한 부분도 없지 않은데 양반 가문에서는 자신의 부인에게도 반半 공대 어법을 사용한 점에서도 엿볼 수 있다.

택견은 일제강점기를 맞아 서리를 맞은 풀처럼 시들고 사라진 듯하지만, 택견을 한 이들은 국내에서 혹은 국외에서 항일독립운동을 벌였다는 사실을 적시하고자 **「국외의 항일 독립운동과 택견과의 관계」**, **「택견의 일제강점기 전후의 변천과 독립유공자에 관한 연구」**를 삽입하였으며 전체적으로 미진한 부분은 수정을 가하였다.

특히 조선 말기에서 일제강점기에 주로 신문 기사에 수록된 '유술

柔術'이라는 용어는 우리가 흔히 아는 일본의 무술이 아니라 언문표기여서 입에 담기를 꺼렸던 식자층에서 씨름을 각희로 표기했듯이 택견이라는 용어 대신 적극적으로 사용했던 표현으로서 당시로써는 서구 문물을 일찍 받아들인 일본에서 주로 사용되는 유술이라는 표현을 도입한 것으로 보인다. 가장 적극적으로 사용한 이는 당대의 엘리트였던 신문기자들이었다. 당시 일본에서는 유술이라는 이름 안에 170여 개의 상당한 유파가 있었으며 야와라[柔] 뿐 아니라 거의 대부분의 무기류 사용을 포함하고 있어서 택견이 쉽게 유술로 표현된 것으로 보인다. 당시는 일본 유술이 국내에 제대로 소개되기 이전 시기였지만 신문기자들에 의해 택견이라는 용어 대신 적극적으로 사용되었다.

「북한의 조선사회과학학술집에 나타난 맨손무술에 관한 연구 - 날파람, 수박, 수박희, 태권도, 택견을 중심으로」는 오랜 기간 동안 장막에 가려져 있던 북한의 맨손무예를 University of California, Los Angeles의 동아시아도서관에 소장한 『조선사회과학학술집』에서 발췌하였다. 이 연구는 내용 가운데 맨손무술인 날파람, 수박, 수박희, 태권도, 택견 등을 기록하고 있는 『조선풍속사 1, 2』, 『조선체육사 1』, 『조선민속놀이편람』, 『우리나라의 민속유산』, 『민속학연구론문집 1, 5』, 『조선민족체육과 민속놀이』 등을 통해 살펴보았다.

이러한 문헌들의 근거자료는 고문헌인 『고려사』, 『경제륙전』, 『오주연문장전산고』, 『청구영언』, 『대동기문』, 『동국여지승람』, 『신동국여지승람』, 『숙종실록』 등을 참고하였다.

남북한은 현재 갈라져 있으나 같은 역사를 공유하고 있기에 전반적으로 크게 차이 나는 부분은 없다. 다만 북측에서는 택견에 대해서도 언급하고 있지만, 날파람에 대해 상당 부분을 할애하고 있다.

백성은 나라를 지탱하는 근간이며 그들이 지닌 문화는 특별한 의미가 있는 것이지만 한 시절 나라가 혼란하여 기강이 무너짐으로 인해 그 근간조차 흔들리고 현대에 이르러 왜곡되어 잘못 알려짐으로 인해 일부 방송 매체에서 희화화되기에 이르렀지만, 현재 드러난 모습이 전부가 아니라는 점을 드러내고자 이 저서를 내놓는다.

다른 한 가지는 이 책 전반에 걸쳐 나오는 택견의 모습은 현대에 알려진 택견과 전혀 다르다는 것이다. 택견을 제대로 배우지 못한 사람들이 단편적인 지식만을 가지고 자의적으로 경기를 시도하면서 계속 보완했기에 생겨난 현상이다. 가장 중요하게 여기는 품밟기만 해도 그렇다. 송덕기 선생은 일 년 이상 품밟기를 시킬 정도로 중요하게 강조했고 '품밟기는 택견의 전부다'라고 하셨지만, 실제 경기에서 익힌 품밟기를 적용하는 경우가 거의 없으며 배운 대로 품을 밟지 않자 규칙으로 아예 강제규정을 두어 상대와 겨룸에 있어 경기 리듬에 맞지 않는 품밟기를 시키고 있다. 품밟기는 경기규칙에 맞도록 밟든가 아니면 잘못된 경기를 치르고 있거나 경기규칙이 잘못된 것이다.

이것은 당수가 발전을 거듭하여 태권도로서 경기종목으로 올림픽 정식종목이 되었지만 배운 품새와 경기태권이 상호 간에 호환성이 떨어져 처음부터 따로 배워야 하는 것과 같다. 현재 경기태권도 발펜싱이라는 비아냥거림을 들을 정도로 무예적 요소를 잊고 지내다가 근래에 와서 충격량으로 승부를 내는 프리미엄 리그 시연회를 시도하고 있다. 올림픽 정식종목으로서 걸맞지 않아 그들 자체 내에서 정화운동이 일어나는 것이라 하겠다.

택견의 품밟기는 건강을 목적으로 하지 않는 이상 경기에 불필요한 동작을 할 것이 아니라 경기에 합당한 품밟기를 해야 한다. 품밟기는 빠른 공격 전개와 효율적인 공격을 위해 '사면 들어가기'나 혹은 땅에 발이 끌리듯(종이 한 장 폭) '반보 잦은걸음'으로 이루어져야 한다.

또 한 가지는 송덕기 선생은 수시로 발질에 있어서 "발을 찬지 모르게 차야 된다"고 하였다. 즉 발길질을 하고 빠르게 회수하라는 의미인데, 방어와 재차공격을 위해서는 발을 차는 것도 중요하지만 빠르게 회수하는 것이 더 중요하다는 것이다. 이는 마치 복싱에서 주먹치기를 하고 빠르게 회수하여 방어와 재차 공격을 하도록 하는 것과 일맥상통한다.

지금의 택견은 어린 시절 아이들의 유희였던 '까기'가 좀 더 세련된 모습이고 경기구조에 애써 맞추려 하다 보니 규칙만 복잡해진 감이 없지 않다.

머리말에서처럼 일제강점기 동아일보의 기사를 보면 권투선수와 맞붙은 소위 이종격투기로서의 택견선수와의 경기가 있을 정도였을 뿐 아니라 당시는 체급별 경기라는 개념이 없었다. 그리고 돈내기에 투입되는 전문 택견인이 있었으며 그 결과는 최소한의 규칙만 적용했기에 상당히 거칠었다고 한다. 이런 중요한 내용들이 실제로 전해지지 않고 입으로만 전해지는 이유는 전수과정에 모두 생략되었기 때문이다. 현재 경기에 뛰는 택견선수들은 일 년 정도만 배우게 되면 더 이상 배울 게 없다. 나머지는 숙달 과정과 경기로서의 경험에 달려있다. 이것은 커리큘럼이 미진할 뿐 아니라 품밟기와 마찬가지로 경기와 괴리가 있는 수련체계 때문이다.

중요무형문화재 제76호 택견기능보유자 송덕기와 신한승(출처: 문화재청)

제2장 택견사 개론

제 2 장

안악 3호분의 수박하는 역사(力士)와 현재 택견의 자세

『무예도보통지』 권법보(拳法譜)의 현각허이세(懸脚虛餌勢)와 택견의 자세

역사는 과거와 현재 그리고 미래와 소통하는 길이다.

택견史를 통시적 관점에서 바라보라.

제1절 수박手搏과 수박희手搏戱를 통해 본 택견의 관계

태껸하는 모습의 토용
(동아일보, 1986 7.30, 서영수 기자)

태껸의 자세를 고용우左에게
지도하는 송덕기右(주부생활, 1985)

⇩

⇩

1. 들어가기

『고려사高麗史』와 『조선왕조실록朝鮮王朝實錄』에 수박手搏과 수박희手搏戱는 혼용되어 쓰이기도 했지만, 엄밀히 말하자면 분명한 차이가 있다. 이 두 용어는 조선조로 넘어오면서 사서에서도 조금씩 혼용하여 쓰이다가 후대에 이르러 용례가 현저히 줄어들면서 차츰 사용하기 편한 음절이 짧은 '수박'이라는 일반명사로 통일하였다.

고구려 고분벽화 수박

수박과 수박희와 관련된 대부분의 연구 자료들은 고구려 고분벽화나 금강역사상 혹은 유관한 자료들을 근거하여 사서의 기록 그 이전에도 행해져 왔음을 언급하고 있는데 기록에는 비록 남아 있지 않으나 충분히 개연성이 있다. 그러나 분명한 사료기록은 『고려사』에서 '무신武臣의 난亂' 단초가 된 인물 가운데, 생몰이 확인되는 이소응(1111-1180)의 기록부터 고려 말기까지 이어져 조선 초기까지 나타나게 된다. 조선 시대의 수박은 『조선왕조실록』에서 1410년 태종 10년부터 1467년 세조 13년까지 57년까지만 관련 기사가 나오고, 그 밖의 자료에서는 1500년을 전후로 기록이 나타나지 않는 시기적으로 매우 제한된 무예로 알려져 있다.

금강역사상

부언하자면, 고려 시대에 무신의 난이 없었다면 고려의 수박과 관련된 기록이 상당 부분 없었을 것이고, 반면에 무신의 난을 통해 이미 훨씬 이전부터 행해져 왔다는 사실을 확인할 수 있다. 조선 시대에 역성혁명으로 인해 군사력을 재정비하기 위한 방편으로 주로 조선 초기의 기록에 남김으로써 알려졌지만, 이는 조선을 세운 역성혁명으로 인해 정권은 바뀌었지만, 백성은 바뀌지 않았으며 그 백성들은 꾸준히 수박을 익히고 있었음을 반증하는 것이다.

이러한 수박은 민중 속으로 스며들면서 기층계급의 중요한 문화중의 하나로 자리매김한 것으로 보인다. 조선 전기까지 사서에 남아 있었던 수박희는 임진왜란을 겪은 후, 관찬자료에는 거의 기록이 나타나지 않는다. 다만 한참 지난 1798년에 편찬된 『재물보才物譜』에 그 용어가 나타난다. 이와 관련해서 수박희가 조선 후기 관찬사서官撰史書에 더 이상 나타나지 않는 것은 정규군 내에 전술운용과 관련이 있지 않은가 하는 의견이 제시되고 있다.

그러나 무엇보다도 조선의 양반관료체계가 확립되면서 맨몸으로 부닥뜨리는 거친 수박이 선군과목으로서 신분상승의 계기가 되는 것을 꺼리는 양반관료들의 부담이 더 큰 것으로 보인다. 그로 인해 수박이라는 표현자체가 기록문화의 주류인 양반관료사회에서 금기시되고 정사의 기록에서 도외시 된 것으로 추측된다.

일례로 숙종 18년(1692) 박천군수를 지냈던 양익명이 숙종 앞에서 맨손으로 돌을 깨고 던지는 돌을 손과 발을 이용해서 받아내는 모습이 『숙종실록』에 실려 있다. 이를 북한학자 리재선(2010), 선희창·조남훈(2010) 등은 수박으로 일컫고 있다. 실제 수박이 아니고서 다른 표현이 있을 수 없다. 그런데도 수박이라는 표현은 눈을 씻고도 찾아볼 수 없으며 단지 '무재武才', '무예'로 표현하고 있다. 당시 분위기로 볼 때 '수박'이라는 용어는 일종의 금기어가 아니었나 싶을 정도이다.

조선 시대의 수박에 대한 기록은 세조 13년(1467년) 이후로는 기록이 보이지 않다가 132년이라는 시간이 지난 후에 '권법拳法'이라는 이름의 기록이 선조 32년 (1599년)부터 보이기 시작한다. 권법에 대한 기록도 정조 14년(1790년)까지인 191년 동안 한정되어 나타난다. 권법조차도 중국군이 기효신서紀效新書에 수록한 것으로 왜노倭奴를 죽이는 것이라 하는데도 적극수용하지 않고 '어린아이

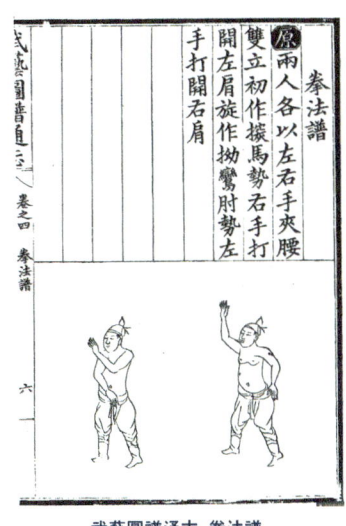

武藝圖譜通志 拳法譜

들로 하여금 이를 배우게 한다면 마을의 아이들이 서로 본받아 연습하여 놀이로 삼을 터이니 뒷날 도움이 될 것'(선조실록 124)이라는 교지를 내리는 수준에 그치고 있어서 별반 각광을 받은 것은 아니었다. 그렇다고 이외의 시기가 전통맨손무예의 단절을 의미하는 것은 아니다. 고려나 조선에서 전국적으로 행하여지던 전통무예이자 기층문화의 속성으로서의 맨손무예가 특별한 계기 없이 하루아침에 실종된다는 것은 상상하기 어렵다.

현대에서는 '총銃'이라는 작고도 효용적인 무기가 있지만 특정집단에서는 맨손무예를 필수적으로 익힌다. 적敵도 같은 조건이기에 아무리 뛰어난 무기를 지니더라도 맨손무예의 기민성은 무기사용의 가능성을 넓혀주거나 때로는 효과적인 공격 혹은 방어수단이 되기 때문이다. 결국 무기를 사용하는 주체는 총이 아니라 인간이므로 어느 시기이든 어떤 무기를 사용하든 맨손무예는 중요한 역할로 맥을 이어왔는

데 가까운 예가 일본에 강제복속 당하고 무기 소지를 금한 '칼 사냥'의 환경 속에서도 오키나와에서 비밀리에 전수되던 당수이다. 실제로 조선에서도 무기 소지를 금하는 법령이 수시로 작동되었기에 현대인들이 호신술을 배우듯 당시에도 마찬가지 분위기였을 것이다.

조선 초기의 일반 백성들의 가장 손쉬운 신분 상승의 방법으로 수박과 수박희를 무재에서 선보임으로써 선군選軍으로 선발되는 것이었다. 이러한 동기부여는 당연히 민중화, 대중화에 기여하였으며 조선의 군역제도가 고려 시대를 바탕으로 국초부터 국민개병제國民皆兵制와 같은 병농일치兵農一致의 원칙하에 이루어졌음과 무관하지 않다. 특히 세조 때 시행된 진관체제는 모든 양인들이 유사시 군인이 되는 제도였으므로 민중화, 대중화를 가속화하였다.

특히 조선 초기에는 맨손무예에 능한 용사가 3만 명에 이르렀다는 흥미로운 기록(『눌재집訥齋集』 卷3)이 있을 정도이다. 이 시기 이후 한동안 사서를 살펴보면 시대는 달라도 신분의 귀천貴賤, 승속僧俗을 막론하고 수박과 수박희를 즐겼다. 또한 수박희나 택견경기를 통해 오랜 세월 동안 돈내기 등에 즐겨 이용될 정도로 대중들의 사랑을 받았다.

이 장은 수박과 수박희에 대한 이해와 나아가 현재 택견과의 관계에 대해서 살펴보고자 문헌 고찰과 구술채록을 하였다. 그리고 수박과 수박희가 어떤 경로를 거쳐 사서에서 사라져 민중의 몫으로 바뀌게 되고, 수박이라는 일반명사로 통일되어 현재의 택견으로 이어지게 되었는지, 더불어 수박, 수박희와 택견과의 관계를 살펴보고자 한다.

2. 수박, 수박희의 민중화

　수박이나 수박희가 사서에서 사라지게 된 가장 큰 원인들은 조선조에 이르러 상문경무尙文輕武 풍조에 있으며 특히 병기의 발달로 병사들의 조련과정에서 등한시하였다.

　심승구는 한국무예는 유학의 영향을 많이 받았는데 유학은 전쟁을 죄악시하며 무기를 흉기로 인식하여 인간의 야만성과 폭력성을 억제하려는 사상이라고 할 수 있다. 그러한 사상은 우리의 국방전략에도 미쳐 '부전이승不戰而勝' 즉 군사적 충돌 대신 외교로 문제를 해결하려는 입장을 갖게 하였다고 한다.

천자총통(임진왜란)

　조선은 전쟁의 대부분이 지극히 방어적 개념이었고 그래서 성城에 의지해서 싸우는 전술이 발달하였다. 전투기술에서도 단병기보다는 직접 부닥치지 않는 장병기를 선호했다. 조선에서 그런 상태의 전투는 활이 대단히 유용했다. 반드시 성에 의지하지 않더라도 멀리서 적을 공격할 수 있는 활은 조선군의 제식무기였다. 그것이 발달한 것이 천자총통을 위시한 화포였다.

　최복규는 통시적 무예사 측면에서 고려 말기 화약 병기가 개발된 이후 장병기長兵器가 중시되면서 비교적 단병기短兵器 무예가 쇠퇴한 것으로 볼 수 있으며 이런 성향은 병법에서 '진법이 우선이고 기예는 차선'이라는 선진후기先陣後技의 관념 때문에 심화하였고 각개 병사의 무예는 경시되었다고 하였다.

실제로 조선에서는 성城에 의지해서 싸우는 방어적 개념에 우선함으로써 많은 경우에 장수는 무관이 아닌 문관이 대장으로 임명되었는데 조선왕조에 있어서 유교의 교육관을 대표하는 육례六藝 즉, 예禮·악樂·사射·어(御, 승마)·서書·수數 가운데 승마와 활쏘기(射)가 포함되어 있었으며 서書·

19세기 기산 김준근 「홍문 쏘는 모양」

수數 등이 포함되어 영민함이나 판단력과 관련이 있어서 문관이 장수로 임명된다고 해서 대규모 전투에서 큰 문제가 될 것은 아니었다. 다만 수성守城이 무너지게 되면 죽음을 겁내지 않고 죽기로 싸워야 하는 것은 필연적이었고 실제 그런 상황이 여러 전투에서 벌어지고 있었다. 그런 이유로 대규모 전투에서는 개인의 역량은 아무래도 한계가 있어서 선진후기의 관념과 상문경무尙文輕武의 풍조 그리고 진관체제鎭管體制에 이어 제승방략체제制勝方略體制 등이 문관을 장수로 임용하는 계기가 되었던 듯하다.

그러나 조선은 필자가 「한국 전통무예에 깃든 정신과 철학」에서 언급하였듯이 전쟁무기를 흉한 것으로 여겼고 전쟁을 극도로 기피하였기에 방어적 전술과 성곽문화가 발달한 것이다.

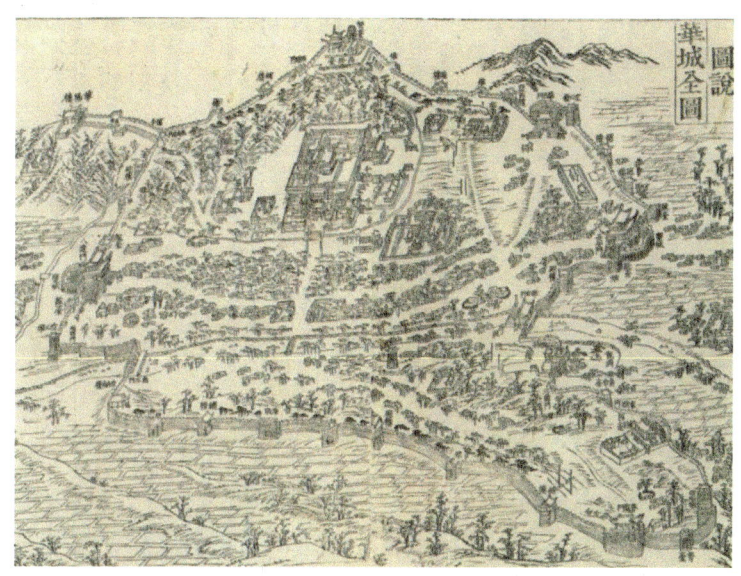

「화성성역의 궤」의 「화성전도」(좌우 합도)

은나라 때부터 흰옷을 즐겨 입은 우리 민족2)은 싸움을 하더라도 코피가 나면 싸움이 멈추는데 누구든 흰옷에 붉은 피가 묻는 것을 극도로 꺼렸기 때문이다.

그러나 무엇보다도 더 큰 계기는 수박이 고려에서 조선으로 이어져 조선 초기에는 상당히 성행하여 수박을 통한 선군과 더불어 신분 상승의 요소 중의 하나가 되었지만, 조선이 국가의 틀을 잡아가게 되면서 점차 배격되게 되었다. 이는 유교적 체계를 갖춘 관료국가로서 주자가례朱子家禮나 삼강오륜三綱五倫에 따르는 일상의 도덕률과 배치되는 것으로써 주먹을 쓰는 거친 수박의 행태를 통한 신분 상승이 양반 관료들의 사고로 용납하기 어려운 점이었다. 중국 명나라의 엄격한 법률사상이라는 대명률을 도입한 조선에서 주먹을 잘 쓰는 무뢰한이 양

---

2) 영조 24년(1748), 통신사通信使 종사관從事官 조명채(曹命采, 1700-1763)의 기록 『봉사일본시문견록奉使日本時聞見錄』건乾에 서기 유후柳逅의 우리나라 풍속 시 가운데, "옷은 은 때의 흰 것이요衣尙殷時白"라는 구절이 나온다.

반이 된다는 사실을 도저히 용납하기 어려운 사회 분위기가 형성된 것이다.

실제로 주먹을 잘 쓰는 이 가운데 잘 알려진 고려의 경주 건달 출신 이의민이 그러하였고, 송덕기 선생의 일부 증언 가운데에서도 '중인들이, 깡패들이 했다.'고 언급하였다. 모두가 그런 것은 아니었지만 별감을 위시해서 왈자놀음을 하는 부류들이나 남의 재물을 뺏기 위해 살인도 서슴지 않는 검계들도 익힌 것이니 패악질이나 하던 부류가 신분 상승이 되고 득세를 하는 것은 있을 수 없는 것이었고 현대의 정서로도 용납이 되지 않는 일이었다. 그래서 이들은 양반관료들로부터 배척당하게 되고 차츰 선군選軍제도에서도 배제되고 도외시 될 수밖에 없었으며 이를 계기로 수박은 서민들의 기층문화나 아동들의 유희로 스며들게 되었다. 특히 예전에는 시간이 멈춘 듯 무척 느리게 흘렀고 특별한 놀이문화가 발달할 여건이 한정적이었기에 특별한 사유가 없는 한 단절될 이유가 없었다. 조선 초기에는 맨손무예에 능한 용사가 3만 명에 이르렀다지만 사회분위기 상 자연스레 도태되면서 수면 아래로 내려가 세월이 흐르면서 기층문화로 남게 되었다.

그러나 『조선왕조실록』을 검색해 보면 용력勇力이나 무재武才가 많이 나오며 특히 선조 시기에는 그 빈도가 무척 잦다. 단지 수박이라는 표현이 아닐 뿐 수박과 관련이 있을 가능성이 높다.

한국에서 무예문화의 대표적인 것으로 씨름이나 활쏘기 그리고 맨손무예인 수박을 들 수 있는데 이중 씨름이나 활쏘기에 관한 유추자료들이 어느 정도 확보되어 있으나 수박은 구체적인 자료가 미흡하여 고구려 벽화3) 정도에서 확인 가능하다. 아울러 수박이나 씨름에 관한 기록도 조선 이전의 『고려사』에서 일부 확인된다. 물론 고려사에서 보

---

3) 안악 3호분(제작년도는 357년으로 추정) 전실 동쪽 벽면에 있는 수박하는 역사力士 그림.

이는 기록은 단편적이지만 주로 어전 여흥행사로 주로 행해졌으며 기록 당시 수박을 한 이들의 출생지를 살펴보면 여러 지역에 골고루 분포되어 있어서 널리 행해졌음을 알 수 있다.

『고려사』는 이후의 왕조인 조선에 이르러 쓰였는데 수박의 기록은 주로 무인의 난과 관련되어 집중되어 있으며 패륜 정치에 황음무도했던 충혜왕이 포함되어 있다. 『고려사』는 물론 여러 근거를 토대로 사실대로 쓰였겠지만, 이 시기 수박을 행한 기록들이 다량 포함된 것으로 미루어 아무래도 조선왕조의 정당성과 함께 이전 왕조를 폄하하려는 의도가 전혀 없지 않다. 이러한 경향은 조선에만 해당하는 것이 아니라 세계 모든 정권에 보편적이고 공통으로 나타나는 특징이다.

그렇다 하더라도 고려 이전부터 상당히 성해온 것은 틀림없다. 후대의 사람들은 기록 문화를 통해 모든 것을 확인하려 하지만 간단한 몇 가지만으로 충분히 유추할 수 있다. 실제 훨씬 이전부터 행해온 수박手搏이 사서史書에 드러나지 않은 것이 수면 위로 드러난 계기가 된 것은 '무신武臣의 난亂' 때문이며 그 이전의 기록이 없다는 것은 별반 기록할 만한 가치의 대상이 아니었다는 것을 추측할 수 있다.

안악 3호분에 나오는 수박도에는 매부리코의 서역인이 포함되어 있다거나 심양 출신의 변안렬이 수박을 했다는 것으로 미루어 훨씬 광범위하게 행해진 것으로 보인다. 뿐만 아니라 대부분의 맨손무예를 수박으로 칭했을 수도 있다.

안악 3호분전실 동쪽 벽면에 있는 수박하는 역사力士

역성혁명을 이룬 조선 초기는 무武에 대한 관심이 급증한 시기로, 성행한 당시의 계층은 주로 사서를 살펴보면 시대는 달라도 신분의 귀천貴賤, 승속僧俗을 막론하고 수박이 성행하였다.

이러한 경향은 두 가지 의미를 내포한다. 역성혁명이 일어나 정권은 바뀌었지만 백성들은 바뀐 게 아니었다는 의미이다. 특히 조선 초기에는 일반 백성들의 가장 손쉬운 신분상승의 방법으로 수박과 수박희를 무재에서 선보임으로써 선군으로 선발되었다. 이러한 동기부여는 당연히 민중화, 대중화에 기여하였다. 역성혁명으로 조선으로 나라는 바뀌었지만 백성은 바뀌지 않았듯이 조선의 백성들은 여전히 수박으로 돈내기를 즐겨하였다.

양반 관료체제의 확립으로 한순간에 칼로 무를 자르듯이 기록 문화에서 사라진 수박은 이미 오래전부터 행해져 온 기층문화로 완전히 스며들게 되었다.

점차 세월이 흐르면서 수박은 서민층으로 파고들게 되면서 후대에 이르러 서울·경기지역에서는 택견으로 불리게 되었고 북한지역에서 평양은 날파름, 함경도는 뭉구리로 불리게 되었다.

그 증거 중에 하나로 수박을 사용한 용례用例는 거의 줄어들었으며 그나마도 수박이나 수박희로 구분되지 않고 일반명사로 한정되어 사용되었다. 전투에서 사용된 경우 금산전투에서 적수박전赤手搏戰, 문집류에서의 도수박전徒手搏戰이 고작이다. 단어 속에 수박은 있으되 맨손으로 싸운다는 의미의 적수+박전, 혹은 도수+박전 이어서 수박으로 언급하기도 애매한 것이다.

수박이라는 용어가 기록에서 거의 사라지고 한참 지날 무렵 이번에는 기층문화에서 부정적인 수박이라는 용어 대신 사용되고 있던 '탁견'이라는 순수 언문으로 된 용어가 자연스레 조금씩 드러나게 되었다.

우리가 잘 알고 있는 몇 안 되는 택견(퇴견, 탁견)과 관련된 기록들은 활자본이 아닌 필사본으로 이루어져 있다. 그 예로 일제강점기 이전의 기록에 이만영李晩永이 편찬한 백과사전류의 책 『재물보才物譜』(1798년, 정조 22) 에서 보이는 "卞 手搏爲卞 角力爲武昔今之 - 탁견"이 수록된 책도 필사본이다. 시조는 중인층이나 서리층의 가객들이 부르던 것으로 자연 언문표기가 많았으며 『재물보』는 대부분 한자표기이나 언문은 극히 소수만 등장한다. 이러한 과정에 『재물보』와 『광재물보廣才物譜』의 이본異本 중에는 필사 과정에 졸교捽挍를 재교梓挍로 오기誤記한 부분이 확인되기도 한다. 그리고 19세기 육당 최남선(1890~1957)이 소장한 육당본六堂本 『청구영언靑丘永言』 김민순(金敏淳, 1776~1859)의 사설시조에 "少年 十五 二十 時에 ᄒ던 일이… 속곰질 쒸움질과 씨름 '탁견' 遊山ᄒ기"라는 대목이 수록되어 있다.

오히려 활자본이 최초로 나온 것은 조선 말기 외국인들에 의해 이루어졌다. 리델Ridel의 주도로 만들어진 『한불ᄌ뎐韓佛字典』(1880)의 '퇵견ᄒ다'에 "상대를 발이나 손으로 가하는 공격을 똑같이 발이나 손으로 막아내는 것으로 이루어진 어린이들 놀이(경기)"와 캐나다인 선교사 제임스 게일(Gale, J. S.)이 『한불ᄌ뎐』과 언더우드(Underwood,H. G.)의 『한영ᄌ뎐』(1890) 등을 참고로 편찬한 『한영ᄌ뎐韓英字典』(1897)의 '퇵견ᄒ다'에 'To strike and kick' 으로, '퇵견'에 'strike and kick'으로 기록하고 있다. 택견은 조선 말기 외국인들의 기록과 근대화 시기 기록이 단편적으로 남아 있어 그 편린이나마 전모를 짐작케 한다.

조선에서는 각 문중에서 개인 문집류까지 목판을 만들어 목판본을 지니는 것이 가문의 자랑거리였다. 그러나 관찬사서는 물론 이들 개인

문집류에서 조차 수박의 용례에 대한 사례는 거의 씻은 듯이 사라져 찾기 힘들 정도이다.

안동 일대의 '유교책판'이 유네스코 세계기록유산 등재를 위한 국내 후보 중 하나로 확정되었는데, 내용은 주로 문집류로서 유학자들에 의해 생산된 기록물로서 과거 이 일대는 생업으로 담배 농사를 주로 해왔던 지역으로 땔감이 없으면 목판을 쪼개 땔감으로 사용하기도 했었다. 당시 그 지역에 살던 이들의 증언에 의하면 향교마다 목판이 가득했던 게 모두 땔감으로 사라졌다고 한다. 이렇게 개인 문집류조차 판본이 존재하던 시기에 필사본으로 그나마도 극히 단편적으로 언급되는 상황은 택견에 대한 당시의 인식을 짐작하게 하는 척도가 된다.

택견은 서민층에서 상당히 성행하였으나 기록문화의 주류인 양반계층에서 천대하여 기록이 거의 전해지지 않으나 오히려 조선 말기에 조선을 방문한 외국인들의 기록에서 여러 차례 나타난다. 그 기록은 프랑스 선교사였던 샤를르 달레(Claude-Charles Dallet, 1829년~1878년)가 1872년 집필한 『한국천주교회사』나 미국인 그리피스William E. Griffis가 영문으로 한국의 역사를 기록, 1882년 출간된 『COREA the HERMIT NATION 朝鮮』, 1900년 러시아 재무성에서 출판한 『한국지』, 1890년 연말 두 번째 조선을 방문한 영국인 새비지 랜도어(Arnold H. Savage-Landor, 1865-1924)는 기이한 여행자요, 탐험가요, 화가였는데 『고요한 아침의 나라 조선』에서 애정 넘치는 시각으로 조선의 여행담을 기록하였다. 여기서는 모두 격투기라는 표현으로 석전과 더불어 이루어지며 상당히 과격했던 것으로 묘사하고 있다. 전문직업 투사들을 양반에 고용되어 대신 싸움을 치르거나 돈을 걸고 치열한 격투를 한 대목들이 언급되어 있다.

허인욱은 고려 시대에 수박을 했다고 기록한 인물로, 이들 중 출생지가 확인 가능한 이의민은 경주, 두경승은 전주 만경, 임견미는 평택, 변안렬은 심양인데 출신 지역이 다르다는 것은 다른 형태의 무예를 배웠을 가능성이 높으며, 만약 이들이 개경에서 성장했다면 같은 형태의 맨손무예를 배웠을 가능성이 높다고 하였는데 당시에는 현대와 같이 맨손무예가 분화되어 있지 않아서 붙잡고 용력을 겨루는 씨름을 제외한 맨손무예는 모두 수박으로 불리었을 가능성이 높다. 이는 고구려 고분벽화에 서역인의 수박하는 모습을 통해서도 유추할 수 있다. 이것은 수박이 그만큼 전국에 걸쳐 민중화, 대중화되었다는 가능성을 배제할 수 없다.

조선 시대는 사회 전반에 걸쳐 유교적 체계를 갖춘 관료국가로써 주자가례朱子家禮는 국민 생활의 기본적인 규범이 되었고 삼강오륜은 일상의 도덕률이 되었다. 사대부들은 육체적인 활동을 배격하고, 유학과 문약에 빠져 무예를 천시하는 경향이 강하였으므로 자연히 무예는 천민들이나 평민들의 재주거리로 전락하게 되었으며 사대부들로부터 배격된 유희와 오락은 귀족들의 관람 대상으로부터 아동이나 서민들의 것이 되었다. 다른 이유 중의 중요한 하나는 유교적 체계를 갖춘 관료국가로서 주자가례나 삼강오륜에 따르는 일상의 도덕률이 주먹을 쓰는 거친 수박의 행태를 통한 신분 상승이 양반 관료들의 사고와 배치되기 어려운 점이었다. 그래서 양반 관료들로부터 배척당하게 되고 도외시 될 수밖에 없었다.

『세조실록』에 또 여러 도의 관찰사에게 치서하기를 여러 고을에 거주하는 사람들 가운데 혹시 달리기를 잘하거나 혹시 힘이 있거나, 혹시 수박을 잘하거나 한 가지 재주라도 취할 만한 것이 있는 자는 양천良賤을 논하지 말고 관에서 양식을 주어서 사람을 임명하여 압송押送하되 삼가 지체시키지 말라(세조실록 43卷 13年 7月 14日 정축) 하였다.

세조 이후 수박을 통해 군사를 충원한 예는 없지만, 『용재총화』 어함종조魚咸從條의 수박기록과 『신증동국여지승람』에서 보이는 여산군 礪山郡 작지鵲旨마을의 수박에 대한 기록은 여전히 민중들에게 유행하였음을 말해준다.

조선 초기의 수박에 대한 기록이 한동안 단절되다가 임진왜란 당시의 전투기록인 『선조수정실록』과 『기재사초』에 나타난다.

이 기록들은 사서에서 그 기록이 단절되었지만, 민중 속에서 살아 남아 꾸준히 그 명맥을 유지하고 있었다는 반증이기도 한데 이는 대부분 전쟁 통에 무기가 떨어져 불가피한 상황에서 나타난 것이다. 『선조수정실록』에 "군위현軍威縣의 교생校生 장사진張士珍이 적을 토벌하다가 패하여 전사하였다.… 화살이 떨어지자 육박전(手搏)을 벌였다. 한쪽 팔이 잘렸는데도 쓰러지지 않고 남은 한쪽 팔로 계속 분격奮擊하였으나 마침내 전사하였다"(宣祖修正 26권, 25년, 1592)는 기사와 조헌(趙憲, 1544~1592)의 금산전투(1592.8.18)에서 의병들이 변변한 무기 없이 농기구나 수박을 통해 백병전(赤手搏戰)을 벌였다는 기사(『寄齋史草』下, 壬辰日錄, 3) 등이 해당한다. 그나마도 기재사초에는 수박手搏이라는 일반적인 표현이 아니라 적수赤手+박전搏戰이라는 의미로 표현되고 있다.

물론 이러한 기사가 과거로부터 전해오던 수박을 의미하는 것인지 아니면 화살이 떨어져 불가분 벌이는 단순한 육박전을 의미하는 것인지는 명료하지 않다. 그러나 왜군을 상대로 전장에 목숨을 걸고 나선 교생이나 의병들이 최소한 당시의 맨손무예인 수박을 수련했을 가능성이 농후하다. 적어도 전쟁을 준비하거나 치르면서 짬짬이 다양한 무예 수련을 게을리 하지 않을 수 없기 때문이다.

이것은 조선의 군역제도가 고려 시대를 바탕으로 국초부터 국민개

병제國民皆兵制와 같은 병농일치兵農一致의 원칙하에 이루어졌음과 무관하지 않다. 특히 세조 때 시행된 진관체제는 모든 양인들이 유사시 군인이 되는 제도였으므로 무예의 대중화에 기여한 바가 역시 크다 하겠다.

민속 문화 가운데 특히 체기體技는 단시간에 만들어져 전승되는 경우는 없다고 해도 과언이 아니다. 역사학자 신채호는 『조선상고사』에서 조선 말기의 "송도수박은 고구려 선배의 유풍이다"하였고, 최남선은 『조선상식문답』에서 "수박은 본래 무예의 하나였으나 지금은 아동의 유희가 되었다"하였으며 『재물보』에 "수박은 탁견과 같다"라고 하였다.

조선 시대의 수박은 임금의 친위무사 뿐만 아니라 일반백성 특히 향리나 중들도 하는 민중무예였다. 『세종실록』에 "미리 장사를 뽑아 모화루 아래 수박희를 시키고 관람하였는데 해연海衍이라는 중이 힘이 세어 여러 사람보다 뛰어나니 명하여 머리를 길러 환속케 하고 목면 1필을 선사하였다(『세종실록』권4 세종 1년(1419) 6月 20日 계사).

이외에도 중과 관련된 기록으로 중 혜명과 해숙이 관련된 사건(『세종실록』권9 세조 3年(1457) 9月 16日 丁丑), 중 처의, 요의 상혜간의 수박희가 관련된 사건(『세종실록』권33 세조 10年(1464) 5月 19日 신미)이 있으며 신분의 귀천, 승속을 막론하고 수박이 성행하였다.

가장 민중화 혹은 대중화의 지표 중에 하나로 수박, 수박희 혹은 택견경기를 통해 이루어지는 도박판 등을 들 수 있다.

『고려사』 형률조에 "박희博戱로써 전물錢物을 내기한 자는 각각 장杖 일백一百이며, 그 유숙시킨 주인 및 범(凡. 내기 돈)을 대고, 모여서 도박을 시킨 자도 또한 장 일백이며"(『고려사』권85 지39 형법2조 금령), 이것은 고려 내에 수박희를 이용한 도박이 널리 행해졌으므로 엄금하는 법 조항이다.

구한말 최영년의 『해동죽지』(1925)에서도 옛 풍속에 이것으로 혹은 원수를 갚기도 하고 혹은 재물과 여자를 내기하여 빼앗는다. 법관으로 부터 금하기 때문에 지금은 없어졌다. 이 놀이의 이름을 '탁견'이라 한다고 기록하고 있다.

'탁견'이란 용어는 이후로 정조 22년 『재물보』(1798)에서 다시 나타나고, 이후 최영년(1856-1935)이 1921년에 지은 『해동죽지海東竹枝』(1925 출판)에서 보이는데 이도 약 120여 년의 시차를 두고 있다. 기록상으로도 시조나 문물제도 등을 기록한 책에서나 단편적으로 겨우 언급될 정도로 하찮게 취급된 것이다. 하지만 기록에서 희소하더라도 단절된 것이 아니라 민중 속에 성행되면서 면면히 이어온 것이다. 단지 민중의 기층문화이었기에 기록이 거의 남아 있지 않았을 뿐이다.

특히 조선 말기의 외국인들의 기록을 보면 석전石戰과 관련된 택견 기록이 어느 정도 남아 있지만, 구체적으로 택견이라는 용어를 적시하고 있지는 않다.

위의 '탁견' 용어는 '수박'이 기록문화의 주류인 식자들에 의해 쓰인 것에 비하면 그 쓰임새가 서민들의 기층문화에서 성행하던 내용을 식자층이나 관련 지식인들이 필사한 것에 불과한 것이다. 유사한 예로서 북한지역에서 사용되었던 평양의 날파름이나 함경도의 몽구리가 같은 경우인데 이들은 그나마도 잊힌 경우이다. 이들도 한글 표기이기에 일제 강점기 시절의 신문 기사에서나 볼 수 있을 뿐 이전의 기록들은 남아 있지 않은 것이다.

그런 점에서 단지 세월의 격차만 있을 뿐이지 수박이나 택견은 서민들에게 있어 기층문화의 중요한 요소로서 같은 맥락을 지닌다고 볼 수 있다.

실제 조선 말기까지 택견이 내기에 성행한 기록들은 여러 곳에서 확인된다.

육태안도 신씨(신한승)가 전해준 말에 따르면 구한말까지 전국의 씨름판을 돌며 황소를 타가는 전문씨름꾼들처럼 경찰의 눈을 피해 은밀하게 거액의 돈이 걸린 결련태껸판이 벌어졌었고, 패자는 반죽음의 상태에 이르곤 했었고 언급하고 있다. 이러한 기록은 1890년 연말 조선을 방문한 영국인 아놀드 새비지 랜도어Arnold H. Savage-Landor (1999)의 기록이나 1900년 러시아 재무성에서 출판한 『한국지』(1984)에서도 확인된다. 이 기록들은 고려에서 구한말까지 이미 택견이 민중화, 대중화가 되어 뿌리 깊게 도박의 한 형태로 자리 잡고 있음을 시사하고 있다. 아울러 고려의 수박희 내기가 조선왕조로 바뀌었다고 같은 백성이 새롭게 시작한 왕조 하에서는 전혀 다른 무예인 택견으로 내기를 한다는 것은 상상하기 어려우므로 수박과 택견이 동일한 무예임을 반증하기도 한다.

3. 수박과 수박희의 차이

수박이 무예라는 것은 주지하고 있는 사실이다. 여기에 희戱라는 접미사를 붙이게 되면 유희화 혹은 경기화 된 무예의 의미를 지니는 것으로 받아들여지고 있다.

명확한 의미의 차이에도 불구하고 고려 시대의 사서에는 두 단어가 혼용되어 사용하는 연구 자료들을 살펴볼 수 있다. 고려 시대의 수박, 수박희에 관한 기록을 나누어 살펴보면 다음과 같다.

1) 『고려사』 - 수박희手搏戱

(1) 무신武臣에게 명하여 오병五兵에게 수박희手搏戱를 하게 하니 이는 대개 무신들이 실망함을 알고 인하여 후하게 대접함으로써 무신들을 위로하고자 함이었다.4)

(2) 1342년 5월 계사癸巳(충혜왕 3년)에 왕이 상춘정에 납시어 수박희를 구경하였다.5)

(3) 1343년 2월 기유己酉에 왕이 동쪽 교외에서 매를 풀어 사냥을 하고 화비궁和妃宮에 돌아와서 수박희를 관람하였다.6)

(4) 1343년 5월 신묘辛卯에 공주가 연경궁으로 옮겼다. 왕이 일한 이들에게 술을 주어 위로하였다. 밤에 각저희角觝戱를 보았다. 6월

---

4) 『고려사』 권128 열전 권41 반역 정중부조
5) 『고려사』 권36 충혜왕 3년 5월조
6) 『고려사』 권36 충혜왕 4년 2월조

병신丙申에 마엄馬巖에 행차하시어 수박희를 관람했다.7)

(5) 변안렬이 대신들이 교외에서 연회를 할 때 박희拍戲를 잘하여 종2품의 판밀직사사가 되었다.8)

6) 수박희로 재물을 내기하는 자는 곤장1백이며 그것을 금지시킨다. 유숙시킨 주인 및 노름 밑천을 대준 자 또한 곤장이 1백이라 하였다.9)

동한東漢의 수박희(중국 하남성 밀현 타호정)

---

7) 『고려사』 권36 충혜왕 4년 5월 6월조
8) 『고려사』 권126 열전39, 변안열조
9) 『고려사』 권39 형법2조

2) 「고려사」 - 수박手搏

(1) 처음 공학군에 들었을 때 수박하는 이가 있어 경승을 불러 한패로 삼으니 그 외숙外叔 상장군 문유보가 이 말을 듣고 말하기를 "수박은 천한 기예다 장사가 할 바 못 된다"고 하니 (두)경승이 드디어 나아가지 않았다.10)

(2) 한뢰는 무신武臣이 임금의 총寵을 입을까 두려워서 드디어 시기하는 마음을 품었다. 대장군인 이소응은 비록 무인이기는 하지만 바짝 마르고 힘도 없었다. 어느 한 무인과 수박을 하여 이기지 못하고 도망치므로 한뢰가 급히 앞으로 나아가 이소응의 뺨을 쳐서 계단 아래로 밀어제치니 왕과 여러 신하들이 손뼉을 치며 크게 웃었다.11)

(3) 이의민李義旼은 수박手搏을 잘하였다. 의종毅宗이 아껴서 대정隊正을 삼았다가 별장別將으로 승진시켰다.12)

(4) 의민이 의종의 등뼈를 꺾으니 손이 움직임에 따라 소리를 지르는지라 문득 크게 웃었다.13)

(5) 최충헌이 손님을 초청하여 중방의 힘센 자들로 하여금 수박을 시켜 이긴 자에게는 즉시 교위나 대정의 벼슬을 상으로 주었다.14)

---

10) 『고려사』 권100 별전 권13 두경승조
11) 『고려사』 권128 열전 권41 반역 정중부조
12) 『고려사』 권128 반역2 이의민조
13) 『고려사』 권128 반역2 이의민조
14) 『고려사』 권129 열전42, 최충헌조

위와 같이 구분한 결과, 용례의 분명한 차이가 드러난다.

의종 시절, 무신의 난이 촉발되었던 시기를 기록한 정중부조(『고려사』, 권128 열전 권41)에서만 오병수박희로 기록되어있다. 그리고 한뢰와 이소응 간에 벌어졌던 수박이 혼용되어 쓰이고 있다. 사관의 입장에서 무신들을 달래고 여흥을 즐기기 위해 의종이 오병수박희를 명하였는데, 과도한 결과를 초래하였을 뿐 아니라 결과적으로 무신의 난의 단초가 되어 수박희가 아닌 한뢰와 이소응 간에 벌어진 일을 수박으로 표기한 것이다. 황음무도한데다가 패륜정치를 했던 충혜왕의 여흥행사에서는 대부분 수박희로 기록되어 있다.

수박이 나오는 사료의 표현에 대해 고려사를 쓴 조선조 세종 당시의 학자들이 지니는 역사관에 가운데 조선 건국을 합리화하려는 시도로써 특히 무신정권을 부정적으로 쓰고 있으며 무인을 천하게 바라보는 시각이 있었다.15) 그런 점에서는 충혜왕 시기에 상술했던 수박희도 마찬가지이다.

따라서 무신의 난과 결부된 무인들의 기록에는 대부분 수박이라는 표현을 쓰고 있다. 반면에 수박희에 관한 기록들은 대부분 궁외에서 벌어진 어전 여흥행사나 유희적, 경기적 의미를 지니는 희戲라는 낱말에 부합되는 분위기에 쓰였다.

여기서 수박이라는 무예로서의 기능과 유희, 혹은 경기로서의 수박희의 중층구조를 동시에 지니고 있음을 알 수 있다.

북한학자 조희승은 중세조선의 권법에서 다음과 같이 언급하고 있다.

---

15) 박종기는 조선 초기 역사가들은 무인정권 이후 사회를 문란한 사회로 서술하면서 그것을 극복한 새로운 왕조의 건국을 합리화하고자 했다고 하였다.

고려시기에 들어와서 조선의 권법은 처음으로 '수박'이라고 부르게 되었다. 고려 수박을 논하기에 앞서 『고려사』와 『고려사절요』에 나오는 '수박희'라는 말을 어떻게 이해할 것인가 하는 문제가 제기된다. 『고려사』에는 수박희 외에도 농창희, 격구희, 각저희 등과 같이 '희'(놀음 희)자를 체육종목과 함께 많이 쓰고 있다. 그러면 고려 사람들이 어째서 '희'자를 함께 썼겠는가? 그것은 15세기 역사기록에 고려에서는 '일상적인 유희를 두고 싸움을 익힌 것' 『세종실록』(7년 4월 무오)이라고 쓴 데서도 잘 알 수 있는 것처럼 고려 사람들에게 있어서는 놀음이자 곧 싸움 연습이었던 것이다. 그리고 '희'라는 글자에는 원래 재주를 겨룬다는 뜻도 있다. 따라서 '수박희'는 '수박경기'라고 해석할 수 있으며, 그렇게 해석해야 해당 기록을 정확히 이해할 수 있을 것이다.

『고려사』에서 이의민이 주먹으로 서까래를 치며 자랑하자 두경승이 주먹이 벽에 파묻힐 정도의 타격을 하는 장면은 사람을 살상하는 살인적 수박기법이다. 하지만 주먹질은 인류의 본능적인 공격기술로, 특별히 수박에서만 사용되는 무예기법만은 아니다.

발길질은 동선이 크고 무게중심이 높아 타격력은 크지만, 실전에서 효과적인 공격을 위해서는 상당한 숙련과 경험이 필요하다.

반면에 손질은 동선이 짧고 정확한 공격에 유리하므로 효과적인 공격이 수월하다. 현재 경기화 된 택견경기의 안전성을 고려하여 위험한 손질이 배제되고 발질만 허용되고 있다. 그렇지만 택견에는 다양하고도 위력적인 손기술이 전해지고 있다.

이와 관련된 자료들로 박종관의 『전통무술 택견』(1983), 이용복의 『택견』(2002), 김정윤의 『태견』(2002), 정경화의 『택견원론』(2005), 도기현의 『우리무예 택견』(2007), 고용우16)의 현암위대태견보존연구회(現. 세계위대태견연맹) 등의 택견관련 서적이나 인터넷 자료들에서 소개하고 있다.

「주부생활」(1985년 9월호) 삼국시대에서 돌아온 사람
송덕기(右)와 고용우(左)

이러한 살인적인 기술이 어전 여흥행사에서 펼쳐진다는 것은 상상하기 어려웠을 것이다.

『조선왕조실록』의 수박이나 수박희 관련 기록은 선행연구자들의 인용문을 비교, 확인한 결과 총 17차례가 인용되었으며 이들도 대부분 조선 초기에만 집중적으로 보인다.

---

16) 고용우(1952.1.13일생, 미국 로스앤젤레스 거주)는 송덕기로부터 1969년 늦가을부터 1985년까지 택견의 실전기술을 사사하였으며, 특히 1983년부터 2년간 이준서(前, 송덕기의 윗대택견 국가전수장학생)와 함께 송덕기로부터 사사를 받았다(現 세계위대태견연맹). 또한 김정윤은 『태견』(2003)에서 송덕기가 가장 태견을 마음에 들게 한다고 표현하고 있다. 그리고 당시의 수련 내용 등을 노트에 기록하여 정리하였다.

이를 요약해서 정리를 해 보면 다음과 같다.

[표 1] 『조선왕조실록』 - 수박手搏

시　　　　　기	용례	표기	비고
태종실록 권32 태종 16年(1416) 7月 18日 丁未	어전행사	手搏	일반명사
태종실록 권32 태종 16年(1416) 8月 17日 丙午	선군	手搏	일반명사
세종실록 권4 세종 1年(1419) 7月 1日 甲辰	어전행사	手搏	일반명사
세종실록 권51 세종 13年(1431) 3月 28日 壬辰	어전행사	手搏	일반명사2)
세종실록 권102 세종 25年(1443) 11月 2日 癸丑	선군	手搏	일반명사2)
세조실록 권9 세조 3年(1457) 9月 16日 丁丑	장계	手搏	일반명사1)
세조실록 권43 세조 13年(1467) 7月 14日 丁丑	선군	手搏	일반명사2)

1) 수박희와 같이 쓰임. 2) 수박 이외 다른 무예와 같이 쓰인 일반명사.

[표 2] 『조선왕조실록』 - 수박희手搏戲

시　　　　　기	용례	표기
태종실록 권19 太宗 10年(1410) 1月 20日 戊子	선군	手搏戲
태종실록 권21 太宗 11年(1411) 6月 10日 己亥	선군	手搏戲
태종실록 권32 太宗 16年(1416) 7月 1日 庚寅	어전행사	手搏戲
태종실록 권34 太宗 17年(1417) 7月 1日 甲寅	어전행사	手搏戲
세종실록 권4 世宗 1年(1419) 6月 20日 癸巳	어전행사	手搏戲
세종실록 권12 世宗 3年(1421) 5月 8日 己卯	어전행사	手搏戲
단종실록 권14 端宗 3年(1455) 9月 29日 戊申	어전행사	手搏戲
세조실록 권49 世祖 3年(1457) 9月 16日 丁丑	장계	手搏戲
세조실록 권417 世祖 5年(1459) 9月 29日 戊申	어전행사	手搏戲
세조실록 권433 世祖 10年(1464) 5月 19日 辛未	장계	手搏戲

[표 3] 기타 자료 - 일반명사로 쓰임

시 기	용 례	표 기
용재총화 권6 어함종 조	남의 닭을 빼앗고 수박을 일삼았다.	手搏
기재사초, 下, 임진일록, 3	조헌趙憲의 금산전투(1592. 8. 18), 맨손으로 치며 싸우는 육박전(赤手搏戰)을 하는데	手搏
신증동국여지승람 여산군 산천 조	양도 전라도, 충청도 백성들이 모여 수박으로 승부를 겨룬다.	手搏
무예도보통지 권4 권법 조	주註에 수박手搏을 변卞이라 한다.	手搏
재물보 권6 기예 조	수박手搏을 변卞이라 하고	手搏

　이상의 내용을 토대로 살펴보면, 수박은 사람을 살상할 수도 있는 실전무예기능을 지녔고 수박희는 경기적·유희적 성격을 지녔던 것으로 보인다. 조선 시대에 사용한 수박과 수박희의 기록을 분석해보면 초기에는 고려의 영향이 남아 있어 어전행사나 선군選軍에 '수박희'가 쓰이고 있으나 후대로 내려오면서 점점 수박이라는 일반명사로 변하고 있다. 초기에 어전행사 쓰인 '수박'도 모두 수박희와 병행해서 쓰이거나 일반명사를 지칭하고 있다. 이것은 수박과 수박희가 민중에 보급되면서 점차 음절이 짧은 '수박'이라는 일반명사로 통일된 것으로 보인다. 실제로 수박이 특정한 무술을 가리키는 고유명사가 아니라 맨손무예를 의미하는 일반명사라는 견해에 많은 사람들이 동조하고 있다.

4. 수박, 수박희와 택견과의 관계

현재의 택견 경기는 수박희가 발전된 형태로 볼 수 있다. 그 이유는 옛 문헌들이 수박희와 택견이 동일한 무예임을 입증하고 있기 때문이다.

수박, 수박희가 택견과 동일한 것으로 기록한 연구를 살펴보면,

1968년 11월 6일 자로 국제태권도연맹 사무총장 허헌정許憲政의 명의로 태권도를 무형문화재로 지정해 달라는 신청서가 문화공보부 장관에게 접수되었다. 이것을 계기로 문화재관리국에서 우리나라의 고유무예를 조사하게 되었고, 1973년 4월 23일 문화재위원 예용해芮庸海가 제출한 『무형문화재 조사보고서』17) 제102호 「택견」의 3장에 택견 문헌자료로 『고려사』, 『조선왕조실록』, 『무예도보통지』 그리고 『조선

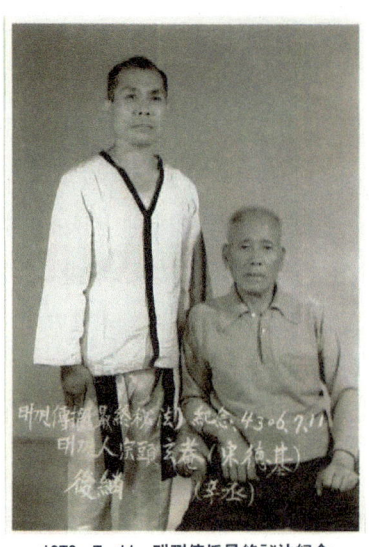

1973. 7. 11. 택견傳授最終祕法紀念
택견人宗頭 玄庵 宋德基와 後紐 辛丞

상식』에 '李朝角力'과 수박手搏, 권법의 기사 내용과 4장에 송덕기의 택견 조사 자료를 같이 첨부하고 있다.

한편 1982년 7월 임동권의 제2차 「중요무형문화재 택견 조사보고서」 제146호에서도 『고려사』, 『조선왕조실록』, 『동국여지승람』 그리고

---

17) 문화재관리국(1973). 「無形文化財調査報告書」 14집(97호~109호).

최영년의 『해동죽지』 등을 열거하면서 수박 혹은 수박희를 택견과 동일한 것으로 단정하고 있다.

택견을 지칭하는 한글 용어가 최초로 등장한 것은 조선조 후기로 수박이 맨손무예를 지칭하는 일반명사로 쓰였으며 이성지의 『재물보』에 "변 수박을 변이라 하고 각력을 무라 하는데 지금의 탁견이다."(卞 手搏爲卞 角力爲武 若今之 탁견)이라는 표현에 대해 택견(탁견)이 맨손무예를 총체적으로 일컫는 우리말이자 일반명사라는 견해는 수박이 일반명사화 된 사례와 같은 경우이다.

안자산도 『조선무사영웅전』의 「무예고」에서 "근래 청년들이 씨름보다 소이小異한 박희博戱를 행함이 있던 바, 소위 '택견'이라 하는 것이 그 종류이다. 이것이 근일에 와서 퇴보한 형지形止에 이르렀으나 고려 때에는 크게 발달하여 매년 5월에 연중행사로서 대시합을 행하였던 것이다"라고 하였으며, 수박희와 택견을 동일한 기예인 것으로 보고 있다.

임동권·정형호는 우리 고유의 권법인 택견이 이미 고구려의 고분벽화에 그려져 있다. 이것은 고려 시대에는 수박手搏, 또는 수박희手搏 戱라고 지칭되었다. 또한 『고려사』에 기록된 수박, 또는 수박희는 택견에 해당한다고 확언하였다.

그리고 고용우의 인터뷰(미국 로스앤젤레스 커피숍, 2013.2.10)에서 고용우가 "송덕기에게 태껸의 다른 말이 있냐"고 질문한 결과 다음과 같이 진술하였다.

할아버지, 태껸의 다른 말이 있습니까?라고 질문하니까, 조금의 망설임도 없이 '박양박수', '박양서각'이라고 하지, 말했어요. 박양박수는 손을 쓰는 기술을 의미하고 박양서각은 다리를 쓰는 것으로 이야기했어요. 그러니까, 수박과 태껸이 같다는 의미예요. 그리고 할아버지는 '택견'이나 '탁견'이라고 하지 않고 '태껸'이라고 했어요.

위의 진술 내용에서 박양박수는 손을 사용하여 서로 겨루는 수박을 의미하고, 박양서각은 다리를 이용하여 겨루는 것으로 매우 의미 있는 내용으로 해석된다. 고용우는 현재까지 가장 오랜 기간 송덕기로부터 택견을 사사한 사람으로서 택견의 인물사에 있어서 매우 중요한 인물로 등장하였다.

송덕기左 선생과 고용우右

물론 택견이 서울·경기지역에 한정되어 사용된 용어이며 이외 지방에서 유사체기들이 확인되지만 적어도 주류문화권에서 행해진 맨손무예의 대명사로서 설혹 다소의 분화·발전과정을 거쳤다고 가정하더라도 기층문화로서 핵심은 고스란히 녹아있을 것으로 판단된다.

무엇보다도 고려나 조선은 변화나 발전의 여지가 극히 적었으므로 무척 시간이 느리게 간 것으로 추정되는데 기층문화로 안착한 수박은 특히 크게 변화의 여지없이 지속하였을 것이다. 다만 양반 관료사회에서 꺼리게 되어 기록 문화에서 배제됨으로써 그 흔적이 완전히 사라진 것처럼 보이게 되나 세월이 제법 흐르고 난 후에는 오히려 서민들의 기층문화를 중심으로 드러나게 되면서 언문으로 '탁견'으로 불리던 용어가 일부 식자들에 의해 부상하게 되었다. '탁견'이라는 언문표기 자체도 식자층에서 사용을 꺼렸기에 극히 제한된 상황에서 사용되었을 뿐 아니라 소수의 필사본에서 확인된 것들이다. 실제로 송덕기 선생으로부터 직접 택견을 배운 이들을 통해서 들어 보면 택견의 용어가 대부분 당시로써는 언문표기임을 알 수 있다. 오히려 활자본으로 알려진 것은 조선 말기에 조선을 방문한 외국인들의 기록이라 할 수 있다.

송덕기 선생으로부터 가장 오래 택견을 배운 고용우의 의견을 들어보자.

송덕기 선생左과 고용우 선생右

고용우는 인터뷰(2016.1.13, 로스앤젤레스 커피숍)에서 '옛법'에 대해서 다음과 같이 진술하였다.

옛날부터 내려오는 기법을 '옛법'이라고 해요. 할아버지(송덕기 선생)는 어쩌다 한 번씩 말씀을 하시는데 옛법이라고 했는데 임호 선생에게 옛법이라는 얘기는 들었을 거예요. 그 이전에 태껸의 모체된 근본 기술이 있을 것이 아니냐고, 나는 수박으로 보거든요. 수박이랑 태껸이 다른 기술이라고 보지 않거든요. 옛날의 모체 되는 기술이 옛법이라고 봐야 되지 않는가 위험한 기술이나 살상기술만 아니고 옛날에 형태로 있었던 것… 품밟기라든가 옛법과 태껸을 구분해서 보면 안 돼요. 처음에 품밟기 배우고 손으로 치고 발로 차는 것을 배웠지… 발길질에 옛법곁치기나 옛법도끼발 등이 있어요. 오래전부터 전해 내려오는 기법을 옛법이라고 해요. 주먹으로 여기를 쳐서(목)을 칠 때도 옛법이라고 해요. 그러니까 태껸의 변천과정을 겪지 않았나. 그 모체는 수박에서 나왔다고 보면 되고 옛법이 태껸이고 태껸이 옛법이고 같은 거예요. 옛날부터 내려오는 거예요.

이러한 점들은 택견이 역사성과 더불어 제한이 극히 적은 맨손무예이면서 과거 역사 속의 수박희와 동일한 무예경기라는 것을 단언할 수 있다. 이는 고려사에서 각저, 각력, 각희, 상박 등으로 표현되다가 일제강점기에는 각희 등으로 표현된 씨름이 이름이 다르다 하여 다른 경기처럼 취급하지 않듯이 수박 또한 택견과 다름 아니다.

5. 맺음말

이상 수박, 수박희와 택견과의 관계에 대해 살펴보았다.

『고려사』에 무신의 난과 관련해서 최초로 수박과 수박희의 기록이 확인되나 조선 세조대에 이르러 관찬사서에서 기록이 거의 사라지게 된다. 그 이유는 조선의 상문경무尙文輕武 풍조와 더불어 고려 말기에 화약 병기를 개발한 이후 장병기長兵器가 중시되면서 비교적 단병기短兵器 무예가 쇠퇴한 것으로 진법이 우선이고 기예는 차선이라는 관념 등으로 인해 각개 병사의 무예가 경시된 점 등을 들 수 있다. 그러나 그 모든 것보다 우리민족의 기질자체가 전쟁을 싫어하여 병기를 흉한 물건으로 치부하였으며 직접 부닥뜨리는 것을 싫어했다. 전쟁에 임해서는 방어적 개념이어서 궁시나 화포가 발달하였으며 자연 성곽문화가 발달하였다. 개인 간에 싸움 또한 피를 흘리면 자연 싸움이 끝나는 경우가 대부분이었으며 남이 피를 흘리는 것도 싫지만 그 피가 흰 내 옷에 묻는 것도 싫은 것이었다.

그러나 반면에 일반 백성들의 가장 손쉬운 신분상승의 방법이 무재를 통한 선군選軍이었으며 수박은 간략히 시해될 수 있는 투기였으므로 민중화에 일조하게 되었다. 『조선왕조실록』을 살펴보면 당시 신분의 귀천과 승속을 막론하고 수박이 성행하였음을 알 수 있다. 그러나 조선이 국가의 틀을 잡아 가게 되면서 점차 수박은 배격되었다. 이는 유교적 체계를 갖춘 관료국가로서 주자가례朱子家禮나 삼강오륜에 따르는 일상의 도덕률을 벗어나는 것으로써 주먹을 쓰는 거친 수박의 행태를 통한 신분상승이 양반관료들의 사고와 배치되기 어려운 점이었다. 쉽게 표현하자면 주먹을 쓰는 거친 무뢰한이 당시의 도덕률로서 양반이 되고 벼슬아치가 된다는 것을 용납하기 어려웠던 것이다. 이를 계기로 수박과 수박희는 사서에서는 완전히 사라졌으며 기층문화로 스며들게 되었다. 이렇게 민중 속에 깊숙이 스며들면서 자리 잡아 끈질긴 생명력을 이어오게 되었다. 가장 민중화의 지표라고 할 수 있는 부분은 고려 시대에서부터 조선 말기까지 수박희나 택견경기를 통한 돈내기가 성행하고 있었다는 사실이다.

고려시기에 수박과 수박희는 사람을 살상할 수도 있는 실전적인 무예로서의 수박과 경기 혹은 유희개념의 수박희로 엄연히 구분되었다. 수박과 수박희는 이처럼 맨손무예라는 틀 안에서 중층구조로 유지·발전해오면서 고려뿐 아니라 조선에 이르기까지 민중에 성행하였다. 따라서 오랜 세월 이어져 왔으며 조선조 후기에는 '수박'이라는 일반 명사로 통일되었다. 무예로서의 수박은 현재 택견 기술 중 옛법이라는 이름으로 남아있는 살상기술을 포함하는 손질과 곧은발질이며, 수박희는 현재 이루어지고 있는 택견경기로 해석할 수 있다. 이는 고려사에서 각저, 상박 등으로 표현되다가 일제강점기에는 각희 등으로 표현된 씨름이 이름이 다르다 하여 다른 경기처럼 취급하지 않듯이 수박 또한 택견과 다름 아니다.

여기서 특히 수박과 수박희는 서민들이 기층문화 안에서 현재의 택견이라는 이름으로 면면히 이어져 왔다. 물론 택견이 서울·경기지역에 한정되어 사용되어진 용어이며 이외 지방에서 유사체기類似體技들이 확인되지만 적어도 주류문화권에서 행해진 맨손무예의 대명사로서 설혹 분화·발전과정을 거쳤다 하더라도 핵심은 고스란히 녹아있을 것으로 판단되어진다.

제2절 전통무예 '탁견' 용어에 관한 연구

안자산安自山의 『동아일보』(1930.4.30.)
「奇絶壯絶하든 朝鮮古代의 體育」의 유술柔術

1963년 봄, 송덕기와 김창수(사진제공: 김수)

송덕기右와 고용우左(주부생활, 1985)

송덕기左와 고용우右(김정윤, 2002)

택견은 상대의 팔(손목)을 잡아 대기하여 발길질, 태질, 맴돌리기, 신주(풍수) 등 다양한 형태로 제압하는 것을 기본으로 한다.

1. 들어가기

택견은 신한승의 각고의 노력으로 1983년 중요무형문화재 제76호로 등록되고 택견기능보유자에 송덕기와 신한승이 지정되었다.

그리고 2011년 유네스코에 인류무형유산으로 유네스코에 등재되어 전통성과 역사성 그리고 정체성을 입증하는 근거가 마련되었다. 그러나 아직 택견의 역사적 서술에서 용어에 관한 연구는 미비한 실정이다.

전통무예 탁견 용어가 처음 문헌에 등장하는 것은 정조 2년 홍명복의 『방언유석方言類釋』(1778), 이운영의 『임천별곡林川別曲』(1780년경), 未詳 『백화당가빅화당가』(1790년경), 정조 22년 이만영의 『재물보才物譜』(1798) 등의 고문헌이 현전한다.

아직 택견의 어원에 대해서 명확하게 규명하지 못한 문제가 남아있으며 탁견, 태껸, 택견 등 다양한 용어로 기록되어 있어 혼란을 주고 있다.

용어用語는 시대적 상황과 환경 변화의 흐름에 따라 가변적임이 분명하고 변용 가능성이 없지 않다. 이러한 현상은 분명 어떤 영향에 따른 통시적인 흐름이다.

용어는 어떤 전문분야에서 일정한 개념을 나타내기 위하여 사용하는 말로, 전통무예 탁견 용어에 대한 통시 언어학通時言語學, diachronic linguistics적 관점의 접근은 무예사의 학문적 정립에 계기가 된다.

일반적으로 스포츠와 체육의 용어에 관한 정의definition는 시대와 학자마다 그리고 나라마다 전문용어로써 해석을 달리하고 있다.

'탁견' 용어는 통시적인 흐름에 의해서 '태껸' 또는 '택견' 용어로 상이하게 표기하고 있다. 이러한 '탁견'의 용어를 학자마다 고유명사와 일반명사로 주장하는 괴리성을 보인다.

여기서는 구한말 '택견'과 '태껸' 이전에 기록하고 있는 '탁견'에 대해서 다음과 같이 연구문제를 살펴보고자 한다.

첫째, '탁견' 용어가 고유명사인가, 일반명사인가?

둘째, '탁견'과 '택견' 또는 '태껸' 용어의 표기 형태는 서로 다르지만, 그 내용은 같은가?

셋째, '탁견' 용어의 시대적 변천에 따른 해석의 차이는 무엇인가?

넷째, '탁견' 용어의 한문 표기는 어떻게 기록하고 있고 어떤 의미가 있는가?

다섯째, '탁견' 용어의 이칭異稱은 없는가?

『재물보』나 『해동죽지』등 국한된 고문헌을 위시하여 '탁견' 용어를 서술하고 있는데 협의적인 연구에서 현대의 사전류 등을 포함하여 광의적인 연구로 발전시켜 조명하고자 한다.

이는 차후 심층적인 연구를 위한 단초를 마련하는 데 있다.

따라서 이 장은 1778년부터 1964년까지 편찬된 고문헌과 사전류 그리고 신문, 잡지 등에 수록된 '탁견' 용어의 통시 언어학적 접근으로 역사적 사료와 전체적 배경을 통해 미비한 연구를 보완하고, 택견의 정체성을 확립하는 데 그 목적이 있다.

2. 문헌(1778~1964)에 나타난 '탁견 용어'의 담론

1) 탁견은 일반명사인가? 혹은 고유명사인가?

탁견 용어의 역사 기록자 관점에서 본 사관을 조명하는 것은 택견의 정체성 확립에 매우 중요한 의미가 있다. 이 장에서는 일반명사와 보통명사는 유의어로 일반명사로 통일하였다.

정조 2년 홍명복(洪命福, 1733~?)의 『방언유석方言類釋』(1778)에 "撲拿 탁견ㅎ다"로 기록하고 '撲박'은 '치다, 때리다, 넘어지다, 때려눕히다'이고, '拿나'는 '붙잡다, 사로잡다, 손에 넣다'로 뜻풀이한다. 즉 당시 탁견(撲拿)은 치고 때리고 붙잡아서 때려눕히는 기술을 사용한 것을 알 수 있다.

옥국재玉局齋 이운영李運永(1722~1794)의 『임천별곡林川別曲』(1780년경)에 야담집의 성격을 해학적으로 표현한 내용에 '틱견'을 기록하고 있다.

양미간(兩眉間)을 향ᄒ야셔 ᄒ 번 틱견ᄒ게 되면
싱원님 죠고만 몸
츄풍낙엽(秋風落葉) 어더 볼가
지무덤 두엄발체 콩틱ᄌ로 잣바져셔
아야지야 살인이야 안팟 솝츄 뉘 되실고

두 눈을 향하여서 한번 태껸하게 되면
생원님 조그만 몸
가을바람 흩날리는 나뭇잎 아니 될까

— 58 —

재 무덤 두엄 밭에 콩 태자로 자빠져서
아아 사람 죽는구나 안팎 꼽추 뉘 되실까

未詳『백화당가빅화당가』18)(1790년경)는 서울의 당대 최상층 사연私宴 문화의 일부를 담고 있는 작품으로 홍대협洪大協(1750~1801) 이 말뚝이 춤을 훈 후에 홍대형洪大衡(1760~?)과 홍성간洪聖簡의 태껸겨루기를 기록하고 있다.

명가의 후예로셔	뇌됴의 명직ᄒ믈
어이 아니 싱각ᄂ고	니명공의 휘모리와
홍딕협이 팔둑츔이	긔죠ᄂ 희악ᄒ고
모양도 챵피ᄒ다	됴졍샹 청관미직을
져 무리가 다 흐리ᄂ	인심이 교ᄉᄒ여
슈오지심 업다 말가	홍딕형 홍성간은
쥬인을 웃게 ᄒ려	홀연이 입ᄡ여나셔
틱견 씨름 ᄒᄂ구나	한심ᄒ다 사부 ᄌ뎨
어리 그리 경박ᄒ고	신지죠의 거동 보소
화복이와 딕무ᄒ내	쳥죠임고 져러ᄒ니

'탁견' 설명이 나오는 『재물보才物譜』(1798)는 정조 14년에 『무예도보통지武藝圖譜通志』(1790)가 편찬된 지 8년 후, 이만영李晩永(호는 成之, 1748-1817)이 정조 22년에 편찬한 일종의 백과사전류 서적으로 『재물보』란 才譜와 物譜를 합친 말이다.

---

18) 백화당은 회동 정씨 가문의 문인 정동준鄭東浚(1753~1795)의 집에 있던 정자이다. 1790년 전후로 서울의 일부 최상층 사대부들은 이곳에 모여 밤놀이를 즐겼다. 이것이 제재로 수용되어 "백화당가"가 창작되었다. 백화당 야연은 아취한 성격을 지닌 문회文會가 아니라 주악과 가무가 펼쳐지는 가운데 흥청거리며 노닌 주연酒宴임이 밝혀졌다(신현웅, 2016).

서울대학교 규장각에 소장하고 있는 『재물보』의 「기희조技戱條」에 씨름, 탁견, 슈벽 등에 대해서 [그림 1]과 같이 기록하고 있다.

[그림 1] 『재물보』의 「기희조」에서 일부 발췌

角觝 漢武帝始作著牛頭俱相當角力

摔挍19) 씨름 迭挍 還挍 仝

卞 手搏爲 卞 角力爲武 若今之 탁견

厮撲 摔挍之類亦 탁견

手搏 仝 今之슈벽維興此不同面當用此字

---

19) 씨름의 다른 표기는 졸교摔挍이나 재물보의 여러 이본 가운데에는 재교榟挍로 오기된 것으로 보인다. 이러한 오기는 당시 필사하는 과정에서 생긴 오류로 필사자의 한계를 짐작케 한다. 서울대학교에 소장된 규장각도서 재물보 3책에서는 씨름이 졸교로 표기되어 있으나 간사년미상刊寫年未詳에서는 재교로 오기되어 있다. 이보다 훨씬 이전에 간행된 김경준의 역어유해(譯語類解, 1690年〈숙종16〉의 版 서울대학교 규장각 소장) 卷2 기희조에 씨름에 대해 졸교라는 표현이 있다.

정재성은 『재물보』의 「기희조」에 '각저'는 한무제의 기록이 시작인데 소가 뿔로 힘을 다투는 것처럼 하는 것이다. 재교20), 씨름, 질교라 적는다. 환교도 같은 의미이다. '변' 수박은 변 또는 각력이라 하는 무예인데 지금의 탁견이다. '시박' 재교의 종류로 역시 탁견이다. '수박' 같은 것이다. 지금의 슈벽(卞, 厮撲, 手搏 등의 音)이 이와 같지 않으나 이 글자를 써야 한다고 해석하고 있다.

첫째, 『재물보』의 '탁견'을 일반명사로 해석하는 선행연구를 살펴보면 다음과 같다.

이용복은 『재물보』에 기록된 탁견을 변-수박은 변이고 각력은 무이다. 지금의 탁견과 같다고 해석하고, 卞=手搏=角力=탁견이 맨손 무예를 지칭하는 일반명사로 해석하고 있다.

김산·허인욱은 이만영의 『재물보』(1798)의 탁견도 맨손무예를 가리키는 것으로 생각하고 서술했을 것으로 보고 있다. 즉 탁견은 맨손무예를 가리키는 일반명사였을 가능성이 높다고 해석하고 있다.

허인욱는 이만영의 『재물보』(1798)에 기록된 '탁견'을 변-'수박'은 변이고 '각력'은 '무'이다. 지금의 '탁견'과 같다고 풀이하고 있다. 탁견이 손을 사용하는 수박이나 맞잡고 힘을 겨루는 씨름(角力)과 같은 것이라면, '탁견'은 맨손무예를 지칭하는 일반명사를 말해주는 것이다. 또한 '시박厮撲'과 씨름 그리고 탁견은 같은 것이다. 따라서 맨손무예 전반을 지칭하는 것으로 사용하였다고 적시하고 있다.

상술한 바와 같이, 탁견이 수박, 씨름, 슈벽과 같은 것 기록하고 있다.

---

20) 정재성은 '졸교捽挍'를 이본 과정에서 오기된 '재교梓挍'를 인용한 것으로 보인다.

또한 19세기 『광재물보廣才物譜』의 「技戲部」에 씨름, 탁견, 슈벽 등에 대해서 대개 같은 내용을 기록하고 있다.

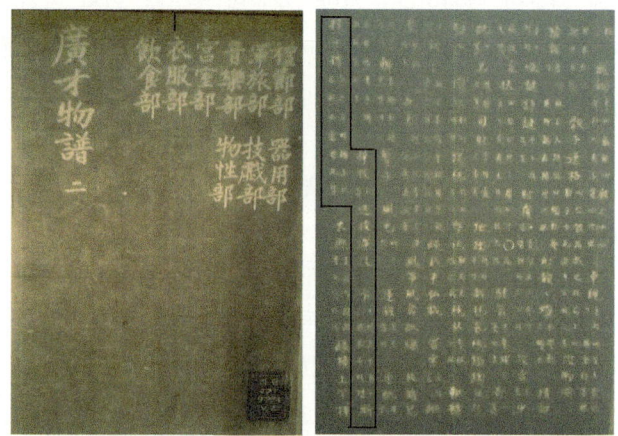

「광재물보」 서울대학교 규장각

즉 탁견과 씨름 그리고 수박과 슈벽이 같은 형태의 맨손 무예로 볼 수 있을 것이다.

김정행·김상철·김창룡은 택견과 수박은 동일한 기예이며 한글 말인 중국에서 유래한 수박手搏, 수박手拍 등으로 표기해오다가 한글 창제 이후 탁견, 덕견, 태껸, 택견 등의 한글로 표기되기 시작했을 것이라고 유추하고 있다.

상술한 이용복과 김산·허인욱 그리고 허인욱은 '탁견'이 맨손무예를 총칭하는 일반명사의 사관을 주장하고 있다.

둘째, 탁견 용어를 고유명사로 주장하는 전거를 살펴보면 다음과 같다.

조선 전기에 문신 김종서(金宗瑞, 1390~1453)가 주도하여 왕명으로 고려 시대 전반에 관한 내용을 편찬한 역사서 『고려사』(1342년 5월 계사癸巳)에 '충혜왕이 상춘정賞春亭21)에 행차해 수박희를 구경했다.'

그리고 계미 4년 『고려사절요』 제25권(1343)에 고려 28대 충혜왕이 직접 내시들과 함께 씨름(角力戲)을 하고, 1343년 5월 신묘辛卯 씨름(角抵戲)를 보았고, 1343년 2월 화비궁和妃宮 등에서 수박희를 구경한 것22)으로 기록하고 있다.

수박과 씨름이 동시대에 공존하면서도 구분되어 행해졌음을 알 수 있다. 즉 수박과 씨름은 고유명사로 기록하고 있다.

고구려 고분벽화의 수박

---

21) 상춘정 : 궁궐 뒤뜰에 있던 정자로 오랜 전란에도 불구하고 공양왕대까지 존속하였다. 상춘정은 재추·제왕諸王들의 연회장이기도 하였지만 가뭄이 심하다거나 국가에 중요한 일이 있을 경우 이곳에서 초제醮祭를 지내기도 하였다. 특히 예종과 의종은 이곳에서 자주 연회를 베풀었으며 상춘정에는 문종, 예종, 의종이 꽃을 구경하면서 지은 시가 있었다고 한다.
『신증동국여지승람』 권5, 개성부하, 고적.
22) 봄 2월에 왕이 본궐本闕에 행하여 씨름놀이를 구경하였다.
왕이 동쪽 교외에서 사냥하고 돌아오다가, 화비和妃의 궁으로 들어가서 수박놀이(手搏戲)를 구경하였다.

또한 육당본 『청구영언』(1829년경)23) 중 김민순(金敏淳)의 사설시조에 "소년 십오이십시(少年 十五二十時)에 ᄒ던 일이 어계론듯/속곰질 쒸움질과 씨름탁견 유산(遊山)ᄒ기 소골(小骨) 쟝긔 투젼(投箋)ᄒ기 져기ᄎ고 연(鳶)날니기 주사청루(酒肆靑樓) 출입(出入)다가 ᄉ람치기 ᄒ기로다/만일(萬一)에 팔자(八字) ㅣ가 죠하만졍 신수(身數)가 험ᄒ던들 큰일 날번 ᄒ괘라"라는 대목으로 보아 씨름과 탁견이 같은 시공간에서 성행하였음을 알 수 있다.

『고려사』(1343)와 김민순의 『청구영언』(1829년경)에는 수박과 씨름, 탁견과 씨름을 고유명사로 기록하고 있다.

정조 22년 이만영(李晩永)에 편찬한 『재물보』(1798)에 수박과 시박 그리고 탁견을 동일한 용어로 기록하고 있다.

작자 미상의 『남원고사(南原古詞)』(1864~1869)에서도 탁견과 씨름을 같은 시공간에서 행해진 것으로 기록하고 있다. 『남원고사』는 서울지역에서 유통된 세본 책일 것으로 보이는 경판 35장본 「춘향전」의 이본 異本에 왈자와 한량이라는 명칭이 함께 등장한다.

그런데 이들은 남원 왈자가 아닌 서울 왈자의 모습을 하고 있다. 탁견과 씨름의 서로 구분하여 고유명사로 기록한 내용을 발췌하면 다음과 같다.

---

23) 육당본 『청구영언』의 성립시기를 심재완(「時調作家小考」, 국어국문학연구1권 17면)은 익종(翼宗, 1809~1830), 김조순(金祖淳, 1765~1832)의 두 作家를 근거로 1829년 이후로 주장한 바와 같이, 육당본 가집에 수록된 작가로 익종, 김조순, 이면승(李勉昇, 1766-1835), 김민순(金敏淳, 1776~1859), 김영(金煐), 오경화(吳擎華), 정수경(鄭壽慶), 신희문(申喜文) 등이 등장하는데, 이들은 모두 19세기 전반기에 활동한 인물들이다(서울대학교 규장각).

한 편(便)의셔는 탁견 씨름 쥬졍(酒酊) 쌋홈, 이럿트시 분난(紛
亂)홀 졔, 옥사쟝(獄사匠)이 ᄒᆞ는 말이, 여보시오 이리 구시다가
ᄉᆞ도(使道) 염문(廉問)의 들니면 우리 등이 다 죽깃소 한 왈ᄌᆞ(曰
字) 늬다르며 ᄒᆞ는 말이

『재물보』(1798)에 수박과 시박 그리고 탁견을 동일한 용어로 기록
하고 있지만, 택견과 씨름은 분명히 당시 이전과 이후 자료에도 별도
의 고유명사로 취급되고 있다. 씨름이 과거에는 사람을 살상하는 기록
이 있어서 유사한 취급이나 범주에 속할 수도 있으나 정황적으로 봐
서는 이미 완전히 분화되어 그 점에 있어서『재물보』저자는 그런 개
념 자체가 없는 식자층으로서 두루뭉술하게 표현한 오류로 보인다.

그리고 Stewart Culin의『Korean Games with notes on the
Corresponding games of Chin and Japan』(1895)에「HTAIK-
KYEN-HA-KI-Kicking(Fr. Savatc)」의 '택견'기록과「SSI-REUM-HA-
KI-WRESTLING」의 '씨름'은 서로 고유명사로 각각 기록하고 있다.

SSI-REUM-HA-KI-WRESTLING24)   HTAIK- KYEN-HA-KI- Kiking

---

24) 씨름의 용어를 사용하면서 일본의 스모를 소개하고 있다.

또한 일제강점기 김영제 기자의 『동아일보』(1930년 2월 26일) 「내 몸 내 運動으로 튼튼히 하자 陰正에 지음하야 우리 競技 몇가지」의 기사에 "평양平壤의 『날파람』이며 서울의 『택견』과 함경도咸鏡道의 『뭉구리』"로 지역마다 맨손무예의 용어를 상이하게 기록하고 있다.

조선일보사에서 출판한 『조광朝光』(1941) 7권 4호의 「조선 무예와 경기를 말하는 좌담회」를 살펴보면 탁견과 씨름을 각각 소개하고 있다.

정희준의 『조선고어사전朝鮮古語辭典』(1948)에 탁견 용어를 "각저角觝 씨름. → 탁견.", "'탁견' 이조 중엽 이후에 있던 씨름과 비슷하던 유술柔術의 한 가지. 발길로 차는 동작이 많다 함." 탁견과 씨름을 서로 비슷한 것으로 기록하고 있으나 '탁견과 씨름'을 각각 고유명사로 기록하고 있다.

류창돈의 『이조어사전李朝語辭典』(1964)에 "탁견: *속곰질 쒸움질과 씨름 탁견 遊山 ᄒᆞ기⟨靑大 p.135⟩"으로 청구영언의 내용과 동일하며, 『靑大』에서 인용한 것으로 기록하고 있다.

상술한 내용을 정리하면, '작가 미상의 『백화당가』(1790년경)', '육당본『청구영언』(1829년경)', '작가 미상 『남원고사』(1864~1869)', 'Stuart Culin의 『Korean Games with notes on the Corresponding of Chin and Japan』(1895)', '동아일보(1930. 2. 26.)', '조선일보사의 『조광朝光』(1941)', '정희준의 『조선고어사전朝鮮古語辭典』(1948)', '류창돈의 『이조어사전李朝語辭典』(1964)'까지 탁견과 씨름의 용어가 구분되어 각각의 고유명사로 기록하고 있다.

그리고 조성균·남도희·차명환은 "택견을 구한말 시기의 맨손무예를 뜻하는 보통 명사적 용례가 아닌 전통무예 택견이란 고유명사로 보아야 한다."라고 적시하고 있다.

　　이러한 '택견'의 용어를 학자마다 고유명사와 일반명사로 주장하는 괴리성을 보이고 있다.

　　전거를 바탕으로 연구문제제기를 정리하면 [표 1] 과 같다.

[표 1] 1778년~1964년 문헌에 기록된 탁견 용어의 명사구분

年度	書名	명사 구분	
		일반명사	고유명사
1778	方言類釋	○	
1780년경	林川別曲	○	
1790년경	빅화당가		○
1798	才物譜	○	
1829년경	六堂本 靑丘永言		○
19세기	廣才物譜	○	
1864~1869	南原古詞		○
1930	東亞日報		○
1941	朝光 7券 4號		○
1948	朝鮮古語辭典		○
1964	李朝語辭典		○

　　전거를 바탕으로 탁견 용어의 일반명사와 고유명사로 구분을 단정적으로 단언하기는 어렵지만, 맨손무예에 다양한 명칭으로 전해지고 있으며, 이 무예는 종합격투기적인 기법을 내포하면서도 각자의 무술에서 주기법의 특성을 보인다.

　　특히 맨손무예는 수박, 권법, 권박, 상박, 씨름, 탁견 등 다양한 형태의 용어가 같은 형태로 기록하고 있다. 이러한 현상을 통해서 단언적으로 탁견을 일반명사로 구분하기에는 다소 무리가 없지 않으며 특히 씨름까지 적용하기에는 한계가 있다.

『재물보』이전에『백화당가』에서 탁견과 씨름을 구분하고 있다는 점과 [표 1]에서 보여주는 결과를 통해서 고유명사로 볼 수 있다.

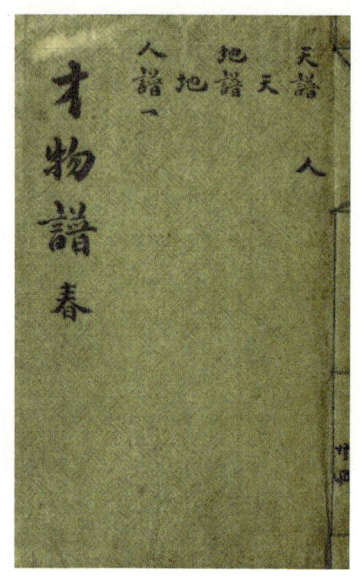

『재물보』　　　　　　　　　『광재물보』

19세기 이전의 기록들을 보면 특히『재물보』나『광재물보』는 비교적 식자층을 대상으로 쓰였기에 대부분 한문으로 쓰였으며 세분화되지 않고 뭉뚱그려 그리 표현된 것으로 보이고,『청구영언』이나『남원고사』는 시조나 소설로서 일반 대중을 대상으로 하거나 가객들조차 주로 중인 신분이나 서리층이 많았으며 남원고사는 아예 국문 필사본이었다. 따라서 실제 행해진 계층의 분류기준이 더 정확한 표현이라 할 수 있다.

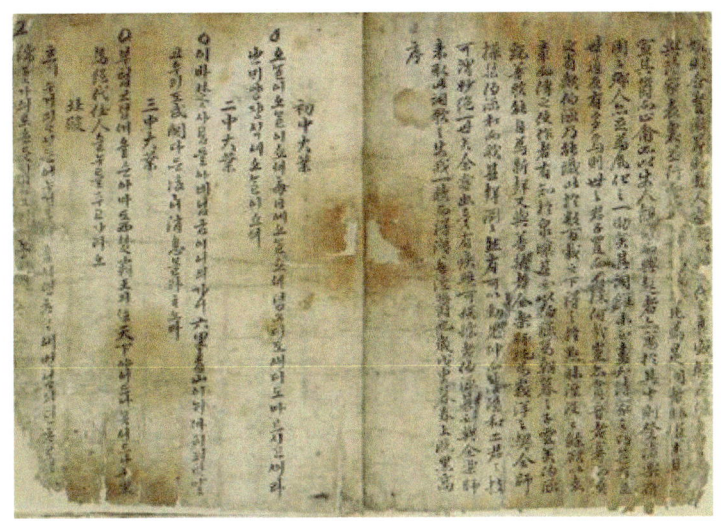

「청구영언」 (국립한글박물관)

　현재 맨손무예는 다양한 용어로 사용하면서 각종 무예마다 기법의 차이를 보인다.

　하지만 택견은 서울·경기지역에서 한정되어 사용되었으므로 한편으로 외부뿐 아니라 조선의 관점에서 본다면 고유명사의 성격을 지닌 것으로 본다. 그리고 많은 세월이 흐른 지금은 택견 자체의 독특한 몸짓과 더불어 특히 발을 많이 사용하는 무예 특성상 고유명사라 할 수 있다.

「남원고사」 국문 필사본(Daum 블로그 언덕에서)

　결론적으로, 과거 『재물보』 등에 기록하고 있는 탁견을 예를 들면 서울·경기지역 내에서 행하는 맨손무예라는 일반명사의 성격을 지니었고 외부에서는 서울·경기지역 내에서 성행하는 맨손무예라는 고유명사의 성격을 띠었다. 물론 현재는 고유명사라 하겠다. 즉 바라보는 관점과 시대에 따라 분명한 차이가 있으며 이러한 논란은 명확히 분화된 씨름을 같은 범주에 포함한 잘못도 있고 현대에 이르러 맨손무예가 극도로 세분된 시각도 혼란을 가중한 점도 없지 않다.

2) 탁견과 태견 그리고 택견의 용어에 대한 소론

조선일보사에서 출판한 『조광朝光』(1941) 7권 4호의 「조선 무예와 경기를 말하는 좌담회」에 '택견', '텍견', '탁견'의 용어를 찾아볼 수 있다. 구체적으로 살펴보면, "崔 텍견이 아니라 탁견이라더군요. 朱 무슨 字를 써요."라고 '탁견' 용어를 기록하고 있다.

정희준이 저술한 『조선고어사전』(1948)에 탁견 용어를 "수박희手搏戲【名】유술柔術 같은 것. '권법拳法'이라고도 하나니 고려 중엽부터 나타남."으로 기록하고 있다. 구체적인 내용을 살펴보면 다음과 같다.

탁견[名]이조 중엽 이후에 있던 씨름과 비슷하던 유술柔術의 한 가지. 발길로 차는 동작이 많다 함. 조선 유술은 고려 숙종 때 정재呈才의 한 가지로서 나타난 뒤로 무예武藝로서 발전하여 수박 · 권법 · 권박 · 각저 · 각희 · 상박(手搏 · 拳法 · 拳搏 · 角觝 · 角戲 · 相搏) · 씨름 따위 이름으로 불리더니, 다시 기술의 발달에 따라, 씨름은 그냥 육박肉搏으로 각투角鬪함에 불과한 이름이 되고, 유술 일반으로는 주장 세 술법이 있어서 곧 혈맥血脈 건드리어 죽이고 어지러뜨리고, 혹은 벙어리를 만들고 하였다 함. 자세하게는 25가지 법술이 전함. 본시는 중국 춘추시대에 있던 것인 듯하며 조선 것이 일본에 유전되기는 선조 임진난리 뒤라고 함. = 택견. ~씨름-- 遊山ㅎ기[永言]. 택견[名]=탁견.

위의 내용에서 탁견과 택견이 같은 용어로 정의하고 있다.

예용해의 『한국일보』(1964. 5. 16.) 「續 인간문화재」의 기사에 송덕기(宋德基, 71세, 종로구 사직동 130의 2) 씨의 말은, 태껸도 아니고 택견도 아니며 '탁견'이요 한자로는 '卓見'이라고 쓰며, 탁견을 하는 사람을 말할 때는 '택견꾼'이라는 것이다. 의당 그분의 말을 곧이들어야 할 일이나 고사故事에 밝다는 노인들의 말을 들으면 한결같이 택견이었지 태껸이나 탁견은 아니라니 난처하다고 기록하고 있다.

『한국일보』 (1964. 5. 16.) 7면

고용우(2013. 2. 10. 미국 로스앤젤레스 커피숍)의 구술채록에서 "할아버지는 택견이나 탁견이라 하지 않고 태껸이라고 했어요"라고 진술하듯이, 송덕기로부터 택견을 전수한 이는 한결같이 '태껸'이라 한다.

예용해(한국일보, 1964년 5월 16일)와 고용우의 내용에서 송덕기의 같은 증언임에도 차이를 보이는 것은 시대적 흐름에 따라 기억의 차이인지 알 수 없으나, 1933년 한글맞춤법 제정 이후 택견이 태껸으로 변용되었던 것을 고려한다면 송덕기가 '태껸'으로 증언한 것에 신빙성이 높다 하겠다.

김산·허인욱은 택견의 어원은 송덕기가 어떻게 불렀는지가 가장 중요하고 할 수 있다. 택견판에서 불렸던 명칭을 가장 원형으로 봐도 무방하기 때문이다. '탁견'이라고 하였으나 택견 하는 사람을 '택견꾼'으로 부른다고 하여 택견의 명칭이 탁견인지 혹은 택견인지 현재까지도 논란거리를 제공하였다. 즉 그의 언급은 원 명칭을 밝히는 데 문제가 있다고 할 수 있다고 서술하였다.

근대에 일어난 음운변화상의 'ㅣ'모음역행동화 측면에서 탁견에서 택견, 태껸에 대해서 살펴보면 다음과 같다.

'ㅣ'모음역행동화는 '이'로 시작되는 이중모음 앞에서 후설모음後舌母音이 전설모음前舌母音으로 바뀌는 현상이다.25)

즉 탁견이 택견으로 혹은 태껸으로 음운의 변화가 일어난 것으로 본다.

개략적으로 살펴보면, 탁견이 음운변화상 결코 택견이 될 수 없다. 그리고 후설모음조차 '견'이어서 역행동화의 여지가 없다. 뿐만 아니라 후설모음이 받침이 없이 모음으로 끝나야 해당이 되는데 '견'에 'ㄴ' 받침이 있으므로 해당하지 않는다. 아울러 'ㅕ'도 영향을 줄 수

---

25) 'ㅣ'모음역행동화는 후설모음 'ㅣ'가 앞의 모음 'ㅏ, ㅓ, ㅗ, ㅜ'에 영향을 주어 'ㅐ, ㅔ, ㅚ, ㅟ'로 변하게 한다.

없다. 하지만 탁견이 [탁기연-]「으로 소리 나게 되면 자연스레 'ㅣ'모음역행동화가 일어나 '택견'(택기연) 혹은 '태껸'으로 불리게 된다. 현행 'ㅣ'모음역행동화의 예외규정에 의하면 'ㅣ' 모음역행동화 현상에 의한 발음은 원칙적인 표준발음으로 인정하지 않지만 대체로 이미 오래전에 동화가 적용된 형태를 표준어로 삼는 규정이 있다. 과거 남비가 현재 냄비가 그런 경우이다. 마찬가지로 과거의 탁견이 현재의 택견으로 불리는 경우라 할 수 있겠다. 물론 현행 규정에 의하면 인정되지 않겠지만 탁견이 택견으로 바뀐 것은 여러 제약이 있음에도 'ㅣ' 모음역행동화의 극히 드문 특수한 예로 판단된다.

태껸은 택견에서 'ㄱ'이 연달아 이어지므로 연음화현상에 의해 앞의 받침이 묵음화되고 대신 뒤의 자음이 경음화 된 것이라 볼 있다.

예컨대, 육당본『청구영언』(1829년경) 김민순은 탁견에 "少年 十五 二十 時에 ᄒ던 일이… 속곰질 쒸움질과 씨름 탁견…"에서 퇵견 → 택견으로 변천 과정에 아래 아(ㆍ)와 혼용되는 과정을 거친 것으로 보인다.

그리고 통시적 변천 과정의 '탁견〉퇵견〉택견'으로 변화과정을 하향이중모음의 단모음화 측면에서 접근해보면 다음과 같다.

중세 국어 시기에 통시론적 연구는 하향이중모음의 단모음화에 초점이 맞추어져 있는데, 그 내용은 'ㆎ〉ㅐ'의 합류는 'ㅐ'의 단모음화이다. 즉, 'ㆎ'의 단모음화는 어두에서 'ㆍ〉ㅏ'의 변화가 발생하여 'ㅏ+ㅣ'의 결합으로 'ㅐ'에 합류한 후 이루어졌다.26)

여은지는 ㆎ〉ㅐ의 변화의 용언에서 ' 틱오다[乘]〉태우다.'로 변화되

---

26) ㆍ〉ㅏ 변화는 18세기 어두 위치에서 일어난 합류이다. 16세기 비어두 위치에서 ㆍ〉ㅡ의 중화는 ㆍ의 음소적 지위를 약화시켰으며 그 결과 18세기 에 ㆍ〉ㅏ가 일어나면서 국어 모음 체계에서 ㆍ가 소멸되었다. ㆎ〉ㅐ의 변화는 ㆍ〉ㅏ 이후인 18세기 중기에 이루어진 것으로 추정된다(허웅 1965).

고, 체언에서 '팅ᄌ〉탱자'는 변화되었다고 한다.

따라서 '탁견'은 통시적 변천 과정에서 '틱견'으로 변천되고 이후 '택견'으로 변화되었다.

'탁견'의 모음역행동화와 하향이중모음의 단모음화를 통해서 '탁견' 용어의 변화과정을 살펴보았다.

탁견 용어의 변천 과정을 정리해보면, 홍명복의 『방언유석』(1778)과 『재물보』에 '탁견', Les missionnaires de Corée de la Société des missions étrangères de Paris의 『한불자전韓佛字典』(1880)에 '틱견', 한국인이 한국어를 표제表題로 하여 이준영, 정현, 이기영, 이명선, 강진희가 편찬한 최초의 국한대역사전인 『국한회어國漢會語, 국한회화國漢會話』(1895)에 '택견(蹵戲)'으로 표기된 최초의 기록, 일제강점기 조선총독부의 『조선어사전』(1920)에 '택견', 1933년 한글맞춤법 제정 이후 출간된 문세영의 『조선어사전』(1938)에 '태껸'부터 국립국어원의 『표준국어대사전』(2010)에 '태껸'을 표준어로 인정하였으나 국립국어원의 『표준국어대사전』(2011)에 '택견'이 추가로 표준어로 제정되었다.27)

그리고 고용우의 구술채록(2013. 2. 10. 로스앤젤레스 커피숍)에서 "할아버지(송덕기), 태껸의 다른 말이 있습니까? 라고 질문하니까, 조금의 망설임도 없이 '박양박수', '박양서각'이라고 하지, 말했어요. 박양박수는 손을 쓰는 기술을 의미하고, 박양서각은 다리를 쓰는 것으로 이야기했어요. 그러니까 수박과 태껸이 같다는 의미에요."라고 태껸의 다른 용어를 진술했다.

---

27) 2011년 8월 22일 국어심의회 회의에서 확정됨.

평소 송덕기 선생은 고용우를 손자처럼 대했다고 한다.

　선행연구를 살펴본 결과, 탁견과 태껸 또는 택견이 서로 상이한 것으로 기록하고 있지 않다. 즉 탁견과 택견 그리고 태껸은 같은 의미의 용어이다.

3) 탁견의 시대적 변천에 따른 해석의 의미에 대한 소론

홍명복의 『방언유석方言類釋』(1778)에 "撲拿 탁견ᄒ다"로 기록하고 있다. 탁견의 한자어 '撲' 박은 '치다, 때리다, 넘어지다, 때려눕히다' 등으로 뜻풀이하고, 상형문자로 해석하면 부수 '手'+'業'은 '손으로 공격한다'는 것이고, '拿' 나는 '붙잡다, 사로잡다'로 상형문자로 해석하면 부수 '手'+'合'은 '손을 합한다'는 것이다. 즉, 탁견은 손으로 치고 때리고 붙잡아 넘기는 의미로 手搏과의 연계성을 시사하고 있다.

Les missionnaires de Corée de la Société des missions étrangères de Paris의 『韓佛字典』(1880)28)에 나오는 택견 관련 용어는 "틱견(택견-擇遣)하다"가 기록되어 있다. 한자어 '擇遣'을 해석하면, '擇'은 '가릴 택'과 '遣'은 '보낼 견'의 음가를 차용한 것으로 보인다. 『韓佛字典』의 원전에 나타난 '틱견'용어는 다음과 같다.

| 『韓佛字典』 틱견하다 | 최지혁 左, 리델신부 中 |

---

28) 『韓佛字典 = 한불ᄌ뎐 = Dictionnaire Coréen-Français / par les missionnaires de Corée de la Société des missions étrangères de Paris. Dictionnaire』(1880)은 Missions étrangères de Paris에서 집필하였고, Yokohama : C. Lévy 1880에서 발행하였다. 『한불자전韓佛字典』과 『한어문전』의 편찬에 참여한 최지혁崔智爀(본명 최선일崔善一, 세례명 요한)은 공주 출신으로 서울에 거주하여 서울·경기지역에서 성행하던 택견에 대한 이해를 짐작케 한다.

위 내용을 해석하면, '틱견擇遣ᄒ다.'는 상대를 발이나 손으로 가하는 공격을 똑같이 발이나 손으로 막아내는 것으로 이루어진 어린이들 놀이(경기)이다.

제임스 게일Gale, James Scarth의 『韓英字典』(1897)29)에 '틱견' 용어에 대해서 다음과 같이 기록하고 있다.

    틱견 s. Striking and kicking.
    틱견하다: To strike and kick.

탁견이 '치고 차는' 기술로 구성되어 있음을 알 수 있다.

녹동생綠東生의 『每日申報』(1921년 1월 31일) 大正十年一月三十一日 1면 「臥牛山下에서 石戰을 觀ᄒ고」에 틱견 용어에 대해서 다음과 같이 기록하고 있다.

    녹동자綠東子도 인중人衆에 혼混ᄒ야 한한恨恨히 반返홀 ᄉㅣ육화喧嘩ᄒᄂ 야노野老의 담談을 문聞ᄒ즉 왈曰 고석古昔에 원래原來 편전便戰 『편쌈』이라 하ᄂ 것이 양각법楊脚法30) 『틱견』과 가치 사봉使棒ᄒᄂ 일종一種의 무예武藝를 연습演習ᄒᄂ 것으로써…

---

29) 『韓英字典 = 한영ᄌ뎐 = A Korean-English dictionary』(1897)은 by James S. Gale. 개인저자: Gale, James Scarth, 1863-1937에 의해 집필하였고, Yokohama : Kelly & Walsh, Limited, 1897에서 발행하였다. 1897년 캐나다 선교사 게일(James Scarth Gale)이 언더우드의 1890年 『韓英字典』(A Concise Dictionary of the Korean Language)과 그 외 오랜 기간 조선에 체류하면서 집필한 사전이다.

30) 양각법楊脚法 『틱견』은 의미심장한 부분이다. 양楊 버드나무와 같이 낭창하면서도 부드러운 발질을 의미할 수도 있겠지만, 송덕기 선생이 택견의 또 다른 표현으로 묘사한 박양박수 박양서각의 준말이자 별칭일 가능성을 내포한다.

이를 현재적인 표현으로 바꿔 쓰면, 녹동자도 사람 중에 섞여 한스럽게 돌아올 제 시끄럽게 떠드는 시골 노인의 이야기를 들은 즉 옛날에 원래 편전(편쌈)이라 하는 것이 양각법楊脚法 『택견』과 같이 작대기(봉)를 쓰는 일종의 무예연습을 하는 것으로써… 라고 할 수 있다.

매일신보 1921년 1월31일 1면 '와우산 아래에서 석전을 보고'
*맨 아래 하단에 楊脚法 「퇵견」이 보인다.

최영년이 편찬한 『해동죽지海東竹枝』(1925)의 탁견희托肩戱조에 옛 풍속에 각술脚術이라는 것이 있는데 서로 대하여 서로 차서 꺼꾸러뜨린다.… 이것으로 혹은 원수를 갚기도 하고 혹은 재물과 여자를 내기하여 빼앗는다. 법관으로부터 금하기 때문에 지금은 없어졌다. 이 놀이의 이름을 '탁견托肩'이라 한다31)고 기록하고 있으며, '托肩'은 음가를 빌어서 한자화한 것이다.

---

31) 舊俗有角術相對而立互相蹴倒有三法最下者蹴基腿善者托基肩有飛脚術者落基簪 以此成報仇或賭奪愛姬自法官禁之今無是戱名之曰탁견

'탁견희托肩戱' 칠언절구의 한시漢詩

百技神通飛脚術	백 가지의 신통한 비각술
輕輕掠過髻簪高	가볍게 상투와 비녀를 스쳐가니
鬪花自是風流性	꽃을 두고 다투니 풍류일세
一奪貂蟬意氣豪	한 번에 초선을 빼앗으니 의기가 양양하다.

    과거 탁견과 관련된 모든 한자 기록은 원래 한자가 있었던 것이 아니고 음가를 차용해서 그리 표현한 것이다. 탁견이 언문이고 언문사용을 꺼린 식자층에서는 음가를 빌어 한문표기를 한 것으로 크게 의미는 없다. 일제강점기 이전에 택견은 이미 탁견이라는 한글표기 기록이 있었으며 한참 후대에 한자표기가 나온 점만 보아도 알 수 있다.

    이능화의 『조선해어화사』(1930)에서는 택기연擇其緣이라고 쓰고 있다. 위에서 언급한 탁견에서 특수한 'ㅣ'모음역행동화의 한 예를 소리나는 한 부분을 한자로 표기하면서 희화화된 것이다. 물론 한자표기는 음가를 따서 임의로 적은 것이다. 여기서 이능화는 우리나라 풍속에서는 만약 미동이 하나 있으면 여러 사람들이 질투하여 서로 차지하려고 장소를 정해서 각법脚法, 속칭 택기연擇其緣으로 싸워 자웅雌雄을 결정지어 이긴 자가 미동을 차지한다. 세속에서는 이것을 급기롱給寄弄이라 한다. 조선조 철종(哲宗, 1849~1863 재위) 말년부터 고종(高宗, 1863-1887 재위) 초기까지 이 풍속이 대단히 성하였으나 오늘날에는 볼 수 없다고 하였다.

    이능화가 바라보고 기록한 택견은 본인이 직접 모든 걸 경험할 위치에 있었고 경험하고 썼다기보다는 호사가들의 이야기를 듣고 단면만을 바라보고 적은 것이다. 예를 들어 조선 시대의 사관들이 바라보는 조선 시대의 역사관과 현대인들이 바라보는 역사관은 상당히 다를 수 있다. 하지만 현대인들이 바라보는 시각이 더 정확하고 더 넓은 시야를 지니고 판단하고 있다고 볼 수 있다. 현대는 수많은 자료를 간단하게 섭렵할 수 있고 당대에 보지 못하던 안목을 갖춰 한꺼번에 꿰뚫어 볼 수 있기 때문에 그 속에 살았던 사람들보다 훨씬 풍부하고도 넓은 시야를 통해 객관적으로 볼 수 있다. 위에서 비교적 식자층을 대상으로 기록한 『재물보』나 『광재물보』에서 수박과 씨름 등을 뭉뚱그려 택견이라 한 것과 다름 아니다.

『한불자전』(1880)에 나오는 '틱견ᄒ다'의 설명에 단지 어린아이의 놀이로만 표기된 것도 돈내기 등 좋지 못한 풍습을 의도적으로 감추려는 의도가 있을 것이다.

『방언유석方言類釋』(1778)부터 『한영자전韓英字典』(1897)까지의 역사서술에 손기술과 발기술을 기록하고 있으나, 일제강점기 이후 매일신보(1921년 1월 31일) 기사에서 양각법楊脚法을 표기하여 발기술을 위주로 기록하고 있다.

4) 탁견의 한문표기와 의미에 대한 소론

탁견의 한문표기는 일제강점기 이전 Les missionnaires de Corée de la Société des missions étrangères de Paris의 『한불ᄌᆞ뎐韓佛字典』(1880)에 '擇遣'으로 기록하고, 일제강점기 최영년의 『해동죽지』(1925)에 '托肩', '托肩戱'로 기록하고 있다. 그리고 일제강점기 이후 예용해(1964년 5월 16일 한국일보)는 "한자로는 '卓見'이라고 쓰며, 탁견을 하는 사람을 말할 때는 '택견꾼'이라는 것이다."이라 기록하고 있다.

과거 탁견과 관련된 모든 한자 기록은 원래 한자가 있었던 것이 아니라 음차音借하여 표현한 것이다. 탁견이 언문이고 언문사용을 꺼려한 식자층에서는 음차를 빌어 한문표기를 한 것으로 크게 의미는 없다. 최영년의 托肩도 음차로 한자화한 것이다. 당시뿐 아니라 이후의 식자층에서도 한글표기에 대해 음차를 빌어 한문표기를 한 사례가 적지 않다. 예전에는 '선생님' 할 때 '님'은 한자표기가 아님에도 불구하고 '先生任'으로 표기하기도 했다.

『한불ᄌᆞ뎐』의 한자를 제공한 최지혁(崔智爀, 세례명 요한)은 공주 출신으로 서울에 거주하여 서울·경기지역에서 성행하던 택견에 대한 이해를 짐작케 하듯이 '擇遣'은 음차를 차용해서 한문으로 그리 적은 것이다.

훨씬 이전에 택견은 이미 탁견이라는 한글표기 기록이 있었으며 한참 후대에 한자표기가 나온 점만 보아도 알 수 있다.

상술한 내용을 정리하면, 홍명복의 『방언유석方言類釋』(1778)에서부터 류창돈의 『이조어사전李朝語辭典』(1964)의 문헌사료는 [표 2]와 같다.

[표 2] 1778년~1964년 수록된 탁견 용어의 사료

年度	用語	著者	書名
1778	탁견	洪命福	方言類釋
1780경	퇵견	李運永	林川別曲
1790경	퇵견	未詳	百花堂歌
1798	탁견	李晩永	才物譜
1829	탁견	金敏淳	六堂本 靑丘永言
19세기	탁견	未詳	廣才物譜
1864~1869	탁견	未詳	南原古詞
1880	퇵견 擇遣	Les missionnaires de Corée de la Société des missions étrangères de Paris	韓佛字典
1897	퇵견	James S. Gale	韓英字典
1921	퇵견	綠東生	每日申報
1925	托肩, 托肩戲	崔永年	海東竹枝
1941	탁견	朝鮮日報社	朝光 7券 4號
1948	탁견	鄭熙俊	朝鮮古語辭典
1964	탁견	劉昌惇	李朝語辭典
1964	탁견, 卓見	芮庸海	韓國日報

5) 택견의 '이칭異稱'에 대한 소론

택견의 또 다른 표현에 대해 미국 로스앤젤레스 커피숍에서 인터뷰한 고용우(2013. 2. 10.)의 구술에서 택견의 다른 표현에 대해 '박양박수', '박양서각'이 있고, 녹동생綠東生의 『매일신보每日申報』(1921년 1월 31일) 1면 「臥牛山下에서 石戰을 觀ᄒ고」라는 제하의 기사에서 '양각법楊脚法'이라는 표현은 이미 언급되었다.

그런데 대부분 간과하고 있던 또 다른 표현은 바로 유술柔術이다. 여러 식자층에서 탁견의 언문표기를 기피하고 터무니없이 음가를 빌어 한문표기를 무리하게 했던 풍조 가운데 가장 먼저 '유술'이라는 용어로 쉽게 갈아탄 이들은 바로 조선 말기의 식자층 가운데 한 부류들로서 바로 신문기자들이었다. 일본이 조선을 병탄하려고 호시탐탐 기회를 엿보던 시절에 아울러 일본의 유술이 국내에 제대로 선을 보이기 이전에, 숱한 신문 기사에 유술이라는 용어가 고유의 유술 운운하며 국민계몽 차원에서 쏟아져 나오는 것이었다.

1899년 9월 29일 자 독립신문에 유술에 대한 용례가 있으며 1908년 3월 29일 자 황성신문에서는 비원에서 건원절(황제폐하탄신경절)을 맞이하여 전통의장진열과 전통군진행열, 기생 춤 등의 공연 가운데 당시 격검과 유술의 시범이 나오는데 극도로 민감한 시기[32]에 생뚱맞은 유술이라는 용어는 이전에 없던 것으로 새롭게 만들어진 것이 아니라 일본을 본떠서 대체한 택견의 한자표기임이 분명하다. 실제로 1910년 6월 26일 자 황성일보 만평에는 우리 고유의 유술에 대해서 언급하는 대목이 있다. 유술은 1910년에서 1920년까지 항일독립운동을 위해 건립된 신흥무관학교의 체육과정에도 포함되어 있었다.

---

[32] 1907년 헤이그특사사건으로 인한 일본의 압력과 이완용李完用 등의 강요로 고종이 양위하자, 고종의 둘째 아들인 순종이 왕위에 올랐던 시기.

실제로 일본의 강도관 유도 도입 시기는 1906~1910년 사이(이학래)이므로 도입되자마자 성행하였을 리도 만무하고 강도관 유도는 일본 내에서조차도 1911년에 일본 중학교에 체조의 격검(검술) 유술은 부과할 수 있음(수의과)이라 하여 유술이란 이름으로 정식과목으로 채택된다.

강도관 한진희(1924, 개벽 제49호) 사범에 의하면 근대화된 강도관 유도가 우리나라 사람들에게 실시된 것은 1909년 중앙 기독교청년회 내에서였다. 또한 한진희(1924.07.01.) 『개벽』 제49호의 '兄弟들아 武力 修養에 힘을 쓸 必要는 업슬가'에서 제하에서 15년 전에 나수영, 유근수에 의해 시작되었음을 밝히고 있다. 그러나 잘 운영이 되지 아니하여 김상익, 박재영, 강낙원, 한진희로 이어졌는데 크게 환영을 받지 못하여 사퇴를 반복한 것이다.

이 기사는 실제로는 『대한매일신보』의 '青會演說' 기사(1910.06.17.)에 유근수에 의해 격검과 유술반이 열린다고 언급되어 있으며, 같은 내용이 황성신문(1910.06.17.) '青館擊劒과 演說'에서도 소개되고 있어 정확한 연도는 1910년으로 보인다. 아마도 국내 유도 유입시기가 1909년이라는 설은 한진희가 1924년에 언급한 '15년 전'에 의해 소급된 것이 아닌가 하는 추론을 낳게 한다.

즉 당시 대부분 인식하고 있는 유술은 그 이전까지 사용하지 않던 생소한 용어 자체 때문에 일본 무술에서 즐겨 쓰던 용어를 그대로 수용한 것이 아닌가 하는 추측을 낳게 한다. 실제로 도입연도나 정황상 택견이라는 언문 표기를 당시 식자층에서도 입에 담을 수 있게 유술로 대체한 것으로 보인다. 실제 아이들의 놀이(『청구영언』)이기도 했고 왈패들 사이에서 성행(『남원고사』)하거나 하급군인들에게서 성행하던 하찮게 취급되던 택견이 일본문화를 통해 재발견되고 가치를 인정받은 계기가 된 것으로 추정된다. 일본의 유도가 국내에 도입되었지만, 국내에서도 환영받지 못하고 지도자들이 줄줄이 사퇴하는 터에 항일독립운동을 위해 건립된 신흥무관학교의 체육과정에도 포함되어 있었다는 것은 터무니없는 것이어서 이전의 택견이 유술이라는 이름으로 대체된 것이 확연하다.

우리나라에서 유술柔術에 관한 최초의 용례는『고종실록』고종 47권, 43년(1906) 2월 9일 2번째 기사에 나온다. 일본을 다녀온 대사 완산군 이재완이 고종에게 보고하는 내용 가운데 일본 내 학교에서 남학생들에게 가르치고 있음을 아뢴 것이다. 그런데 한 달 후인 황성신문(1906.03.10)에 "소위 체조 격검의 법과 유술타구柔術打毬의 技를 열심교수熱心敎授ㅎ야 其 청년자제의 활발발活潑潑흔 기개가 여세구장與歲俱長홈은 乃 보통횡사普通黌舍의 약석藥石이라 謂홈이오라"고 실려 있고, 태극학보(1907.03.24.)에서도 "위생문답 시 유술, 격검 등 여러 종목의 각종 운동을 적당히 하는 것이 매우 좋다는 이야기"(박상락, 1907.03.24.)가 언급되어 있어 유술에 대한 인식이 이미 어느 정도 퍼져 있어서 이미 탁견이라는 당시로써는 어느 정도 부정적인 용어보다도 유술이라는 용어로 갈아타기 시작한 듯한 느낌을 준다.

특히 유술의 용어를 적극적으로 사용한 이는 안자산이다.

안자산安自山의 『동아일보』(1930.4.30.) 「奇絶壯絶하든 朝鮮古代의 體育」에 유술柔術에 대해서 다음과 같이 기록하고 있다.

  柔術의 始初는 高麗中期에 난듯한 바 第十五代 肅宗王時부터 百戱가 盛豊하야 音樂과 竝進한 것이다. 忠惠王時에는 柔道의 流行이 大興하야 이때에는 이것을 手搏 或은 拳法이라 하얏다. 王이 常春亭 또는 馬巖 等地에 恒常 擧動하야 手搏戱를 御覽하고 仁宗時에는 武士의 勢力이 騰揚되어 鄭仲夫가튼 이는 이것으로써 놀이의 一科로 삼아 軍人의 常藝로 行하고 李義旼가튼 이는 手搏에 有名하야 高官에 超昇하얏다.

이 柔術은 自來로 拳搏이라도 하고 角觝라 又는 相撲이라도 하야 서로 뒤석근 名稱으로 記錄하얏스나 後日에는 技術의 發達로 因하야 씨름과는 裡許(이허)가 다르게 되니 씨름은 오즉 肉搏으로서 角鬪에 불과한 것이오 柔術은 人體의 筋肉의 三處血脈을 搏하야 死키도 하고 暈(훈, 륳)키도하고 啞(아)키도 하는 바의 三法이 잇스니 그 例는 下圖과 가타 古記錄에 써잇는 것과 다름 업는 것이다.

其搏人必以其穴, 有暈穴有啞穴有死穴, 其敵人相其穴而輕重擊之, 或死或暈或啞, 無毫髮爽者33)

近來에도 靑年들이 씨름보다 小異한 搏戲(박희)를 行하든바 所謂『택견』이라 한 것이 그 種絡이다. 이 柔道는 近年에 와서 退步한 形止에 이를엇스나 高麗時代에 잇서서는 크게 發達하야 五月五日에는 依例件 平民 又는 兵卒間에서 行한 것이다. 正宗(正祖의 오식)時에 編輯한『武藝通志』에는 그 法의 科目을 年則으로 設하니 그 術은 卽 二十五法이 잇고 其外 祕法 十種이 잇다. 그 祕法은 今에 詳考키 未及하나 그 二十五法이란 것은 身法 手法 脚法을 主로 하되 飛騰 顚起倒插 披劈橫拳 活捉朝天 等으로 變化無窮하고 微妙莫測 窈焉冥焉 하다 한 것이며 그 終條理를 캐서 말하면

---

33) 사람을 잡을 때 반드시 그 혈을 잡아야 하니, 훈혈, 아혈, 사혈이 있다. 적을 대하여 그 혈을 대하여 세거나 가볍게 치면 혹은 죽고 혹은 暈(혼미해짐)하고 혹은 啞(벙어리가 됨)한다. 털끝만큼이라도 성할 사람이 없다.

一. 探馬勢 二. 拗鸞肘勢 三. 縣脚許餌勢 四. 順鸞肘勢 五. 七星拳勢 六. 高四平勢 七. 倒揷勢 八. 一霎步勢 九. 拗單鞭勢 十. 伏虎勢 一一. 下揷勢 一二. 堂頭砲勢 一三. 旗鼓勢 一四. 中四平勢 一五. 倒騎龍勢 一六. 埋伏勢 一七. 五花纏身勢 一八. 雁翅側勢

一九. 跨虎勢 二十. 丘劉勢 二一. 擒拿勢 二二. 抛架勢 二三. 拈肘勢 二四. 絞項 二五. 倒擲勢 等으로 定한 것이다.

此等의 術法은 上에 말함과 가티 高麗時에 行한 것이로되 李朝 等內에 와서는 壬辰亂에 際하야 韓嶠34)란 이가 이것을 復活하야 人民을 敎習시킨 것이니 韓氏 以後로는 아주 科目으로 되어온 것이오. 그後 이 法이 日本에 流傳하야 近日에는 新科學의 生理學的으로 發達하얏스나 말하자면 高麗法보다는 조금 退步한 듯하다.

하나 일제강점기 후반으로 갈수록 일제의 영향력이 커지면서 국내에서의 당초 이미지와는 달리 거의 소멸한 것으로 보인다. 1948년 정희준에 의해 저술된 『조선고어사전』에서는 탁견: 이조 중엽 이후에 있던 씨름과 비슷하던 유술柔術의 한 가지라는 기록이 남아 있다.

즉 택견의 다른 표현으로는 박양박수 박양서각과 양각법이 있으며 이후 대체된 용어로는 유술이 있다.

---

34) 韓嶠(한교, 1556-1627). 청주한씨. 자는 士昂, 호는 東潭. 한명회의 5대손. 이이, 성혼의 문인. 성리학 뿐 아니라 천문, 지리, 병학에 밝음. 임란때 의병. 그 공으로 벼슬. 사재감참봉, 예빈시주부, 군자감판관, 죽산현감, 의흥 현감 등 역임. 1594년에는 유성룡의 추천으로 훈련도감 낭관에 임명되어, 『紀效新書』를 배웠고, 명나라 진중에 자주 왕래하여 명장들에게 포, 검, 창 등 무기술을 터득하고, 그림을 그려 책을 만들어 가르치게 하였는데, 이것이 『武藝圖普通誌』의 근원이 된다. 『武藝諸譜』의 저자로 유명하다.

3. 맺음말

　이 장은 1728년부터 1964년까지 편찬된 고문헌과 사전류, 신문, 잡지 등에 수록된 '탁견' 용어를 문헌 고찰을 통해서 전통무예 탁견 용어의 통시 언어학적 접근으로 역사적 서술의 미비한 연구를 보완하고 정체성을 확립하는 데 그 목적이 있다. 이상의 결론을 요약하면 다음과 같다.

　첫째, 『재물보』(1798)에 나타난 탁견의 용어를 일반명사로 일부 학자들이 해석하였다. 하지만, 작가 미상의『백화당가』(1778), 김민순의 육당본『청구영언』(1829년경), 작자미상의 『남원고사』(1864~1869), Stewart Culin의 『『Korean Games with notes on the corresponding games of China and Japan』(1895), 김영제의 『동아일보』(1930년 2월 26일), 조선일보사의 『조광』(1941), 정희준의 『조선고어사전』(1948), 류창돈의 『이조어사전』(1964)까지 탁견과 씨름의 용어가 구분되어 각각의 고유명사로 전해지고 있다.

　둘째, 탁견과 택견 또는 태껸은 동일한 용어이다. 택견의 어원변화를 살펴보면 탁견→틱견→택견, 태껸으로 다소 특수한 'ㅣ'모음역행동화가 적용된 것이며 태껸은 택견과 거의 동시에 'ㄱ'의 연음화 현상에 의해 앞의 받침이 묵음화되고 뒷 자음이 경음화 된 현상이다.

　따라서 대부분 탁견용어를 고유명사로 기록하고 있다.

　셋째, 탁견 용어의 시대적 변천에 따른 차이를 정리하면, 일제강점기 이전에 홍명복의 『방언유석』(1778)부터 제임스 게일Gale, James Scarth의 『한영자전』(1897) 등에 탁견으로 표기하고 손기술과 발기술을 기록하고 있으나, 일제강점기 이후부터 조선총독부의 『조선어사전』

(1920)에 '택견', 최영년의 『해동죽지』(1925)에 탁견, 문세영의 『조선어사전』(1942)에 '태껸' 등으로 혼용하여 용어를 표기하고 발기술 위주로 기록하고 있다.

넷째, 탁견 용어의 한문 표기는 『한불자전』(1880)에 '擇遣', 『해동죽지』(1925)에 '托肩', '托肩戱', 예용해(한국일보, 1964년 5월 16일)에 '卓見'으로 기록하고 있다. 식자계층에서는 탁견이라는 표현은 매우 제한적으로 한문표기를 주로 사용했는데 음차音借로 한문을 썼을 뿐이다. 이능화의 택기연擇其緣도 발음 시에 나는 'ㅣ'모음역행동화현상을 따라 한 것을 한문으로 음차로 쓴 것을 봐도 알 수 있다. 그런 과정을 생략하고 한문표기를 내용 그대로 이해하려 하는 것은 오류이다.

다섯째, 택견의 이칭으로 박양박수 박양서각과 양각법이 있으며 이후 대체된 용어로는 유술이 있다.

1958년 택견명인 송덕기와 박철희 사범의 인연

1958년 박철희의 청와대 경무대 태껸권법부 사범 시절(1957-1960)
뒷줄 중앙 송덕기 선생, 박철희 사범(좌측 옆), 김수 사범(우측 옆)

1959년 송덕기 선생(右)와 박철희 사범(左) 경복궁 경회루

1959년 송덕기 선생(右)와 박철희 사범(左) 경복궁 경회루

1959년 송덕기 선생과 박철희 사범 경복궁 경회루

> 1960년 제17회 로마올림픽에 한국문화 소개를 위해서 공보부公報部에서 촬영한 사진. 경복궁 경회루(사진제공: 박철희).
>
> 1958년 3월 송덕기는 경무대 경찰무도대회(중앙유도장) 택견시범에서 박철희와 인연을 맺고 경무대의 상무관尙武館을 자주 찾았다고 한다. 이러한 인연으로 박철희는 송덕기와 '대한택견무도연구원'을 문교부에 사단법인 신청을 하였으나 1960. 4. 19 혁명 발발로 좌절되었다. 1961년 『체육대사전』에 박철희는 태권도의 명칭을 사용하지 않고, '태견'의 명칭으로 손기술(手技), 발기술(足技), 형(形), 대련(對練) 등을 기록하고 있다. 이후 박철희는 1971년 도미渡美하였다. 고용우는 송덕기에게 이전에 택견을 배운 분이 있습니까? 질문에 박철희 사범을 언급하면서 미국으로 갔다고 한다.

제3절 한국 전통무예의 다면성

- 조선 아동의 무예에 대한 인식과 격투기를 통한 내기를 중심으로

「조선의 씨름」 드릴 신부(출처: KBS)

Korean boys wresting(출처: 한국기독교회사)

기산 김준근 풍속도 「편싸움」

「百子圖」 씨름, 팔씨름, 택견하는 아이들(국립민속박물관 소장)

20세기 초 백자도 8폭 병풍에 씨름, 팔씨름, 택견으로 무예를 연마하는 아이들 풍경, 건물 현판 '연무전(宴舞廛)'이 아니라 '연무(演武)' 혹은 '연무(鍊武)'써야 맞다. 한문에 어두운 화공이 음은 같지만 틀린 한자를 쓴 '옥에티'다.
택견하는 아이들은 양팔을 들고 서로 겨누고 있다(부산일보, 2009. 11. 24.)

1. 들어가기

　전근대적 사회에서 무예는 사람을 살상하는 이미지가 비교적 농후했으며 그 이미지는 현대에 와서도 크게 달라지지 않고 있다. 다만 비교적 치안이 부재했던 과거에 비해 현대에는 그 이미지를 활용하여 다양한 문화콘텐츠의 중요한 원천소스로 활용하고 있다. 나영일 외는 다양한 영상매체에서 무예는 필수적인 요소로서 영화, 드라마, 애니메이션, 게임 등 무예가 활용되지 않는 곳이 없으며 극적 요소를 위해서 액션 장면을 사용하고자 할 경우 무예의 움직임과 기술은 원천소스가 된다고 하였다.

　그러나 과거 한국의 전통무예는 심각하면서도 각박한 무예의 속성만 존재했던 것이 아니라 아동들에게는 유희로, 성인들에게는 주석의 여흥이나 풍류, 혹은 내기의 중요한 소재로서 행해졌다. 특히 돈내기는 워낙 성행한 까닭에 국법으로 금지까지 한 대상이기도 했다.

　조선은 숭유崇儒와 주자학朱子學이 지배한 사회였다. 따라서 문文을 숭상하고 무武를 천시하는 상문경무尙文輕武 풍조는 나라가 풍전등화의 위기를 맞은 임진왜란 속에서도 크게 달라지지 않았다. 『선조실록』에 상(선조)이 이르기를, 경상도는 풍습이 잘못된 지가 오래이다. 비록 친형제라도 천자문千字文을 배우고 고상한 이야기를 하면 높은 자리에 앉히고 대우를 하지만, 활과 화살을 가지고 무술을 익히면 뜰에 내려가게 하고 천대한다. 그래서 변란35)을 당하기 전에 상주尙州에는 궁수弓

---
35) 1592년~1598년에 걸쳐 발생한 임진왜란을 의미.

手가 3인뿐이었다36)고 기록하고 있는데, 극단적인 상문경무의 풍조를 보여주는 것이다.

그런 상황 속에서도 불구하고 일반 대중에게 맨손무예는 상당히 성행하였는데 아이들에게 놀이였으며 어른들에게 술자리의 여흥이나 격투기를 통한 돈내기가 성행하였다. 다소 논외로 벗어나지만, 무예를 이용한 풍류는 기생들이나 여염집 부녀자들에게서도 행해졌다. 나이 어린 기생들조차 주석의 여흥으로 무예를 익혔는데, 북쪽의 연행길에 소재한 의주에서는 말을 타고 하는 기창騎槍, 쌍검雙劍과 검무劍舞가 현란한 퍼포먼스로 선을 보였으며 특히 기생들의 검무는 전국에서 확인된다. 『청성잡기靑城雜記』에는 내외가 엄격한 풍습 속에서 여염집 부녀자의 검무도 보이는데 파녀坡女는 활쏘기뿐 아니라 특히 검무를 잘 추어서 때로 홀로 춤을 출 때면 검기劍氣가 사방으로 뻗쳐 무인지경인 듯 거칠 것이 없었다고 한다.37) 검무는 무인武人들의 퍼포먼스로 등장하는데, 마상재 오순백吳順白의 검무劍舞는 구경꾼들이 담을 친 듯이 많이 모였다는 기록38)이 보인다.

이 장은 한국 전통무예의 다면성 가운데 아동의 무예에 대한 인식과 격투기를 통한 내기를 중심으로 서술하고자 한다.

---

36) 선조 54권, 27년(1594) 8월 15일(경신) 1번째 기사
37) 『청성잡기』청성잡기 제5권/성언醒言/불우한 여류 시인 파녀坡女
38) 김지남의 『동사일록』/일록/임술년(1681) 5월 15일(임술)

한편 아이들이 무예를 놀이 삼아 하기도 했지만, 임진왜란 당시 아이들로 구성된 아동대兒童隊라는 일종의 군사 하위조직을 만들어서 이들에게 조총사격과, 활쏘기 그리고 창검을 가르친 기록도 보인다. 물론 아동들을 직접 전장에 투입하려는 의도보다는 임진왜란이라는 미증유의 국난을 맞이하여 미래를 대비한 시도로 보인다.

활쏘기(숭실대 한국기독교박물관)

아동대의 경우는 조금 특수한 상황이었지만, 대체로 이러한 아동의 심신단련은 입신양명과 부귀영화로 가족의 성공한 미래를 의미하는 것으로 가문의 영광을 위해 민중은 강하게 자식의 성취를 염원하였다. 그리고 아동이 남자다운 놀이를 즐기고 용맹하기를 기원하였다. 아동들의 놀이로 씨름, 활쏘기 등과 같은 세시풍속과 군대놀이, 장원급제행차와 같은 상징놀이 등이 민속지나 서양인이 기록하거나 그림으로 남겼다.

택견은 국가무형문화재 76호이자 유네스코가 지정한 세계문화유산으로 과거 서울·경기지역에서 성행했으며, 『고려사』에서 보이는 수박과 수박희가 후대에 내려와 분화·발전된 것으로 알려져 있다. 수박과 수박희 그리고 택견은 조선 이전의 왕조인 고려에서 근대에 이르는 사서, 조선 말기에 외국인들의 기록에 공통으로 전해져 오고 있는 사실 중의 하나는 이를 이용한 내기가 성행했다는 점이다. 특히 내기를 즐기는 우리 민족의 기질적 특성은 맨손무예경기를 통한 내기까지도 오랜 세월 민중 속에서 성행되었다.

이러한 내기는 현대에도 각종 프로경기를 통해서 합법적으로 이루어지는 사례를 쉽게 찾아볼 수 있으며, 태국의 무에타이에서 아이들이 돈내기의 수단으로 활용되는 것도 마찬가지이다.

1890년 씨름경기(문화유산신문, 2020.5.13.)

2. 유희로서 무예와 아동대

1) 아이의 유희로서 무예와 국난國難시 군사 하위조직인 아동대

미국인 선교사 Allen, H.N

1884년 미국 최초의 한국파견 의료선교사였던 알렌Horace, Newton Allen은 오랜 세월 일이 많지 않아서 여가는 많지만 놀이문화가 발달하지 않아… 조선의 아이들은 어른들이 하는 노동을 놀이로 여긴다고 하였다. 아이들의 놀이문화가 현대처럼 발달하지 않았던 조선 시대에는 현대적 시각으로 볼 때 놀이와 노동이 구분되지 않았으며 아이들의 놀이 또한 무武와 구분이 되지 않았다.

맨손무예인 택견과 관련된 용어의 최초 등장은 대략 200여 년 전에 이만영이 편찬한 『재물보』의 「기희조」에 변 수박을 변이라 하고 각력을 무라 하는데 지금의 탁견이다(卞 手搏爲卞 角力爲武 若今之 탁견)는 부분으로 알려져 있었다. 정확한 연대는 알려지지 않으나 이보다 다소 이후 조선 후기 최남선의 육당본 『청구영언』(1829년경) 가운데 김민순(金敏淳, 1776~1859)의 시조에서도 용례가 보인다. 소년 15~20살 시절에 하던 일이… 솟구치는 놀이, 뜀박질과 씨름, 택견, 산으로 놀러 다니기(少年 十五 二十 時에 ᄒᆞ던 일이…속곰질 쒸움질과 씨름 탁견 遊山ᄒᆞ기)라는 대목이 있다. 그리고 『한불ᄌᆞ뎐』(1880)의 "튁(택)견擇遣ᄒᆞ다"에 상대를 발이나 손으로 가하는 공격을 똑같이 발이나 손으로 막아내는 것으로 이루어진 어린이들 놀이(경기)로 기록하고 있다.

미국 펜실베이니아 대학 교수였던 스튜어트 쿨린Stewart Culin이 1895년에 간행한 『동양의 놀이』에서 '택견하기'로 표기하고, 영어로 'Kicking', 불어로 'Savate(발차기 위주의 프랑스 격투기)'라고 풀이하고 있다 (Charles E. Tuttle Company of Rutland, Vermont & Tokyo, 1958). 어린이들이 하는 놀이 가운데 발로 상대를 차는 놀이라는 것을 알 수 있다.

Korean boys wresting(출처: 한국기독교회사)39)

신윤복의 대쾌도大快圖

1890년 아펜젤러 선교사 부부가 어린 아이들의 택견놀이 광경을 찍은 것이 있고, 18세기 화가 신윤복申潤福의 「대쾌도大快圖」에 위 사진과 흡사한 장면이 있다. 또 최남선의 『조선상식朝鮮常識』에 택견은 본래 무예의 일종이었으나 차츰 술자리의 여흥이 되고 아동들의 놀이로 변화하였다고 기록

---

39) A contest of Strength. Two kids are trying strength who is the stronger.

하고 있는데 이러한 모습이 외국인들의 눈에도 쉽게 눈에 띌 정도였으니, 택견이 당시에 보편적인 놀이였음을 알 수 있다. 실제 조선의 마지막 택견꾼 송덕기(1893년생)도 12세부터 택견을 당시 택견계의 최고봉인 임호林虎로부터 배우기 시작했다.

현재 조선 후기에 보이는 이전의 한글표기 택견기록은 확인되지 않는다. 다만 그 이전 시기, 조선 초기와 이전의 왕조인 고려에서는 수박手搏이나 수박희手搏戲로 불리던 맨손무예가 『고려사』나 『조선왕조실록』에 조선 초기까지 적지 않게 확인되고 있다. 이 수박과 수박희로 불리던 맨손무예가 후대에 이르러 서울·경기지역일대에서 분화·발전된 형태가 현재 택견으로 알려져 있다.

택견은 무예지만 아이들에게는 놀이였다. 조선 말기 단오 무렵 어른들의 택견판이 벌어지기 전에 여남은 살의 아이들에 의해서 이루어지던 애기택견이 바로 그러한 사례이다. 아이들은 놀이문화가 별반 없어서 어른들이 하는 일조차 놀이화하였으며 어른들이 하는 그 모든 것을 흉내 내어 따라 했는데 알렌은 조선의 아이들조차도 편을 갈라 석전石戰을 하기도 한다고 기록했다. 당연히 아이들의 놀이에는 활(아동편사)도 포함되어 있었다. 무예를 여흥삼아 놀이화시킨 것 가운데에는 검무劍舞가 있는데, 검무는 무인武人만 추는 게 아니라 당시에는 나이 어린 기생들도 추었다.40)

---

40) 임수간(任守幹, 1665-1721)의 『동사일기東槎日記』건 신묘년(1711, 숙종 37) 7월 4일

김홍도의 〈평양감사 향연도 平壤監司 饗宴圖〉

사실 기생이라 하여도 먹고 살길이 없는 가난한 집 아이나 어려서 고아가 된 여자아이들이 불가피하게 동기童妓에서 시작해서 나이 스물이면 기생나이 환갑이라는 속설이 있을 정도였으니 현대인의 시각으로 보면 아이 때 이미 무예를 풍

류로 알고 배운 것이라 하겠다. 『영조실록』에 역적 이인좌李麟佐의 아들은 나이가 다섯 살인데 능히 검무하는 모양을 짓고 있다.41) 즉 검무는 아이들의 유희이기도 했다.

육당본『청구영언』에 수록된 김민순의 시조에서 보듯이 맨손무예인 택견은 무예이기도 했지만 아이들에게는 놀이의 일종이었다. 아울러 성인들에 있어서는 주석酒席의 여흥거리와 노름(돈내기)으로 활용되기도 했다.

맨손무예란 심각하고도 각박한 전투기술이다. 이러한 무예는 전시戰時나 혼란스러운 사회에서 효용성이 높으나 사회가 안정되고 평화가 지속하면 그 가치가 낮아져 소외된다. 즉 문화도 수요에 따라 선호도가 달라진다. 우리 민족의 독특한 기질 중의 하나는 각박하고 심각한

---

41) 『영조실록』영조 4년 무신(1728)/7월24일 (계유) 2번째 기사.

전쟁이나 전투기술까지도 유희화·경기화를 통해 쉽게 풀어내는 성향이 많은데 이러한 기질적 특성은 적어도 주류를 이루던 맨손무예 전체를 관통하여 흐르고 있다. 그것은 고려의 수박이 수박희로 분화·발전되었듯이 실전택견에서 경기택견으로, 근대태권도에서 경기태권도로 분화·발전되는 흐름을 낳게 하였다. 이러한 역학구조는 전통적인 무예 양식의 변화이자 우리 민족의 기질적 특성에서 연유하는 것이다.

하지만 근본적으로 택견은 사람을 살상하는 무예였으며 실제 이러한 형태의 실전택견으로 지칭될 수 있는 기록들은 여러 곳에서 확인된다. 앞서 언급한 『재물보』의 내용에 이어서, 박재(撲梓. 나무치기)같은 종류도 탁견이라 한다. 여기서 박재의 재梓는 가래나무, 판목板木, 관棺, 널 등의 뜻이 있다. 가래나무 목재는 재질이 치밀하고 단단하며 뒤틀리지 않아 널리 이용되었다고 한다. 택견 하는 사람들은 이런 목재를 세워놓고 손으로 치거나 발로 차는 수련을 했다.42)

조선일보사의 『조광朝光』(1941)에 나무를 차서 배운 사람은 사람을 못 죽여도, 짚으로 배운 사람은 사람을 죽인다고 하지요! 라는 내용은 무예적인 요소로 인식된다.

---

42) 이러한 단련구는 박철희(1958)의 『파사권법』에서도 그림을 볼 수 있는데, 그림에서 볼 수 있는 박재는 이와 유사한 형태의 것으로 보여져 전통적인 단련방식의 하나였음을 시사케 해준다.

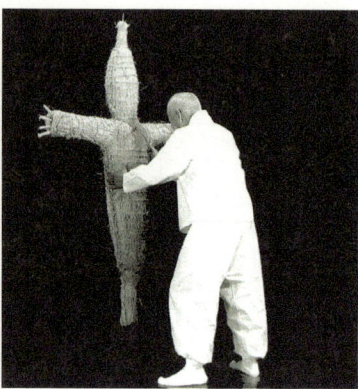

송덕기 선생의 허재비춤 (출처: 김정윤, 2002)

　현대에도 택견의 비전기술은 외부 노출을 극도로 꺼렸다. 김정윤은 송 선생(송덕기)은 필자의 스튜디오에서 촬영할 때 낯선 사람이 있으면 시연을 하지 않았다. 그리고 스튜디오 문 앞을 누군가 지나가기라도 하면 시연을 멈추고 '누구냐'고 묻기도 했다. 낯선 사람에게 기술이 노출되는 것을 아주 싫어하는 눈치였다는 기록과 고용우(2011.10.12)의 인터뷰에서 "송덕기 할아버지는 수련 중에 누가 지나가면 눈을 깜빡깜빡하시면서 동작을 멈추고 남들에게 기술을 노출하는 것을 아주 싫어하셨지요"라고 말했다. 단순한 경기 택견과 아이들의 유희로서의 택견놀이였다면 애써 감출 필요가 없는 것이다.

　무예가 어린아이들이나 청소년들의 놀이이기도 했지만, 임진왜란을 겪으면서 극히 일부에 국한되어 놀이문화에서 다소 변화하게 된다. 그것은 당시(선조) 훈련도감 산하에 아이들로 구성된 아동대兒童隊를 운용하게 된 것이다. 물론 아이들로 구성된 아동대가 전투를 목적으로 만든 것이 아님은 분명하다.

　특히 서애 유성룡의 글에 적의 포로가 되었다가 도망한 어린이 가운데 14~15세 이상 된 사람도 많고, 이 무리들은 오래 적중賊中에 있으면서 전투를 할 때 서로 베어 죽이던 싸움터를 따라다녀서 보고 듣는 것과 마음과 생각이 여염 아이들과는 아주 다를 것이다. 이들을 1백여 명쯤 불러 모아 몇 년을 가르치면 훌륭한 군사가 될 것이라고 서장書狀43)에서 거듭 강조한 것을 보면 유성룡의 서장이 단초가 된 듯하다.

훈련도감은 임진왜란이 발발한 다음해 1593년 10월 선조가 한성으로 환도한 후 공식적으로 설치되었다. 한성의 기민飢民들을 모집하여 군대를 편성하였고 이들에게는 하루 2승의 급료를 지급하였다. 즉 훈련도감의 군사들은 병농일치제의 군사가 아니라 국가재원에서 급료를 지급하고 이를 바탕으로 양성되는 전문적 직업군인인 급료병이었다. 이들은 조총을 다루는 포수砲手와 낭선 창검槍劍을 쓰는 살수殺手, 그리고 궁시를 전문적으로 다루는 사수射手 등 삼수병三手兵으로 구성되었는데『기효신서』를 따랐지만 당시 조선의 실정에 맞게 변용하였다.

그러나 가장 큰 문제는 화포를 쓰는 포수나 궁시를 쏘는 사수 외에 창검을 쓰는 살수는 군사들에게 환영을 받지 못하고 기피되었다. 우리나라는 예로부터 조선은 전투기술에서도 단병기보다는 직접 부닥치지 않는 장병기를 선호했다. 조선에서 전쟁의 대부분이 지극히 방어적 개념이었고 그래서 성城에 의지해서 싸우는 전술이 발달하였다. 그런 상태의 전투는 활이 대단히 유용했다. 반드시 성에 의지하지 않더라도 멀리서 적을 공격할 수 있는 활은 조선군의 제식무기였다. 그것이 발달한 것이 천자총통을 위시한 화포였다.

한국군의 방어적 전투력에 놀란 그리피스는 한국을 한 번도 다녀가지 않았지만 다음과 같이 썼다.

---

43) 『진사록辰巳錄』권2 乞抄擇精兵 以爲後圖狀 癸巳五月二十五日, 『서애선생문집西厓先生文集』권6 서장 乞抄擇精兵以爲後圖狀 六月

한국군은 野戰에서는 빈약하며 개인적인 용기도 나약하다. 그들은 짓쳐들어오는 적을 대적할 수도 없으며, 끈질긴 전투를 견뎌낼 수도 없다. 그러나 그들을 성 뒤에 둔다거나 궁지로 몰아넣어 보라. 겁에 질린 사슴이 오히려 사냥개를 놀라게 한다. 그들의 모든 본성은 오히려 더 강하게 된다. 그때 그들은 단순히 용감한 정도가 아니다. 그들의 용기는 더 높은 차원으로 승화된다. 그들은 최후의 한 사람까지 싸우며,… 임진왜란 당시 왜병이 목격한 바에 의하면 조선군은 야전에서는 고양이 새끼이지만 성안으로만 들어가면 호랑이처럼 버틴다. 丙寅洋擾(1866) 당시 조선군들은 벽 뒤에서는 무적의 힘을 과시했지만 실상 프랑스군들은 총을 겨눌 대상을 한 사람도 보지 못했다. 미국의 소수 수병들은 야전에서는 수천 마리의 갈매기와 싸우듯이 피해를 입지 않았지만 성안으로 들어갔던 그들은 용감한 巨人을 만났다. 미국의 총검 앞에서 이토록 훌륭했던 적은 일찍이 없었다. 비록 무장이 되어 있지 않을지라도 그들은 흙덩이와 돌멩이로써 마지막 한 사람이 죽을 때까지 싸운다. 광야의 양떼가 성안으로 들어가면 사자가 된다는 사실을 미국 수병들은 알았다.

자연 단병기로 상대를 살상하여 피를 보는 것을 꺼리기 마련이었다. 상대가 피를 흘리는 것도 싫지만 내 흰옷에 그 피가 묻는 것도 싫은 것이다. 선조 당시에도 우리나라의 검술이 없지 않았다. 선조 31년(1598) 선조가 동작강에서 명군의 진법 연습을 관람하는 가운데 타권과 몇 가지 무기술을 보고 난 후 우리의 칼 쓰는 법을 명군의 진유격에게 보여주는 대목44)이 나온다. "상(선조)이 우리나라 칼 쓰는 법

---

44) 선조 99권, 31년(1598) 4월 6일(경신) 2번째 기사.

을 보여주니, 유격이 말하기를, 기법은 좋으나 다만 죽기를 무서워하지 않도록 가르친 뒤에야 쓸 수 있습니다" 하였으니 가히 단병기에 대한 인식을 엿볼 수 있다.

임진왜란 중에도 살수의 필요성을 절감하고 당하堂下 무신들에게 5개월간의 검술훈련을 시켰지만, 그 성과도 기대 수준 이하였으며 이러한 결과에 대해 일부 측에서는 검술은 조선의 장기가 아니기에 무용한 군사훈련이며 혹은 창검술은 참으로 헛된 일이며, 비록 포수가 살수보다 낫다고 하더라도 조선의 장기인 화살만은 못하다는 평가가 나오기도 하였다… 조선정부는 왜검술의 습득에 대해 단기적인 대책보다는 장기적인 계획으로 아동을 뽑아서 왜검술을 익히게 하였다. 이와 같이 조선군 내에서도 단병기의 필요성을 절감하면서도 실제 꺼리는 바가 적지 않았다. 궁여지책으로 그나마 이러한 개념이 없는 훈련도감에 아동들을 모아 가르치기 시작한 것이다.

임진왜란 당시 아동들로 구성된 아동대에 관한 기록들은 몇몇 곳에서 보인다.45) 부족한 양식문제로 이 아동대의 폐지가 논의된 것이 선조 82권, 29년(1596) 11월 9일(신축) 5번째 기사에 나오는데 아동대는 그 의도가 뒷날의 급할 때 쓰기 위한 것으로 아동대가 교습한 것은 훈련도감의 사졸과 똑같이 포수, 살수로서 왜검과 사수로서 궁시를 익혔다.

아동대와 관련된 기록에서 시재에 입격한 아동들의 수는 포수로 뽑힌 아동이 15여 인(선조 27년, 1594년 6월 계유), 검술로 시재에 입격入格한 자가 19명(선조 28년, 1595년 6월 임술), 아동 포살수대兒童砲殺手隊 가운데 시재試才에 입격入格한 자는 19명이었으나 아직 입격 못한 자들

---

45) 선조 52권, 27년(1594) 6월 26일, 64권 28년(1595) 6월 19일, 64권 28년(1595) 6월 21일, 64권 28년(1595) 6월 29일, 65권 28년(1595) 7월 17일, 82권 29년(1596) 11월 9일, 121권, 33년(1600) 1월 13일 등.

중에도 뽑을 만한 아동이 많았으므로 다시 모아 시재하니 검술劍術 학습에 합당한 자가 16명인데, 전후에 뽑은 것을 통계하면 35명(선조 28년, 1595년 6월 경)이라는 기사가 있고, 특히 검술은 항왜降倭 여여문呂汝文과 산소우山所佑가 가르쳤다.

또 『선조실록』(선조 33년, 1600)에 비망기備忘記로 정원에 전교傳敎하기를, 어제 중국군들의 진 친 곳을 보았는데 그중의 한 부대는 모두 나무 몽둥이[木棍]를 갖고 있었다. 언젠가 중국 조정의 말을 들었는데 나무 몽둥이로 치는 기술이 긴 창이나 칼을 쓰는 것보다 낫다고 하였으니, 그 기술을 익히지 않을 수 없다.46) 또 권법拳法은 용맹을 익히는 무예인데, 어린아이들로 하여금 이를 배우게 한다면 마을의 아이들이 서로 본받아 연습하여 놀이로 삼을 터이니 뒷날 도움47)이 될 것이다.

이 두 가지 무예를 익힐 아동을 뽑아서 종전대로 이중군李中軍에게 전습傳習받게 할 것을 훈련도감에 이르라 하였다. 인하여 『기효신서紀效新書』가운데 나무 몽둥이와 권법에 관한 두 그림에 찌를 붙여 내리면서 이르기를, 이 법을 훈련도감에 보이라48) 한 대목을 주목할 필요가 있다. 이 대목은 시기적으로 선조 29년(1596) 11월 9일(신축), 아동대의 폐지가 논의 후에도 완전히 이루어지지 않았거나 시재에서 우수한 아동들이 잔류하고 있었음을 추측하게 한다. 아동대의 폐지 논의 이후 대략 4년여 후의 일이다. 선조가 아이들에게 목곤과 권법을 가르치라고 훈련도감에 내려 보낼 때 아동들을 거론한 것은 아동대의 삼수병 일부는 분명 남아 있었음이 틀림없다. 목곤과 권법 또한 뒷날을 위해 그 아이들에게 가르치라고 한 것이니 같은 맥락으로 보아야 한다.

---

46) 중국 조정도 칼이나 창 같은 병기가 우리 병사들에게 잘 맞지 않다는 점을 느껴 목곤을 권했는지도 모른다.
47) 이미 아이들 놀이가 장성해서는 군사훈련의 단초가 될 가능성을 알고서 언급한 것이라 하겠다.
48) 선조 124권, 33년(1600) 4월 14일 2번째 기사.

훈련도감이 때때로 시재試才함으로써 그중 우수한 자를 선발하여 논상하는 사례도 수차례 있었지만, 참혹한 전란 속에서 극도로 피폐해진 조선의 아이들이 우리가 흔히 생각하는 놀이처럼 훈련도감에서 가르치거나 배우지는 않았을 것이 자명해진다. 시재가 있었으므로 아이들의 장난처럼 가르친 게 아니라 엄격하게 가르쳤다. 왜군의 포로가 되었던 아이들이기도 했거니와 가르치는 항왜들도 전장에서 생사의 고비를 넘긴 자들로서 전란으로 인한 혼란이 진행 중이었기에 현대인이 상상할 수 있는 아이들 놀음수준의 단계는 분명 아니었을 것이며 엄격하게 제대로 가르치고 배웠을 것이다.

앞서 언급했듯이 당시 조선에는 아이나 청소년의 놀이문화가 따로 있는 것이 아니라 모든 일은 놀이와 구분이 되지 않았고 성인과 어린이의 놀이 또한 구분이 없었다.

알렌의 표현처럼 오랜 세월 일이 많지 않아서 여가는 많지만 놀이문화가 발달하지 않아, 조선에는 모든 성인들의 일이나 놀이가 아이들에게 놀이였다. 이러한 경향은 택견이 아이들의 유희이기도 했지만 성인들에게서 전파되었음을 의미한다.

우리 민족성은 사고가 경직되어 있지 않고 매우 유연하다는 것이며 그렇지만 일방적으로 받아들여 그대로 수용하는 것이 아니라 독특한 문화권을 형성하는 것이다. 이러한 국민성은 무예문화조차 쉽게 받아들이면서도 독특한 문화를 만들었다.

사실 그 전통은 현대까지 이어져 무예로서의 태권도가 그 틀에서 벗어나 올림픽 정식종목으로까지 발돋움하여 경기화 된 사실이 바로 그 대표적인 사례이다.

2) 수박과 택견 그리고 돈내기

고려 시대에 수박을 주로 하는 계층은 민중들에 의해 이루어졌다.

허인욱은 고려 시대 수박을 했다고 기록된 인물로 이들 중 출생지가 확인 가능한 이의민은 경주, 두경승은 전주 만경, 임견미는 평택, 변안렬은 심양인데 출신 지역이 다르다는 것은 다른 형태의 무예를 배웠을 가능성이 높다고 볼 수 있으며 만약 이들이 개경에서 성장했다면 같은 형태의 맨손무예를 배웠을 가능성이 높다고 하였다. 그러나 무엇보다도 그 이전에 수박이 그만큼 전국에 걸쳐 민중화, 대중화되었다는 가능성을 시사하는 것이다.

이후 『조선왕조실록』에 왕조인 조선 시대에는 갑사나 시위군사 뿐 아니라 중이나 종들까지도 수박을 하였는데 신분의 귀천貴賤, 승속僧俗을 막론하고 수박이 성행하였다.

    세종 1년에 해연海衍이라는 중이 힘이 세어 여러 사람에 뛰어나니, 명하여 머리를 길러 환속하게 하고 목면木綿 1필을 하사하였다.[49] 세조 3년에 중(스님) 혜명惠明이 중 의전義田을 고발하기를… 담양潭陽 향리와 관노 등은 나라에서 수박으로써 시재試才한다는 말을 듣고는 다투어 서로 모여서 수박희를 하면서 몰래 용사들을 뽑았다고 하였습니다.[50] 세조 13년에 천례(賤隷-천한 백성과 노예)로 하여금 과녁을 쏘고, 수박을 시키고 잘하는 자는 베[布]로 상을 주고, 이어서 술자리를 베풀었다.[51]

---

[49] 세종 4권, 1년(1419) 6월 20일(계사) 3번째 기사.
[50] 세조 9권, 3년(1457) 9월 16일(정축) 4번째 기사.

가장 민중화 혹은 대중화의 지표 중의 하나는 수박, 수박희 혹은 택견을 통해 이루어지는 도박판이라 할 수 있다. 예나 지금이나 도박판만큼 대중들의 흥미를 유발하는 대상은 흔치 않다. 어느 민족이건 간에 도박은 중독성이 있을 만큼 걷잡을 수 없이 빠지게 되지만 우리나라 사람들의 도박에 대한 사랑은 유별나다. 사서에도 나오지만 어른에서 아이들에게까지 도박은 성행되어왔으며 조선 말기에 우리나라를 방문한 외국인들의 기록에는 빠지지 않고 언급하는 것이 돈내기에 관한 것이다.

샤를르 달레Claude Charles Dallet는 조선에서 가장 유행하고 있는 것은 투전인데 이것은 법률로 금지되어 있지만, 이 노름은 특히 서민들 사이에 매우 성행한다. 어떤 파수막에서 야근을 하는 병사들에게만은 잠드는 것을 막기 위해 허가되어 있다고 적고 있다. 샌즈William Franklin Sands는 조선에서는 보통 남자 하인을 두고 있었고 모든 계층이 만성적인 도박꾼들이었다고 언급하고 있다.

이 돈내기는 무예에서도 예외가 아니었는데 무예를 이용한 돈내기에 관한 기록이 있다는 것은 바로 그만큼 무예가 대중화되어 내기를 좋아하는 경향과 병행해서 성행되었다는 의미이다.

『고려사』 형률조에 '박희(博戱, 수박희)로써 전물錢物을 내기한 자는 각각 장杖 일백一百이며, 그 유숙시킨 주인 및 범(凡. 내기 돈)을 대고, 모여서 도박을 시킨 자도 또한 장 일백이며, 음식을 걸고 활쏘기를 익히는 무예자는 비록 전물을 걸어도 죄가 없다(『고려사』 85권 39지 형법2조 금령)'는 기록이 전하고 있는데, 고려 시대에 수박희를 이용한 도박의 폐해를 미루어 짐작할 수 있는 대목이다. 반면에 같은 돈내기도 활쏘

---

51) 세조 42권, 13년(1467) 5월 7일(신미) 2번째 기사

기는 용인이 되었으며 고려뿐 아니라 조선에 이르기까지 두루 권장되었다. 조선 말기 서예가이며, 문인이었던 최영년이 편찬된 『해동죽지』(1925) 탁견희托肩戱조에 탁견희의 설명에서도 옛 풍속에 각술脚術이라는 것이 있는데 서로 대하여 서로 차서 꺼꾸러뜨린다.… 이것으로 혹은 원수를 갚기도 하고 혹은 재물과 여자를 내기하여 빼앗는다. 법관으로부터 금하기 때문에 지금은 없어졌다. 이 놀이의 이름을 '탁견'이라 한다고 기록하고 있다.

육태안은 신씨(신한승-중요무형문화재 제76호 택견 예능보유자)가 전해준 말에 따르면 구한말까지 전국의 씨름판을 돌며 황소를 타가는 전문씨름꾼들처럼 경찰의 눈을 피해 은밀하게 거액의 돈이 걸린 결련태껸판이 벌어졌었고, 패자는 반죽음의 상태에 이르곤 했었다는 송덕기 선생으로부터 전해들은 것으로 추정되는 신한승의 증언을 언급하고 있는데, 이 기록은 조선 말기 역시 돈내기와 더불어 택견이 민중화, 대중화가 되고 있음을 시사한다.

이러한 기록은 조선 말기에 우리나라를 방문한 여러 외국인들의 기록에서도 확인된다.

그리피스William E. Griffis의 기록과 1890년 연말 조선을 방문한 영국인 새비지 랜도어Arnold H. Savage-Landor의 기록이나 1900년 러시아 재무성에서 출판한 『한국지』 그리고 미하일 알렉산드로비치 포지오Михаил Александрович Поджио의 기록에서도 격투기를 이용한 돈내기에 대한 기록들이 수록되어 있는데, 이들 기록 배경이 대체로 조선 말기 서울이라는 사실이다.

위 내용들은 1872년에 집필하고 1874년에 간행된 샤를르 달레 Claude Charles Dallet의 『한국천주교회사』에서도 나온다. 여기서는 다만 돈내기와 관련된 사항은 빠져 있다.

맨손격투기를 통해 내기가 이루어지는 경우는 현대에서는 외국의 사례가 없지 않지만, 우리나라에서는 단순히 기록만으로도 고려에서 근대까지 공개적으로 또는 비밀리에 성행되고 있었다.

격투기 뒤에 석전으로 이어지는 경우에는 공개적인 행사일 뿐만 아니라 참여 인원들이 살상까지 이루어지는 격투기가 부상을 도외시한 살벌한 경기였음은 자명한 사실이다.

이상의 여러 기록을 통해 볼 때 수박과 수박희 그리고 택견은 대중에게 스며들어 격투기를 통한 내기 문화로까지 성행함으로써 나라의 제재를 받기도 한 사실을 알 수 있다.

3. 맺음말

　이 장은 한국 전통무예의 다면성 중 '조선 아동의 무예에 인식과 격투기를 통한 내기를 중심으로' 한 연구를 위하여 각종 문헌 고찰을 실시하였다. 이에 따른 요약은 다음과 같다.

　첫째, 조선은 숭유崇儒와 주자학朱子學이 지배한 사회로서 문文을 숭상하고 무武를 천시하는 상문경무尙文輕武 경향이 성행하였는데 그러한 상황 속에서 대부분의 무예들은 민중의 몫이었다.

　특히 놀이문화가 발달하지 않은 당시에는 놀이와 일이 별반 구분되지 아니하였고 무예 또한 놀이와 크게 구분되지 않았기에 민중들은 심각하면서도 각박한 무예의 속성을 상당 부분 순화시켰다.

　둘째, 과거 한국의 전통무예는 심각하면서도 각박한 무예의 속성만 존재했던 것이 아니라 아이들에게는 무예도 놀이의 일종이었고 성인들에게는 어전 행사를 비롯한 주석의 여흥 행사에서도 순화된 무예는 각광을 받았다. 한편 비교적 덜 순화된 무예는 내기의 중요한 소재이기도 했다.

　셋째, 아이들에게 있어서 무예는 검무, 활쏘기, 택견, 석전 등이 모두 놀이의 하나였으며 응당 전쟁놀이도 포함되었다. 기생들도 풍류로서 그리고 주석의 여흥으로 무예를 익혔는데, 북쪽의 연행길에 소재한 의주에서는 말을 타고 하는 기창騎槍, 쌍검雙劍과 검무劍舞가 현란한 퍼포먼스로 선을 보였으며 특히 나이 어린 기생들의 검무는 전국에서 확인된다. 검무는 무인武人들의 퍼포먼스로 등장하는데, '마상재 오순백吳順白의 검무劍舞에는 구경꾼들이 담을 친 듯이 많이 모였다.'는 기록이 보인다.

넷째, 무예로서 놀이나 풍류 혹은 여흥으로서의 속성은 민족적 기질과 유관한 것으로 보이는데, 모든 무예의 속성이 어느 정도 순화된 모습만 있는 것은 아니었다. 특히 격투기를 이용한 돈내기가 성행한 까닭에 다소 과격한 몸싸움이 벌어졌으며 돈내기가 국법으로 금지까지 한 대상이기도 했다. 그리고 마을 간에 발생하는 석전에서는 사상자가 나기도 했다.

20세기 초 씨름하는 모습 (문화재청)

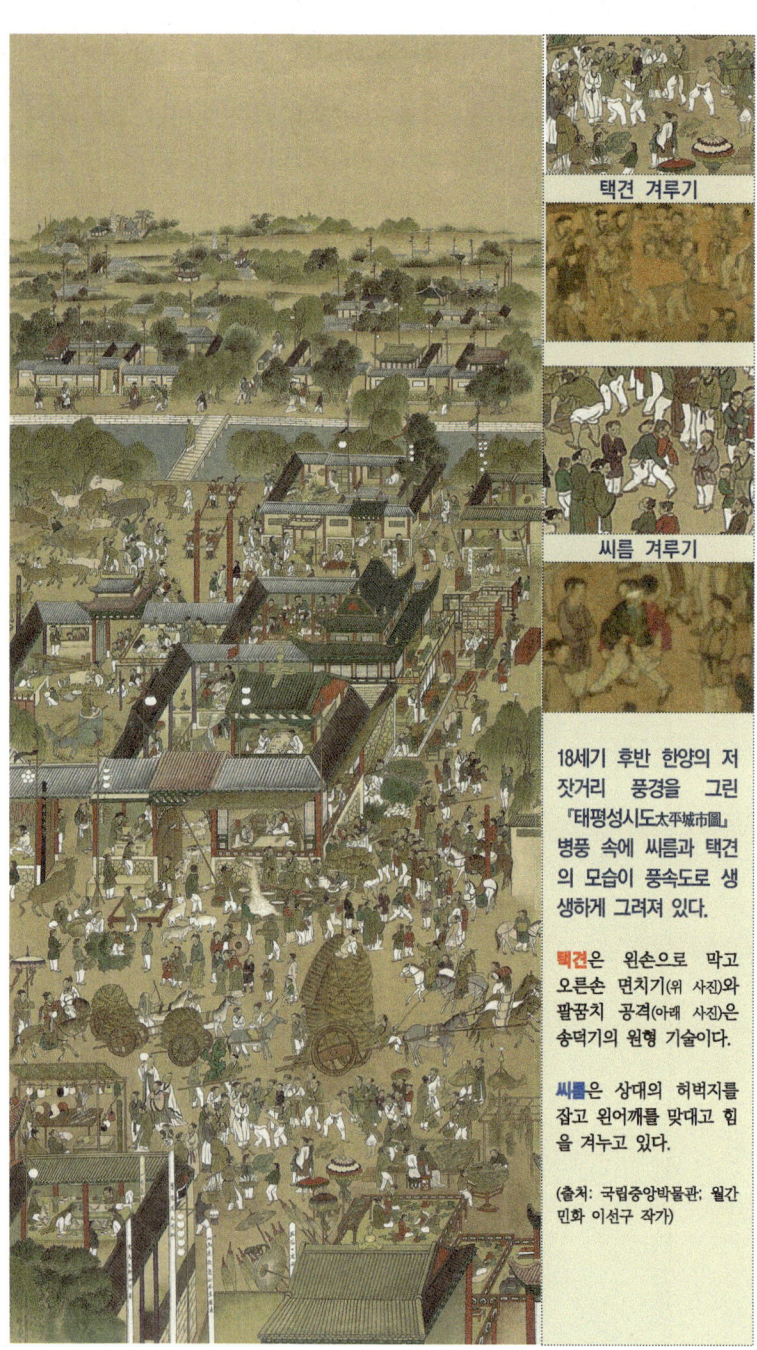

택견 겨루기

씨름 겨루기

18세기 후반 한양의 저잣거리 풍경을 그린 『태평성시도太平城市圖』 병풍 속에 씨름과 택견의 모습이 풍속도로 생생하게 그려져 있다.

택견은 왼손으로 막고 오른손 면치기(위 사진)와 팔꿈치 공격(아래 사진)은 송덕기의 원형 기술이다.

씨름은 상대의 허벅지를 잡고 왼어깨를 맞대고 힘을 겨누고 있다.

(출처: 국립중앙박물관; 월간 민화 이선구 작가)

제4절 택견의 수련계층에 관한 연구

혜원 신윤복의 「주사거배酒肆擧盃」 (간송미술관)

별감別監 왈자의 주 부류

기술직 중인의 일부: 역관
경아전층: 서리 · 겸인
액예: 대전별감 · 무예별감
군교: 군영 장교 · 포교
관서 하예: 승정원 사령 · 의금부 나장
시전상인: 이른바 전시정廛市井

1985년 송덕기와 고용우(신주)   송덕기와 고용우 (김정윤, 2002)

송덕기와 이준서 (시사피플, 2015.5.8.)

김정윤의 『태견 원전제작비화』(2006) 「마지막 전수자 송덕기」에

"송덕기 선생의 태견을 보면, 송 선생이 임호 선생으로부터 배운 기술에는 일본이 자랑하는 일본 고대무예 데코이(야와라 쥬쥬쓰)의 비전 기술들이 빠짐없이 보존되어 있었다. 뿐만 아니라 일본에서는 전국시대를 거치면서 오랜 전에 없어진 기술들도 송 선생은 시연을 했다. 미루어 보아 임호 선생은 정통계승자였고, 당대 일인자였음을 짐작 할 수가 있다."

1986년 송덕기 선생은 웅암동 해룡체육관에서 신주, 과시 등을 지도하셨다.

1. 들어가기

고려의 수박手搏은 무신의 난과 관련되어 최초로 기록에 나온다. 만약 무신난이 없었다면 『고려사』에서 수박의 기록은 상당 부분 드러나지 않을 수도 있고 다른 한편으로는 이미 무신난이 일어나기 훨씬 오래전부터 행해져 왔다는 의미이기도 하다.

그럼에도 불구하고 그 이전의 기록이 없었다는 것은 별반 기록할 만한 가치의 대상이 아니었다는 의미이기도 하고 실제로 『고려사』에 두경승은 전주 만경현 사람이다… 처음 공학군에 들었을 때 수박하는 이가 있어 경승을 불러 한패로 삼으니 그 외숙外叔 상장군 문유보가 이 말을 듣고 말하기를 수박은 천한 기예다. 장사가 할 바 못된다고 하니 경승이 드디어 나아가지 않았다(『고려사』 권100 별전 권13 두경승조)52) 는 문장처럼 천한 기예로 취급되었기 때문이기도 하다.

다시 말하면 무신난이 없었다면 관찬사서에서 취급하지도 않을 대상이기도 했다.

고려 시대 수박을 했다고 구체적으로 확인되는 사람들 중 출생지가 이의민은 경주53), 두경승은 전주 만경, 임견미는 평택, 변안열은 심양

---

52) 杜景升, 全州 萬頃縣人. 質厚少文, 有勇力. 初補控鶴軍, 手搏者招景升爲伍. 其舅上將軍 文儒寶, 聞之曰, "搏賤技也, 非壯士所爲." 景升遂不往. 後以隊正, 充厚德殿率龍. 鄭仲夫之亂, 武人多劫奪人財, 景升獨不離殿門, 秋毫無犯. 明宗初, 再遷散員, 李義方聞其名, 引爲內巡檢軍指諭. 一日退朝, 步出泰安門, 變服亡匿. 家人尋之三日, 得北山巖石閒, 問其故云, "嘗入直, 悅若夢有數人謀殺己, 懼而微服遁去, 俄有數萬人逐之, 因以至此." 人謂, "庚寅橫死者爲祟也." 義方聞景升復出, 喜曰, "此人世不多有." 復授指諭, 遷郞將.

53) 이의민이 수박희를 잘하여 의종에게 총애 받다.
李義旼, 慶州人. 父善以販塩鬻篩爲業, 母延日縣 玉靈寺婢也. 義旼少時, 善夢見義旼

이라 하였는데 그만큼 광범위하게 행해지고 있었다고 볼 수도 있다.

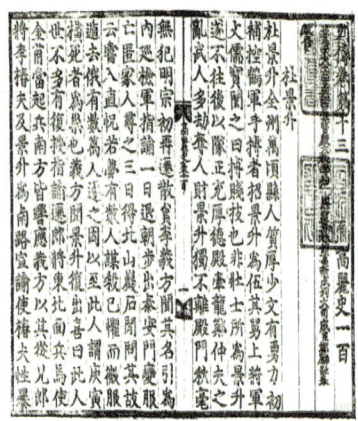

『고려사』 이의민 기록
(네이버 지식백과 국역 고려사 열전)

『고려사』 두경승 기록
(네이버 지식백과 국역 고려사 열전)

습수족은 국내에서는 주로 정도전에 의해 사용된 용어로 정도전의 『삼봉집』, 『해동잡록』, 『오주연문장전산고』에 보이며 심승구는 이와 관련하여 한국무예총서 Ⅸ-조선시대문집 해제에서 조선 초기 맨손무예에 능한 용사가 3만 명이라는 흥미로운 사실을 기록하고 있다. 이 내용은 『눌재집』 卷 3에 軍國便宜十事(군국에 편의한 열 가지의 일)을 언급하면서 대체로 병사兵士는 정예한 것이 귀하며 많은 것이 귀하지 않습니다.

우리나라의 인민은 무려 백만 호가 되옵는데, 그중에 활을 쏘는

衣靑衣, 登黃龍寺九層塔, 以爲, "此兒必大貴." 及壯, 身長八尺, 膂力絶人, 與兄二人, 橫於鄕曲, 爲人患. 按廉使 金子陽收掠拷問, 二兄瘦死獄中, 獨義旼不死, 子陽壯其爲人, 選補京軍. 乃携妻負戴至京. 會日暮, 城門已閉, 投宿城南延壽寺. 夢有長梯, 自城門至闕, 歷梯而登, 覺而異之. 義旼善手搏, 毅宗愛之, 以隊正遷別將. 鄭仲夫之亂, 義旼所殺居多, 拜中郞將, 俄遷將軍

부대로 공현控弦을 20만, 정병을 10만, 용사勇士를 3만 명을 뽑되…, 부분을 언급한 것으로 여기서 공현병 그리고 정병과 따로 구분된 용사에 대해 맨손무예에 능한 자들로 분류할 정도로 많았다는 의미이다. 단지 기록에 거의 남아 있지 않을 뿐 즉 시대에 따라 표현은 조금씩 달라도 맨손무예는 대중들 속에서 꾸준히 명맥을 이어온 것이어서 결코 생뚱맞은 일이 아님을 알 수 있다.

역성혁명을 이룬 조선에 왔어도 수박은 『조선왕조실록』에서 1410년 태종 10년부터 1467년 세조 13년까지 57년까지만 관련 기사가 나오고, 그 밖의 자료에서는 1500년을 전후로 기록이 나타나지 않는 시기적으로 매우 제한된 무예였다. 즉 역성혁명을 이룬 조선 초기에 무武에 대한 관심이 급증한 시기에 주로 관심을 받았으며 성행한 당시의 계층은 주로 사서를 살펴보면 시대는 달라도 신분의 귀천, 승속을 막론하고 수박과 수박희를 즐겼다.

이러한 풍습은 역성혁명이 일어나 정권은 바뀌었지만, 백성들은 바뀐 게 아니었다는 의미이다. 특히 조선 초기에는 일반 백성들의 가장 손쉬운 신분상승의 방법으로 수박과 수박희를 무재에서 선보임으로써 선군으로 선발되는 것이어서 이러한 동기부여는 당연히 민중화, 대중화에 기여하였다. 또한 수박희나 택견경기를 통해 시기는 달라도 오랜 세월 동안 돈내기 등에 즐겨 이용될 정도로 대중들의 사랑을 받았다. 즉 사서에서는 시기적으로 매우 제한된 무예처럼 기록되어 보이고 있으나 실제는 저간에 깊숙이 퍼져 있는 무예이기도 했다.

한편 당시 하층계급인 민중 속으로 침투된 또 다른 이유는 첫째, 고려와 조선을 막론하고 아무런 제약 없이 건강한 신체만으로 단련할 수 있으며, 어느 사회와 마찬가지 듯, 민중들 간에 완력이 사회 속에서 어느 정도 영향력을 발휘할 수 있기 때문이다. 특히 치안이 현재

보다 부재했던 시대에 그러한 경향은 비교적 현저했을 것이다. 둘째, 조선의 숭문천무 풍조 가운데서도 일반 백성들의 가장 손쉬운 신분상승의 방법이 무재武才를 통한 선군選軍이었으므로 이러한 동기부여는 수박, 수박희가 민중의 몫이자 대중화에 기여하는 계기로 작용하였을 것이다.

이후 수박은 사서에서는 거의 사라지지만 임진난을 전후하여 화살이 떨어지자 맨주먹(手搏)으로 싸움을 하다 왜적에게 전사하는 몇 건의 사례가 보인다. 임진왜란 당시의 전투기록인 『선조수정실록』과 『기재사초』에 나타난다.

이 기록들은 사서에서 그 기록이 단절되었지만, 민중 속에서 살아남아 꾸준히 그 명맥을 유지하고 있었다는 반증이기도 하다. 『선조수정실록』에 군위현軍威縣의 교생校生 장사진張士珍이 적을 토벌하다가 패하여 전사하였다.… 화살이 떨어지자 육박전(手搏)을 벌였다. 한쪽 팔이 잘렸는데도 쓰러지지 않고 남은 한쪽 팔로 계속 분격奮擊하였으나 마침내 전사하였다(宣祖修正 26卷. 25年. 1592)는 기사와 조헌趙憲(1544~1592)의 금산전투(1592. 8. 18)에서 의병들이 변변한 무기 없이 농기구나 수박을 통해 백병전을 벌였다는 기사(『기재사초』하, 임진일록, 3) 등이 해당한다. 물론 화살이 떨어지니 맨손전투를 할 수밖에 없겠지만 목숨을 걸고 전투에 임하는데 아무런 기예도 없이 했을 리는 만무하다.

그러나 저간에서 완전히 사라진 것이 아니라 단지 기록에서 사라졌을 뿐 택견은 조선 말기에 외국인들의 기록에서 보여주듯이 전문 싸움꾼들 사이에서는 돈내기의 수단으로까지 성행했던 무예였다. 이러한 풍조는 송덕기 선생의 진술도 있다. 즉 기록만 보더라도 고려에서 조선 말기까지 문화로써 면면히 이어온 것이다.

수박과 명칭만 달리 불리었지만 같은 맨손무예인 택견 역시 하찮게 취급된 경향은 여전하였다. 택견이 수록된 최초 기록들은 목판본조차 수록된 내용이 하나 없고, 『재물보』나 후대에 『청구영언』조차도 필사본이어서 이본異本들이 존재한다.

안동 일대의 '유교책판'이 유네스코 세계기록유산 등재를 위한 국내 후보 중 하나로 확정되었다. 내용은 주로 문집류로써 유학자들에 의해 생산된 기록물인데 과거 이 일대는 생업으로 담배 농사를 주로 해왔던 지역으로 땔감이 없으면 목판을 쪼개 땔감으로 사용하기도 했었다. 당시 그 지역에 살던 이들의 증언에 의하면 향교마다 목판이 가득했던 게 모두 땔감으로 사라졌다고 한다. 이렇게 개인 문집류조차 목판본이 존재하던 시기에 필사본에 극히 단편적으로 언급되는 상황은 택견에 대한 당시의 인식을 짐작하게 하는 척도가 된다.

퇴계선생문집 유교책판 (한국국학진흥원)

당연히 조선에서는 주류에서 한참 벗어나 하찮은 기예 취급을 받던 택견으로서 주로 성행하던 계층에 대한 기록은 거의 남아 있지 않다. 하지만 관찬사서에 기록은 거의 남아 있지 않지만 조선 말기나 근대화시기 기록들에는 편린이나마 단편적으로 남아 있어서 그 전모를 짐작케 한다. 그 기록들을 끌어 모아 택견 수련 계층에 대해 조명하고자 한다.

2. 택견 수련자에 관한 담론

　택견 수련인이 기록에 남은 것 중에는 아이들의 놀이로서 『한불자전』이나 『한영자전』 혹은 Stewart Culin이 쓴 『동양의 게임』에 수록된 내용과 육당본 『청구영언』 가운데 김민순의 시조에서 소년 15~20살 시절에 하던 일이… 솟구치는 놀이, 뜀박질과 씨름, 택견, 산으로 놀러 다니기 등이 보인다. 현대처럼 특별한 놀이가 없던 시절에는 어른이나 손위 형들을 흉내 내어 놀았던 것으로 소년 시절에서 청소년 시기까지 즐겨 행해졌던 놀이로 보인다. 물론 여기서 그치지 않고 나이 들어서도 각자의 위치에서 이어진 경우가 있는데 여기서는 주로 그 부분에 대해 언급하고자 한다.

　1864~1869에 쓰인 것으로 추정되는 『남원고사』에서 왈자들이 직접 하던 택견에 대한 기록이 있다. 그리고 초기 미국 이민자들의 가운데 한인 상당수의 광무군(대한제국군인)이 택견을 했다는 증언(천문권, 2011) 등이 있으며 송덕기 선생도 KBS(1984) 문화강좌 '선조의 수련세계 택견'에서 깡패나 별기군과 별순검이 택견을 했다고 증언했다. 왈자들에 대해 따로 설명하겠지만 소위 현대의 살인도 불사하는 폭력조직에 해당하는 검계가 포함되어 있었다. 추려 보면 극히 제한된 부류만이 택견을 행한 것으로 여겨지지만 당시 사회상에 견주어 볼 때 제한된 부류라기보다는 사회 전반으로 확산시킬 수 있다.

　택견이 성행했던 계층은 아이들의 놀이에서 왈자나 한량들, 중인 계층, 하급 군인, 현대판 조직폭력배인 검계 등으로 알렌의 표현처럼 오랜 세월 일이 많지 않아서 여가는 많지만, 놀이문화가 발달하지 않아 거의 모든 서민층에서 성행되었던 것으로 보인다.

아이들이 하던 택견은 놀이로서 제외하더라도 강명관은 왈자들에 대해 조선 후기에 기녀들은 국가에 복역하는 한편 시정에서는 기방을 열었는데, 이 기방을 장악한 이들이 왈자들이며 이

홍의초립 별감 신윤복의 「야금모행」(간송미술관)

들은 기방의 운영자인 동시에 고객이었다. 기부는 기생의 기둥서방으로 대개 기녀의 매니저 노릇을 하는 이들로서 기생을 장악하여 영업 일부를 차지하였는데, 기부는 대전별감, 포도청 포교, 의금부 나장, 승정원 사령 등 몇몇 제한된 부류만 될 수 있었다. 이들은 모두 왈자의 중추 세력으로서 기방의 고객이기도 하였다고 한 점이 주목할 만하다. 이는 현대의 유흥업과 조직폭력배의 결탁이 이미 오랜 세월 역사적 배경을 지닌 것이라 하겠다.

　실제로도 『남원고사』에서 왈자들이 씨름·택견하는 모습이 나오고 이규상이 『장대장전張大將傳』에서 검계가 자신들을 왈자라 칭하며 도박장과 창가에 종적이 두루 미친다고 한다. 물론 왈자의 중추세력만이 택견을 한 것이 아니라 중추세력 하부의 모든 패거리가 택견을 하였을 가능성이 크다.

　이규상은 『장대장전張大將傳』에 검계와 왈자에 대해서 다음과 같이 기록하고 있다.

서울에는 오래전부터 무뢰배들이 서로 모인 것을 '검계劍契'라 하였다. '계'란 우리나라에서 사람이 모인 것을 이르는 것이다. 검계 사람은 옷을 벗어 몸에 칼 흔적이 없으면 들어갈 수 없다. 낮에는 낮잠을 자고 밤에는 나돌아 다니는데, 안에는 비단옷을 받쳐 입고 겉에는 낡은 옷을 입는다. 맑은 날에는 나막신을 신고 궂은 날에는 가죽신을 신는다. 삿갓 위에는 구멍을 뚫고 삿갓을 내리 쓴 뒤, 그 구멍으로 사람을 내려다본다. 혹은 스스로 칭하기를 '왈자曰者'라고 하며, 도박장과 창가娼家에 종적이 두로 미친다. 쓰는 재물은 모두 사람을 죽이고 빼앗은 것이다. 양가의 부녀자들이 겁간을 당하는 경우가 많았으나, 대개가 호가豪家 자식들이어서 오랫동안 제압할 수가 없었다. 장대장장대장이 포도대장으로 있으면서 검계 사람을 완전히 잡아 없애고 발뒤꿈치를 뽑아 거리에 조리를 돌렸다.

그런데 정내교鄭來僑의 『임준원전林俊元傳』에 18세기경부터 이 폭력성이 민중과 결합하여 '임협의식任俠意識' 현상을 보인다.

서울의 민속은 남북이 다르다. 종로鐘路 이남에서 남산南山에 이르는 곳이 남부인데, 상인과 부호들이 많이 살아서 이곳을 좋아하며 인색하고 안마鞍馬와 제택第宅의 사치를 서로 다툰다. 백련봉白蓮峰 서쪽으로부터 필운대弼雲臺에 이르는 곳이 북부인데, 대개 빈호貧戶로 유식遊食하는 부류들이 살았지만, 왕왕 임협任俠의 무리들이 있어서 의기意氣로 교유하되 베풀어주기를 좋아하고 신의信義를 중하게 여겨 남의 환난患難을 잘 도왔다.

정내교는 주로 영조 연간에 활동했지만, 피전자인 임준원은 현종·숙종 대의 사람이므로, 대개 17세기 말 18세기 초의 정황을 그린 것이다. 이 자료의 '북부'는 경아전 층과 일부 기술직 중인의 집단거주지인 '우대'이다. 이 자료가 우대인 서울의 타지역 또는 타 계층과 차별적인 의식과 행동방식이다. 즉, 그들 특유의 에토스를 소유하고 있다. 우대에는 '우대문화'가 형성되어 있고, 우대 사람은 '우댓말'을 써서 한강·용산·마포 등의 강사람 또는 왕십리의 거주민과 언어의 차별성까지 있었다고 한다.54) '우대시조', '우대태껸'이란 말도 모두 문화적 차별성에서 유래한 것임이 틀림없다.

즉 서울·경기지역에서는 대개 농사를 짓거나 양반계층을 제외하고는 어린아이 때부터 자라면서 택견을 시작하여 나이가 들면서도 중인층 아니라 다양한 계층에서 그리고 각자 자신의 위치에서 꾸준히 택견을 했을 정도로 보급이 되어 있었다는 사회상을 말한다. 이러한 이유 중의 하나는 과거로부터 이어온 습속 중에 하나일 수 있고 다른 이유는 오랜 세월 일이 많지 않아서 여가는 많지만, 놀이 문화가 발달하지 않은 탓도 있을 것이다.

---

54) 조풍연. 추억의 서울 한국일보사편, 한국의 여로. 서울편, 1986.

1) 석전石戰과 택견

석전의 기록에는 항상 봉석棒石이 등장하며 택견은 구태여 언급하지 않으나 항시 포함되었던 것으로 언급되는데 매일신보(1921. 1. 31.)에 실린 녹동생이란 필명을 지닌 「臥牛山下에서 石戰을 보고」 기사55)에서 시골노인의 택견에 관한 언급이 나온다.

"육화唷嘩하는 야노野老의 담談을 문聞흔즉 왈曰 고석古昔에 원래原來 편전便戰 『편쌈』이라 하는 것이 양각법楊脚法 『틱견』과 가치 사봉使棒흐는 일종一種의 무예武藝를 연습演習흐는 것…"으로써 석전의 원래 취지를 설명하고 있다.

풀어쓰면 노인의 이야기를 들은 즉 옛날에 원래 편전(편쌈)이라 하는 것이 양각법楊脚法 『틱견』과 같이 작대기(봉, 使棒-매질꾼들이 사용)를 쓰는 일종의 무예연습을 하는 것으로써 처음에는 정직과 또 의협을 위하더니 사람들의 인심이 차고 낮아지더니 서로 살상하기만 위주로 하는 돌을 몰래 던지고 몽둥이로써 뜻하지 않게 저격을 하니 이는 원래 본뜻이 아니요. 일종의 나쁜 짓거리도 아닌 어지러운 전쟁이라 하며 한편으로 아프게 바로잡으며 세상의 풍속을 말하며 한편으로 오랜 풍속의 순박한 풍속을 말하더라.

즉 석전에서 양각법 택견과 몽둥이 쓰는 것(석전에서 매질을 의미)은 일종의 무예를 연습하는 것으로 인식되어 있었으나 점차 변질하였음을 언급하고 있다. 석전에서는 투석이 주이지만 근접전에서는 몽둥이

---

55) 필명 녹동생을 박경수(2010, 아동문학의 도전과 지역 맥락, 국학자료원)는 최호동으로 언급했다.

와 택견이 동시에 수반되었다고 할 수 있다.

편쌈이 한참이던 정월 보름날이 되면 동서남東西南의 삼대문 밖의 사람들과 애오개[阿峴] 사람들이 두 패가 되어 몽둥이나 돌을 들고 맞서서 만리현萬里峴에서 싸움을 벌이는데 이것을 변전(邊戰, 편싸움)이라고 하며 쫓겨 달아나는 편이 지는 것이다. 만일 삼문 밖 사람이 이기면 경기지방에 풍년이 오고 애오개편이 이기면 여타의 지방에 풍년이 든다고 한다. 그런데 편쌈은 거의 전국적인 현상으로 사상자가 속출하여 감독관청에서 금령을 내려도 쉽사리 고쳐지지 않았다.

편싸움에는 석전이 반드시 끼기 마련이었다. 먼저 싸움패들이 어울려 직다거리면 어린애 어른 할 것 없이 아우성을 치며 응원을 하지요.56)… 싸움에는 강사람57)을 이겨내질 못하니까 아래대 싸움패를 뽑아 먹여두고 길렀단 말씀이죠. 날치니 붕어니 하는 꾼들은 한때 유명한 싸움꾼였습네다(조선일보사, 1941). 즉 강대사람들이 워낙 싸움을 잘하니 아래대에서는 이를 위해 전문 싸움꾼을 뽑아 먹이고 길렀다는 것이다.

현재 택견이 발길질을 주로 쓰는 것으로 알려졌지만 당시 외국인들의 기록에서 깡패들이 하는 돈내기가 걸린 택견경기는 주먹을 많이 쓰기도 하는 살벌한 종합격투기였다. 송덕기의 스승이었던 임호는 장안 8장사 중의 한 명이었다. 매질꾼들의 뛰어난 발길질은 아무래도 택견과 연관 지을 수밖에 없다. 몽둥이를 쓰는데 어느 정도 간격을 유지해야 하므로 발길질이 유리한 것이다. 특히 녹동생이 시골노인과의 대화에서도 몽둥이 쓰는 법과 함께 택견을 구체적으로 언급하고 있다.

---

56) 석전이 벌어지기 전의 전초전을 의미하는데 처음보터 투석이나 몽둥이를 사용하는 것이 아니라 맨주먹으로 다투는 택견을 상상할 수 있다.
57) 강명관(2004)에 의하면 속칭 강대사람을 말하며 한강연안의 선업과 상업을 많이 하는 이들을 일컬으며 용산강, 마포, 서강, 양화진, 한강진으로 유추됨.

구한말 기개와 용력으로 대원군에게 발탁된 장사 이수영은 이여포, 이길동, 팔장사두령八壯士頭領, 운현궁맹호 등으로 불렸는데 20대엔 편싸움 장사로 유명했다. 송천만, 갑천, 종집 등의 장사들과 함께 우편(校寺洞 자하꼴)에서 활약했는데 그가 입는 옷인 '월남긴 옷'이라는 별칭으로도 불렸다. 그가 나타나면 편쌈이 싱겁게 끝날 정도로 힘이 셌다고 한다(학보, 1929).

이렇게 택견으로 명기된 사람들도 있지만, 서울에 거주하면서 편쌈에 유명한 매질꾼(선수, 돌팔매꾼, 혹은 싸움꾼)들이 있어 유명세를 떨쳤다(필자미상, 1928). 당시 유명했던 헌코, 방갓, 붕어(송천만), 보라족기 같이 주로 별명으로 불린 매질꾼 선수들은 남의 눈에 띄기 좋게 일부러 나막신을 신기도 했고, 성안城內 매질꾼은 발길질을 잘하고 방망이 몽치가 짧았으며 마포 매질꾼은 흰무명봉차에 두루마기 제쳐 입고 3-4자는 되는 긴 흰버드나무 뭉치(방망이)로 구별되었다고 한 데서 짐작되듯이 각기 특색 있는 복색, 방망이와 기술로 관중의 응원과 열기를 북돋웠다.

앞에서 언급했듯이 석전에는 봉석棒石이 필수이듯이 싸움재간도 필수였다.

현대인의 시각에서 보자면 택견꾼이나 매질꾼 혹은 돈을 걸고 하는 전문 싸움꾼이 각기 다른 부류로 보이지만 당시로써는 특별히 구분되지 않는 모두 같은 부류였다.

매일신보(1921. 1. 31.) 기사와 더불어 위의 기사에서 보듯이 편쌈의 매질꾼들은 전문 싸움꾼으로 특히 택견에 능했다는 것은 미루어 짐작할 수 있는 일이다. 지금은 주로 발을 많이 사용하는 것으로 알려졌지만 발질 뿐 아니라 주먹도 많이 썼다. 편쌈에서는 몽둥이를 썼기에 발질공격이 떨어져서는 유리할 수도 있었다. 매질꾼들이라 해서 몽둥이질만 잘하는 것이 아니라 담대하기도 하고 힘이 셀 뿐 아니라 택견에 능해야 하는 것은 당연지사이다. 매질꾼들은 당대 왈자들과 생활환경이 같기 때문이다. 송덕기의 택견 스승이었던 임호는 장안 팔장사 중의 한 명이었으며, 용력으로 대원군에게 발탁된 팔장사 두령 이수영의 괴력은 지면상 소개되지 않았지만, 상상을 초월한 기록이 별건곤에 소개되어 있다.

포졸들도 많은 수가 택견을 했지만 이들은 직접 석전에 참가하기도 했다. 서울 서대문西大門 밖 녹개천 편전便戰에서는 구경 나간 평양 시위대 병사들이 신에 못 이겨 돌팔매질을 가끔 했는데, 이들이 던진 돌은 그야말로 백발백중이었다. 포졸들은 대체로 관중을 보호하기 위해서 참석할 뿐, 교전에 개입할 수 없지만, 자신의 의지만 있다면 얼마든지 싸움판을 벌일 수 있었다. 그들은 누구보다 격렬하게 싸웠으며 군복이 더러워지지 않도록 늘 웃통을 벗은 채로 싸움을 시작했다(새비지 랜도어).

아현에서 편쌈이 벌어지자 경무청에선 순검 50여 명과 군부 산하 병정 100여 명을 출동시켰으나 병정들이 오히려 편쌈꾼들과 합세하여 돌을 던지며 추격했고 순검들은 모두 도주했다(제국신문, 1901).

편쌈의 매질꾼들들도 택견에 능했다. 매질꾼이 발길질을 잘 하는 것으로도 알 수 있으며 실제로 외국인들의 기록에서 보듯이 전문싸움꾼들이 돈내기 격투를 하다가 석전으로 이어지기도 했다. 군총들이 많이 살던 아래대에서 석전에 써먹으려고 싸움패를 먹여 두고 길렀다는 유명한 싸움꾼들에 관한 기사만 보아도 알 수 있다. 매질꾼이라 해서 석전 시에나 몽치를 들고 다니지 평시에는 맨손으로 다녔을 것이고 그들의 명성에 걸맞게 무예를 지니고 있었음이 분명하다.

석전에 참석하는 모든 백성들이 택견을 익혔다고 보기는 어렵지만 적어도 상당수의 매질꾼이나 싸움꾼은 모두 택견을 익혔다고 볼 수 있다.

2) 몰락한 양반

예외로 맨손무예의 뛰어난 기량을 보였던 드러난 관리들도 있다. 이들은 몰락한 양반의 자제로서 어릴 적 택견을 배울 기회가 있었던 사람들이었다. 박천군수를 지냈던 양익명이 숙종 앞에서 맨손으로 돌을 깨고 던지는 돌을 손과 발을 이용해서 받아내는 모습은 『숙종실록』(숙종 18년 8월 9일 병술 1번째 기사)에서 보인다. 이를 북한학자 리재선(2010), 선희창·조남훈(2010) 등은 수박으로 일컫고 있다.

숙종 18년(1692)이면 관찬사서에서 수박에 관한 기록은 전혀 보이지 않는 시기이다. 수박으로 표현하지는 않고 임금이 친림하여 무재를 관람하는데 단지 무예를 친열하는 것으로 표현되어 있다. 수박이라는 어구는 어디에도 보이지 않으나 수박 이외에는 달리 해석할 수 없으며 꾸준히 수박이 행해져 왔음을 반증할 뿐 아니라 양익명이 저 정도의 솜씨를 갖추려면 상당 기간의 수련이 뒤따랐다고 보아야 할 것이다.

강원도와 함경남도 도지사를 지냈던 이규완은 몰락한 왕족의 후예로서 초년은 극히 불우하여 뚝섬 나무장사의 아들로 태어나 박영효의 청지기로 들어간 것이 출세의 계기가 되었다. 그는 당시에도 알려진 뛰어난 택견꾼(김진구, 1929)이었다.

즉 몰락한 양반의 자제로써 어린 시절 택견을 배울 기회가 있었다든가 혹은 원래 무예에 관심이 많아 스스로 익힌 사람들이었다. 그들은 기록에는 남아 있지 않으나 단편적으로 알려지고 있다. 그중에 하나가 양반 중에 왈자가 있었는데 그들은 무반이었다. 원래 양반이 기방을 드나드는 것은 사회적으로 금지되어 있었으나 무반은 세상물정을 알아야 한다는 이유로 출입이 가능하였다(강명관). 직업상 왈자의 세계에 접촉해야 했기에 택견을 익히게 된 것이다.

안성군수를 지낸 윤영렬은 담력이 과인할 뿐 아니라 날내기가 비호같아서 비호장군으로 일컫기도 했는데 20여 세 한참 혈기방장한 때 도적 떼를 잡으러 단신으로 소굴로 가서 소탕하거나 단신으로 도적 떼를 투석으로 소탕하는 기록이 있다(구석산인, 1929). 백발백중을 자랑하는 그의 투석은 당시 투석전에 필히 수반되는 택견을 상기할 수 있다. 차력대신으로 유명하던 이범진은 이경하의 서자로 태어났지만 팔장사 두령 이수영과의 약관시절에 행한 절세지용의 불한당의 소탕전(학보, 1929)과정에 드러난 맨주먹의 활약은 당시의 택견과 결부 지을 수 있다.

3) 군인과 택견

KBS(1984) 문화강좌 '선조의 수련세계 택견'에서 송덕기는 별기군(1881년에 설치된 신식 군대)과 별순검이 택견을 했다는 증언과 일치한다. 1861년 훈국마, 보군, 별기군 가운데 무예별감이 존재하였다. 이는 군인과 경찰뿐 아니라 시위까지 모두 택견을 익혔다는 의미이다. 앞서 언급한 팔장사 두령 이수영李秀暎은 대원군의 추천으로 어전시위가 되었다가 나이가 들어서도 운현궁의 시위가 되었다. 특히 송덕기 선생의 택견 스승이었던 임호는 이수영과 함께 팔장사에 속하기도 했다.

1881년 5月 高宗 18年 五軍營으로부터 身體가 强健한 80명의 志願者를 特選하고 이들을 武衛營에 소속케 한 中央에 最初로 創設된 新式軍隊였던 別技軍 Ideology &Life (歷史百科)

초기 아메리카 한인 이민의 상당수가 해산된 광무군(대한제국군인) 출신들이었다. 그들에게는 군대 생활을 하면서 익힌 남다른 무술 실력이 있었다.

1977년 취재 당시 99세로 샌프란시스코에서 말년을 보내고 있었던 1세 동포 양주은 선생은 일본사람들이 그때 시절에는 원수니까 일본사람과 맞부딪치면 우리나라 사람들이 막 조져댔거든.… 서울에서 군인이었던 사람들이 있었는데 그 사람들이 택견을 하는 거야. 두발로 이마를 차는 것인데 이런 사람들이 일본사람을 치면 한사람이 일본사람 열 스물을 쳐.… 그래서 일본사람들이 한국 사람한테 달려들지를 못했어(천문권).

멕시코의 한국인들은 더욱 대담하게 행동해서 멕시코 일본대사를 구타하기도 했다(천문권. 2011.03.08). 이런 진술로 비추어 볼 때 광무군 출신뿐 아니라 대부분의 하급군인들이 택견을 한 것은 확실하다.

광무군 출신들의 일부는 의병활동과 국외로 빠져나가 독립운동에 힘썼다. 원의상(1969)의 신흥무관학교 회고록을 읽어보면 신흥무관학교의 체육으로는 엄동설한에 야간파저강 통화군 70리 강행군을 비롯하여 빙구운동·춘추대운동·격검·유술·축구·철봉 등으로 강인불굴의 체력을 부단히 연마해 왔다. 여기서 격검과 유술을 제외하면 대개 구미 쪽에서 유입된 신학문과 관련 있는 체육인 것을 알 수 있다. 주목해야 할 것은 교과과정 내에 포함되어 있던 격검과 유술 중 유술은 택견을 의미한다고 할 수 있다. 물론 격검도 당시 총포가 한창 사용되던 시기여서 일본인들이 하던 격검이 아니라 단검을 쓰는 법이나 우리 식의 격검이었을 가능성이 적지 않다.

대개 유술은 당시까지 별반 쓰임새가 없던 용어로 일본 문화가 자연스레 유입된 것으로 착각할 소지가 많은 용어로 받아들여졌지만, 실제는 기존의 택견이 이름을 달리하여 새로운 이름으로 재탄생한 것이라고 할 수 있다. 시대상 택견이라는 이전의 이미지와는 달리 당시 일본의 신식문화에서는 택견이라는 하찮은 이미지보다는 고급이미지를 사용하고 있었으므로 자연스레 유입되어 정착된 것으로 보인다. 실제로 황성신문에서 언급하고 있는 우리 자체의 유술이란 표현(황성일보 만평, 1910년 6월 26일)이나 독립운동가 안자산도 유술이 택견임을 언급한 바 있다(안자산, 1930). 가장 강력한 국수주의적인 신흥무관학교 정규학습과정으로 채택된 것만 보아도 알 수 있다.

군대에서 익히는 신체활동은 건강한 신체를 유지하는 것과 무기를 효과적으로 쓰는 것이다.

뿐만 아니라 어려운 임무를 맡는 부대일수록 수많은 상황에 대처하기 위해서 휴대하기 편한 가벼운 무기나 맨손으로 적을 살상하는 기술을 필수적으로 익히게 된다. 이 기술이 신흥무관학교에서의 유술이며 그 효과는 육태안이 송덕기로 전해들은 바 있는 신씨(신한승)가 전해준 말에 따르면 구한말 까지 전국의 씨름판을 돌며 황소를 타가는 전문씨름꾼들처럼 경찰의 눈을 피해 은밀하게 거액의 돈이 걸린 결련태껸판이 벌어졌었고, 패자는 반죽음의 상태에 이르곤 했었다는 내용과 다름 아닌 것이다.

舊韓末 · 寫眞展(2) Ideology &Life (歷史百科)

4) 왈자와 택견

송덕기가 출연한 KBS(1984) 문화강좌의 '선조의 수련세계 택견'에서 問(이보형) 마을끼리 하는 것 말고 호신술로도 택견을 했는지요? 答(송덕기) 예 그거는 결련태껸이라고, 그때는 막참니다. 중인들이, 깡패들이 했다고 언급한 부분에서 소위 깡패들은 왈자나 검계가 해당될 수 있다. 아울러 후술되겠지만 일부 마을에서 전문 매질꾼으로 키우는 사람들도 해당할 수 있다.

매질꾼 선수들은 남의 눈에 띄기 좋게 일부러 나막신을 신기도 했고, 월남긴 옷이라는 별칭이나 각기 특색 있는 복색은 조선 시대의 제한된 왈자들의 일부가 차려입는 복색이다. 왈자들은 검계의 전통을 따라 하기도 했는데, 낮에는 자고 밤에 돌아다니고, 안에는 비단옷을 입고 겉에는 낡은 옷을 입으며, 맑은 날에는 나막신을, 궂은날에는 가죽신을 신는다니, 일상적 행위를 철저히 뒤집는 일견 저항 의식의 소산으로 여겨진다.

왈자의 활동공간과 검계의 활동공간은 일치한다. 이규상이 『장대장전』에서 검계가 자신들을 왈자라 칭하며 도박장과 창가에 종적이 두루 미친다고 했는데, 강명관은 검계는 왈자에 포함된 부분집합이라 하였다. 즉 검계 구성원은 기본적으로 왈자가 되지만, 모든 왈자가 곧 검계는 아니라고 하였다. 왈자에 대한 이미지를 상상할 수 있는 대목이다. 조선 후기에 기녀들은 국가에 복역하는 한편 시정에서는 기방을 열었는데, 이 기방을 장악한 이들이 왈자들이며 이들은 기방의 운영자인 동시에 고객이었다. 기부는 기생의 기둥서방으로 대개 기녀의 매니저 노릇을 하는 이들로서 기생을 장악하여 영업 일부를 차지하였는데, 기부는 대전별감, 포도청 포교, 의금부 나장, 승정원 사령 등 몇몇 제한된 부류만 될 수 있었다. 이들은 모두 왈자의 중추 세력으로서 기방의 고객이기도 하였다.

왈자는 폭력적 성향을 띠고 있으며 특히 한량의 성격과 밀접히 연결될 수 있을 무인적 기질이 있는데, 좋게 말하면 그들이 자칭하는 협객이지만 나쁘게 말하면 저급한 폭력배이다.

이들이 택견을 행했다는 기록은 흔치 않지만 택견 이외의 다른 무예를 짐작하기는 힘들다.

왈자들이 택견과 관련이 있었다는 사실은 다음 몇 가지 기록으로 미루어서도 추정할 수 있다. 왈자들과 기생 그리고 유흥업 그리고 도박은 불가분의 관계이다.

최영년의 『해동죽지海東竹枝』(1925) 가운데 탁견희조에서 이것으로 원수도 갚고 혹은 사랑하는 여자를 내기하여 빼앗기도 했다. 법관으로부터 금함을 당하였기 때문에 지금은 이런 장난이 없다. 이것을 '탁견'이라고 한다. 미인을 두고 다투는 것도 풍류아의 기질/단번에 초선을 빼앗으면 의기가 양양하다.

그리고 민속학자 이능화(1869~1943)가 일제강점기에 발간한 기생에 관련한 책 『조선해어화사朝鮮解語花史』(1926)에 우리나라 풍속에는 미동美童이 하나 있으면 여러 사람이 질투하여 서로 차지하려고 장소를 정하여 각법脚法, 속칭 택기연으로 자웅을 겨뤄서 이긴 자가 미동을 차지한다. 조선조 철종 말년부터 고종 초까지 대단히 성했으나 오늘날에는 볼 수 없다는 대목은 전형적인 왈자이거나 이와 유사한 무리로서 왈자의 세계와 연관되어 있음을 보여준다.

별감은 왈자놀음을 주도하던 부류로서 세간에서는 협객으로 통하기도 하였던 모양이다. 그러나 협객은 대체로 왈자들이 스스로 부여했던 명칭인 것으로 나타났다. 또한 한량은 왈자집단을 구성하는 막연한 의미의 하위집단이 아니었다. 별감이 주로 화려한 외양과 권력 밀착적인 면에서 왈자의 성격을 대표한다면 한량은 특히 폭력적 성향에 있어서 왈자의 성격을 드러내는 부류였던 것으로 보인다. 그리고 왈자는 이처럼 다양한 의미의 부류들을 총칭하는 용어이다.

검계는 그야말로 비밀 폭력조직이다. 게다가 이들을 창포검菖蒲劍58)을 휴대하고 왈자라 칭하기도 하였는데 앞에서 살펴본 자료들에 의하면 이 모습이 바로 협객의 류類로 자처함에 다름 아니다. 이들은 일반적인 도적떼와 같은 무리가 아니라 '호가의 자식들'을 주축으로 한 왈자 집단이다. 그리고 호가의 자식들이란 대체로 한량을 중심으로 한 부류일 것으로 보인다.

창포검/조선시대(영남대학교 박물관 소장)
검신이 일직선이며 한쪽 면이 창포잎처럼 두툼하다. 칼집과 자루 모두 어피로 감쌌다.

왈자와 검계는 다른 부류이나 활동공간과 검계의 활동공간은 일치한다. 이규상이 『장대장전』에서 검계가 자신들을 왈자라 칭하며 도박장과 창가에 종적이 두루 미친다. 쓰는 재물은 죄다 사람을 죽이고 빼앗은 것이라고 했는데, 강명관은 검계는 왈자에 포함된 부분집합이

---

58) 양쪽에 날이 있고 가운데에 혈조血漕가 나 있는 창포잎 같은 모양의 검劍

라 하였다. 즉 검계 구성원은 기본적으로 왈자가 되지만, 모든 왈자가 곧 검계는 아니라고 하였다. 왈자에 대한 이미지를 상상할 수 있는 대목이다. 조선 후기에 기녀들은 국가에 복역하는 한편 시정에서는 기방을 열었는데, 이 기방을 장악한 이들이 왈자들이며 이들은 기방의 운영자인 동시에 고객이었다.

기부는 기생의 기둥서방으로 대개 기녀의 매니저 노릇을 하는 이들로서 기생을 장악하여 영업 일부를 차지하였는데, 기부는 대전별감, 포도청 포교, 의금부 나장, 승정원 사령 등 몇몇 제한된 부류만 될 수 있었다. 이들은 모두 왈자의 중추세력으로서 기방의 고객이기도 하였다.

왈자는 폭력적 성향을 띠고 있으며 특히 한량의 성격과 밀접히 연결될 수 있는 무인적 기질이 있는데, 좋게 말하면 그들이 자칭하는 협객이지만 나쁘게 말하면 저급한 폭력배이다

물론 제한된 일부가 그런 경향을 지녔을 뿐 그나마 긍정적인 이미지를 지닌 사람들도 적지 않았다. 대표적으로 『추재기이秋齋紀異』에 실린 강대사람 김오흥이 있지만 강대사람들의 기질은 말보다 힘이 앞서고 난폭하지만 협기를 숭상하는 풍기를 지녔고 경아전을 중심으로 하는 우대주민들은 가난했지만, 의리와 협기가 있어 임협 노릇을 하는 사람이 많았다고 한다. 김오흥은 용력이 절륜하여 읍청루(서울 마포 쪽 훈련도감 별영에 속했던 유명한 누대) 처마에 올라가서 기왓골에 발을 걸고서 거꾸로 가기도 했으며 제비나 참새처럼 민첩했다고 한다(강명관). 의리와 협기를 내세우고 암협 노릇을 우선하는 이들이 당연히 택견을 익힌 것은 자명한 사실로 본다.

서울지역에서 유통된 세본책일 것으로 보이는 『춘향전』의 이본 『남원고사』에 왈자와 한량이 함께 등장하는데, 춘향이 옥에 갇혔다는 소

식을 듣고 남원의 왈자들이 찾아가는 부분이다. 그런데 이들은 남원왈자가 아닌 서울왈자의 모습을 하고 있다. 그 내용의 일부를 발췌하면 모든 왈자曰字들이 가사歌辭 하나씩 하자하고 한 왈자 춘면곡春眠曲을 한다.… 한편에서는 노름한다.… 또 한 왈자 언문책을 본다.… 탁견, 씨름, 주정酒酊싸움 이렇듯이 분난分亂할 때 옥사장이 하는 말이, 여보시오 이리 구시다가 사또 염문에 들면 우리 등이 다 죽겠소… (이태화).

이렇듯 왈자들은 무법천지여서 옥에 갇힌 기생의 옥 수발을 위해 감옥 앞에서도 분란을 서슴지 않는 행태를 보인다.

『남원고사』에서는 왈자들이 직접 택견과 씨름을 한다는 기록이 보이는 것이다.

군인들이 택견을 하고 왈자들도 택견을 했는데, 당연히 일반인도 했을 것이다. 송덕기 선생만 해도 군대에 입대했지만, 축구를 즐겼고 후에는 황학정에서 국궁을 했다. 군대에서는 사병들에게 뜀틀과 철봉 등의 근대식 체조를 가르치기도 하였고 불교축구 선수단에 선수 생활을 하기도 했다. 후에 택견으로 크게 알려지지 않았다면 택견과 연관 짓기 어려울 것이다. 송덕기 선생만 해도 그런 상황이었으니 다른 이들은 더 말할 나위가 없다.

지금까지 알려진 택견꾼은 우대에는 사직골의 임호, 송덕기, 등 10여 명이 있고, 누상동에는 장칼이란 별명을 가진 택견꾼도 있었다. 한편 아래대 사람으로서는 구리개의 박무경, 김홍식이 있고, 왕십리에는 박털백, 강태진, 신재영, 살꼬지다리에는 전진영, 이경천 등이 알려진 택견꾼이다. 당시에는 보통 우대마을 사람이라고 하면 이서들을 말하고, 아래대 사람이라고 하면 하급 장교 이하의 군인들을 지칭하였다. 따라서 택견꾼들은 대개 중인이나 군총사람이었고, 무변 출신의 한량과 상공업에 종사하는 사람들이 끼어 있었다.

중간 신분층의 주거지인 우대와 아래대에는 대개 기술직 중인·경아전·시전상인·군교軍校들이 살았으며 우대와 아래대의 주민은 경아전京衙前59)과 별감, 겸인傔60)이 주축을 이루며 아래대의 주민은 군교, 군총軍摠, 군오軍伍 등으로 불리는데 각 군영(훈련도감·금위영·어영청·총융청·용호영 등)에 소속된 직업군인으로 그 구성원은 하급 장교와 절대다수의 군사들이 모여 살았다.

성 밖의 왕십리를 아래대에 포함시키기도 했지만 앞의 알려진 택견꾼들은 단지 우대와 아래대만 비교했을 뿐인데도 주민의 신분과 상관없이 다양하게 구성되어 되어 있음을 알 수 있어 많은 계층에서 택견이 성행되었음을 반증하게 한다.

---

59) 조선시대 중앙 각사各司의 하급 관리.
60) 예전에, 양반집의 수청방守廳房에 있으면서 여러 가지 잡일을 맡아보고 시중을 드는 사람을 이르던 말.

3. 맺음말

택견 수련 계층의 기록을 살펴보면 다음과 같다.

첫째, 아이들의 놀이에서 그리고 1864~1869에 쓰인 것으로 추정되는 『남원고사』에서 왈자들이 직접 하던 택견에 대한 기록이 있다.

둘째, 초기 미국 이민자들의 가운데 한인 상당수의 광무군(대한제국 군인)이 택견을 했다는 증언 등이 있으며 송덕기 선생도 깡패나 별기군과 별순검이 택견을 했다고 증언했다. 즉 현대식으로 표현하자면 어전시위를 포함한 시위나 군인이나 경찰이나 깡패나 모두 택견을 했다.

셋째, 특히 당시 전국적으로 성행하던 석전의 전초전에서는 싸움패들이 어울릴 때는 택견으로 시작되었다. 투석이 진행되면서 공방이 이어질 때면 몽둥이와 택견으로 근접전이 벌어지기도 했다. 그래서 매일신보 기사에서 몽둥이질과 택견을 일종의 무예를 연습하는 것으로 인식되어 있었으나 점차 변질하였음을 언급하고 있는 것을 보면 기록에는 별반 나와 있지 않으나 상상 이상으로 대중에게 보급되어 있음을 알 수 있다. 그런 사회적 풍조가 극에 달해 조선 말기에 외국인의 기록에서처럼 돈내기를 위한 택견 경기나 이를 뒷받침하는 송덕기 선생의 증언까지 전해온 것이다.

넷째, 왈자들 가운데에는 소위 현대의 폭력조직 해당하는 검계가 포함되어 있었다. 추려 보면 극히 제한된 부류만이 택견을 행한 것으로 여겨지지만 당시 사회상에 견주어 볼 때 제한된 부류라기보다는 사회 전반으로 확산시킬 수 있다.

따라서 택견이 성행했던 계층은 아이들의 놀이에서 주로 무반과 관련 있는 계층이나 시위들 하급군인, 왈자나 한량들, 중인계층, 현대판 조직폭력배인 검계 등의 다양한 군상들에게서 행해졌던 것으로 보인다. 대한제국 군인이었던 광무군은 해산되면서 각자 흩어져 일부는 국내외 항일독립운동에 가담했고 택견은 기존의 이름을 달리하여 신흥무관학교 유술이라는 정규과목으로 포함된 것으로 유추된다.

나라를 일본에 병탄 당하면서 택견이라는 신체 문화는 일본인들이 요구하는 다른 신체 문화에 밀려 점차 사라지게 되었다.

1961~1963년 택견명인 송덕기와 김창수, 김병수 사범

1961년 11월 11일 한국외국어대학교 택견권법부 제3회 심사

1962년 4월 9일 한국외국어대학교 택견권법부 태릉방문

1962년 6월 9일 한국외국어대학교 택견권법부 제4회 심사

1958년 김병수 사범은 한국외국어대학교에 '택견권법부'를 창설하였다.

1962년 송덕기 선생과 김수 사범(막음다리)　　송덕기 선생과 김수 사범(도끼질)

송덕기 선생과 김창수 사범(발신걸이)　　송덕기 선생과 김창수 사범(발따귀)

송덕기 선생과 김창수 사범(태질)　　송덕기 선생과 김수 사범(칼잽이)

1962년 송덕기 선생과 김창수 사범(경복궁 경회루)

블랙벨트지 송덕기의 기사 관련

1963년 초봄에 김병수는 미국 블랙벨트지의 초대기자로, 송덕기선생을 세계무도지에 소개하고자 태껸과 태권도 역사 소개하는 연재기사를 게재하였다. 이 사진은 미국 'Black Belt Magazine', 'Karate Illustrated', 'Martial Arts Illustrated' 등 여러 잡지에 세계최초로 소개되었다.

사진: 송덕기 선생과 김병수 사범
　　　(경복궁 경회루)

※ 앞쪽의 사진은 1962년 촬영사진임.

1971년 송덕기와 김병수 총재의
미국인 죤쿤(John Coon) (노인정)

김병수 사범은 1968년 1월 도미渡美하여, 텍사스주(Texas)의 휴스턴(Houston)에 '김수 가라데' 개관하여 정착하게 되었다. 1971년 그는 제자 '죤쿤(John Coon)'과 인왕산, 황학정을 방문하고, 노인정에서 제자에게 송덕기 선생을 '그랜드 마스터(Grand Master)'라고 소개하자 큰절을 하였다. 이후 1973년과 1983년 등 한국 방문 시에는 송덕기 선생을 찾아뵙고 인사를 올리는 남다른 애정을 갖고 계셨다. 그리고 휴스턴 시(市)에서 문화·체육적 공로를 인정하여 '김수의 날(The Day of Grand master Kim Soo)'을 지정하였으며, 여러 나라에 지부를 개설하여 '자연류 무술'이라는 새로운 체계의 과학적인 무술을 창안하셔서 보급하는 등 성공한 동양 무도인으로 존경을 받고 있다.

제5절 서울의 무형유산 결련結連태껸과 석전石戰의 상관성 연구

편싸움 (국립민속박물관 소장)

인왕산도(강희언)　　　　　　　　　　　　　서울역사편찬원

인왕산 호랑이 택견명인 '임호林虎'

우리의 건국신화에도 호랑이가 나온다. 우리나라는 '호랑이 얘기(虎談)의 나라'라 하겠다. 호랑이 얘기가 많은 까닭은 이 땅에 호랑이가 많이 살았기 때문이다.
호랑이 하면 백두산 호랑이와 인왕산 호랑이를 으뜸으로 쳤다.
인왕산은 '택견터'이다. 택견의 명인 임호는 장안팔장사 중 으뜸이라 한다. 그의 제자 송덕기도 인왕산에서 택견을 임호로부터 사사받고 황학정에서 활쏘기를 했다. 그리고 그의 제자 고용우도 인왕산에서 택견을 사사받아 지금에 이르고 있다.
택견의 본터 인왕산의 감투바위는 문화재로 등록된 이후에도 택견의 전승지로 소개되고 있다.

태껸의 본터 감투바위

1. 들어가기

　상무의 뜻은 "武勇을 소중히 함", "武藝를 숭상함"이란 의미인데 상무적 놀이는 평시에는 놀이의 수단이지만 전시에는 전쟁의 수단으로 행해졌다.

　이는 가상적 전쟁戰爭놀이를 통한 신체훈련의 한 방법으로 여러 가지 운동경기이자 상무놀이였는데 우리나라에서 대표적인 것이 석전石戰과 결련結連태껸이다.

　특히 서울의 무형유산인 결련태껸과 석전은 세시풍속이자 상무적 놀이라는 점에서 민속학 연구의 가치와 의미가 있음에도 도외시되어 왔다.

　결련태껸에 관한 기록은 문세영의 「우리말 사전」(1938)에 결련태껸: 갑동甲洞과 을동乙洞이 각각 편을 먹고 승부를 결하는 태껸과 한글학회의 「큰 사전」(1957)에 결련태結連-: 여러 사람의 연합한 한 편이 다른 여러 사람의 연합한 한 편과 싸우는 태껸 등 사전류에서 찾아볼 수 있다. 그리고 서울(京城)의 택견, 평양平壤의 날파람, 함경도咸鏡道의 뭉구리(김영제, 1930)로 맨손무예를 기록하고 있어 택견은 서울의 무형유산임을 특정하고 있다.

　그리고 중국의 역사서 『수서隋書』에 고구려 시대 석전石戰에 관한 기록이 남아있다.

　석전은 서울에서는 정월 보름날이 되면 동서남東西南의 삼대문 밖의 사람들과 애오개(阿峴洞) 사람들이 두 패가 되어 몽둥이나 돌을 들고 맞서서 만리현萬里峴의 편싸움이 유명했다.

상무적 놀이 석전石戰은 편전便戰, 편쌈, 척석擲石놀이, 돌싸움, 변전邊戰, 척석희擲石戲 등 다양한 이름으로 지칭되었는데, 경성京城의 그것은 석전이라는 말은 당치 않다. 의례히 말하는 사람이 이것을 편싸움이라고 했다는 기록처럼 편전이나 편쌈에는 여러 종류의 싸움이 있어서 편전이 꼭 석전만을 지칭하는 것은 아니다. 택견과 격구, 기타 여러 무예시합이 있었으며 횃불싸움(矩火戰)이나 기旗싸움, 차전車戰, 심지어 광주지방의 꽃싸움까지 있었다. 하지만 워낙 석전이 대중에게 미치는 파급력이 컸을 뿐 아니라 편쌈의 말미에는 석전으로 이어지는 경우가 많아서 후대에는 대표적인 놀이로 인식되고 있다.

조선일보사의 『조광』(1941) 「朝鮮 武藝와 競技를 말하는 座談會」에 골브란이란 서양 사람이 경성에 처음으로 전차를 만들어 내놓고 나서 손님을 끌려는 술책으로 나라에 말씀드리기를 편싸움이란 국민에게 상무정신을 고취시키는 훌륭한 것인데 그런 걸 없애다니 될 말입니까… 다시 부활시킨 것이라고 편싸움이 상무정신을 고취시키는 중요한 매개체라는 것을 시사하고 있다.

편싸움 석전은 돌만 사용하는 것이 아니라 몽둥이나 맨손무예를 사용하기도 했는데 이러한 기록은 녹동생의 『매일신보』(1921. 01. 31.) 「臥牛山下에서 石戰을 觀ᄒ고」에 석전과 택견이 민중 속에서 배태胚胎되어 생장, 전파되면서 시간적·공간적 유전流傳하는 상관성을 볼 수 있다.

즉 서울의 결련태껸과 석전은 공시성·동시성 등 상호연관성을 가지고 있다.

그러나 석전에 관한 선행연구는 다양하지만, 주로 단순히 석전과 풍속 혹은 상무적 놀이로서 석전, 그리고 석전 시 사용되는 몽둥이에 관한 단편적인 내용들이 주류를 이룬다.

또한 택견과 관련된 선행연구도 다양하지만 석전과 연관된 논문은 찾아보기 힘들다. 특히 석전과 택견이 결부된 선행연구는 김영만·심성섭(2018)의 「**택견의 수련 계층에 관한 연구**」 하나라고 할 수 있다.

나머지 자료들은 세시풍속에 관한 신문이나 잡지기사에서 소개된 단편적인 내용들을 퍼즐 맞추듯 인용하였고 참고문헌에 소개된 단행본 역시 마찬가지이다.

이 연구는 조선 말기 외국인들의 기록과 신문기사, 사전류, 잡지 등을 통해서 문헌 고찰을 하였다. 이러한 자료가 택견과 석전이라 특정하여 명기하지 않았다 하더라도 공시성·동시성을 통해서 석전과 택견으로 특정할 수 있다고 본다.

물론 『매일신보』(1922.01.31)에 석전과 택견에 대한 아주 단편적인 기사가 직접 실려 있거나 『남원고사』에 왈자들이 씨름·택견하는 모습이 묘사되어 있어서 당시 여러 상황으로 미루어 볼 때 석전과 택견을 했다는 점을 쉽게 유추할 수 있었다.

의외로 석전과 택견(난투극)에 관한 부분은 외국인들의 기록에서 여러 차례 보인다. 물론 석전과 택견으로 분명히 명기되어 있지는 않다. 석전도 돌멩이나 몽둥이라는 표현을 사용하고 있으며 택견도 맨손 격투기 혹은 주먹싸움 등으로 표현되어 있다. 그들은 자신의 관점에서 표현했기에 그리 묘사했을 뿐 당시 그들이 주로 거주했던 서울에서 아주 인상 깊게 바라보고 묘사했던 것이 석전이 아니고서 다른 풍습이었을 리 만무하다. 특히 새비지 랜도어가 묘사한 도시의 하류층에게는 이와 같은 격투가 매우 일상화되어 있다는 부분은 당시 서울에서 석전과 동시에 택견이 성행하였음을 반증하고 있다. 이러한 풍습은 매일신보의 기사처럼 1921년대에도 확인되고 있다. 이러한 기록이 그동안 드러나지 않은 것은 그들의 시각에서 단순히 바라본 내용을 가감 없이 기록했기 때문이며, 샤를르 달레의 '권투'나 '주먹싸움'도 현대인의 고정된 시각에서 받아들이려 했기 때문에 생긴 오해이다. 현대의 발차기 위주의 택견이 살상이 일어나는 석전판에서 전유물처럼 쓰였을 리도 만무하고 당시 택견은 다른 외국인의 기록에도 나타나 있듯이 손발을 다 사용했다고 나와 있다. 조금만 유의해서 바라보았다면 이들이 모두 깊은 연관 관계에 있다는 사실을 알 수 있었을 것이다.

따라서 이 장은 서울의 무형유산인 결련태껸과 석전石戰의 상관성에 천착하여, 사라져가는 서울의 무형유산으로써 가치와 무예사적 의미를 조명하는 데 그 목적이 있다.

영국잡지 「THE GRAPHIC」 1902년 2월 8일자에 실린 석전 삽화(숭실대 한국기독교박물관)

2. 서울의 무형유산 결련태껸과 석전石戰의 상관성

1) 서울 결련태껸과 석전의 공시성

지금부터 반세기 전 송씨(宋德基)가 택견을 배울 때만 해도 서울 문 안쪽의 사직골(社稷洞), 무와관, 유각골(樓上洞. 樓下洞), 옥동(玉仁洞), 삼청동 三淸洞, 구리개(乙支路入口)를 우대태껸이라 하고 사직골이 택견이 가장 강했다고 한다. 문 밖에서는 왕십리往十里, 동촌東村, 모화관慕華館, 애오 개阿峴洞 등지를 아래대태껸이라 했는데 송덕기 노인은 지금부터 칠십 년쯤 전인 그의 나이 열 너덧 살쯤 되었을 적에 스물아홉 살 난 임호 林虎에게 사직골 뒷산 잔디밭이나 개천 사장沙場에서 택견을 배웠다고 한다. 택견은 일 년 내내 하는 것이 아니라 단오 무렵에만 서로 이웃 마을과 수를 겨루었다고 한다. 단오를 앞둔 보름이나 열흘 동안을 하는 것이 그때의 풍습이었다.

그리고 일제강점기 시절 한 번은 '원봉석이 문안패61) 쪽에 끼어 남문 박정패와 편싸움을 하는데 문안패가 몰리게 될 때 나서서 몽둥이를 한번 휘두르자 맞은 사람 10여 명이 다 죽어 버렸다'(조선일보사, 1941)라고 기록하고 있다.

편싸움은 南大門밧 굴ㅅ개(지금 京城驛과 蓬萊町 一圓), 東大門안 조산편싸홈, 東大門밧 무당개울, 西大門밧 녹개천(麻浦街道) 이 네 군대가 유수한 편쌈터엿섯다(윤백일, 1930).

석전은 삼국 시대와 고려 때는 단오절에 조선 시대에는 정월 대보름에 주로 행해졌다. 특히 편싸움은 한강 연안과 대동강 연안에서 활

---

61) 문안패는 문안은 삼문 안을 의미하는 지역으로 하남촌조산(장충동) 등을 의미한다.

발하게 치러졌다. 서울에서는 정월 보름날이 되면 동서남東西南의 삼대문 밖의 사람들과 애오개(阿峴洞) 사람들이 두 패가 되어 몽둥이나 돌을 들고 맞서서 싸운 만리현萬里峴의 편싸움이 유명했다. 소정의 시간에 끝나지 않으면 씨름이나 택견으로 승부를 가렸다고 한다.

「수선전도」 1840년대 김정호 제작(고려대학교 박물관; 현대풍수지리연구소)

집단 간의 이해충돌이 아닌 연례적 석전이 오직 봄에만 열리는 것은 그때만이 밭에는 아무것도 심지 않아서 그 놀이를 즐길 수 있는 넓은 터를 얻기가 쉽기 때문이다(H. B. 헐버트, 1999).

새해 정월에 석전의 명분은 불화를 해결하는 적절한 방법으로 선택되기도 했고(A. H. 새비지 랜도어, 1999), 때로 서울 삼문 밖 사람들과 아현 사람들이 만리재 고개에서 싸울 때 삼문 밖 사람들이 이기면 경기도에 풍년이 들고 아현 사람이 이기면 다른 도에 풍년이 든다는 빌미를 삼기도 했다. 즉 승부에 따라 풍흉을 점치는 세시풍속으로 재액과 역병을 물리치는 의례였다.

때로는 이해관계에 있는 집단 간의 갈등도 석전으로 해결하기도 했다(W. F. 샌즈, 1999).

도성(인왕산 곡성仁旺山 曲城)　　　　　　　서울역사편찬원

바로 결련태껸과 석전의 공시성은 시간적으로 정월 보름 즈음에 판을 벌리고, 공간적으로 서울의 같은 지역에서 판을 벌려 시공에서 겹치는 대목이다.

2) 서울의 결련태견과 석전石戰에 참가한 신분과 인물

조선 시대 뛰어난 매질꾼 가운데 힘깨나 쓰던 사람들은 용력을 과시하기 위해 '난간치기' 같은 시범을 보이기도 했다. 이들은 택견의 명인들로서 넘치는 용력을 이런 과시로 표출하였다. 이들의 하급무관이거나 선업에 종사하는 이들로서 석전에 참가한 경력들이 있기 때문이다.

난간치기란 기와집 추녀에 붙어서 돌아가는 것을 말하는데, 이때 기왓장을 붙드는 손의 모양이, 기와가 두꺼워서 손가락 힘만으로 'ㄱ'자로 잡고 이동하게 된다.

구한말 고종 황제 때에 무과 급제하여 일개 부장(요즘의 선임하사격)이었던 '권제비'라는 사람은 고종 앞에서 상투 끝에 명주 세 필을 갖다 걸고 그것들이 땅에 끌리지 않을 정도로 빨리 뛰었다고 하여 고종이 '너는 사람이 아니라 제비'라고 그런 이름을 붙여주었는데, 그가 바로 난간치기의 명수였다. 건청군 앞 연못의 경회루보다 약간 작은 정자 2층의 누마루에서 휙 올라가 기왓장을 붙들고 순식간에 24바퀴를 도는 난간치기 시범을 보인 그는 고종의 특별 명령으로 졸지에 종6품 선전관(조선 국왕의 경호원)으로 승진하였다는 일화가 전한다(권태훈, 1989).

십팔기를 했다는 원봉석도 비슷한 일화가 전해진다.

원봉석은 무아관 사람으로 금위영 초관으로 있다가 나중에 소대장까지 한 사람인데, 한규설씨가 포상으로 있을 때 부호장

노릇을 했다. 원봉석은 평상시에는 아주 느리고 굼뜨지만 여차 직 할 때는 매우 날랬다. 두 다리를 모으고 앉았다가 무릎팍을 탁 치고 '왁' 소리를 치면서 장정 한 길은 뛰어오를 수 있었다 고 한다. 총 끝에 창을 끼어 세워 놓은 것을 살짝 뛰어넘거나, 장정을 세워 놓고 살짝 뛰어넘으면서 두 발로 상투에 꽂은 동 곳을 뽑을 정도였다. 그 뿐만 아니라 높은 무아관 대청 처마의 서까래를 잡고 둘레를 한 바퀴 빙 돌 정도의 능력을 지니고 있기도 했다. 한 번은 원봉석이 문안패 쪽에 끼어 남문 박정패 와 편싸움을 하는데 문안패가 몰리게 될 때 나서서 몽둥이를 한번 휘두르자 맞은 사람 10여 명이 다 죽어 버렸다. 그 때부터 편싸움을 반대하는 사람이 생겨 편싸움이 없어지게 되었다고 한 다. 원봉석은 원세개가 조선에 와서 가 르친 36괴 가운데 반절인 18괴만 익혔 다. 가르치다 보니 자기 나라 36괴를 하는 사람보다 더 잘해서 더 이상 가 르쳐서는 안 되겠다고 해서 그리했다 (조선일보사, 1941).

청국 공사 원세개[62]
(서울역사편찬원)

위에서 원봉석이 중국무술인 18기를 익혔다고 했지만, 그가 18기 를 어릴 적부터 배운 것이 아니라 택견을 익히고 무관으로 임용 후에 생겨난 듯하다. 첫째는 그가 조선조 하급무관으로서 대부분의 하급무

---

[62] 원세개는 23세에 조선에서 일어난 임오군란으로 청군과 함께 조선에 온 이후 10여 년을 조선에서 지냈다. 청국의 육군 신설, 무술변법과 의화단의 소요, 신 정新政과 입헌立憲 그리고 혁명과 복벽復辟이라는 정치적인 변혁의 순간에 결정적 인 역할을 담당하여 황제의 자리에 오르기까지 한 인물이다(구선희(2016). 개항기 서울에 온 외국인들 - 황제가 된 청나라의 사신. 서울역사편찬원).

관이나 군사들이 그러하듯 택견을 익혔을 것이고 둘째는 택견을 능숙하게 했기에 18기를 배울 기회를 얻은 듯하다.

이런 유의 과시는 강대사람인 김오흥의 일화에서도 보인다. 한강 연안의 '오강'에는 주거지가 집중되어 있었으며 주민들은 선업船業과 상업을 많이 하고 '강대사람'으로 불렸다. 오강은 그 범위가 명확하지 않은데 용산강(용산), 마포(마포대교 언저리), 서강, 양화진, 한강진으로 유추된다.

김오흥은 서강 쪽에서 선운으로 업을 삼는 사람이었다. 용력이 절륜하여 능히 읍청루(마포 쪽에 소재하던 서울의 훈련도감에 속했던 유명한 누대 처마)에 올라가서 기왓골에 발을 걸고서 거꾸로 가기도 했다. 제비나 참새보다도 민첩했다. 길에서 무슨 말썽이 일어난 것을 보면 대뜸 약자를 편들고 기우는 쪽을 부축하여 자기의 목숨까지도 돌아보지 않았다. 오흥이가 있어서 마을 사람들은 옳지 못한 일을 감히 행하지 못했다(강명관, 2004).

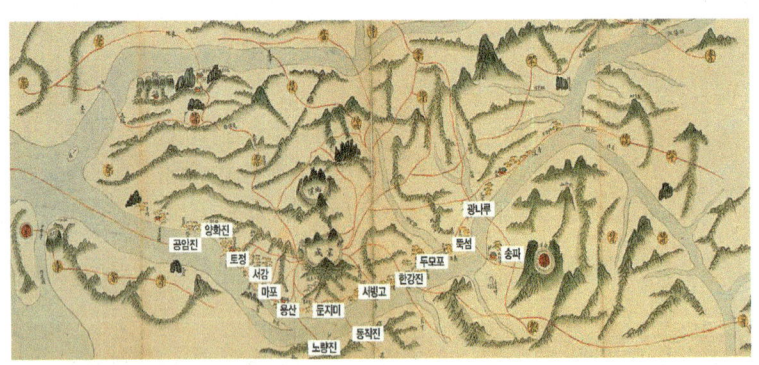

한강변의 상업적 번영을 보여주는 주요 지명. 「경강부임진도」(서울역사편찬원)

위 인용문은 '강대사람'의 기질을 드러내는 한 인물에 대한 간단한 소전이다.

이 세 인물들은 지역적으로 또 직업적으로 석전이 성행하던 지역에 근무하거나 살았으며 그 용력을 지니고 실제로 석전에 참가했거나 기록에는 보이지 않아도 석전을 피할 성격이 아니기 때문이다. 권제비나 원봉석은 택견에 능한 하급무관이었으며 김오흥은 기질뿐 아니라 용력이 출중하고 석전에 능한 강대사람이었기 때문이다.

의외로 일반인을 포함하여 대한제국 군인들에게서 택견이 광범위하게 행해졌을 가능성이 높으며 여러 증언에서 뒷받침되고 있다.

오랜 세월 일이 많지 않아서 여가는 많지만, 놀이 문화가 발달하지 않아 대체로 게으른 생활을 해온 사람들은, 당연히 새롭거나 흥미 있는 것을 보고 듣고자 하는 소모적인 욕구를 지니게 된다. 그러므로 좀 이상한 것이면 호기심을 가진 사람들을 끌어들이게 마련이다(호레이스 N. 알렌, 1996).

석전과 마찬가지로 택견이 일반 대중 모두에게 관심을 끌어들이고 성행하게 했을 것이라는 추측을 가능케 하는 대목이다.

특히 하급무관들은 거의 대부분 택견을 익혔는데 초기 아메리카 한인 이민의 상당수가 해산된 광무군(대한제국 군인) 출신들이었으며 그들에게는 군대 생활을 하면서 익힌 남다른 무술 실력이 있었다. 천문권은 『LA 중앙일보』(2011.03.08.) 「하와이 이민 다큐멘터리-13」 '초기 이민자들의 애국심 1'에 한인 상당수 광무군의 내용과 관련된 증언으로 볼 때 광무군(대한제국 군인) 출신들이 택견을 광범위하게 행해졌을 가능성을 시사하고 있다.

KBS(1984) 문화강좌 '선조의 수련세계 택견'에서 송덕기는 별기군과 별순검이 택견을 했다는 증언했다. 1861년 훈국마, 보군, 별기군 가운데 무예별감이 존재하였다.

하급무관으로 발탁이 되거나 생업이 있는 경우를 제외하고 택견을 익힌 사람들 중에는 왈자가 있었다. 왈자는 폭력적 성향을 띠고 있으며 특히 한량의 성격과 밀접히 연결될 수 있을 무인武人적 기질이 있는데, 좋게 말하면 그들이 자칭하는 협객이지만 나쁘게 말하면 저급한 폭력배이다. 관상자는 석전을 언급하며 '시정市井의 무뢰장한無賴壯漢들이 수천 혹 수만식 양파兩派로 분립하야'라는 기록으로 보아 왈자와의 연관성을 이어주고 있다.

『남원고사南原古詞』(19세기) 경판 35장 「춘향전」의 이본異本에 왈자들이 직접 씨름과 택견하는 모습이 묘사되어 있듯이 이들은 현대식으로 표현하면 저급한 조직폭력배들이다. 이들이야말로 시간이 많아서 싸움이라면 발 벗고 나설 부류였으며 마찬가지로 석전의 빌미를 만들기도 했다.

앞에서 언급했듯이 석전에는 봉석棒石이 필수이듯이 싸움재간도 필수였다.

현대인의 시각에서 보자면 택견꾼이나 매질꾼 혹은 돈을 걸고 하는 전문 싸움꾼이 각기 다른 부류로 보이지만 당시로써는 특별히 구분되지 않는 모두 같은 부류였다.

매일신보(1921.01.31.) 기사와 더불어 위의 기사에서 보듯이 편쌈의 매질꾼들은 전문싸움꾼으로 특히 택견에 능했다는 것은 미루어 짐작할 수 있는 일이다. 실제로 매질꾼들과 당대 왈자들과 생활환경이 겹치기도 하였으며 때로 경계가 모호하기도 했기 때문이다.

왈자들은 택견에 능했다. 소위 현대의 조직폭력배들이니 싸움을 잘할 수밖에 없는 것이다. 실제로 외국인들의 기록에서 보듯이 전문싸움꾼들이 돈내기 격투를 하다가 석전으로 이어지기도 했다. 군총들이 많이 살던 아래대에서 석전을 위해서 싸움패를 양성했다는 기사만 보아도 알 수 있다. 왈자들과 한 부류로 취급되면서도 살인도 서슴지 않는 검계들은 창포검을 지니고 다녔지만 왈자들은 평시에는 맨손으로 다녔을 것이고 그들의 행태에 걸맞게 무예를 지니고 있었음이 분명하다.

석전에 참석하는 모든 백성들이 택견을 익혔다고 보기는 어렵지만 적어도 상당수의 매질꾼이나 싸움꾼들은 모두 택견을 익혔다고 볼 수 있으며 왈자들은 당연히 택견을 익혔을 것이다.

당시 택견이라는 용어가 기록으로 그리 남지 않은 이유는 다음과 같이 유추할 수 있다. 우선은 중인층에서 행해졌으며 하급 군인들 뿐 아니라 전문격투기 선수들이나 왈자들도 행해졌으므로 기록으로 남기는 주류문화와는 동떨어져 있을 뿐 아니라 드러내 놓고 언급하기 쉽지 않은 폭력적인 요소를 지닌 점을 들 수 있다.

『퇵견』과 가치 사봉使棒을 하는 일종의 무예를 연습하는 것으로써(매일신보. 1921.01.31)라는 당초의 취지와 맞게 하급군인들에게도 필수적으로 행해졌지만 다른 한편 싸움꾼이나 왈자들이 행하는 기예로 변질한 점이 주요인인 듯하다.

같은 맥락으로 프레데릭 불레스텍스Boulesteix, Frederic는 양면성이 우리 문화 뿐 아니라 모든 분야에 걸쳐 형성되어 있다고 지적했다. 그는 17세기 후반부터 주로 프랑스를 비롯한 유럽에 알려진 조선의 이미지 분석에서 가장 중요한 축을 이루는 하나의 핵심어는 바로 양면성(일종의 대비적 성격)이라고 하였다. 야성성과 문명문화, 이 두 가지 주제는 18세기에 유행하던 '착한 미개인' 혹은 '동양의 현자' 등의 개념과 만나면서 매우 특이한 이미지로 발전한다. 한국은 17세기까지도 세계 13대 문명 가운데 하나로 간주할 정도로 문명국이면서도 동시에 '야성적 인간'들이 사는 '미지의 땅'이기도 한 것이다.

이에 대표적인 사례가 바로 반상班常계층의 존재이기도 했지만, 문화적으로 볼 때는 석전이라 하겠다. 유교의 엄격한 관례와 주자가례는 조선 시대에 있어 모든 백성들의 규범이었지만 도리어 그 엄격함 때문에 주기적으로 한꺼번에 해소할 해방구가 필요하였던 것이다. 그 역할을 석전이라는 방법을 통해 해소하였기에 양면성이 드러나는 것이다. 하급무관과 왈자들에게서 행해진 택견도 같은 범주에 속한다.

즉 택견이 더 과거에는 선군選軍에 있어 과목 중의 하나이기도 했으면서도 조선 말기에 이르러서는 하급무관이나 포졸들도 하지만 동시에 왈자들에게서도 성행하는 이러한 풍조는 활발히 성행되고 있음에도 불구하고 기록에서 배제되는 계기가 되었다. 석전은 사회적 이슈가 되는 대상이었기에 일부 기록이 남았고 택견은 크게 이슈가 되지 않았으므로 기록에서 소외된 점도 간과하기 어렵다.

또한 송덕기는 택견꾼은 한량閑良들이 많이 했다고 한다.

석전은 『수서隋書』(629년~636년) 동이열전東夷列傳 고구려조高句麗條에 고구려 시대의 기록이 남아있다. 해마다 연초에는 패수浿水가에 모여 놀이를 하는데, 왕은 요여腰輿를 타고 나가 우의羽儀를 나열해 놓고 구경한다. 놀이가 끝나면 왕이 의복을 물에 던지는데, [군중들은] 좌우로 두 편을 나누어 물과 돌을 서로 [그 옷에다] 뿌리거나 던지고, 소리치

며 쫓고 쫓기기를 두세 번 되풀이하고 그만둔다.63)

석전은 사소한 신경전에서 비롯되어 큰 싸움으로 번지기도 했으며, 마을 간에 연례적으로 열리기도 했고 아이들 싸움에서 어른, 동리 간으로 번지기도 했다. 그래서 남편이나 아들이 싸움에서 패하여 집으로 도망 오면 대문을 열어 주지 않고 내쫓아 끝까지 싸우게 할 정도로 여성들도 적극적이었다고 전해진다. 참가자들은 어린아이부터 어른까지 머리가 터지고 심지어는 사망자까지 발생할 정도로 치열했다고 한다.

석전에서 발군의 능력을 보이는 전문싸움꾼을 매질꾼으로 불렀다. 뛰어난 매질꾼은 마을에 기용되어 먹여주고 기르는 경우도 있었지만, 용력이 절륜한 경우에는 그 힘으로 다른 업종에 종사를 하거나 하급 무관으로 종사하기도 했다. 구한말 기개와 용력으로 대원군에게 발탁된 장사 이수영과 안성군수를 지낸 윤영렬은 20여세 한참 혈기방장한 때 도적 떼를 잡으러 단신으로 소굴로 가서 소탕하거나 단신으로 도적 떼를 투석으로 소탕하는 기록이 있다.

서계동 편쌈터에도 유명한 편쌈꾼(매질꾼)에 대해 인사동 사람으로 이호보, 문성문, 김수동, 사직골 사람으로 손개똥이, 서석길, 김만쇠, 윤수복, 우대 사람으로 태곰보, 최명길, 윤희영, 송천만, 왕십리 사람으로 강태진, 남문 밖 사람으로 박산홍을 소개하고 있다(동아일보, 1924.08.05.).

---

63) 每年初 聚戲於浿水之上 王乘腰轝 列羽儀以觀之 事畢 王以衣服入水 分左右爲二部 以水石相濺擲 誼呼 馳逐 再三而止 (隋書 券81 列傳 第46 東夷)

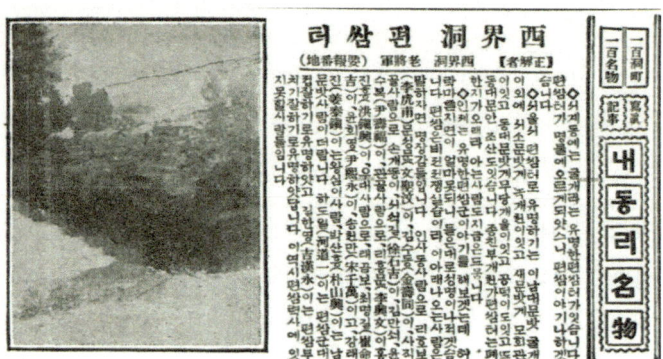

서계동 편쌈터(동아일보, 1924. 08.05)

 석전은 조선 초기만 해도 왕실에서도 즐겼지만 시간이 흐르면서 점차 이들과 멀어지고 일반 백성들의 풍속으로 남아 근래까지 지속되었다(송기호, 2009).

돌싸움(석전)   서울역사편찬원

3) 서울의 결련結連태껸과 석전石戰의 편싸움방식

결련태껸은 택견판은 20평가량 바닥에 섶이나 멍석을 깔고, 초저녁 햇등을 밝히고 두 마을 택견꾼과 구경꾼이 들어앉아 먼저 얘기택견부터 시작한다. 서로 겨루다 넘어지면 진 쪽에서 다른 택견꾼이 나와서 이긴 택견꾼을 겨루는데 얘기택견이 끝나면 어른택견으로 이어진다. 이편 택견꾼이 저편 택견꾼 열두 명을 이어서 이기게 되면 승부가 난다고 한다.

결련태껸은 양편에서 격렬하게 승부를 다투다가 패싸움이 벌어지기도 하는데 이것은 편쌈으로 변하여 목봉으로 후려치기도 하고 돌팔매질이 가세하여 석전石戰이 되기도 하였다. 사람들은 이긴 쪽은 논농사가 잘되고 진 쪽은 마을에는 밭농사가 잘된다고 서로를 칭찬하고 격려한다. 결련태껸은 마을 사람끼리 단결심을 고취하여 공동체의 결속력을 강화하고 선린과 우호를 증진하는 제의성의 축제이다.

석전은 참가자들의 무기는 손이나 밀짚 줄로 만들어진 줄로 던지는 돌과 곤봉이다. 곤봉은 짧고 딱딱하고 이따금 그랬듯이 이를 휘둘러 상대방을 즉사시킬 수도 있다. 싸움은 각 편의 몇 명이 두 마을 사이에 있는 땅의 중앙에 모임으로써 시작된다(길모어, 1999).

돌팔매질 할 때에는 돌을 그냥 집어 던지지 않고 '망패'라는 가죽 주머니 같은 기구에 넣어서 던졌으며, 따라서 던지는 기술이 필요하기도 하였다. 간단하게는 노끈 끝에 돌을 달아 던졌으며 이들은 망패, 망팔매, 줄팔매 등으로 불리는 도구로 보다 멀리 던지기 위한 방편으로 보인다.

특히 평양 출신 시위대 병사들이 던진 돌은 그야말로 백발백중이었다(새비지 랜도어, 1999).

김창석은 최초 석전을 청하러 나가는 매질꾼의 모습을 다음과 같이 묘사했다.

검은 테 두른 벌벙거지, 노랗게 겨른 육모방치를 어깨 위에 둘러메고 춤을 추며 나가면서 싸움을 청하는 광경이란 구경하는 이의 가슴을 뛰놀게 하기에 족하였다. 더구나 단기單騎끼리의 싸움인 만큼 더욱 보기 좋았다.

다음은 윤백일은 석전에 출전하는 매질꾼 모습을 다음과 같이 기록하고 있다.

그중에는 남의 눈에 띄기 좋게 일부러 나막신을 신고 나온 용사도 있었다. 성내 매질ㅅ군의 특장特長은 발길질 잘하는 것과 몽치가 짧은 것이고 강대 매질ㅅ군의 특장은 흰 무명 붕챠에 두루마기 제쳐 입고 흰 버드나무 몽치를 더구나 서너 자씩이나 되는 긴 몽치를 가진 것이었다. 성내 매질ㅅ군은 횡렬 산개로 단체적으로 몰아들어오기가 일쑤였다. 강대 매질군은 미련하긴 해도 힘이 있었고 성내 매질군은 약하긴 하나 날쌔고 꾀가 많았다.… 당초에 평양 병정들을 내보냈다가 금지하러 간 병정들이 매질ㅅ군으로 변해버린 활계滑稽한 일까지 있었다. 서울에 거주하면서 편쌈에 유명한 매질꾼으로는 헌코, 방갓, 붕어(송천만), 보라족기 같이 주로 별명으로 불린 매질꾼 선수들 중에는 남의 눈에 띄기 좋게 일부러 나막신을 신기도 했다.

망패(네이버 블로그 몽드메)

편쌈이 한창이던 정월 보름날이 되면 동서남東西南의 삼대문 밖의 사람들과 애오개[阿峴洞] 사람들이 두 패가 되어 몽둥이나 돌을 들고 맞서서 만리현萬里峴에서 싸움을 벌이는데 이것을 변전(邊戰, 편싸움)이라고 하며 쫓겨 달아나는 편이 지는 것이다. 만일 삼문 밖 사람이 이기면 경기지방에 풍년이 오고 애오개편이 이기면 여타 지방에 풍년이 든다고 한다(양재연 등, 1971). 그런데 편쌈은 거의 전국적인 현상으로 사상자가 속출하여 감독관청에서 금령禁令을 내려도 쉽사리 고쳐지지 않았다.

매질꾼들이 사용하는 몽둥이는 몽치라고도 불렸으며 석전에서 단병접전을 할 때 사용되었다.

작자 미상의 평양도平壤圖의 석전(서울대학교 박물관)

몽둥이는 원봉圓棒이라고 해서 다듬이 방망이처럼 생긴 건데 가볍고 빠르게 단병접전 하기 좋게 생긴 것으로 길이는 자반 가량, 대소는 일정하지 않고 제 손에 맞는 것으로 썼다.

육모방망이는 문안 사람들이 쓰는 것이고 강사람은 둥근 몽둥이를 쓰지 않으면 절구꽹이 부러진 것을 쓴다 하였다. 문안패의 방망이는 대소의 차이만 있을 뿐 둥근 방망이는 상스럽다고 안 갖고 꼭 육모

방망이를 쓰는데 기름을 발라 번지레하고 또 무엇을 찬란하게 새겨가지고 가죽으로 싼다(조선일보사, 1941).

편쌈방망이(便戰棒) - 유자후(1940.02.03) [동아일보] 新春古俗〉이조편〉邊戰

새비지 랜도어는 서울에 체류하고 있을 당시에 도축업자들과 진흙을 집에 바르는 희귀한 기술로 먹고사는 사람들 간에 큰 반목이 석전으로 이어진 광경을 언급했다. 고종까지도 싸움의 결과에 각별한 관심을 보이었으며, 승리한 쪽의 지휘자나 궁중의 고위 관리를 통해서 싸움의 결과를 즉시 보고 받는다고 언급하고 있다.

제임스 게일(1979)은 조선의 기독교도들이 서로 곤봉과 투석으로 싸우는 모습이 유럽에서 벌어졌던 종교전쟁의 축소판과 같았다고 적고 있다. 이념 때문에 석전을 벌이는 경우가 있기도 했는데, 보부상과 독립협회 회원 간의 석전이 그것이다(샌즈, 1999).

석전은 외국인들의 기록에서도 거의 빠짐없이 등장하는데 다음의 기록들은 마을 대항 택견시합이 석전으로 이어지는 경우이다. 여기에서는 권투나 주먹싸움으로 표현했지만, 특히 서울지역은 주변 상황으로 볼 때 택견 이외의 다른 무예는 상상하기 어렵다.

택견에 관해서 대부분의 사람들은 현대적 시각으로 해석하려는 경향이 있다. 그 시대의 기록문화에서 도외시되어 전모를 잘 알 수 없다면 특히 왜곡된 인식이 지배할 수 있다. 바로 결련태껸이 그러한 사례이다. 실제로 송덕기 선생이 전하는 바로는 돈이 걸린 경기에서 패자는 반죽음에 이를 정도로 손상을 입곤 했었으며 외국인들의 여러 기록에서도 마찬가지이다. 물론 애기택견의 경우에는 상대를 다치게 하고 싶어도 힘 자체가 부족하니 한계가 있겠지만 성인들의 경우, 특히 돈이 걸린 시합에서는 손발뿐 아니라 무릎, 머리 받기까지 사용한 것으로 알려진다.

오죽했으면 샤를르 달레가 쓴 천주교회사에는 권투 혹은 주먹싸움 이라는 표현을 썼으며 난투극으로 표현했을까.

즉 석전이 상무적인 놀이여서 '시신이 벌판에 낭자하고 유혈이 가득 차고 육편이 분분한 참상'을 보이는데 택견이라 해서 점잖은 체기만을 보일 리 만무하다. 즉 당시 결련태껸은 이토록 과격한 모습이 있었기에 양반계층에서 소외되고 기록문화에서도 거의 남지 않게 된 것이다.

문화유산의 좋은 모습을 보여 주는 의도는 나쁘지 않지만 원형을 배제하고 왜곡된 부분만 전달하려는 태도는 진정 문화유산을 아끼는 자세가 아니다.

외국인들의 석전과 관련된 결련태껸에는 필수요소가 따르는데, 몽둥이도 있지만 바로 택견과 돈내기이다.

촌락대항 또는 한 도시의 구역대항 권투 즉 주먹싸움도 흔히 있다. 해마다 서울에서는 음력 정월에 이런 싸움 광경이 벌어지는데, 그것은 보통 격투로 번지고 만다. 처음에는 주먹으로 치다가 다음에는 몽둥이와 돌로 때리는데 그것이 여러 날 계속되며 그동안에는 위험을 무릅쓰지 않고 거리를 다닐 수가 없다. 보통 현장에는 죽은 사람이 네댓 명 쓰러져 있고, 부상과 불구가 된 자는 헤아릴 수도 없다. 그러나 정부에서는 결코 간섭하지 않고, 그것이 놀이라는 핑계로 일이 되어가는 대로 내버려 둔다(샤를르 달레, 1979).

싸움하여 힘을 겨루는 것도 매우 널리 퍼져 있다. 한국에는 예전에 일본에서도 그랬던 것처럼 직업 투사들이 있어서 이들은 명문 귀족이나 읍, 리에서 항상 급료를 받고 있다. 정해진 날에 개인들이나 읍, 리에서는 그들의 투사들을 힘겨루기대회에 내보낸다. 이 경기는 매우 활기에 차 있는데 이는 관중들이 투사들에게 크게 내기를 걸기 때문이다. 한국인들은 때때로 주먹싸움도 개최하는데, 이때 한 읍이 다른 읍에 대항하여 또 가끔은 한 읍의 한 구역이 다른 구역에 대항하여, 또는 한 리가 다른 리에 대항하여 투사들을 내보낸다. 투사들의 수는 가끔 200~300명에까지 이른다. 싸움은 주먹으로 시작하지만, 싸움꾼들은 나중에 막대기나 돌까지도 사용한다. 싸움을 구경하던 읍 사람들이 편을 들다가 싸움이 일어나는 수가 적지 않다. 이런 경우 싸움은 진짜 격전으로 변하여 며칠을 끌며 이 동안 거리를 지나가는 것은 꽤 위험하다. 멀리 떨어진 변방 지역에서는 리에 사는 주민들 사이에 또는 읍의 각 구역에 사는 주민들 사이에 일어나는 이러한 격전은 특히 보편적인 현상이다 (러시아 재무성 편, 1984).

남자들이 하는 또 다른 운동으로는 격투가 있다. 젊은 남자들은 서로가 이 놀이를 함에 있어서 '남자다운 기량'을 발휘한다. 그리하여 어떤 때는 상대방 마을에서 패자覇者가 뽑히는 날이며 결국 난투극이 벌어져서 머리가 깨지고 얼굴이 짓이겨진다. 대도시에서는 같은 도시 안의 상이한 구역 간에 시합이 벌어지는 수도 있다. 서울에서는 보통 정월에 선발 투사들 사이에 제법 실감나는 격투가 벌어지고 양측의 후원자들 사이에는 내기와 응원이 벌어진다. 이러한 재주의 겨룸은 난전으로 확대되어 몽둥이와 돌멩이가 난무하여 두개골이 깨지고 목숨을 잃는 경우도 흔히 있다. 방백 수령들은 이와 같은 놀이를 말리기는커녕 자기도 함께 뛰며 즐긴다(그리피스, 1985).

조선에서 볼 수 있는 독특한 광경 중의 하나가 일대일의 격투이다. 조선 사람들은 대체로 조용하고 온순한 기질을 지녔기 때문에, 웬만큼 감정이 격해져도 그다지 싸움을 하지 않는 것 같다. 그들은 자주 다른 도시의, 혹은 같은 도시의 다른 지역의 패거리들 간에 현상금을 건 격투를 보면서 흥겹게 즐기는데, 많은 군중들이 그 경기를 보기 위해 모인다. 싸움꾼들은 대체로 주먹을 이용해서 싸우나, 프랑스에서처럼 무릎과 발을 사용하는 것도 허용되어 있다. 흥분한 대부분의 관중들은 내기를 걸며 격투는 곧잘 난투극으로 비화된다. 도시의 하류층에게는 이와 같은 격투가 매우 일상화되어 있는데, 그것은 사소한 신경전에서 비롯되어 큰 싸움으로 번진다. 그들의 격투에서 흥미를 끄는 점은 새해 정월 벌어지는 모든 싸움에 대해서는 어떠한 위법에 대한 책임도 묻지 않고 신속하게 대충 해결된다는 것이다.… 15일 동안 거리의 광경은 참으로 무시무시한데, 어느 곳을 다니든 사람들이 언쟁을 벌이거나 격한 몸싸움을 하고 있었다(새비지 랜도어, 1999).

김창석은 싸움을 청할 때 '더구나 단기單騎끼리의 싸움인 만큼 더욱 보기 좋았다'는 표현에서 단기로 싸울 때에는 몽둥이로 싸우기보다는 맨주먹으로 싸울 가능성이 컸으며, 조선일보사의 『조광』(1941)에서와 같이 강대사람이 워낙 세서 이기기 어려우니 아래대 사람들은 싸움패를 뽑아 먹여두고 길렀다는 대목이 있는데, 이 싸움패들은 몽둥이 쓰는 법 뿐 아니라 택견을 익혔을 가능성이 농후하다.

석전의 기록에는 항상 봉석棒石이 등장하며 택견은 구태여 언급하지 않으나 항시 포함되었던 것으로 언급되는데 매일신보(1921.01.31.)에 녹동생이란 필명으로 「臥牛山下에서 石戰을 觀ᄒᆞ고」 1면 기사가 실렸다. 필자는 수많은 인파가 몰려다니면서 돌이 날라 다니고 몽둥이가 춤을 추는 마당에 시신이 벌판에 낭자하고 유혈이 가득차고 육편이 분분한 참상을 기록하고 있다. 이 기사에서 시골노인의 택견에 관한 언급이 나온다.

원래原來 편전便戰 『편쌈』이라 하ᄂᆞᆫ 것이 양각법楊脚法 『퇵견』과 가치 사봉使棒ᄒᆞᄂᆞᆫ 일종一種의 무예武藝를 연습演習ᄒᆞᄂᆞᆫ 것으로써 석전의 원래 취지를 설명하고 있다.

즉 석전에서 양각법 택견과 몽둥이 쓰는 것(매질)은 일종의 무예를 연습하는 것으로 인식되어 있었으나 점차 변질하였으며 석전에서는 투석이 주이지만 근접전에서는 몽둥이와 택견이 동시에 수반되었다고 할 수 있다. '시신이 벌판에 낭자하고 유혈이 가득 차고 육편이 분분한 참상' 가운데 상대를 넘어뜨리는 경기 형태의 오늘날과 같은 택견을 했으리라고는 그 누구도 믿을 수 없다.

편쌈은 거의 전국적인 현상으로 사상자가 속출하여 감독관청에서 금령禁令을 내려도 쉽사리 고쳐지지 않았다.

현재 택견이 발길질을 주로 쓰는 것으로 알려졌지만 당시 외국인들의 기록에서 보듯이 돈내기가 걸린 택견경기는 주먹을 많이 쓰기도 하는 살벌한 종합격투기였다.

이는 일제강점기 이전에 홍명복의 『방언유석方言類釋』(1778)에 "撲拿 탁견ᄒ다"로 기록하고 '撲'은 '치다, 때리다, 넘어지다, 때려눕히다' 등으로 뜻풀이한다. 즉 탁견은 손으로 치고 때리고 붙잡아 넘기는 의미로 수박手搏과의 연계성을 시사한다.

이만영의 『재물보才物譜』(1798) 「기희조技戱條」에 변(卞): 수박手搏은 변이고, 각력은 무武라 하여, 지금의 탁견과 같다. 시박厮撲: 일종의 졸교捽挍로 역시 탁견이다. 수박: 같다. 18세기 후반 당시 탁견이 타격기[변, 수박]와 유술기[졸교]를 아우르는 기술 체계로 이해되고 있다고 말할 수 있을 것이다. 즉 당시 탁견은 타격과 유술을 포괄하는 기술 체계를 가리키는 명칭으로 사용되고 있었다(최복규, 2016).

그리고 Les missionnaires de Corée de la Société des missions étrangères de Paris의 『한불자전韓佛字典』(1880)과 Gale, James S.의 『한영자전韓英字典』(1897) 등에서 '탁견'으로 표기하고 '치고 차는 것'으로 기록하고 있다.

반면, 일제강점기 조선총독부의 『조선어사전朝鮮語辭典』(1920), 최영년의 『해동죽지海東竹枝』(1925), 이능화의 『조선해어화사朝鮮解語花史』(1927) 등에 발기술 위주로 퇴조하는 양상을 보이고 있다.

택견의 의미를 살펴본 결과, 일제 강점기 이전에는 '手足'을 모두 사용하는 타격과 유술의 양자를 포괄하는 의미인 반면 일제 강점기 민족문화말살정책에 의해서 택견이 '발차기'라는 의미로 변화되는 것을 알 수 있다. 그리고 '택견탄압'에 의해 아이들 놀이조차 금지했다.

또한 조선 말기 외국인들의 기록과 다양한 사료에서 종합격투기의 형태를 지닌 것을 알 수 있다. 그리고 중인계층에서 택견으로 관官의 진출로 하급무관이 되고 동시에 백성들과 어울려 석전과 택견이 함께 이루어졌음을 알 수 있다.

편쌈의 매질꾼들도 택견에 능했다. 매질꾼이 발길질을 잘하는 것으로도 알 수 있으며 실제로 외국인들의 기록에서 보듯이 전문싸움꾼들이 돈내기 격투를 하다가 석전으로 이어지기도 했다. 매질꾼이라 해서 석전 시에나 몽치를 들고 다니지 평시에는 맨손으로 다녔을 것이고 그들의 명성에 걸맞게 무예를 지니고 있었음이 분명하다.

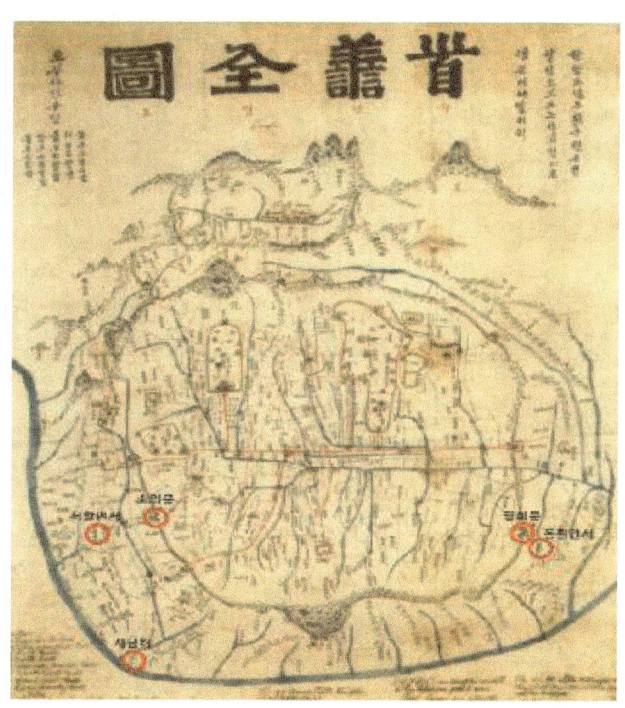

19세기 후반 수선전도(연세대학교 박물관; 서울역사편찬원)

3. 맺음말

이 장은 서울의 무형유산 결련태껸과 석전의 상관성을 살펴보고 이를 통해 사라져가는 서울의 무형유산으로써 가치와 무예사적 의미를 조명하는 데 그 목적이 있다.

서울의 결련태껸과 석전은 편싸움이라는 세시풍속으로 공시성·동시성 등 상호연관성을 가지고 있다.

즉 결련태껸과 석전은 통시적 흐름에 따라 민중 속에서 배태胚胎되어 생장, 전파되면서 시간적·공간적 유전流傳하는 사이에 상관성 보이는데 그 내용을 살펴보면 다음과 같다.

첫째, 결련태껸과 석전은 두 마을 간에 연례적으로 편싸움으로 정월 보름에 같은 공간에서 이루어졌다.

둘째, 결련태껸과 석전은 서울의 사직골社稷洞, 유각골, 삼청동, 옥동, 인사동, 삼청동, 구리개(乙支路 入口), 만리현萬里峴, 삼문三門 안과 왕십리, 모화관慕華館, 애오개, 마포(마포대교 언저리), 서강, 양화진, 한강진, 와우산(마포소재), 용산강(용산), 삼문 밖에서 벌어졌다.

셋째, 석전은 조선 초기 왕실에서 즐겼지만, 시간적 흐름에 따라 일반 백성들의 풍속으로 유전되었다.

넷째, 결련태껸과 석전에 참가한 신분은 어린아이부터 어른까지, 보부상과 독립협회 회원, 매질꾼, 왈자, 하급무관, 별기군, 별순검 등이 있다.

다섯째, 결련태껸은 맨손 편싸움이고, 석전은 돌, 곤봉(뭉둥이, 육모방망이), 망패 등을 사용하는 편싸움이다.

여섯째, 결련태껸과 석전은 상무적 놀이로 사망까지 발생할 정도로 치열한 난투극이 벌어지는 전투 놀이였다.

일곱째, 결련태껸과 석전은 풍년을 기원하는 세시풍속이었다.

이상의 내용을 종합하면, 결련태껸과 석전은 이해관계에 있는 집단 간의 갈등을 해결하는 해방구였다.

「행주대첩 상상도」 행주대첩의 승리에는 행주치마로 돌을 날랐던 여성들의 역할이 컸다.

1971년 택견명인 송덕기와 임창수 사범

도끼질　　　　　　　　　올려재기

『태권도』(1971) 가을호 「살아있는 태껸인 송덕기 선생」및 『태권도』(1973) 제7·8합본호 「銀髮의 태권도人」에 "살아 있는 태껸인, 우리 태권도의 산증인 송덕기 선생."을 소개하고 있다.

한국의 태껸 - 그 원형을 찾아서 -
79살의 고령답지 않게 건강한 송 선생의 모습에서 태껸의 모습을 여기 되살려 본다고 기록하고 있다.

<small>사진은 송덕기 선생과 대한태권도협회 사무과장 임창수(경복궁 경회루)</small>

1971년 국립영화제작소의 「국기 태권도」 송덕기와 임창수의 시범이 영상이 있다.

1972년 『태권도 교본 품세편』에도 위 '무릎걸이' 사진에 임창수는 콧수염을 붙인 사진이 게재되어 있다.

1973년 3월 미시건주로 도미渡美하였다.

태권도교본 품세편(대한태권도협회, 1975)

1971년 태권도지 송덕기 선생과 임창수 사범

제6절 조선 말기 외국인의 기록을 통해 본 택견

기산箕山 김준근의 '쌈하고'

택견 송덕기 선생과 태권도 임창수 사범

조선시대 씨름과 택견의 모습 작자미상 「百童子圖」 (출처: Wikiwand)

1. 들어가기

조선 말기에 우리나라를 방문한 구미歐美의 외국인은 선교사, 외교관 그리고 호기심 많은 여행가 혹은 식민주의나 제국주의의 위세를 배경으로 일확천금을 노리는 사람 등 다양한 목적을 지녔는데 그들 중 일부는 우리나라의 이국적이고 다양한 모습을 기록으로 남겼다. 물론 우리나라를 직접 방문하지 않고 여타자료나 탐문을 통해 기록을 남긴 이들도 없지 않은데 대표적인 인물이 『한국천주교회사』를 집필한 샤를르 달레Claude Charles Dallet(1829-1878)와 『은자의 나라 한국』을 저술하고 동경제국대학 교수를 역임한 바 있는 그리피스(1843-1928)가 있다.

이들의 기록 가운데 적은 분량이지만 격투기에 관해 묘사된 부분들이 있다. 이 격투기와 관련된 부분은 정초에 발생하는 석전의 전초전인 경우가 적지 않으며 많은 경우 돈내기와 연관되어 있다. 이러한 돈내기는 당시의 사회상을 반영하기도 하지만 우리 민족의 기질적 특성과도 관련이 있는 것으로 보인다.

리델의 주도로 1880년에 만들어진 『한불ᄌ뎐』의 '택견하다'나 1895년에 간행한 Stewart Culin(1858-1929)[64]이 저술한 『동양의 게임』 가운데 '택견 하기' 항목에서 보이듯이 아이들의 놀이와 성인들의 격투기는 시기가 겹치고 있다. 당시의 여러 정황으로 볼 때 성인들에게서 행해졌던 돈내기와 관련된 격투기는 전문무예인들에 의해 이루

---

[64] Originally published 1895 by the University of Pennsylvania, Philadelphia under the title Korean Games, with Notes on the Corresponding Games of China and Japan

어졌으며 또한 이 내용을 기록한 필자들의 주 활동무대가 서울이었음을 고려할 때 택견인 것으로 확인된다.

캐나다인 선교사 제임스 게일이 『한불ᄌᆞ뎐』과 언더우드의 『한영ᄌᆞ뎐』등을 참고로 1897년에 편찬한 『한영ᄌᆞ뎐』에는 '택견하다' 항목에는 아이들의 놀이라는 표현이 빠져있다.

『한불ᄌᆞ뎐』

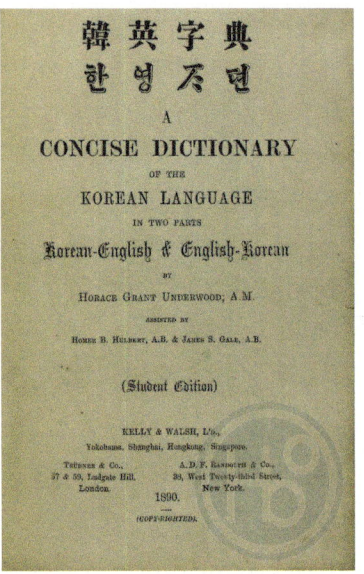
『한영ᄌᆞ뎐』

주지하듯이 택견은 서울지역에서 단오에 마을 간에 여러 명이 편을 짜서 하는 결련태껸을 했는데 외국 선교사들의 기록에서도 이 같은 결련태껸을 찾아볼 수 있다. 택견 경기에 관한 선행연구들을 살펴보면 이용복(1990), 정경화(2002), 도기현(2007) 등의 연구에서는 '각희脚戱'라는 택견의 사전적 의미를 가감 없이 받아들여 현대의 경기에서도 주로 발로 차고 넘기는 형태로 서술하고 있으며 경기 진행방식 또한 그대로 도입되고 있다. 그러나 현재까지 외국인 기록과 관련된 택견에 관한 연구는 전무하며, 후술하겠지만 이 기록들은 손과 발 심지어 무릎까지 사용하는 종합격투기의 형태로 현재의 택견경기와 괴리가 없지 않다.

택견은 우리나라에서 중요무형문화재로 등록되고 유네스코에서도 인류무형유산으로 등재되어 전통무예를 대표하는 종목으로 인정받고 있다. 그러나 그동안 기존의 국한된 선행연구와 사진들을 통해서 유추하여 택견의 경기를 재현하거나 수련체계를 정립해오다 보니 아직도 택견은 원형논쟁의 시비에서는 벗어나지 못하고 있다. 주지하다시피 송덕기의 체계는 신한승에 의해 재 체계화되어 무형문화재로 등록되면서 송덕기의 체계를 제대로 수용하지 못하고 있으며 여타단체들의 체계도 마찬가지로 송덕기의 체계와는 괴리를 지니고 있다.

따라서 이 장은 조선 말기 외국 선교사들의 기록과 송덕기로부터 1969년부터 1985년까지 가장 오랜 기간 택견을 사사한 고용우(1952년생)의 인터뷰 등을 통해서 택견을 재조명하고자 한다. 아울러 본 연구의 목적은 택견 원형복원과 올바른 택견史를 정립하는 데 있다.

2. 택견과 관련된 기록

『한불ᄌ뎐Dictionnaire Coreen-fncais』은 1845년 입국하여 전교 활동을 벌이다 1866년(고종 3)의 병인사옥 때 처형된 다블뤼Marie Nicolas Antoine Daveluy(安敦伊, 1818~1866)에 의해 집필되다가 이때까지 집필된 『한불ᄌ뎐』도 함께 전소되었다. 이후 『한불ᄌ뎐』은 거의 리델Felix Clair Ridel(李福明, 1830-1884)65)에 의해 만들어졌다고 할 수 있다.

『한불ᄌ뎐』에 나오는 택견관련 용어는 "틱견(택견-擇遣)하다"와 택견 기술의 하나인 "태질ᄒ다-打禾"가 보인다. 여기서 '택견擇遣'의 한자는 음가를 차용한 것으로 보인다. 『한불ᄌ뎐』의 한자를 제공한 최지혁(崔智爀, 세례명 요한)은 공주 출신으로 서울에 거주하고 있었는데 택견에 대한 이해를 짐작할 수 있는 대목이다.

『한불ᄌ뎐』에서 택견 용어를 구체적으로 살펴보면 다음과 같다.

> *틱견ᄒ다, HTĂIK-KYEN-HĂ-TA. 擇遣. Jeu des enfants, qui consiste à parer, avec le pied ou la main, le coup que porte l'adversaire également avec le pied ou la main; battre de la semelle, jouer de la savate.

위 내용을 번역하면, "틱(택)견擇遣ᄒ다", "상대를 발이나 손으로 가하는 공격을 똑같이 발이나 손으로 막아내는 것으로 이루어진 어린이

---

65) 리델Félix-Clair Ridel: 파리 외방전교회 소속의 신부, 1861년에 입국하여 포교하다가 병인사옥丙寅邪獄 때에는 몸을 피하여 병인양요를 일으켰다. 1870년 제 6대 조선 교구장으로 임명되어 1877년에 다시 입국하였다. 1878년 북경으로 추방되었다. 그 후 그는 일본 橫濱에 건너가 『한불문법』, 『한불사전』을 감수하였다. 프랑스에 귀국하여 사망하였다(그리피스, 1985).

들 놀이(경기)"이다.

> 태질ᄒ다, HTAI-TJIL-HĂ-TA. 打禾. Battre le riz, en frappant violemment les gerbes contre une pierre ou un billot.

또 "태질ᄒ다(p 506) - 打禾"는 내용도 보인다. 원래 태질에는 다음 두 가지 의미가 있는데, (1) 세게 메어치거나 내던지는 짓. (2) [농업] 볏단이나 보릿단 따위를 개상에 메어쳐서 이삭을 떨어내는 일. 가운데 (2)번 항 만 언급한 것으로 보인다.

다블뤼는 1845년 입국하여 전교활동을 벌이다가 1866년(고종 3)의 병인사옥 때 처형된다. 이때까지 집필된 『한불ᄌ뎐』도 함께 전소되었다. 그 뒤를 이어 베르뇌Francois Berneus66) 주교가 조선교구 5대 교구장이 되었지만 20여 일 만에 처형된다. 다블뤼는 우리나라의 언어·풍속을 연구하면서 포교서를 우리말로 번역·출간했고, 『한중불사전』의 편찬에도 참여하였다. 『조선천주교회사』의 편찬을 위해 조선사에 관한 비망기와 조선 순교사에 관한 비망기를 저술하여 모두 1862년에 파리로 보냄으로써 후세의 귀중한 사료가 될 수 있었으니, 이것이 바탕이 되어 후일 달레의 유명한 『한국천주교회사』가 저술되기에 이르렀다. 다블뤼의 죽음으로 인해 『한불ᄌ뎐』은 거의 리델에 의해 만들어졌다고 할 수 있다.

1860년대 이전에는 선교사들의 입국이 모두 중국을 통해서 이루어졌기 때문에 중국어를 익힌 후에 『역어유해譯語類解』67)(上下. 2책, 1690)

---

66) 베르뇌Francois Berneus, 張敬一: 1814-1866: 파리 외방전교회 소속의 신부, 일본과 만주에서 포교하다가 1855년 제4대 조선 교구장으로 취임·입국하였으며 1855년의 병인사옥 때 순교함(그리피스, 1985).

67) 『역어유해譯語類解』: 조선시대, 역관 신이행·김경준 등이 중국어에 한글 음을 달아 편찬한 어학서. 1690(숙종 16)년 사역원司譯院에서 간행하였으며, 역과譯科 초

를 통해서 한국어를 습득하였다. 이처럼 선교사들이 한국어를 공부하는 일은 쉽지 않은 일이었다. 그러나 리델이 입국한 1861년 이후에는 프랑스 선교사들이 중국을 통하지 않고, 직접 입국하기에 이르렀으며 리델은 이때부터 한국어 공부를 시작하여 1866년 다블뤼 주교에 이어서 『한불ᄌᆞ뎐』을 집필하기 시작한다. 당시 리델은 한국어 실력이 수준급이었을 것이다. 머물던 집의 주인 최지혁(崔智爀)이 그를 많이 도왔기 때문에 다른 사람의 공도 컸을 것이나 작업을 책임지고 감수한 사람은 리델이었기 때문이다.

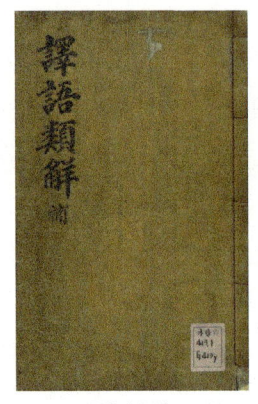
『역어유해』

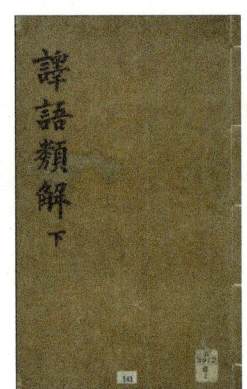
『역어유해』下

최지혁(崔智爀, 1809-1878)은 천주교 순교자로 세례명은 요한, 충청도 공주출신이다. 어려서 아버지에게 교리를 배워 입교하였고, 1846년(헌종 12) 다블뤼 신부에게 영세를 받았다. 최지혁은 이 작업에 가장 큰 도움을 준 한국인으로 『한불ᄌᆞ뎐』의 한자를 제공한 사람이다. 1880년과 1881년에 간행된 『한불ᄌᆞ뎐』과 한어문법(Grammaire Coréenne)의 大·中·小의 자모(字母)는 서지혁의 서체라고 한다.

시(試) 및 한학(漢學)의 교재로 쓰였다.

리델은 두세, 로베르 신부와 같이 장연에 상륙, 서울로 들어와서 신문외新門外 고마청동(雇馬廳洞: 지금의 의주로 1가 충정로 1가 부근)에 있는 최지혁의 집에 투숙하게 된 것인데 주 사명은 전교에 있었으니 아마도 『한불ㅈ뎐』을 고려할 겨를이 없었을 것이고 겨우 자료의 보강, 의문의 해결정도가 진행되었을 것으로 본다. 편찬사업의 근거지는 만주 분구坌溝라고 보아야 할 것이다.

『한불ㅈ뎐』에서는 현대식 사전적 형태의 분류를 사용하지 않고 파생어는 파생 접미사 '-스럽다', '-거리다', '-되다', '-ㅎ다'와 결합한 파생어가 부표제어로 나타난다. '-ㅎ다'와의 결합이 가장 빈도수가 높다.

채완은 "국어에서 가장 생산적인 동사인 'ㅎ다'의 모든 활용 예를 제시하면 다른 동사의 용법에 대해서도 유추가 가능하리라는 판단에서 그렇게 상세하게 서술"했던 것으로 짐작하고 있다. 이러한 형태는 Stewart Culin이 쓴 「조선의 놀이」 『동양의 게임』의 '택견하기'처럼 동사의 어간에 '하기'를 붙여, 그렇게 하는 일의 뜻을 더하여 명사로 표현한 것과 맥락을 같이한다. 즉 '(하)기'나 '(하)다'는 동사의 어간 뒤에 붙어, 그것의 활용형 가운데 구체적인 명사 혹은 기본형임을 나타내는 표현으로서 현행 어휘 분류와 달리 당시 외국인들이 다른 외국어를 배우는 과정에서 비교적 널리 통용된 것으로 보여 진다.

이러한 표현은 『교본 역대 시조 전서』에 "少年 十五 二十 時에 ㅎ던 일이… 속곰질 쒸움질과 씨름 탁견 遊山ㅎ기"라는 대목에서 '씨름 탁견 유산ㅎ기'가 '씨름ㅎ기', '탁견ㅎ기', '유산ㅎ기'로 표기되는 것과 같은 형태이다.

따라서 "틱견擇遣ㅎ다", "태질ㅎ다 - 打禾"에서 볼 수 있듯이 현대적 의미의 사전류이기보다는 프랑스 선교사들의 소통을 위한 개략적인 의미의 사전류이므로 활용형으로 표현된 것으로 보여진다.

특히 택견㯖遣의 한자표기는 음가를 차용한 임의적인 선택으로 보인다. 공주출신으로 서울에 거주하던 최지혁의 택견에 대한 지식이 납득이 가는 부분이기도 하다.

리델은 박해로 인해 본국으로 추방되었다가 재입국 후 전교에만 전념하기로 한다. 『한불ᄌᆞ뎐』은 코스트 신부에게 넘겨졌다. 코스트 신부는 1877년 요코하마에서 인쇄를 하려고 하였으나 아직 한국어가 미숙해서 1878년 일본에 온 리델의 지도를 받으며 1880년에 'Echo du Japan(일본의 소리)'라는 잡지를 간행하고 있던 레비인쇄소에서 인쇄하게 된다.68)

『한불ᄌᆞ뎐』에 표기된 택견은 이후에 펜실베이니아 대학교수였던 스튜어트 쿨린Stewart Culin이 1895년에 간행한 『동양의 놀이』에서 보이는 '택견하기'의 항목과 다소 차이를 보인다. 『동양의 놀이』에 기재된 '택견하기'는 어린이들이 하는 놀이 가운데 발로 상대를 차는 놀이로서 손을 사용한다는 표현은 보이지 않는다.

---

68) 언더우드 여사Lillias Horton Underwood는 그해 11월 말에 우리는 언더우드 씨가 쓴 문법책과 사전을 출판하려고 일본에 갔다. 서울에서는 그런 책을 인쇄할 방법이 없었기 때문이라고 표현한 것으로 미루어 당시 일본에서의 인쇄는 불가피했던 것으로 보인다. 이후 언급되는 『한영ᄌᆞ뎐』도 마찬가지이다.

Stewart Cuiln(1858-1929)

『동양의 놀이』에 수록된 「조선의 놀이」는 스튜어트 쿨린이 당시 조선 정부의 워싱턴 주재 대리대사로 나가 있던 박영규의 이야기를 듣고 기록한 것인데 여기에서 보이는 택견관련 부분으로 '택견하기' 항목이 있다(1958년 일본 Charles E. Tuttle Company of Rutland, Vermont & Tokyo에서 재출판 자료를 재인용). 쿨린은 한국 단어의 맞춤법과 음역은 『한불ᄌ뎐』을 사용하였다 (Charles E. Tuttle, 1958)고 하였다.

XXXII. HTAIK-KYEN-HA-KI—KICKING (*Fr. Savate*).

Htaik kyen-ha-ki is a combat between two players, chiefly with the feet. They take their positions with their feet apart, facing each other, and each endeavors to kick the other's foot from under him. A player may take one step backward with either foot to a third place. His feet, therefore, always stand in one of three positions. One leads with a kick at one of his opponent's legs. He moves that leg back and kicks in turn. A high kick is permitted, and is caught with the hands. The object is to throw the opponent.

This game also occurs in Japan, but the Chinese laborers from Canton do not appear to be familiar with it.

여기서 흥미로운 것은 택견과 프랑스 사바테의 기술이 매우 유사한 부분이 있다는 사실이다. 병인양요에 마포나루 배 위에서 택견을 했다는 구전口傳도 전해지니 두 종목은 흥미로운 연구가 될 것이다.

택견의 발차기 손으로 잡아대기

사바테의 발차기 막으며 다리 공격

택견의 막음다리

사바테 막음다리

택견의 겨루기

사바테의 겨루기

『한불ᄌᆞ뎐』이나 『동양의 게임』에는 택견을 모두 어린이들의 놀이로 취급되었다는 점이다.

그러나 1911년에 출판된 『한영ᄌᆞ뎐』에서는 역시 『한불ᄌᆞ뎐』에서와 같이 "틱(택)견ᄒᆞ다"에 대해 'To strike and kick'라고 적고 있으며 "틱견"에 대해서는 'strike and kick'으로 적고 있을 뿐 어린아이의 놀이라는 대목은 보이지 않는다.

이는 택견이 기존에 'Kicking'으로 즉 택견이 차기라는 기존의 해석과 다소 차이를 보이는 '치고 차는' 경기형태의 무예임을 알 수 있다.

『한영ᄌᆞ뎐』은 캐나다 선교사 게일(James Scarth Gale)이 1897년에 언더우드의 『한영ᄌᆞ뎐』(A Concise Dictionary of the Korean Language: 1890)과 『한불ᄌᆞ뎐』, 그리고 그 외 오랜 기간 조선에 체류하면서 수집한 다양한 자료를 바탕으로 집필한 사전이다. 실제 이 사전은 1897년에 편찬[69]되었는데, 재판(1911)과 삼판(1931)은 개정판으로 여기서 참고한 재판은 1911년 요꼬하마의 푸쿠인 출판사(The Fukuin printing co. LTD.)에서 나온 것이다. 이 자료는 부산대학교 인문학연구소가 주관하는 인문한국사업의 일환으로 이은령·윤애선·서민정·김인택으로 이루어진 연구팀이 검색이 가능한 DB로 구축하여 웹사전의 형태로 가공한 자료를 이용하였으나 실제 수록된 '택견하기'는 1897년에 출판된 초판에 수록되었을 것으로 짐작되지만 확인되지는 않았다.

그러나 택견은 단순히 어린이들의 놀이로만 그치는 것은 아니었다.

---

[69] 1897년 요꼬하마yokohama의 kelly&walsh 출판사에서 나오고 같은 곳의 The yokohama Bunsha에서 인쇄되었다. 내제 처음에 '한영자전', 그 아래 '한영ᄌᆞ뎐', 이어 고딕체의 'KOREAN-ENGLISH DICTIONARY'로 제목이 붙어 있다.

조선의 마지막 택견꾼 송덕기도 12세 때 임호를 만나 택견을 시작하고 어른태껸 경기에 참가할 정도로 실력이 뛰어났다.

육당본『청구영언』에 수록된 김민순의 『교본 역대 시조 전서』(1728)에 少年 十五 二十 時에 ᄒᆞ던 일이… 속곰질 쉬움질과 씨름 탁견 遊山ᄒᆞ기라는 대목이다. 현대인의 개념으로 접근해보면 어린이의 놀이가 청소년에서 청년기로 이어지는 것을 알 수 있다.

알렌의 표현처럼 오랜 세월 일이 많지 않아서 여가는 많지만, 놀이 문화가 발달하지 않아, 조선에는 모든 성인들의 일이나 놀이가 아이들에게 놀이였다.

조선의 아이들은 어른들이 하는 노동을 놀이로 여겼듯이 무예 또한 아이들에게는 놀이였다. 현대인의 사고로는 아이와 어른의 세계가 분리되어 있다는 생각을 하기 쉽지만 조선 시대까지 크게 분리·분화되어 있지 않았다. "모든 계급의 어린이 노리개들은 어른 생활의 축소품일 따름이다."는 표현도 같은 맥락이다.

애기택견으로 추정되는 사진

현대인들에게 의구심이 들 정도로 아동편사나 석전, 검무 등이 아동들의 놀이에 포함되어 있었다.

물론 시대적인 배경에 원인이 없지 않으나 선조 대에 훈련도감에 배속되어 운용된 바 있었던 아동대는 훈련도감의 군사들과 같이 조총을 다루는 포수砲手와 낭선 창검을 쓰는 살수殺手, 그리고 궁시를 전문적으로 다루는 사수射手 등 삼수병三手兵으로 구성되었는데 임진왜란 당시 아동들로 구성된 아동대에 관한 기록들은 몇몇 곳에서 보인다.70) 부족한 양식문제로 이 아동대의 폐지가 논의된 것이 선조 82권, 29년(1596) 11월 9일(신축) 5번째 기사에 나오는데 아동대는 그 의도가 뒷날의 급할 때 쓰기 위한 것으로 아동대가 교습한 것은 훈련도감의 사졸과 똑같이 포수, 살수로서 왜검과 사수로서 궁시를 익혔다.

아동대와 관련된 기록에서 시재에 입격한 아동들의 수는 포수로 뽑힌 아동이 15여 인(선조 27년, 1594년 6월 계유), 검술로 시재에 입격入格한 자가 19명(선조 28년, 1595년 6월 임술), 아동 포살수대兒童砲殺手隊 가운데 시재에 입격한 자는 19명이었으나 아직 입격 못한 자들 중에도 뽑을 만한 아동이 많았으므로 다시 모아 시재하니 검술劍術 학습에 합당한 자가 16명인데, 전후에 뽑은 것을 통계하면 35명(선조 28년, 1595년 6월 경오)이라는 기사가 있고, 특히 검술은 항왜降倭 여여문呂汝文과 산소우山所佑가 가르쳤다. 따라서 택견을 아이들의 놀이만으로 치부하는 소수의 연구가들이 없지 않은데 이는 현대인의 시각만으로 과거를 판단하려는 선입견 때문이다.

---

70) 선조 52권, 27년(1594) 6월 26일, 64권 28년(1595) 6월 19일, 64권 28년(1595) 6월 21일, 64권 28년(1595) 6월 29일, 65권 28년(1595) 7월 17일, 82권 29년(1596) 11월 9일.

3. 격투기와 관련된 기록

조선 사람들의 싸움과 관련하여, 길모어G. W. Gilmore는 때때로 싸우는 장면을 보는데 싸우는 방법은 서로 머리채를 잡고 밀고 당기는 것이다. 조선 사람들은 상처를 입는 것을 매우 저어한다. 알렌은 보통은 코피가 나면 양 당사자는 화를 누그러뜨리고 군중들은 잠잠해진다. 이것은 아마도 흰 옷에 묻어서 옷을 망쳐버린 선명하게 드러난 빨간 피의 효과 때문일 것이라고 하였으며 대부분의 싸움은 기껏 상대방의 상투를 잡으려거나 상투를 잡고 싸우는 몸싸움이 다반사이다. 싸움이 이렇게 쉽게 끝나는 것은 은나라 때부터 흰옷을 즐겨 입은 우리 민족71)은 싸움을 하더라도 코피가 나면 싸움이 멈추는데 누구든 흰옷에 붉은 피가 묻는 것을 극도로 꺼렸기 때문이다.

언더우드 여사는 화가 치민 아낙이 남편의 상투를 잡고 질질 끌고 가거나 상투를 잡고 푸짐하게 벌을 주는 모습을 인상적으로 묘사하고 있으며 미국 남자들이 상투 머리를 하지 않는 게 참으로 섭섭하다고까지 표현하고 있다.

기산 김준근의 풍속도(쌈하고, 싸움하는 모양 등)에서도 머리채를 잡아끄는 그림들을 볼 수가 있다. 사실 상투를 잡는 기술이 택견에 없는 것은 아니다. 고용우는 인터뷰(2013.9.11. 미국 로스앤젤레스 커피숍)에서 "이○○씨가 석사논문을 쓴다고 하셔서 할아버지를 소개를 해주기 위해서 만났는데, 태껸에 대해서 얘기하시다가 이○○씨의 머리채를 휙 잡는 거예요. 할아버지는 머리채를 잡으면 하루 종일 끌고 다닐 수 있다고 하시면서, 태껸은 옛날부터 머리채를 잡아당긴다고 하셨어요."

---

71) 영조 24년(1748), 통신사通信使 종사관從事官 조명채(曺命采, 1700-1763)의 기록 『봉사 일본시문견록奉使日本時聞見錄』 건乾에 서기 유후柳逅의 우리나라 풍속 시 가운데, "옷은 은 때의 흰 것이요衣尙殷時白"라는 구절이 나온다.

라고 진술했듯이 조선 사람들이 자연스럽게 머리채를 잡아끌듯이 택견 기술의 한 일종으로도 머리채를 잡아끌었을 것이다. 신한승이 체계화한 앞엣거리 본때 12마당에서 두상잽이(상투잽이)의 기술을 찾아볼 수 있다.

기산(箕山) 김준근의 '싸움하고'   '싸움하는 모양'

그러나 이런 평시의 싸움 모습과는 다르게 살벌한 격투기에 대한 기록도 적지 않다.

「朝鮮風俗絵葉書」より、「(朝鮮風俗) 喧嘩 QUARREL OF COREAN」
1900년경 일본이 발행한 「조선풍속엽서」에서 (조선풍속) 싸움
조선의 싸움(실제 싸움하는 사진이 아니라 의도적으로 연출된 사진)

　　샤를르 달레의 저작에 가장 많이 인용된 것으로 알려진 다블뤼 주교의 서한과 보고서에 주목하듯이 그는 19세기 조선에서 활동한 천주교 선교사들 중에서 가장 오랜 기간 동안 체류한 선교사였다. 즉 그는 1845년 10월 12일에 입국하여 1866년 3월 30일에 순교하여 햇수로는 22년 동안 생활하였다. 그러므로 다블뤼 주교는 체류 기간이 길었던 만큼 다양한 업적을 남기기도 하였다. 달레는 다블뤼 주교가 본국에 보냈던 보고서를 토대로 하여 자신의 『한국천주교회사』를 작성하였다고 알려져 있다. 달레가 『한국천주교회사』를 집필한 햇수는 1872년이며 간행된 햇수는 1874년이다. 『한국천주교회사』에는 이와 같은 격투기와 관련된 기록이 보인다.

　　촌락대항 또는 한 도시의 구역대항 권투 즉 주먹싸움도 흔히 있다. 해마다 서울에서는 음력 정월에 이런 싸움이 일어나

는데, 그것은 보통 격투로 변질되고 만다. 처음에는 주먹으로만 치다가 다음에는 몽둥이와 돌로 때리는데 그것이 여러 날 계속되며 그동안에는 위험을 무릅쓰지 않고 거리를 다닐 수가 없다. 보통 현장에는 죽은 사람이 네댓 명 쓰러져 있고, 부상과 불구가 된 자는 헤아릴 수도 없다. 그러나 정부에서는 결코 간섭하지 않고, 그것이 놀이라는 핑계로 일이 되어가는 대로 내버려 둔다.

이러한 기록은 조선 말기에 우리나라를 방문한 여러 외국인들의 기록에서도 확인된다.

그리피스는 남자들의 격렬한 격투기를 다음과 같이 기록하고 있다.

남자들이 하는 또 다른 운동으로는 격투가 있다. 젊은 남자들은 서로가 이 놀이를 함에 있어서 '남자다운 기량'을 발휘한다. 그리하여 어떤 때는 상대방 마을에서 패자霸者가 뽑히는 날이며 결국 난투극이 벌어져서 머리가 깨지고 얼굴이 짓이겨진다. 대도시에서는 같은 도시 안의 상이한 구역 간에 시합이 벌어지는 수도 있다. 서울에서는 보통 정월에 선발 투사들 사이에 제법 실감나는 격투가 벌어지고 양측의 후원자들 사이에는 내기와 응원이 벌어진다. 이러한 재주의 겨룸은 난전으로 확대되어 몽둥이와 돌멩이가 난무하여 두개골이 깨지고 목숨을 잃는 경우도 흔히 있다. 방백 수령들은 이와 같은 놀이를 말리기는커녕 자기도 함께 뛰며 즐긴다.

그리피스의 『은자의 나라 한국』 초판은 1882년에 출간되었다. 1890년 연말 두 번째 조선을 방문한 영국인 새비지 랜도어Arnold H. Savage-Landor(1865-1924)는 기이한 여행자요, 탐험가요, 화가였다. 그는 이 책에서 보다 객관적이고 애정 어린 눈으로 조선과 조선인을 바라보는 시각을 드러내었다. 그 누구보다도 객관적이면서도 조선인의 편에서 이해하려는 문맥들이 두드러진다.

조선에서 볼 수 있는 독특한 광경 중의 하나로 일대일의 격투이다. 조선 사람들은 대체로 조용하고 온순한 기질을 지녔기 때문에, 웬만큼 감정이 격해져도 그다지 싸움을 하지 않는 것 같다. 그들은 자주 다른 도시의, 혹은 같은 도시의 다른 지역 패거리들 간에 현상금을 건 격투를 보면서 흥겹게 즐기는데, 많은 군중들이 그것을 보기 위해 모인다. 싸움꾼들은 대체로 주먹을 이용해서 싸우나, 프랑스에서처럼 무릎과 발을 사용하는 것도 허용되어 있다. 흥분한 대부분의 관중들은 내기를 걸며 격투는 곧잘 난투극으로 비화 된다.… 상류층은 자신의 평판이 깎이기 때문에 공개적으로 주먹질을 벌이지 않는다. 그 대신에 그들 간의 이해관계는 비싼 돈을 치르고 산 싸움꾼들이 그들의 면전에서 해결하도록 한다. 내 생각에 그들은 감정을 폭발하거나 언성을 높여 따지는 것은 품위를 떨어뜨리는 행위로 여겼다.

또 1900년 러시아 재무성에서 출판한 『한국지』에서도 격렬한 격투에 대해서 기록하고 있다.

싸움을 하여 힘을 겨루는 것도 매우 널리 퍼져 있다. 한국에는 예전에 일본에서도 그랬던 것처럼 직업 투사들이 있어서 이들은 명문 귀족이나 읍, 리에서 항상 급료를 받고 있다. 정해진 날에 개인들이나 읍, 리에서는 그들의 투사들을 힘겨루기대회에 내보낸다. 이 경기는 매우 활기에 차 있는데 이는 관중들이 투사들에게 크게 내기를 걸기 때문이다. 한국인들은 때때로 주먹싸움도 개최하는데, 이때 한 읍이 다른 읍에 대항하여 또 가끔은 한 읍의 한 구역이 다른 구역에 대항하여, 또는 한 리가 다른 리에 대항하여 투사들을 내보낸다. 투사들의 수는 가끔 200~300명에까지 이른다. 싸움은 주먹으로 시작하지만, 싸움꾼들은 나중에 막대기나 돌까지도 사용한다. 싸움을 구경하던 읍사람들이 편을 들다가 싸움이 일어나는 수가 적지 않다. 이런 경우 싸움은 진짜 격전으로 변하여 며칠을 끌며 이 동안 거리를 지나가는 것은 꽤 위험하다. 멀리 떨어진 변방 지역에서는 리에 사는 주민들 사이에 또는 읍의 각 구역에 사는 주민들 사이에 일어나는 이러한 격전은 특히 보편적인 현상이다.

달레의 『한국천주교회사』에 수록된 격투기는 내기에 관한 부분이 언급되어 있지 않지만 다른 외국인들의 기록에서 보이는 격투기에서는 격투기와 더불어 내기에 대해 언급하고 있다.

가장 민중화 혹은 대중화의 지표 중의 하나가 수박, 수박희 혹은 택견을 통해 이루어지는 도박판이라 하였다. 예나 지금이나 도박판만큼 대중들의 흥미를 유발하는 대상은 흔치 않다. 어느 민족이건 간에 도박은 중독성이 있을 만큼 걷잡을 수 없이 빠지게 되지만 우리나라 사람들의 도박에 대한 사랑은 유별나다. 사서에도 나오지만 어른에서 아이들에게까지 도박은 성행되어왔으며 조선 말기에 우리나라를 방문한 외국인들의 기록에는 빠지지 않고 언급하는 것이 돈내기에 관한 것이다.

샤를르 달레는 조선에서 가장 유행하고 있는 것은 투전인데 이것은 법률로 금지되어 있지만, 이 노름은 특히 서민들 사이에 매우 성행한다. 어떤 파수막에서 야근을 하는 병사들에게만은 잠드는 것을 막기 위해 허가되어 있다고 적고 있으며, 그리피스는 조선에서는 도박이 놀랄 만큼 성행하며 특히 연날리기 대회에서는 많은 돈이 오간다고 하였다. 그리고 샌즈는 조선에서는 보통 남자 하인을 두고 있었고 모든 계층이 만성적인 도박꾼들이었다고 언급하고 있다. 우리나라 사람들의 내기에 대한 유별난 사랑은 고금을 막론하고 대중들에게 이어져 왔다. 격투기를 통한 돈내기와 관련된 기록도 적지 않다.

이 돈내기는 무예에 있어서도 예외가 아니었는데 무예를 이용한 돈내기에 관한 기록이 있다는 것은 바로 그만큼 무예가 대중화되어 내기를 좋아하는 경향과 병행해서 성행되었다는 의미이다.

『고려사』 형률조에 박희(博戱, 수박희)로써 전물錢物을 내기한 자는 각각 장杖 일백一百이며, 그 유숙시킨 주인 및 범(凡, 내기 돈)을 대고, 모여서 도박을 시킨 자도 또한 장 일백이며, 음식을 걸고 활쏘기를 익히는 무예자는 비록 전물을 걸어도 죄가 없다(『고려사』 85권 39지 형법2조 금령)는 기록이 전하고 있는데, 고려 시대에 수박희를 이용한 도박의 폐해를 미루어 짐작할 수 있는 대목이다.

조선 말기 서예가이며, 문인이었던 최영년(崔永年, 1856~1935)이 1921년 쓰고, 매일신보 논설부장을 지낸 송순기(宋淳虁, 1892~1927)가 세시풍속 등을 엮어 출판한 『해동죽지』(1925) 탁견희托肩戱조에 옛 풍속에 각술이라는 것이 있는데 서로 대하여 서로 차서 꺼꾸러뜨린다…

이것으로 혹은 원수를 갚기도 하고 혹은 재물과 여자를 내기하여 빼앗는다. 법관으로부터 금하기 때문에 지금은 없어졌다. 이 놀이의 이름을 '탁견'이라 기록하고 있다.

기산 김준근 씨름하기 (숭실대 한국기독교박물관)

육태안은 신씨(신한승-중요무형문화재 제76호 택견 예능보유자)가 전해준 말에 따르면 구한말까지 전국의 씨름판을 돌며 황소를 타가는 전문씨름꾼들처럼 경찰의 눈을 피해 은밀하게 거액의 돈이 걸린 결련태껸판이 벌어졌었고, 패자는 반죽음의 상태에 이르곤 했었다는 송덕기로부터 전해들은 것으로 추정되는 신한승의 증언을 언급하고 있는데, 이 기록은 구한말 역시 돈내기와 더불어 택견이 민중화, 대중화가 되고 있음을 시사한다.

KBS 文化강좌(1984) '선조의 수련세계 택견' 송덕기의 인터뷰에서 사회자의 질문(임호 선생님이 택견을 어떻게 했나요?)에 대해서 사월 팔일에 하고요, 오월 단오 때하고, 또 가을에 팔월 보름날 추석(명절 때), 그때 하루 쯤 합니다. 다른 마을로 갈 수도 있고, 다른 마을 사람들이 이리 끌어 올 수도 있고, 사회자 질문(임호 선생님이 택견 하실 적에 마을끼리 하는 것 말고, 또 호신술로 하는 택견 했는지요?)에 대해서 "그건 결련태껸이라 해요. 막찹니다. 그때는…", 사회자 질문(어떤 사람이 많이 했나요?)에 대해서 "그건 중인들이죠. 요즈음 깡패(요즈음 무술을 하는 분)," 사회자 질문(별기군이나 무술 하는 관직들도 했습니까?)에 대해서 "예 했어요." 임호는 송덕기의 스승으로 장안 8장사 중 한 명이었다.

1910년까지 서울 일원에서 민속경기 놀이로 택견을 결련태껸이라고 한다. 문세영의 『조선어사전』(1938)에 결련태껸이 갑동甲洞과 을동乙洞이 각각 편을 먹고 승부를 결하는 태껸으로 기록하고, 또 『동아국어사전』(1971)에 여러 사람이 편을 짜고 하는 태껸이라고 풀이되어 있다.

이용복은 경기에서 어느 한쪽 선수의 무릎 위 신체가 땅에 닿으면 승부가 난다. 손질, 발질 등 어떠한 기술을 사용해도 무방하지만, 상대방에게 타격을 가하거나 급소를 쳐서는 안 된다. 상대를 다치지 않게 하면서 넘어뜨리는 택견기술을 '는질러찬다', '는지른다'라고 말한다고 했고, 결련택견협회는 결련택견이란 여러 사람이 편을 짜서(보통 5명에서 15명 사이) 자기 마을의 명예를 걸고 이긴 사람이 계속해서 싸우는 연승제 시합을 하는 것을 말한다(결련택견협회, 2013). 그리고 도기현은 택견 경기의 승패 방법은 상대를 넘어뜨리거나 발로 얼굴을 차면 이긴다. 그러나 주먹으로 얼굴을 때리거나 곧은 발로 차서 상대에게 큰 상해를 입히는 것은 안 되며, 옷을 붙잡아서도 안 되고 상대를 잡고 늘어져서도 안 된다고 했다. 한편 정경화도 '대걸이'는 손기술, 발기술로 상대의 무릎 이상의 신체 일부를 바닥에 닿게 넘겨야 이긴다. '맞서기'는 손기술, 발기술로 상대를 넘기거나, 발질로 상대의 안면을 정확하게 가격하면 이긴다. 발 이외의 부위(손, 머리, 팔꿈치, 무릎 등)로 안면 가격의 경우는 '경고'에 해당한다. 손으로 얼굴 공격과 무릎의 사용을 규제하고 있다고 언급했는데 이는 모두 조선 말기에 외국인들의 택견 기록과 상치된다.

고용우는 인터뷰에서 "태껸72)은 무예니까, 당연히 손발과 몸의

---

72) 위대태껸에서는 송덕기 선생의 표현을 따라 태껸으로 표기하고 있다.

조화로 치고 차고 넘기고 조르고 꺾는 기술들이 있어요."라고 했다. 고용우의 수련과정에서는 종합격투기의 형태를 고스란히 유지하고 있다.

외국인들의 택견 관련 기록과 사뭇 다른 이용복(1995)과 도기현(2007) 그리고 정경화(2002) 등의 내용은 아마도 1971년 11월호 계간 태권도 가을 호에 수록된 다음의 송덕기 기사와 관련 일부 발언만을 전적으로 수용한 것으로 보인다. 그 당시의 경기란 동리 간에 20세 미만에 십사 오명의 선수를 선발하여 이기는 사람은 그대로 다음 사람과 계속 싸우는 승발전勝拔戰이었다. 이긴 동리에서는 승전의 영웅과 같은 환영과 융숭한 잔치를 며칠을 두고 계속 베풀었다(이석호, 1971).

그러나 이와 같은 동리 간 친선게임과는 다소 괴리가 있는 살벌한 격투기와 관련 있는 송덕기의 진술 대목도 보인다. 1973년 3월호 태권도 계간지에는 특히 태껸의 특징을 묻는 말에 태껸은 발을 사용하여 상대를 제압하는 무도로 손을 보조역으로 약간만 사용하는데 그 특징이 있다고 정의하고 만일, 손을 많이 사용하면 인체의 가장 약한 턱이 빠지고 목뼈가 부러지는 위험이 있어 주먹이나 손이 겨루기에서 공격 무기로 쓰이는 것은 금기로 되어 있어 예전에 스승께서 가르쳐 주실 때 주먹을 상대의 안부에 강타하거나 손으로 잡아서 괴롭힐 경우에는 '밟아 죽여도 좋다'라고 할 만큼 그 룰은 엄격히 다루어져 왔다고 회고했다고 수록되어 있다.

동리 간에 벌어지는 친선경기인 경우는 비교적 순화된 경기였을 가능성이 없지 않으나, 돈내기가 걸린 결련태껸이나 석전으로 이어지는 경우, 이용복, 도기현, 정경화 등의 주장은 외국 선교사들의 기록과 사뭇 다르다.

알렌은 조선에 도착한 지 얼마 되지 않아서 목격한 개인적인 격투기에 대한 진짜 싸움을 목격하고 기록한 바 있다.

어느 날, 말을 타고 가다가 나는 두 사람이 어느 집 앞에서 싸우는 것을 보았다. 그 두 사람은 삿대질을 하면서 욕을 해댔다. 나는 그와 같이 어린애 같은 싸움질에 혼자 웃으며 그들이 싸움답게 싸우는 것을 보고 싶었다. 그런데 나의 바람이 뜻하지 않게 이뤄졌다. 그 두 사람이 하나 밖에 입지 않은 웃옷을 벗어던지고 허리 위까지 벌거벗은 채 서로에게 덤벼들었기 때문이다. 그 가운데 한 사람이 몸을 휙 굽혀 상대편의 허벅지(오금)를 잡고서는 그 여세를 몰아 상대방을 머리 위로 내던졌다. 참으로 절묘한 기술이었다. 두 사람이 서로에게 덤벼드는 순간에 한 여자가 집에서 뛰어나와 소리를 질렀다. 두 사람이 말싸움 대신에 그 여자의 비명소리와 울부짖음이 사방에 울려 퍼졌다. 그 여자가 통곡하는 것과 남자가 쓰러진 곳에 누워 있는 사실로 보아 심각한 사태가 발생했다고 추측한 나는 내가 도울 일이 있을지도 모른다는 생각을 하고 그곳으로 갔더니 그 남자는 목이 부러져 죽어 있었다. 그 이후로 나는 일반적으로 발생하는 말싸움 이상의 격렬한 싸움을 보고 싶어 하지 않게 되었다.

알렌(1858-1932. 安連)은 미국의 선교사·의사로서 우리나라 최초의 장로교 선교사이다. 고종 황제의 시의侍醫 및 외교 고문으로 있었으며, 광혜원, 관립의학교를 창립하였는데 그의 주 활동무대는 서울로서 목격하고 경험한 대부분의 배경은 서울로 봐도 무방하다. 위에서 언급된 기술은 씨름에서도 볼 수 있지만 서로 떨어진 공간에서 이루어진 것으로 택견기술일 가능성도 없지 않다.

고용우(1952년~現)가 설립한 현암위대태껸보존연구회(現. 세계태껸연맹)의 수련과정에 '주먹'을 사용하는 '재갈넣기', '메주먹' 등이 있다. 고용우는 인터뷰에서 "기산 김준근의 풍속도에 무릎 위에 올라간 상대의 오금을 잡고 뒤로 넘기려는 그림이 있는데, 할아버지가 알려주셔서 우리도 가끔 연습을 했어요. 상대가 무릎을 밟고 공격할 때 이런 모습이 나와요. 등 뒤로 던지기도 하죠. 또 서 있는 상대를 오금잽이 하면서 앞으로 넘기려고 할 때 버티면 상대를 머리 뒤로 던지기도 해요."라고 했듯이, 알렌의 상대편의 허벅지를 잡고서는 그 여세를 몰아 상대방을 머리 위로 내던졌다 는 기록은 택견의 모습으로 볼 수 있다.

기산 김준근의 풍속도

또한 1895년 크리스토 밀러Christo Miller가 그린 『Corean Boys Wrestling』을 'Wrestling'이라는 표현이 있어 씨름으로 보는 경우가 없지 않지만, 서로 양팔을 잡고 힘을 겨루는 모습은 '위대태껸'의 맴돌리기와 태질의 동작과 같은 형태이다.

크리스토 밀러Christo Miller가 1895년에 그린
『Corean Boys Wrestling』

4. 맺음말

이 장은 조선 말기 외국인의 기록과 인터뷰를 통해 택견(태견)을 살펴보았다. 이를 요약하면 다음과 같다.

택견은 육당본『청구영언』과 『한불ᄌᆞ뎐』 그리고 『동양의 게임』에서 나타나듯이 어린이들의 놀이였다.

하지만 그중 가장 늦게 나온 제임스 게일이 편찬한 『한영ᄌᆞ뎐』에는 어린이들의 놀이라는 부분이 빠져있다. 게일은 캐나다 출신의 미국 장로교 선교사이자 신학박사 및 한국어학자로 1888년 조선에 도착한 후 1928년 은퇴까지 선교관련 사업을 했지만 그 밖에도 한국의 역사·문화·언어 등에 관해 깊은 관심을 지니어 수많은 관련저서와 논문을 집필했을 정도로 이해도가 높았기 때문에 이 부분을 간과하였으리라 보기 어렵다. 즉 단순히 어린이들의 놀이만은 아니라는 의미이다.

이는 시대적으로 시간이 마치 멈춰진 것처럼 느리게 흐른 조선 시대에는 아이나 어른의 놀이가 구분되지 않았었고 무예 또한 놀이이기도 하고 본래 무예적 속성을 동시에 지니고 있었다.

조선은 성인과 아이들의 놀이나 노동뿐 아니라 무예문화조차도 중첩되어 나타나는데, 아이에게는 성인들의 일과 무예가 놀이의 일부였다. 일반인들에게 있어서 다툼은 고작 상투를 잡는 드잡이질이 고작이고 코피가 나서 흰옷에 묻어서 옷을 망쳐버리면 심각한 싸움조차도 끝나는 것이 상례였다. 그런데 전문무예가들에게 있어서는 무예는 돈내기를 위한 살벌한 격투기이기도 했는데 이러한 기록들은 당시 조선을 방문하거나 미지의 호기심 가득한 조선에 관심이 있는 사람들에게 기록으로 남겨져 오늘날까지 전해지고 있다. 이러한 격투기에 대해 택견이라는 명확한 언급은 없지만, 택견으로 간주하는 이유가 당시 기록으로 남긴 사람들의 주 활동무대가 서울이었다는 점과 아이들이 즐겨 하는 무예놀이가 성인의 무예문화와 다를 바 없었다는 데 있다.

전문무예가들의 격투기는 정월대보름을 전후하여 마을 간에 치러지는 공동행사이기도 했지만 많은 경우에 마을 대항 간에 석전이 벌어지기 전 전초전 역할을 했다. 통상적인 마을 간 친선경기에서는 손이나 무릎을 이용한 살수가 규제되었을 가능성이 없지 않지만, 돈내기가 걸린 경우나 석전으로 이어지는 상황에서는 손이나 무릎공격을 허용하는 살벌한 격투기였음을 알 수 있다.

그런 점에서 볼 때 현재 이루어지고 있는 완화된 택견경기는 조선시대 택견의 한 단면만 부각하고 있음을 알 수 있다. 한 단면이 전체인 양 호도된다면 이는 분명히 개선이 필요한 것이다. 우리나라에서 중요무형문화재로 등록되고 유네스코에서도 인류무형유산으로 등재되어 전통무예를 대표하는 종목인 택견이 한 단면만이 부각되어 왜곡된 상태로 알려지고 보급된다는 점은 '전통'이라는 표현이 무색할 뿐 아니라 역사 인식에도 오류가 개입되는 것이다. 그런 점에서 한 단면 이외의 나머지 부분을 복원하자는데 있다.

택견이 조선 시대의 원형에 근접하도록 복원하자면 적어도 진정한 무예기능을 지닌, 손과 무릎, 그리고 머리까지 사용하는 기예가 포함되어야 한다. 이를 통한 경기의 정착화까지는 더 많은 노력과 연구가 필요하겠지만 충분한 시간을 두고 고증을 거친 정립이 필요하다.

태 질 (김정윤, 2002)

1959년~1985년의 택견명인 송덕기의 택견기법은 동일하다.

1959년 송덕기 선생과 박철희 사범

1962년 송덕기 선생과 김수 사범

1971년 송덕기 선생과 임창수 사범

1985년 송덕기 선생과 제자 고용우

사진출처: 1958년 박철희, 1963년 김수, 1971 태권도지, 1985년 김정윤(2002)

제7절 국외 항일 독립운동과 택견과의 관계

청산리대첩(1920)은 항일 독립 전쟁 중 최대의 승리(중앙대학교 손수광 교수 그림, 1975)

청산리대첩 기록화(출처: 독립기념관)

1910년 헤이스팅 교정에서 훈련 중인 소년병학교 학생들 (민병용, 2015)

1908년 7월 11일~15일 콜로라도주 덴버시에서 열린 대한인애국동지대표자회의, 박용만이 소집했고, 출석대표는 이관용(덴버), 윤병구, 이승만(러시아 위임대표), 김용덕, 이명섭(대동보국회), 김성근(하와이 위임대표), 김사현(캔사스), 오흥영(콜로라도), 박처후(네브라스카 커니), 김사형(네브라스카 오마하), 이종철(네브라스카 링컨), 김장호(박용만 평전에서)

(민병용, 2015)

1. 들어가기

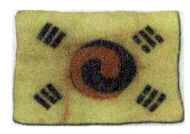

광복 70주년을 즈음하여 조국의 광복을 위해 투쟁한 항일독립운동과 택견과의 관계를 살펴보는 것은 이 시점에서 의미 있는 연구가 될 것이다.

항일독립운동은 국내뿐만 아니라 해외에서도 활발히 이루어졌다. 국내의 의병활동 그리고 계몽운동실천과 더불어 해외에서는 만주의 「신흥무관학교」, 멕시코의 「숭무학교」, 미국 네브라스카주의 「한인소년병학교」, 하와이의 「대조선국민군단학교」 등을 설립, 운영하여 항일독립운동의 전초기지로써 각 지역과 연계하여 독립군을 양성하고 장차 있을 일제와의 독립전쟁에 대비하고자 하였다. 이러한 조직망은 국내외 독립운동단체 간에 상호보완적인 역할을 수행하였다(김원용, 1959; 김원용·손보기, 2004).

독립군 양성을 목적으로 설립된 학교인 만큼 군사훈련을 위한 신체훈련은 필수적인 요소였으며 무예수련도 빼놓을 수 없는 교과목이었다.

하지만 근대화시기에 일본과 중국의 경우 서구의 신문명을 적극적으로 받아들이면서 생명력을 잃은 전통문화를 폐기하려는 움직임이 드세다가 20세기 초에 들어오면서 전통을 축으로 하여 서구문화를 선별적으로 수용하려는 자세로 전환하였을 정도의 위기가 있었으며, 최복규는 우리의 근대화는 한마디로 말하면 서구화로 한 시절의 모든 가치 기준은 맹목적으로 서구중심이었다. 이러한 점은 이미 서구의 문화를 먼저 받아들인 일본을 포함한 한·중·일에서도 대동소이했다. 일본을 예로 보면 1884~1885년의 박대양朴戴陽의 수신사 기록 『동사

만록東槎漫錄』에 이 나라에서도 일찍이 공맹孔孟의 학문을 존숭尊崇하여, 상을 봉안하여 존경하고 경전을 강습하였는데, 개화 이후로 경사經史는 다 폐지하여 곁채의 협실夾室에 치워 버리고, 정당正堂 좌우의 서가書架에 가득한 책들은 다 서양의 서적뿐이다.73)라고 직접 본 바를 기록하고 있다.

우리나라에서 구한말 근대적 군사제도와 근대 스포츠는 거의 대부분 일본을 통해 유입되면서 전통적인 모든 제도와 교과과정은 근대화라는 명목아래 대부분 고사위기에 처했다. 물밀 듯 밀려들어 오는 서양 문물의 홍수 속에 특히 무武나 기예를 천하게 여겼던 당시의 풍조에 택견은 더욱 설 자리를 잃었다.

독립운동에 있어 강건한 신체는 필수적이어서 각종 현대식 체육과 격검과 유술조차도 권유되었다. 반면에 일제는 민족문화말살 정책에 의해서 한글과 다양한 문화들을 금지하였다. 특히 택견은 일인日人 순사들이 금하고 잡아가서 달아났다가 다시모여 배웠으며 어린이들의 놀이조차 금지했다.

지금까지 선행연구에서 항일 독립운동과 택견과의 관계에 관한 연구는 전무한 것으로 사료되며, 늦은 감이 없지 않지만, 지금이라도 호국무예로서 택견의 의의와 가치를 살펴보고 조명함으로써 올바른 인식을 제고할 수 있다.

이러한 독립운동을 위한 수단으로써 택견의 가치를 조명하는 것은 민족사적 의의뿐만 아니라 시대적 사명이기도 하다.

따라서 해외의 항일독립운동과 택견과의 관계에 대해서 다음과 같

---

73) 을유년(1885, 고종 22) 1월 19일

이 살펴보고자 한다.

첫째, 대한제국시절 해외이민자 가운데 대한제국해산군인(소위 광무군)과 택견과의 관계를 살펴보고자 한다. 둘째, 신흥무관학교 교과목 중 유술柔術과 택견과의 관계에 대해서 살펴보고자 한다.

이 장에서 이상과 같은 문제를 다루는 데 있어 문헌 고찰을 위해서 1차 자료로 「독립신문」, 「동아일보」, 「중앙일보」, 「황성신문」 등을 정부 기관에서 구축한 데이터베이스와 관련 저서 및 논문 등을 참고하였다. 또한 2차 자료로 질적 연구를 위해서 심층 면담대상으로 故 송덕기(1893~1987, 택견 기능보유자)의 택견을 사사한 이병한74)을 진술 대상으로 면담을 하여 1차 자료에서 부족한 부분을 2차 자료를 통해서 보완하였다.

따라서 항일독립운동가와 택견과의 관계를 조명하기 위하여 문헌 고찰과 질적 연구방법인 심층 면담을 통해서 살펴보았다. 이는 항일독립운동의 중요한 수단으로써 택견의 가치조명과 무예성을 살펴보는 데 그 의미가 있으며 택견의 정체성 확립과 기초 자료를 제공하는 데 궁극적 목적이 있다.

---

74) 송덕기로부터 이병한은 1984~1985년경(1년 6개월) 박민도장에서 도기현, 박종관, 이준서 등과 함께 택견을 사사하였다.

2. 국외의 항일 독립운동과 택견

1) 하와이와 멕시코의 광무군과 택견의 관계

1902년 12월 22일부터 1905년 12월까지 인천 제물포항을 출발 하와이에 도착한 이민자를 1905년 12월까지의 이민을 합치면 총 7,394명에 이르고 있다. 숫자상의 근소한 차이는 학자에 따라 약간씩 다르다. 이민자들은 다양한 군상들이 섞여 있었는데 그 중에 광무군인 들이 있었다.

1,030여 명의 멕시코 이민자들 중 도시 거주자가 956명이었는데 특히 677명이 서울·인천지역에 거주하고 있었다. 사회계층별로 분류하면, 멕시코 이민자들은 약 200여 명의 퇴역군인들이 수적으로 가장 우세

하와이 이민선 S.S 몽골리아호의 모습

하였다. 한국 군인으로 이민되어 온 동포가 하와이와 미주에 500여 명, 멕시코에 200여 명에 달했다고 한다.

당시 군대의 숫자에 비해 이민에 참여한 군 출신자의 비율은 대단히 높은 것으로, 이러한 군 출신자들의 해외 이주에는 일정한 정치적 고려가 있었던 것으로 추측할 수 있을 것이다. 이민 정책이 고종의 깊은 관심 속에 궁내부에 설치된 유민원에서 주도되었다.

1907년 8월 1일 일제는 식민지배체재를 강화하기 위하여 고종을

퇴위시키는 한편 서울동대문 훈련원 연병장에서 대한제국군대의 해산으로 해산군인들은 국내에서는 의병으로, 국외는 만주와 하와이, 멕시코 등으로 이주를 하여 독립운동에 가담하여 항일투쟁의 선봉에 섰다.

군대 해산으로 무장해제를 당한 대한제국군인(서울역사편찬위원회)

초기 아메리카 한인 이민의 상당수가 해산된 광무군(대한제국 군인) 출신들이었다. 그들에게는 군대 생활을 하면서 익힌 남다른 무술 실력이 있었다.

천문권(2011.03.08)은「LA 중앙일보」[하와이 이민 다큐멘터리-13] 초기 이민자들의 애국심 1에서 한인 상당수가 광무군(대한제국군인) 출신이었으며 그들은 군대 생활을 하면서 익힌 남다른 무술 실력이 있었다고 했다. 그리고 내용 가운데 1977년 취재 당시 99세로 샌프란시스코에서 말년을 보내고 있었던 1세 동포 양주은75) 선생의 주장을 소개했다.

---

75) 민병용(1986)이 1977년 9월 24일~25일 상항 양주은(독립 운동가) 아파트에서 인터뷰한 내용을 살펴보면, 1879년 5월 25일 경기도 개성에서 출생하여 1903년 3월에 두 번째 하와이이민선을 탔다. 도산 안창호를 만나 흥사단과 국민회 창단에 참여하였고, 대동보국회 간사로 지냈다. 양주은선생은 "너무 과장되게 기록하거나 없는 것을 있는 것처럼 써서는 안 된다"고 당부를 하였다. 1981년 8월 30일 103세의 일기로 별세하였다.

일본사람들이 그때 시절에는 원수니까 일본사람과 맞부딪치면 우리나라 사람들이 막 조져댔거든. 그러니 일본사람들은 조선 사람들이 사람을 잘 친다면서 그 사람들과 맞서지 말라고 저희들끼리 권고하고 주의를 주고 그랬단 말이야. 왜 그러냐 하면 그때 우리나라 사람 중에는 서울에서 군인이었던 사람들이 있었는데 그 사람들이 택견을 하는 거야. 두발로 이마를 차는 것인데 이런 사람들이 일본사람을 치면 한사람이 일본사람 열 스물을 쳐. 그러니 일본사람들은 아이고 한국사람 말도 말라고 사람 잘 친다고. 그래서 일본사람들이 한국 사람한테 달려들지를 못했어(천문권, 2011).

1911년 대한인국민회 전체 대표회 임원들, 왼쪽부터 최정익, 이용하, 안창호, 황사용, 문양목, 박상하, 박용만, 강영소, 윤병구, 김홍균, 이대위, 양주은, 최용빈 (민병용, 2015)

멕시코의 한국인들은 더욱 대담하게 행동해서 멕시코 일본대사를 구타하기도 했다.

위의 진술은 하와이와 미주 그리고 멕시코의 독립학교와 택견의 관계를 찾을 수 있는 새로운 단초이다. 당시 무관양성을 위한 학교가 건립되었는데 그 중심에는 대한제국 해산군인들이 있었다.

하와이와 미주 본토의 헤스팅스소년병학교 및 하와이의 국민군단사관학교와 더불어 멕시코의 숭무학교는 북미 한인사회에서 무관양성을 표방한 대표적인 학교이다. 그들 자신의 삶조차도 버거운 이역만리에서 무관양성에 힘을 기울인 이유는 단 하나 조국의 독립을 위해서였다(김원용, 1959).

군사훈련 중인 소년병학교 학생들 - 뒷모습 박용만(항단연)

대한제국 육군무관학교의 해산으로 하와이 이민자 중 500여 명이 포함되었는데 하와이이민다큐멘터리에서 양주은 선생이 '광무군들이 택견을 했다'라는 진술을 미루어 볼 때, 광무군 출신들에게 택견은 광범위하게 행해졌을 가능성을 지니고 있다.

1910년 청장년층에 무예 장려를 위하여 미주의 대한인국민회가 주동이 되어 애국 동맹단愛國同盟團과 하와이의 대동공진단 大同共進團의 공동으로 「무예 장려문」을 발표하여 동포의 무예정신을 고취하고 「체조요지」를 출판하여 청년들의 군사훈련을 장려하였다.

1915년 신한민보 이대위 주필

1910년 군인양성의 목적으로 북미대한인국민회 학무부 편찬으로 신한민보사에서 「체조요지」를 발행하였다. 이러한 활동은 뒷날 미주본토 각지에 한인무관학교가 설립되는 배경이 되었고, 미주한인사회의 무장항일 노선의 중요한 흐름으로 작용하였다(김원용, 1959).

「신한민보」 인쇄기 (대한인국민회 기념관 보관)

「신한민보」 (1919. 3. 13.) 대한독립선언 발행

군사훈련은 미주본토의 각지에서뿐만 아니라 한인사회의 규모가 더욱 큰 하와이에서도 대동공진단이 주동이 되어 한인이 밀집해 있는 각 지방의 농장에서 실시했다. 여러 가지 애로가 많았으나 광무군인光武軍人 5백여 명이 중심이 되어 군사훈련(교련)을 지도하였다. 그 후 하와이의 교련은 처음엔 대동공진단이 맡았으나 곧 대한인국민회 하와

이 지방총회에 연무부練武部를 두어 각 지방의 군사훈련을 전담케 했다
(김원용, 1959; 박정수, 1973.01.13. 중앙일보 4면).

1917년 하와이 카하라이
국민군단 박용만 장군

네브라스카 헤이스팅스의 한인소년병학교(Korean Military Corporation, 1910년~1914년)는 박용만이 주도한 둔전양병식(낮에는 농장에서 일하고 야간 군사교련) 독립군단의 군사학교로 교과목에 국어, 영어, 한문, 일어, 수학, 역사, 지리, 이과, 성서, 병학(도수조련 등) 등을 가리켰다(김원용, 1959; 신한민보, 1914.03.05.).

또한 박용만은 1914년 6월 10일 하와이 오아후섬 쿨라우지방 카할루에서 대조선국민군단을 조직하였다. 즉 1914년에 연무부 사업이 확장되어 「하와이」의 「아후마누」농장에서 박용만의 노력으로 독립전쟁을 구현할 민족의 군대로서 대조선국민군단이 편성되기 시작했고 그 핵심체로서 「산 넘어 병학교」라고 불리던 대조선국민군단사관학교가 설치되어 국민군단의 사관양성이 본격화되었다.

1916년 하와이 카하루우 대조선국민군단 사열행사(한인역사박물관 소장)

    홍선표 외는 근대의 첫 경험에서 체조교육의 성격이 유희, 혹은 군대 교관들에 의한 교련의 성격을 띠었을 것으로 생각된다고 했듯이, 1938년 3월 31일 자 동아일보 기사에 '유희遊戱, 씨름 등等 8종八種 남자男子에겐 정과正科'의 주제에 각 학교의 체조교수요목에 의하면 남자 중등학교인 사범실업학교에 잇어서는 체조體操 교련敎訓 유희遊戱 경기競技 궁도弓道 씨름相撲 등 8八개 종류의 운동경기를 필수과목 혹은 수의과목으로써 체조시간을 이용하여 반드시 교수하는 일방에 각 지방의 정항에… 교수할 수 있게 하엿다고 하였듯이 체조에 각종 무술 종목이 포함되었다. 신흥무관학교에서 택견을 유술로 표기했듯이 여기서는 유희나 교련 혹은 경기, 체조 등으로 표현되어 사용될 가능성을 지닌다.

    한국인의 멕시코 이민은 1905년 4월 2일 1033명의 한국인들을 태운 영국 배 한 척이 인천항을 떠났다.

    1910년 대한제국 광무군 출신 한인 200여 명에 이근영, 양귀선, 조병하 등이 멕시코 메리다지방에서 숭무학교崇武學校를 설립하고 처음

학생 118명을 배출하였다.

　멕시코에 메리다 지방회가 조직되면서 숭무주의가 일어나기 시작하였다. 그리고 띄티·작골·쏘실 등의 농장에는 광무군인 출신들이 모여 조국의 회망을 성찰하고 장차 위국 헌신할 인재를 양성하기 위하여 매일 노동여가에 한두 시간씩 병법·체조 등 군사훈련을 실시하고 있었다. 멕시코 각지의 동포가 군인출신이라 한 것처럼 실제로 광무군인 출신이 2백여 명이 있었다. 그 가운데 조병하는 청년 수백 명을 모아 매일 노동 후 여가를 이용하여 체조·운동·보법 등 무기武氣를 배양하였다(황성신문, 1909.10.05. 武氣培養).

　1909년 11월 17일 메리다 지방회관에 전체 회원이 운집한 가운데, 숭무학교 창립행사가 거행되어 지휘관에 이근영, 조교에 양귀선·조병하·이수근을 선임하였다. 이튿날 18일 이근영의 지휘 아래 2개 소대 110여 명의 한인군대는 무예과목을 훈련하고 시내를 행진하며 기상을 드높였다. 이후 숭무학교 교장 이근영이 구한국군 공병하사로 있던 경험을 살려 『군무요령軍務要領』·『보병요조초선步兵要操抄選』을 저술하여 군사교본으로 활용하였다(신한민보, 1909.12.08, 1910.07.20).

　상술한 바와 같이 하와이와 멕시코에서는 대한제국군(소위 광무군)이 주동이 되어 군사훈련을 실시했고 『체조요지』와 『군무요령』『보병요조초선』에 택견이 직간접적으로 교본 혹은 훈련과목에 반영되었을 것으로 짐작되나 확인되지 않는다.

　구 대한제국군에서 택견을 수련했다는 사실로 미루어 볼 때 만주의 신흥무관학교의 교관들도 택견을 지도했을 가능성을 배제할 수 없다.

　하와이로 이주한 조선인 이민은 1902년 12월 22일에 시작되어 7천2백여 명이 이주하였으며 이 중에는 왕비 호위 장교 등을 맡았던 구한말 군인(광무군인)들과 의병 5백여 명도 포함됐는데, 십팔기를 수련하던 마지막 세대가 상당수 하와이로 갔다고 하였다. 그러나 정황적으로 볼 때 십팔기를 수련하던 이들이 아니라 택견을 하던 퇴역군인으로 보인다.

대한인국민회 기념재단 이사장 민병용(한인 역사박물관 관장)

필자는 대한인국민회가 집필하고 신한민보가 출간한 「체조요지」를 찾기 위해서 2개월 여간, UCLA 동아시아도서관 특별컬렉션, USC 동아시아도서관, UC Berkeley 동아시아도서관 등 여정에서 만난 민병용 관장.

2) 신흥무관학교 교과목의 유술柔術과 택견과의 관계

구한말 어수선한 국내외 정세 속에 무관뿐 아니라 국민 전체의 건강은 나라의 관심사였다. 어느 시기를 막론하든 특히 무관이나 병사들의 건강은 독립운동에 중요한 기준이 되었으며 체육 또한 관심사였다.

대한민국임시정부자료 7집 7권 한일관계사료집 사료집史料集 제삼第三의 '제6장第六章 법령法令에 들어난 일본의 조선인교육의 종지'에서 1906년 보통학교 제교과서에 격검과 유술을 금지하였다는 기록을 볼 수 있다.

조선인의 교육은 전부 일본인이 장악할 것. 도수徒手로도 병식교련兵式敎練에 류類흔 것은 일절불과一切不課ᄒ며 일본인의 과긍誇矜ᄒᄂᆫ 격검 유술은 도로혀 한인韓人의 학學흠 을 금禁ᄒ다 운동 야구 축구경기 갓흔것 좃ᄎ 교육 당국과 경찰이 상응ᄒ야 금ᄒ다 일본정부ᄂᆫ 특히 한인의 체육體育을 행흠行을 심히 염기厭忌ᄒᄂᆫ 듯ᄒ다(한국사데이터베이스, 2015. 9. 20. 검색).

격검과 유술을 일본인은 자랑하거나 칭찬誇矜하지만 한인은 금禁하였다고 기록하는 반면에 일본 육군사관학교에서 격검을 배워서 대한제국군에서 격검을 지도했다는 아이러니한 현상을 찾아볼 수 있다.

독립군들이 일본의 격검과 유술을 항일독립운동의 일환으로 사용했다는 것은 만무한 것이다.

또한 전술한 이병한의 인터뷰(2015년 11월 7일, 원주 카페베네)에서 "할아버지(송덕기)는 일제강점기 유도하는 사람이 택견 하는 사람들에게 많이 맞고 갔다고 했어요."라는 진술로 미루어 볼 때 경기화된 유도는 살수의 택견에 비해서 그 실전성이 상대적으로 부족했던 것으로 사료된다. 따라서 독립군들은 유도가 아닌 택견을 선호했을 것이다.

신흥무관학교는 항일 독립운동을 위해서 건립된 각종 학교에 비해 가장 긴 역사를 자랑하는 1910년~1920년 동안 10년간 학교를 유지했다. 일제의 탄압으로 1920년 폐교될 때까지 2,100명의 독립군을 배출했다. 초기 신흥무관학교는 공식 명칭으로 신흥강습소로 서간도에 건립하고 1912년 통화현 합니하에 이전하여 중등과정 교육을 실시하였다(원의상, 1969).

1940년 신흥무관학교 졸업생들이 한국광복군 창설 당시 광복군사령부 앞에서 기념촬영을 하고 있다. [출처: 신흥무관학교100주년기념사업회]

무관 출신 중 일부는 신민회 창립과 활동에 관여했는데, 신민회는 신흥무관학교로 이어졌으며 신흥무관학교의 체육에는 격검과 유술이 포함되어 있었다(원의상. 1969). 1913년도 격검유술교관이었던 이극李剋은 1911년 12월 신흥강습소 특기반 제1기생으로 졸업하였다.

구한말 육군무관학교의 교수과목 중에는 무술학과 체조 및 검술, 마술馬術 등이 포함되어 있었고 칙령 11호에서는 '신체가 장건무결하고 여력이 과인한 총명준수한 자를 선발한다.'고 하였다(차문섭, 1973).

육군무관학교의 체육방법은 체조중심, 특히 '병식체조' 중심으로 행해졌다. 군대 해산 후 대다수는 1907년 고종의 강제퇴위와 군대해산을 계기로 전면 항일전으로 확대되었던 이른바 정미의병 때 항일전선의 의병장으로 참여하거나 관립 혹은 사립학교 체육 교사로 전직하였다.

가나안 농군학교 김용기 교장은 구한말 체육선생님을 회고하는 글에서 나를 철저한 배일인, 항일인으로 키운 분은 내 모교인 광동학교의 조원택 선생님이다. 조선생님은 체육으로 주로 가르치셨는데, 이 체육이 독립운동훈련이었던 것이다. 그러나 그분은 절대로 독립이란 말을 입에 담지 않았다. 그 분이 하는 말 한마디 한마디는 그대로 우리 폐부를 찌르는 칼이 되고 채찍이 되었다(정삼현·이동건)고 술회하고 있다.

신흥무관학교의 체육으로는 엄동설한에 야간파저강 통화군 70리 강행군을 비롯하여 빙구운동·춘추대운동·격검·유술·축구·철봉 등으로 강인불굴의 체력을 부단히 연마해 왔다(원의상. 1969).

격검과 유술을 제외하면 대개 구미 쪽에서 유입된 신학문과 관련 있는 체육인 것을 알 수 있다. 즉, 당시 분위기로 신문화이기도 하고 행하는 데 있어서 합리적이어서 거부감이 없었다는 의미이다.

당시의 유술은 현재 경기화나 분화되기 이전의 종합무술로서 명확하게 정의되고 있지 않았다는 사실도 고려해야 한다. 1899년 9월 29일 자 독립신문에도 먼저 유술에 대한 그 용례가 있다.

풀어쓰면 '사람이 세상에 처하여 위생 하는 전차를 알아야 하겠기에'는 제하에 논설에 수록되어 있다. 그 내용은 "셰계 각쳐에 련희(작란질 난하것)와 격구(공치는 것)와 샤궁射弓과 격검擊劒과 유슐(전톄를 부드럽게 하는것)과 슴마乘馬등ᄉ에 놀고 희롱질 함을 셩히 힝 함은 결단코 호화스럽다거나 방탕 흔듸셔 말믜얌은 것이 아니라고 이를 것이오. 즉, 전체를 부드럽게 하는 운동을 유술이라 하고 있는 것이다."

우리가 흔히 현대에 알고 있는 유술은 유도와 합기도 등을 통칭한다.

1908년 3월 29일 자 황성신문에는 비원에서 건원절(乾元節, 황제폐하 탄신경절)을 맞아 전통의장진열과 전통군진행열, 기생춤 등의 공연이 있었는데 당시 격검과 유술의 시범이 있었다. 1907년 헤이그특사사건으로 인한 일본의 압력과 이완용李完用 등의 강요로 고종이 양위하자, 고종의 둘째 아들인 순종이 왕위에 올랐던 민감한 시기 이후로 극도로 엄숙한 전통의례행사에 즉 순수한 일본의 격검과 유술을 시범 보인다는 것은 상상하기 어렵다. 실제로 1910년 6월 26일 자 황성일보 만평에는 우리 고유의 유술에 대해서 언급하는 대목이 있다.

원의상의 신흥무관학교 회고록을 읽어보면 격검이나 유술이 순수한 일본무예 라는 개념은 상상하기 어렵다. 가장 배일, 항일의 성격을 띤 신흥무관학교의 교과과정에 있는 것은 한국의 유술일 가능성이 높다. 기존에 지녔던 인식은 '일본 것', '천한 것' 등의 이미지에서 '유술'이라는 단어는 '새로운 것', '필수적으로 배워야 할 것'으로 인식이 바뀌게 된 것이 아닌가 하는 조심스러운 추측을 해 보는 것이다. 실제로 조선 말기부터 당시 신문기사에는 유술에 대한 표현들이 적지 않게 나타나고 있다. 그것은 안자산의 지적대로 새로운 무예를 도입한 것이 아니라 우리 고유의 택견을 바꿔 부르면서 당시 기자들이 즐겨 쓴 용어였다. 그리고 병식체조나 모든 체육활동은 신체를 강건하게 만들어 나라를 찾는 힘을 보태기 위함이었다. 그렇다면 택견으로 불리든 유술도 마찬가지 목적으로 도입되었을 것이다. 가장 과격하고 급진적인 폭력투쟁을 목적으로 만든 의열단義烈團도 거의 폭탄이나 권총을 사용했다. 드러나지 않지만, 총기나 칼을 사용할 때도 무술을 통한 기민성은 사용 효과를 높여준다. 현대의 특수전 부대에서는 도수 무예를 빠지지 않고 익히며 상황에 따라 이들은 적극적으로 활용되고 있다.

김산·님 웨일즈의 『아리랑』에는 김산(장지락)이 신흥학교에서 군대전술훈련과 총기훈련을 받지만 가장 엄격하게 요구하였던 것은 산에 재빨리 올라갈 수 있는 능력이었으며 등에 돌을 지고 걷는 훈련을 하였다고 술회하고 있다. 불가피하게 기도비닉을 유지하고자 할 때는 칼만 사용하는 경우도 있었다. 즉, 유술은 신체단련을 위한 주목적으로 사용됐을 가능성이 크며 미국 이민사에서 보이는 '광무군'에 널리 행해지던 택견을 젖혀두고 일본이 유술을 도입해서 가르쳤다고 보기는 어렵다.

특히 광무군 출신들은 미국에서 양주은 선생의 회고록에서와 같이 택견을 했다고 증언하고 있으며 당시 편싸움이 유명했던 지역의 발길질을 잘했던 매질꾼, 그리고 실제 했던 택견꾼들의 존재, 황성신문에서 언급된 우리 자체의 유술이라는 표현으로 미루어 일본의 유도가 유술로 도입된 것이 아니라 택견이 유술로 불리게 된 것이 아닌가 한다.

실제로 신흥무관학교도 그 지방 토착관민들의 의혹을 피하고자 '신흥강습소'라는 명칭을 붙였다(원의상, 1969).

독립운동가 안확(안자산)은 유술의 시초를 고려중기로 추정하고 있으며 이것을 수박 혹은 권법으로 불렸으며 권박拳搏, 각저, 상박이라고도 뒤섞여 부르다가 뒤에 씨름으로 분화되었다고 하였다. 그리고 근래近來에도 청년靑年들이 씨름보다 소이小異한 박희搏戲를 행行하든바 소위所謂 『택견』이라 한 것이 그 종락種絡이다(안자산, 1930.04.03)라고 유술이 택견임을 언급하였다.

안자산의 주장과 1910년 6월 26일 자 황성일보 기사에 '우리나라에도 그보다 더 건대健大한 인물도 있고 그보다 더 효용한 장사도 있고 또 천연적 유술柔術도 있는 걸' 이라 하여 우리의 자체 유술을 언급하는 대목에서 유추할 수 있다.

일본 육군사관학교는 군사학과는 전술학·병기학·지형학·축성학·교통학 등, 술과는 교련·진중근무·검술·사격·마술馬術을 가르쳤다. 그리고 각 병과의 조전操典·교범敎範·야외요무령野外要務令 및 내무·체식에 필요한 내무서內務書·육군체식陸軍體式 등이 있었다.

서구문물을 먼저 받아들인 일본에서는 싸움의 기술을 유술로 인식하고 중등학교의 정규 체육교과과정에 채택을 고려한 것도 1911년도의 일이니 일본자체 내에서도 활성화된 것은 훨씬 이후의 일이다. 실제로 일본은 1941년 대동아전쟁을 일으키고 전국체육대회의 중지, 완전한 군사훈련의 민간보급을 위한 '총검도 진흥회'를 만들면서 유도도 군사적 실전을 위한 훈련으로 변질한다.

그러나 신흥강습소가 창설된 것은 1911년도의 일이며 1913년도 격검유술교관이었던 이극李剋은 1911년 12월 신흥강습소 특기반 제1기생으로 졸업하였다.

그래서 신흥무관학교에서 독립군들이 배운 유술이 택견이 아닌가 하는 가설을 상정하는 것이다.

신흥무관학교 유술이 택견일 가능성은 첫째, 광무군의 택견수련, 둘째, 독립운동가인 안자산이 유술이 택견이라는 주장, 셋째, 대한제국군대 1896~1904년 일제 간섭 이전의 내용을 신흥무관학교 교과목 접목과 교관(서중석), 등을 들 수 있는 반면, 유도의 국내 유입은 1903년 일본의 아오야나기헤이(青柳喜平)로 추정, 강도관 유도 시기는 1906~1910년 사이(이학래). 넷째, 보통학교에서조차 한국인의 격검과 유술을 금지시켰다. 다섯째, 대한제국 무관학교와 신흥무관학교의 유술과목으로 이어졌을 가능성, 여섯째, 독립군들은 항일·배일주의자들로 구성되었다는 점이다.

1947년 10월 신흥무관학교 졸업생이 신흥학우단의 복원모임
성재 이시영(앞줄 중간 흰옷) 우당기념관 (한겨레, 2016.6.3.)

3. 맺음말

이 장은 광복 70주년을 맞이하여 조국의 광복을 위해서 투쟁한 항일독립운동과 전통무예 택견의 역할이라는 주제를 가지고 살펴보았다. 항일독립운동과 택견과의 관계를 살펴본 결과 다음과 같다.

첫째, 대한제국 육군무관학교의 해산으로 하와이 이민자 중 500여 명이 포함되었는데 하와이이민다큐멘터리에서 양주은 선생은 '광무군들이 택견을 했다'라는 진술을 했다. 1977년 취재 당시 99세로 샌프란시스코에서 말년을 보내고 있었던 1세 동포 양주은 선생은 일본인들을 택견으로 혼을 내주는 일화에 대해 언급했다. 또한 멕시코의 한국인들은 보다 대담하게 행동해서 멕시코 일본대사를 구타하기도 했다.

하와이와 미주 본토의 헤스팅스소년병학교 및 하와이의 국민군단 사관학교와 더불어 멕시코의 숭무학교는 북미 한인사회에서 무관양성을 표방한 대표적인 학교인데 교과목에 택견이 존재했을 가능성이 농후하다.

둘째, 1919년 만주 신흥무관학교의 교관들은 대한제국의 무관출신들로, 신흥무관학교의 체육활동 가운데에는 격검·유술이 포함되어 있는데, 교과목의 유술柔術이 택견일 개연성이 높다. 이는 미국 본토에서조차 군 출신자들이 택견을 한 것으로 언급되고 있으며 실제 서울·경기 지역의 군 출신자들은 상당수가 택견을 익히고 행한 것으로 알려져 있다. 또한 독립운동가 자산 안확의 '유술이 택견'이라는 기록 등으로 보아 개연성이 높다고 추측할 수 있다.

강민수는 아울러 하와이로 이주한 조선인 이민은 1902년 12월 22일에 시작되어 7천2백여 명이 이주하였으며 이 중에는 왕비 호위 장교 등을 맡았던 구한말 군인(광무군인)들과 의병 5백여 명도 포함됐는데, 십팔기를 수련하던 마지막 세대가 상당수 하와이로 갔다고 하였다. 그러나 정황적으로 볼 때 십팔기를 수련하던 이들이 아니라 택견을 하던 퇴역군인으로 보인다.

우리 독립운동사에 분명 택견의 역할이 적지 않았을 것이 분명하지만 한정된 자료밖에 인용할 수 없는 현실이 안타깝다. 더 많은 자료의 발굴로 독립을 위해 자신과 그리고 가족의 피와 생명을 바친 선열들의 넋을 위로할 수 있는 계기가 오기를 기대해 본다.

이러한 연구결과에 비추어 볼 때 항일독립투쟁을 위해서 택견은 중요한 신체훈련으로 활용되었다. 암울한 시기를 맞아 택견이 민족의식을 고취하고 어둠을 밝히는 등불의 역할을 했다면 후손된 우리는 그 빛을 다시 밝혀 새로운 성장 동력으로 삼을 수도 있다.

제언으로 신흥무관학교와 숭무학교 그리고 대조선국민군단의 교과목에 관한 발굴이 되어 명확한 결론을 도출하여야 한다. 그리고 항일독립운동과 택견과의 단계를 세부적으로 분류하여 심층적인 연구가 요구된다. 아울러 더 많은 관심과 연구를 통한 후속 연구들을 기대해 본다.

헤이스팅스 한인소년병학교 야구팀

1912년 8월 중순 이승만 박사가 네브라스카주 헤이스팅스를 방문했을 때 민인 한인소년병학교 야구팀, 뒷줄 중앙이 교장 박용만 장군, 이 사진 속에는 훗날 한인사회 지도자가 될 정한경, 유일한, 김현구, 백일규가 보인다. (민병용, 2015)

호노룰루 소년병학교 낙성식 및 분열식

박용만 장군의 소년병학교가 1914년 8월 30일 호놀룰루에서 분열식을 하고 있다. 학생 180명이 훈련을 받았다(한인역사박물관 소장).

◩ 조선의 마지막 태껸명인 송덕기의 「태껸무고舞鼓춤」(김정윤, 2002)

송덕기는 조선 시대 스승 임호로부터 전수한 '태껸무고춤 12마당'과 '허재비춤을 고스란히 간직하여 그의 제자 고용우에게 전수하였다. 송덕기는 예능인으로 '시조창'과 '태껸', '활쏘기', '연날리기', '축국' 등 다양한 기능을 보유한 인물이다. 허재비춤은 허수아비를 앞에 두고 추는 춤, 태껸무고춤은 북의 장단과 어우러지는 춤이다.

고용우 관장이 태껸 무고춤의 일부를 시범해 보이고 있는 모습
(출처: ACROPOLIS TIMES, 2011.10.14.)

제8절 택견의 일제강점기 전후의 변천과 독립유공자에 관한 연구

구한말 의병들
영국의 신문기자 멕켄지가 촬영한 의병사진이다.
구한국 군인과 농민 등으로 구성되어 있었다. (서울역사편찬원)

1938년 10월 김원봉(깃발 바로 뒤 중앙)은 항일군사 조직인 '조선의용대'를 조직하였다(출처: 독립기념관).

조선의용군 (출처: 중앙SUNDAY)

1. 들어가며

지난해 광복 70주년을 맞이하면서 잊혀져가는 독립운동역사를 재평가하고 특히 독립운동에 한 삶을 바치신 독립군들의 공적을 되새기면서 일제강점기 민족문화말살 정책에 의해 인멸직전에 이르렀던 택견을 재조명하는 것은 큰 의미가 있다.

일제의 지배가 있었던 시기를 일제식민지와 일제암흑기 등 다양한 명칭으로 혼재하여 사용되지만, 『표준어국어대사전』(1999)에 '일제강점기日帝强占期'로 표기하여, 이 연구에서 상기 명칭을 사용한다.

일제강점기(1910년 8월 29일~1945년 8월 15일)는 한반도가 일본제국의 직접적인 지배가 이루어진 시기이다. 즉, 일본 천황이 조선총독부를 통해 직접 통치하던 식민지이다. 정치와 외교적으로 독자적 권한이 박탈된 일본제국의 영토였다. 정식명칭은 일본제국주의강제점령기日本帝國主義强制占領期이다.

이러한 일제 강점기에 무장독립을 위한 군사훈련에서 무예수련은 필수적인 요소였지만, 반면에 일제의 입장으로서는 독립운동의 일환으로 사용한 '택견'은 탄압대상이 되기 마련이었다.

이렇듯 일제강점기의 무단통치 기간 중 제국주의는 자국의 이익을 위하여 내선일체內鮮一體, 내선동조동근론內鮮同祖同根論, 황국신민화皇國臣民化 등의 미명아래 식민지에 대하여 강력한 탄압정책을 채용하였으며 철저한 민족말살정책의 자행으로 당시 전래하던 전통무예의 교수매체에 대한 단절을 꾀하였다.

일제에 저항하는 운동에 대하여 항일민족운동, 독립운동, 민족해방투쟁, 항일투쟁 등 혼용하여 사용되고 있다. 그리고 일제에 대한 항일운동은 의혈투쟁, 대중투쟁, 무장투쟁 등 직접적인 행동을 수반한 항쟁을 비롯하여 문화운동과 국학운동 등 간접적인 투쟁도 포함할 수 있다.

독립유공자獨立有功者란 나라의 독립을 위해 노력한 자, 독립운동을 한 자, 한국에서는 일제강점기 때 한국의 독립을 위해 싸운 사람을 뜻한다. 한국국가보훈처에서는 그 대상을 순국선열과 애국지사로 분류한다.

1907년 대한제국군 군대해산으로 군인들은 국내에서는 의병활동에 참여하고, 국외는 미주, 하와이, 멕시코, 만주 등에서 항일독립운동을 하였다.

일제강점기 전통스포츠이자 전통무예에 포함되는 씨름과 국궁은 그 명맥이 온전히 유지되어 온 반면, 택견은 어린이들의 놀이조차 금지해왔다.

안자산의 『조선무사영웅전』(1919)에 씨름은 오직 육박肉搏으로써 각투角鬪에 불과한 것이요. 유술柔術은 인체 근육의 혈맥을 박동하여 죽이기도 하고 어지럽게도 하며 또는 벙어리가 되게도 하는 三법이 있어… 근래에도 씨름보다 소이小異한 박희博戱를 행함이 있던 바, 소위 「택견」이라 하는 것이 그 종류라 기록하고 있다.

이 장은 일제강점기 호국무예로서 택견의 의의와 가치의 조명으로 택견의 올바른 인식을 고취하는데 그 의미가 있다.

따라서 항일 독립운동과 택견과의 관계를 다음과 같이 살펴보았다. 첫째, 일제강점기 민족문화 말살 정책에 의해서 택견이 어떻게 변화되었는지, 둘째, 항일 독립운동가 중 택견과 관계있는 인물이 누구인지, 셋째, 그 외 독립운동에 가담한 택견인의 활동에 대해서 천착하였다.

이는 일제강점기 택견이 독립을 위한 수단으로써 활동을 조명하는 것은 민족사적 의의뿐 아니라 시대적 사명이기도 하다. 더불어 택견의 왜곡된 인식에 대해 역사적 사실을 바로잡아 택견사의 올바른 해석에 도움을 주고자 한다. 이를 위해서 일제강점기 전후 택견 용어의 변천과 독립운동에 관한 명암을 가감 없이 실사구시實事求是의 관점에서 조명하였다.

이상과 같은 문제를 다루는 데 있어 문헌 고찰을 위해서 고신문과 잡지 등에서 발행한 1차 자료 「독립신문」, 「동아일보」, 「대한매일신보」, 「중앙일보」 등과 잡지 「별건곤」 등 정부 기관에서 구축한 데이터베이스와 관련저서 및 논문 등을 참고하였다. 또한 2차 자료로 질적 연구를 위해서 심층 면담대상으로 송덕기와 직접 관련이 있는 이보형 前문화재위원76), 고용우77), 양창곡78), 이병한79)을 대상으로, 송덕기 택견과 깊은 연관성이 있는 인물을 진술대상으로 인터뷰를 하여 1차 자료의 부족한 부분을 보완하였다.

---

76) 이보형은 前 문화재위원으로 송덕기와 관련하여 '택견 무형문화재 전수실태 조사(1983), KBS 문화강좌(1984) '선조의 수련세계' 진행과 인터뷰 등을 했다.
77) 송덕기로부터 고용우는 1969년~1985년 택견을 사사받아 현재 미국 로스앤젤레스에서 택견을 지도하고 있다.
78) 송덕기로부터 양창곡은 1978년 2월부터 1년 6개월간 배웠다.
79) 송덕기로부터 이병한은 1984~1985년경(1년 6개월) 박민도장에서 도기현, 박종관, 이준서 등과 함께 사사를 받았다.

이보형 前문화재위원과 필자

고용우 선생과 필자

양창곡 회장과 필자

이병한 선생과 필자

 이는 항일독립운동의 중요한 수단으로써 택견의 가치 조명과 무예성을 살펴보는 데 그 의미가 있으며 택견의 정체성 확립과 기초 자료를 제공하는 데 궁극적 목적이 있다.

2. 항일 독립운동과 택견

1) 일제 강점기 민족문화말살정책에 의한 택견의 변천과정

일제는 한국인을 일본정신으로 개화시키는 것이 그들의 공통된 교육이념이 되었다. 또한 일제의 식민지 교육정책은 사회적·경제적 수탈에 그치지 않고, 우리 민족을 말살, 소멸시켜 일본제국 안의 종속신분층從屬身分層을 만드는 데 중점을 둔 민족말살정책民族抹殺政策을 근간으로 하는 악랄한 성격이었다.

박은식은 이러한 한국사에 대한 말살정책을「한국독립운동지혈사」에서 대개 남의 나라를 망해 놓은 놈은 반드시 먼저 그 역사를 없애고, 그 국가·민족성을 단절시키었다. 일인日人은 역사를 망치는데 그치지 않고, 언어, 서적, 예의, 문물, 윤리, 풍속 등 일체로 진멸殄滅하려고 했다.(문홍주)라고 기록하였듯이 택견도 이러한 민족문화말살정책으로부터 결코 자유롭지 못했던 것이다.

이러한 말살정책은 사전류에도 영향을 미쳤는데, '택견 용어'의 사전적 의미에 어떤 영향을 미쳤는지 살펴보려 한다.

택견과 관련된 오래된 기록들은 희귀한 편이며 우리가 잘 알고 있는 몇 안 되는 것까지도 활자본이 아닌 필사본으로 이루어졌다.

조선 후기 육당본 『청구영언』(1829년경)중에 김민순金敏淳의 사설시조에 少年 十五 二十 時에 ᄒ던 일이… 속곰질 쒸움질과 씨름 '탁견' 遊山ᄒ기라는 대목이 수록되어 있고, 정조 22년 이만영이 편찬한 백과사전류의 책 『재물보』(1798)에서 보이는 卞 手搏爲卞 角力爲武苦今之-탁견이 수록된 책도 필사본이다. 오히려 활자본이 최초로 나온 것은 외국인들에 의해 이루어졌다. 리델의 주도로 편찬된 『한불ᄌ뎐』(1880)의 '튁견ᄒ다'에 상대를 발이나 손으로 가하는 공격을 똑같이 발이나 손으로 막아내는 것으로 이루어진 어린이들 놀이(경기)나 캐나다인 선교사 제임스 게일이 『한불ᄌ뎐』과 언더우드의 『한영ᄌ뎐』 등을 참고로 편찬한 『한영ᄌ뎐』(1897)의 '튁견ᄒ다'에 'To strike and kick'으로 적고 있고, '튁견'에 'Strike and kick'으로 기록하고 있다.

대개 씨름과 택견이 함께 같은 공간에서 동시성을 지니고 이루어졌다는 것을 알 수 있으며 일제 강점기 이전의 사전류에서 '손과 발'을 사용하여 택견을 했다는 것을 알 수 있다.

반면 일제 강점기의 사전류를 살펴보면, 조선총독부朝鮮總督府에서 출판한 『조선어사전』(1920)80)에 脚戱(각희)「택견」に同じ。, 택견(名)片足づつ互に蹴合ひて倒しあふ遊戱。(脚戱)。으로 기록하고, 문세영의 『朝鮮語辭典』81)(1938, 1942)에 [태껸] 발길로 맞은편 사람의 다리를 차서 넘어 떠리는 유희. 脚戱. [태껸]「태껸」에 보라., [각희角戱] 씨름. [각희脚戱] 태껸. 으로 기록하고 있다.

일제강점기 이전과 이후의 사전에서 '택견'의 사전적 의미가 일제강점기 이전의 사전에는 '손발의 사용'에서 이후에는 '발을 이용한 유희'로 기록하고 있다. 이러한 현상은 일인日人들에 의해서 본질과는 달리 의도적으로 다소 왜곡되어 '택견의 놀이화'라는 작업으로 인한 결과가 아닌가 하는 심증을 지니게 한다. 이러한 기록의 여파로 최근까

---

80) 일본어로 주해한 『조선어사전』은 그 앞서 난 『한불자전』과 『한영자전』과의 참고가 기본이 되엇건마는(이극로, 1932).
81) 문세영의 조선어사전은 조선총독부가 편찬한 『조선어사전』과 후나오카 켄지(船岡獻治)의 『鮮譯 國語大辭典』 등을 참고하여 체계를 세웠다(박용규, 2011).

지 택견이 발차기의 놀이라는 인식이 팽배해 있다. 구체적인 변화에 대한 논의는 다음 기회에 언급하기로 한다.

일제는 1904년 러일전쟁 승리를 계기로 무력을 앞세워 1904년 2월 한일의정서, 그해 8월 제1차 한일협약을 강제로 체결, 일본 정부가 추천하는 고문을 재무와 외무에 두도록 하여 한국의 재정권과 외교권을 침탈하였다. 1905년 11월 을사조약(제2차 한일협약), 1907년 7월 한일신협약(정미칠조약)을 차례로 체결, 한국의 내정권마저 장악하였다. 같은 달 27일에는 언론탄압을 목적으로 한 광무보안법을 잇달아 공포하여 한국민의 항일활동을 한층 탄압하였다. 이어서 한국 식민지화의 최대 장애였던 한국군대의 강제해산을 8월 1일부터 약 한 달에 걸쳐 단행하였다.

일제강점기 '택견탄압'에 대한 내용들을 살펴보면 다음과 같다.

임동권 교수는 이 같은 태껸이 쇠퇴하게 된 이유를 무술로 평가된 점(동아일보. 1983년 4월 23일.)이라고 주장하고 있다.

상문경무(尙文輕武)의 사상과 최근에 와서는 일제총독정치의 탄압으로 발전할 기회를 빼앗기고 오로지 인간문화재인 송덕기씨와 그 밖의 몇몇「태껸」人들에 의해서 겨우 그 명맥만 유지해온 정도였다(예용해, 1973).

태껸은 우리 고유의 무술로 나의 소년시절인 이조 말기에는 각 동네마다 단오 한가위 사월초파일에 시합을 하는 등 매우 유행했으나 일제강점기에 들어오면서 민족말살정책을 편 당국에 의해 금지돼 점차 사라지게 됐다. 일제강점기에는 당국의 탄압을 피해 친구들과 함께 산을 돌아다니며 숨어서 실력을 닦아왔다(동아일보. 1983.12.22.).

양창곡(2015.7.29, 특공무술도장)은 일제강점기의 상황을 다음과 같이 구술하고 있다.

할아버지(송덕기)는 일본 순사에게 쫓겨서 때리고 도망가고 한 적이 있었다고, 일경이 마음에 안 들면 패고 괴롭히고 도망갔으니까 그 당시는 울창한 밀림이었어요(인왕산). 싸우고 도망가면 못 잡았다고 하더라고요.

태껸인들이 모이면 독립운동 하는 것으로 판단, 일경들이 몰려들어 채찍으로 쫓아버리기 일쑤여서 그의 기술은 주로 깡패들을 두들겨 주는 사용(?)에 쓰였을 뿐이다. 스포츠화된 태권도와는 달리 섬뜩할 정도로 치명적인 타법이다(이홍, 1985).

고용우는 인터뷰(2011년 10월 12일)에서 "할아버지께서 어느 날 지도를 하다가 누가 보면 동작을 멈추어버렸어요. 태껸책을 만들기 위해서 사진을 찍는데 누가 보니까 눈을 깜박이면서 동작을 멈추기도 했었어요."라는 진술과 김홍식의 증언에 의하면, 잘하는 사람이 하는 것 보면 무서웠어. 담장이고 뭐고 휙휙 날랐지. 두발로 휙 떠서 가슴을 차고 땅에 떨어지지 않고서 그다음 사람을 찾으니까. 하지만 난 조금밖에 못 배웠어. 첫째로 부모님이 죽어라 말리시는 걸, 건달들이나 하는 짓이라서…게다가 일본 놈들이 태껸한다 하면 모두 잡아다 죽였거든. 그래서 할 수 없이 유도를 했지(김명곤, 1977).

일제 때에는 일인들이 택견 하는 것을 금지하여 택견판도 몰래 벌이었고, 또 마을 어린이들이 택견을 익히다가 일본순사가 나타나면 우르르 피했다가 다시 모여… (이보형, 1983).

신한승(辛漢承, 1928-1987)은 어렸을 때 이런 태껸시합이나 싸움을 많이 보았다고 한다. 그러나 이런 태껸도 '야만풍속'이라고 밀어붙이는 일제의 탄압에 의해 중지될 수밖에 없었다. 일제의 탄압으로 태껸을 배울 수 없게 되자. 씨름을 시작했다.

또한 오장환(1984)은 우리 고유의 민속놀이가 서리를 맞지 않을 수 없었다. 민속놀이의 말살과 더불어 우리 고유의 기예인 택견도 금지의 슬픈 운명을 당했다. 택견을 아주 못하게 직접 금지시켰다고 일제의 택견 탄압에 대해서 말하고 있다.

안용규는 조선 말기를 지나 일제 강점기를 거치면서 한국의 전통무예는 일시적으로 그 흐름이 끊어지고 암흑기를 맞게 된다. 일제 강점기의 일본인들은 한국인들은 1900년경에 중국대륙에서 발생한 의화단 사전으로 인해 무술인에 대한 탄압을 증가시켰다고 했다.

당시 일본경찰들은 택견 등이 야만스러운 풍속이며 남에게 위해를 주는 싸움꾼이 된다는 이유를 내세워 못하게 했다. 그러나 실제로 항일의병이나 협객들이 일본을 응징하게 되는 수단으로 우리무예가 활용되는 것을 두려워했다.

안자산의 『조선무사영웅전』(1919)과 신채호의 『조선상고사』(1946)는 국수주의적 성격과 독립운동을 한 반면, 최영년, 이능화, 최남선 등은 친일파로 분류되어 있다.

최영년의 『해동죽지』(1925)에 기록되어 있는 탁견희托肩戱에서 이것으로 원수를 갚거나 애첩을 내기하여 빼앗기도 하는데 관에서 법으로 금지한 이래 지금은 이런 놀이가 없다. 택견의 어원에서 빼놓을 수 없는 약방에 감초와 같은 기록이다. 그런데 최영년은 골수 친일파이다.

최영년은 법으로 금지하여 택견이 없어졌다고 기록하지만 1928년 7월 3일 자에 『동아일보』 기사의 「仁川武道盛況」에 각종 무도시합이 있었는데, 최종 경기에서 택견의 권충일과 권투의 나주연을 인기 있는 선수로 꼽았다.

이능화의 『조선해어화사』(1927)는 역대 기생들의 역사와 실상을 밝힌 책이다. 택견을 비하하는 형태로 기록되어 있다.

최영년과 이능화에 수록된 택견관련 내용은 중국의 4대 미녀 중 한 명인 초선과 기생과 관련된 내용으로 택견이 호전적이고 진취적인 모습이 아닌 놀이로서 기생과의 연관성을 가지는 풍류성만을 부각하고 있다.

이는 택견을 바라보는 전혀 다른 시각이 친일파와 국수주의의 극명한 차이를 보인다. 일제강점기를 거쳐 오면서 왜곡되고 고착화된 시각은 아직도 일제의 잔재에서 벗어나지 못하고 그대로 답습하여 준거인 양 버젓이 인용되고 있다.

전혀 다른 두 시각은 지금까지도 상존하고 있으되 무예와 놀이로서 그 경계와 정체성이 모호하여 논란의 여지를 주고 있다. 어떤 운동이건 무예이건 간에 순기능이 있는가 하면 역기능도 없지 않다. 하지만 역기능만을 부각시켜 통용이 된다면 진실을 호도하는 것이다. 이러한 일제잔재의 이론적 근거를 그대로 인용하여 택견을 비하하는 현실에 안타까울 따름이다. 안자산과 신채호의 주장처럼 택견은 무예로서 분명한 특성을 보이고 있다.

일본은 우리무예를 금지시키는 대신에 가라데, 검도, 유도 등의 일본식 무도를 장려하여 우리의 무예사상을 말살하고 대신에 일본의 무사도를 주입함으로써 우리의 민족정신을 일본에 종속시키는 데 이용하였다.

이렇듯 택견은 일제강점기 택견 탄압 정책에 의해서 금지되었다는 것을 알 수 있다.

지금까지 발굴된 기록에 의하면 유독 1928년 6월 4일 자와 같은 해 7월 3일 자 『동아일보』의 기사에서 인천무도관창립에서 단 1번 택견이 경기에 출전한 것으로 확인할 수 있다. 이와 관련하여 3번의 기사를 볼 수 있다.

첫째, 1928년 6월 3일 자 중외일보의 인천무도관仁川武道館 무도대회개최武道大會開催 창립기념創立紀念으로 "인천무도관에서는 에 무도의 「택견」"을 소개하고 있다.

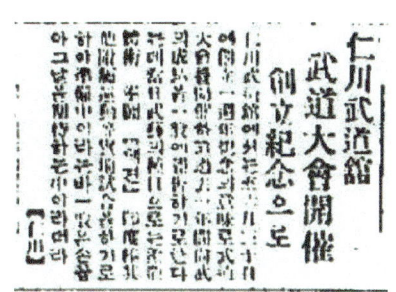

「택견」(중외일보. 1928. 6. 3.)

둘째, 1928년 6월 4일 자 『동아일보』의 「인천무도대회仁川武道大會」에 '인천무도관에서 창립1주년 기념하는 무도대회에 무예의 종목은 유도체술권투柔道體術拳鬪, 덱현(택견), 인도봉印度棒 등이라더라.'가 게재되어 있다.

동아일보. 1928. 6. 4.

셋째, 1928년 7월 3일 자 『동아일보』의 「인천무도성황仁川武道盛況」 기사에 "인천무도관창립 기념 무도대회에 각종 무도시합은 만장관중에 대하야 무도에 대한 자극을 여한바이 다대하여으며 그 중에도 최종 권충일權忠一의 택견과 나주연羅柱連의 권투拳鬪는 과연 장쾌壯快를 극極하야 만장갈채滿場喝采을 박搏하였다."

택견의 권충일과 권투의 나주연(동아일보. 1928. 7. 3.)

이상의 내용들은 1928년대 당시 동아일보와 중외일보에 실렸던 택견과 관련된 이종격투기異種格鬪技에 관한 기사들이다. 이종격투기는 최소한의 급소 국부가격, 눈 찌르기, 깨물기 등을 제외한 모든 기술이 허용된다.

반면 한국의 궁도와 씨름은 쉽게 당시 무도대회의 종목으로 참가한 기록을 찾아볼 수 있는데 왜 택견이 종목에 포함되지 않은 것일까 하는 의문점을 가지게 된다.

지금처럼 경기화가 제대로 형성되지 않았던 과거에는 체급이나 종목과 상관없이 흥행을 위해 이종격투기가 성행하였다. 일제강점기 권투와 택견, 권투와 유도 등이 기사에 보이는데 물론 흥행과 정치적인 관심을 유발을 위한 시도였지만 지금과 같은 규칙이 확립되지 않은 터라 아무래도 거친 면이 없지 않았나 하는 생각이다. 각자는 자신이 닦은 종목의 솜씨를 뽐내랴, 많은 관중이 모인 가운데 이루어지면서 신문 기사로 날 만큼 자극적인 경기여서 흥행도 높았을 뿐더러 기량이 우수한 선수들이 출전한 것으로 보인다.

가장 오래된 이종격투기를 유추해 볼 수 있는 것으로는 고구려 안악 3호분에 매부리코를 한 서양인과 고구려인이 서로 마주 보고 대적하는 벽화가 있다. 이 벽화에서 유심하게 바라볼 것은 그림에서 모든 것을 해석하기는 쉽지 않겠지만 서로가 같은 자세를 취한 점, 양손의 손가락을 벌리고 선 자세는 종합격투기임을 증명하는 것이다.

안악 3호분(제작년도는 357년으로 추정)
전실 동쪽 벽면에 있는 수박하는 역사力士

벽화의 수박하는 역사와 태껸의
모습이 똑 닮았다.

이는 조선 시대 마지막 택견명인 송덕기의 사진에서도 쉽게 찾아 볼 있는데 고용우(송덕기로부터 1969~1987년 사사함)는 택견의 가장 기본자세에서 "양손의 손가락을 벌려서 바람이 살랑살랑 지나가게 하라고 하셨다"고 한다.

손의 모양을 통해서 주기법이 무엇인지 알 수 있다. 복싱은 주먹, 유술기(유도, 레슬링 등)는 손바닥을 펴는데, 택견은 손바닥을 펴고 손가락을 벌려선 자세에서 잡기, 치기(주먹, 손날, 손끝 등) 등을 자유롭게 사용할 수 있는 자세를 취한다.

모든 국가는 법률이 국가를 지배하듯이 규칙이 경기를 지배하고 강제하게 된다. 그런데도 다른 규칙인 이종격투기에 택견이 함께 했다는 것은 현대에 인식되고 있는 택견의 모습과는 사뭇 다르다는 것이다.

송덕기 선생의 택견 자세에서 손가락이 벌어져 있어 종합격투기임을 알 수 있다
(동아일보, 1985. 7. 26.).

권투는 규칙이 정착된 지금도 치열한 경기여서 격렬한데 권투와 택견이 맞붙었으니 소위 친일파들이 기생내기나 혹은 아동유희로 기록한 것은 거리가 먼 것임을 알 수 있다.

안자산은 조선무사영웅전 무예고武藝考에 택견을 수록하고 씨름을 제외한 반면에 민속놀이가 수록된 세시기歲時記에는 택견이 빠져 있는 대신 씨름을 수록하고 있는데 이는 씨름과 택견이 공간적·시간적으로 같은 배경을 공유하고 있었음에도 불구하고 당시에 무예와 놀이의 구분이 있었고 택견을 무예로 인식하고 있었음을 말한다.

이병한은 인터뷰(2015년 11월 7일, 원주 카페베네)에서 "할아버지(송덕기)는 일제강점기 유도하는 사람이 택견 하는 사람들에게 많이 맞고 갔다고 했어요."라는 표현과 하와이이민사다큐멘터리의 양주은 선생의 진술에서 "일본사람들은 조선 사람들이 사람을 잘 친다면서 그 사람들과 맞서지 말라고… 택견을 하는(사람이)… 일본사람들이 한국 사람한테 달려들지를 못했어."라는 진술과 일맥상통한 내용으로 택견이 살수殺手를 위주로 수련했다는 것을 알 수 있다.

택견은 조선 말기에 외국인들의 기록에서 보여주듯이 때로는 돈내기의 수단으로 전문 싸움꾼들이 즐겼던 무예이다.

KBS(1984) 문화강좌 '선조의 수련 세계 택견'에서 송덕기는 이보형과의 인터뷰에서 택견은 깡패나 별기군이 했다고 진술하였다.

도기현(2007)은 은사였던 정영일 음악선생의 다음과 같이 진술 내용을 언급하고 있다.

정 선생님의 할아버님은 택견의 고수로 구한말 영친왕이 일본에 볼모로 끌려갈 때 영친왕을 호위할 5인 중 한 명을 발탁되었으나… 당시에는 하층 계급은 택견 수련을 할 수 없었고 최소한 중인 이상 계급이나 무반武班 출신들이 수련하였으며, 그중에서도 한량이라 불리는 양반들이 즐겨했던 비교적 고급문화가 바로 택견이었다고 하셨다.

KBS(1984) 문화강좌 '선조의 수련세계 택견'에서 송덕기는 별기군과 별순검이 택견을 했다는 증언과 일치한다. 1861년 훈국마, 보군, 별기군 가운데 무예별감이 존재하였다.

택견은 돈내기의 수단으로 전문 싸움꾼들이 즐겨 했던 무예이다.

택견의 사전적 의미를 살펴본 결과 일제강점기 이전에는 '手足'을 모두 사용한다고 기록되다가 일제강점기 민족문화말살정책에 의해서 택견이 '발차기'라는 의미로 변화되는 것을 알 수 있다. 나아가 '택견탄압'에 의해 아이들의 놀이조차도 금지를 했다.

또한 조선 말기 외국인들의 기록과 다양한 사료에서 종합격투기의 형태를 지니고 있었으며 중인계층 이상의 사람들이 택견으로 하급무관으로 진출이 이루어졌음을 추정할 수 있다.

2) 독립 운동가와 택견과 관계있는 인물

항일독립운동가 중 택견을 수련한 인물을 살펴보면, 백범 김구(白凡 金九, 본명, 金昌洙), 송재, 쌍경 서재필(松齋, 雙慶, 徐載弼, Philip Jaisohn), 경암 박도병(耕岩 朴道秉, 예명, 박춘병), 옥람 한일동(玉藍 韓溢東) 등이 있다.

김구(1876-1949)   서재필(1864-1951)   박춘병(1917-2002)   한일동(1879-1951)

『백범김구전집편찬위원회 編』의 '치하포사건과 관련 자료'의 원문에서 「海州居 金昌洙 年二一 初招」, 1896.8.31.(奎章閣 no. 26048.) 『報告書보고서』에 김창수의 신문에서 "以足으로 推聾ᄒ야 顚사後 以手로 打殺ᄒ야 投之江氷ᄒ엿스며…". 李花甫의 심문에서 "金昌洙가 日人을 拘執亂打하여 打殺." 再招 심문에서 김창수는 "初以石打, 更以木擊, 도망가는 것을 따라가 以木連打." 이화보는 "흥기는 어두워서 판별할 수 없었음." 김창수의 三招에 "발로 차 마당에 쓰러뜨리니 칼을 뽑길래, 돌로 쳐 넘어뜨리고 칼을 빼앗음"으로 기록하고 있다.

이용복은 '택견의 고수 김구'의 부제에서 이용복은 김구의 백범일지 마당문고사의 내용을 인용하는데 칼을 든 일인을 발길로 제압한 대목에 대해서 택견의 익혔을 것으로 추측하고 있다. 그리고 홍원식도 백범 김구金九를 택견의 고수로 기록하고 있다.

백범 김구

또한 고유의 『서재필 광야에 서다』에서 1948년 9월 11일 조선호텔 아침 김구가 서재필을 찾아와서 나눈 문답에서 서재필 問: 백범이 청년 시절에 왜놈을 차서 거꾸러뜨린 것 말이오. 그 이야기를 듣고 백범이 태껸의 달인이라고 여겼는데, 언제 수련하셨소?, 백범 答: 고유무예여서 틈틈이 익혔습니다. 아하, 내 짐작이 맞군. 나도 소년 시절부터 태껸에 푹 빠졌다오라고 기록하고 있다.

칼을 든 일인을 발로 차서 넘길 수 있는 실력이라면 대단한 무예의 고수라고 해도 과언이 아니다. 특히 당시 택견이 일인들을 제압하는 수단 등으로 보아 고유와 이용복 그리고 홍원식의 '택견 고수 김구'의 내용에 신빙성이 높다고 사료된다.

한편 박영효, 서재필과 관련이 있는 이규완은 항일독립운동과는 거리가 있지만, 택견에서 빼놓을 수 없는 인물이다.

이규완(李圭完, 1862~1946)[82]은 뚝섬 나무장사의 아들로 태여낫지만 어려서부터도 膽氣차기로 일흠이 잇섯스며 京城名物의 택견脚蹴의 명선수인 勇少年이엿섯다. 그리다가 엇지 엇지하야 朴泳孝의 집 청직이로 드러가게 된 것이 그가 출세한 새닥다리의 첫 층계이엿다(김진구. 1923).

이규완(李圭完, 1862~1946)

또한 이규완은 각축脚蹴, 즉 택견의 명인이었다. 몸놀림이 빠르고 성격이 성실해서 박영효(朴泳孝, 1861~1939)의 호신인 노릇을 하는 인물이기도 했다. 1883년(고종 20년) 5월 이규완은 서재필 등과 함께 게이오 의숙(慶應義塾)에 입학하여 학문을 배웠다. 이때 서재필은 정규 교과 과정 이외에 조선인 동기생들로부터 무예를 배웠다. 택견의 명수 이규완에게서는 택견의 고난도 품새를, 유도와 씨름에 능한 임은명에게서는 조르기, 누르기 등 유술柔術 전반에 대해 배웠다. 한편 노론 명문가의 자제임에도 자신들에게 무예를 배우는 점과 신분과 배경에 연연하지 않는 서재필에 감격하여 그와 친구가 된다. 1884년 2월 게이오 의숙을 수료하였다. 그들이 군사 교육을 받을 때, 김옥균은 일본에 세 번째로 와서 머물고 있었다. 이들은 매 주말에 김옥균을 만났다(고유).

---

[82] 조선후기의 왕족 출신 무신, 군인이자 일제 강점기의 관료, 사상가였다. 갑신정변에 행동대장 격으로 참여한 인물로 박영효의 집사 출신이었다. 그는 서재필 등과 함께 병조 조련국 소속 군사를 이끌고 수구파 대신을 척살하는 역할을 하였다.

갑신정변: 박영효, 서광범, 서재필, 김옥균(한국학중앙연구원)

김진구는 삼천리에 '이규완의 김옥균 박영효 평'이라는 제하의 회고수기를 개재했는데 여기에는 서재필을 포함하여 김옥균, 박영효가 개입된 개혁과 관련된 에피소드가 수록되어 있다. 이규완과 이승만의 관계를 보여주는 자료도 있다. 이승만은 이때 "몇몇 망명객이 일본에서 돌아와 서울 장안의 일본인 거주 지역에 살면서 돈을 물 쓰듯 썼는데, 나는 당시에 너무 어리고 순진해서 그들의 돈이 어디서 나왔는가 하는 생각을 하지 못했다."고 회고함으로써 당시 이규완 일행에게 포섭되었음을 시사하고 있다(이정식 역주, 1979; 고정휴, 1986).

당시 서재필은 이규완에게 택견을 배웠으며, 고유는 서재필이 어려서부터 무예수련을 했다고 기록하고 있다.

국사편찬위원회의 '한민족독립운동사자료집. 69, 戰時期 반일언동사건. 4.'에 보이는 소화 17년(1942년 11월 2일) 작성된 박도병 신문조서(제6회)에서는 당우체육회와 관련된 '택견부장 박춘병'이 두 차례에 걸쳐 언급되고 있다. 松島健 외 4명에 대한 치안유지법 위반 피의사건에 대하여 원산경찰서 堂下경찰관주재소에서 작성된 신문조서이다.

국사편찬위원회(2015년 10월 27일)에 위 내용과 질의한 결과 다음과 같은 답변을 들었다.

『한민족독립운동자료집』은 모두 70권으로 1986년부터 2007년까지 간행된 대표적인 독립운동 관련 자료집이다. 이는 「일제시기 지방법원검사국」 문서인데, 『한민족독립운동자료집』 제69권 – 전시기 반일언동사건 Ⅳ(2007년도 간행)에 실린 내용이다.

박춘병朴春秉의 직함은 박도병朴道秉 신문조서(6회)에 '脚戲部長'으로, 그리고 증인 김해진호 신문조서에는 '脚技部長'으로 기록되어 있다. 이들 '脚戲'와 '脚技'를 국사편찬위원회 해당 책자에서는 모두 '택견'으로 번역하였다. 이는 이들 자료를 번역한 한학자들의 인식이 반영된 것이 분명하다. 번역자는 일제 강점기를 거쳤고 일본어 초서를 지도하는 선생으로 근무하였다. 현재 이들 한학자는 작고하였다.

다만, 우리말 '씨름'에 대해서는 각저角抵, 각저角觝, 상박相撲, 각희角戲, '각력角力' 등의 용례가 보이고, 『해동죽지』에는 옛 풍속에 脚術이 있는데, '脚技'를 '택견'으로 번역한 것은 '脚技'의 한자 뜻 자체가 '발기술'이란 의미로 택견의 발기술에 견주었기 때문이 아닌가 추측된다. '脚技'는 함흥에서 대회를 열었다는 것이 전부인데, '脚戲'는 씨름의 경우에 많이 사용하지만, 택견의 경우에도 사용된 듯… 라고 결론을 내리고 있다.

일제강점기 사전을 찾아보면, 조선총독부의 『조선어사전』(1920)에 脚戲(각희) 「택견」에 同じ。 角戲(각희) 「씨름」에 同じ。 角觝(각뎌) 「씨름」에 同じ。 택견(名) 片足づつ互に蹴合ひて倒しあふ遊戲。(脚戲)로 기록하고, 문세영이 저술한 『우리말 사전』(1938)과 『(修正增補)朝鮮語 辭典』(1942)에 [태껸] 발길로 맞은편 사람의 다리를 차서 넘어뜨리는 유희. 脚戲. [태껸]에 보라. [각희角戲] 씨름. [각희脚戲] 택견의 내용을 토대로 「일제시기 지방법원검사국」(1942) 문서를 번역한 한학자들은 사건 당시 출판된 사전에 각희脚戲를 태껸으로 모두 기록되어 있어 '脚戲'와 '脚技'를 택견으로 해석하였을 것으로 추측된다. 따라서 박춘병의 직함이

'택견부장'이라 생각한다.

이승만과 최홍희와의 관계에서 알려진 부분보다 이승만의 성장배경은 택견에 대한 인식이 비교적 풍부한 환경임을 시사케 해준다.

이승만은 유소년 시기에 택견을 접할 수 있는 지리적 환경 속에서 성장하였다. 이승만의 집안은 1877년 서울로 이주해 남대문 밖 염동鹽洞에 정착했다. 그 후 1881년 낙동洛洞으로 이사했고, 1884년 재차 남산 서남쪽 도동으로 옮겼다. 이승만은 이곳에서 유년기를 보냈는데, 자신이 살았던 우수현雩守峴 남쪽을 기념해 우남雩南을 호로 지을 정도로 도동생활을 그리워했다.

송정에 사는 한학자 송호 홍종범(松湖 洪鍾凡, 1905~1991년)은 옥람이 중년에 독립군에 가담해 독립운동을 했고 출타할 때마다 가산(논밭)을 팔아 갔는데, 그 돈을 만주 일대에서 독립운동을 하는 독립군의 군자금으로 조달했으며 오랜 객지생활은 독립운동을 하기 위해서였다고 증언했다.

옥람 한일동의 외아들인 한천우씨의 증언에 의하면 새벽녘에 마당에서 아버님이 운동할 때 옆에 서 있으면 찬바람이 일 정도였다고 말했다. 제자 최홍희(1918~2002년)도 나는 어려서 체질이 허약했는데 스승님이 매일 새벽 뒷산에 데리고 가, 택견의 기본기를 가르쳐 기운이 살아났다고 증언했다. 최홍희와의 인연은 함경도 길주에 잠시 머물 때 처음 만났다. 옥람이 고향으로 돌아가자 부곡까지 찾아와 서예와 택견을 배웠다.

또한 최홍희는 그의 저서 '태권도와 나'에서 (한일동) 선생은 또한 주로 발만 쓰는 택견 무술에 조예가 깊으신 분으로 아버님 못지않게 나의 약질을 염려해 틈이 날 때마다 무용담을 들려주며 담력을 키워주고, 원시적이긴 했지만, 택견의 초보적인 기술도 몸소 가르쳐 주었다.

그리고 최홍희는 『태권도 교서』(1972)에서 '서문'과 '저자소개'에 택견과의 인연을 소개하고 있다.

이승만과 최홍희(태권도 교서, 1972)

1955년 명칭제정위원회(태권도)

「서 문」

나는 선천적으로 약체로 태어났기 때문에 택한 무술이 6세기 때 신라에서 기원한 택견과 1922년 5월 일본에 소개된 당수였다… 그 후 근 10년간 발만 쓰던 택견과 선의 기술에만 의존하던 가라테를 종합 연구하여 오늘과 같이 체중에 구애됨이 없이 남녀노소 누구나 다 할 수 있는 현대적이며 과학적인 무도로 발전시킨 다음… 이름을 태권도로 단일화하게 되었다라고 술회하고 있다.

「저자소개」

그는 12살 때 일본정권에 저항했다는 이유로 그가 다니던 초등학교부터 무기정학을 당했다. 이것은 후에 저 유명한 광주

학생 사건의 여파로 몰고 갔다. 무기정학 후 그의 아버지는 한국에서 가장 유명한 서도선생인 옥남 한일동선생에게 서도를 사사받게 했는데 한선생은 서동의 대가일뿐만 아니라, 고대한국의 택견에도 상당한 조예를 가진 분이었다. 한선생은 새로운 제자의 약한 체질을 염려한 나머지 서도를 배워 주는 틈틈이 택견을 배워줌으로써 그의 건강을 도모하기도 했다.… 그가 택견과 가라데의 장점을 절충하여 오늘날의 태권도를 체계화 할 수 있는 기점을 이룩하여 일생의 사업으로 삼고 있는 것이다.

비록 최홍희가 독립군과의 인연은 없지만, 그의 스승을 통해 택견과 인연이 있었음을 구체적으로 보여주는 자료라 하겠다.

이상의 글들을 분석해 보면 알겠지만, 택견을 했다고 명확한 기록을 지닌 사람은 이규완과 택견부장 박춘병이다. 나머지 사람들은 택견이 비교적 널리 알려진 시기에 작성된 글들이다. 물론 구전된 내용을 그대로 옮겼을 수도 있고 응당 택견이려니 해서 적었을 가능성도 배제할 수 없다.

특히 옥람 한일동과 최홍희와의 관계에 있어서 현재까지 알려진 옥람의 행적에는 택견이 행해진 서울·경기지역에서 거주한 시기가 확인되지 않는다.

3) 그 외 독립운동과 관련된 택견의 인물

이보형은 「무형문화재전수실태조사 택견」(1983)에서 일인을 제압한 김경운에 대해서 다음과 같이 기록하고 있다.

> 경기도 고양군 송포면 대화리 뱀개마을에 유명한 택견꾼이 많아서 애오개 택견꾼들과 겨루었다 하는데 金燗云김경운은 택견의 神技신기를 지녔다. 서울 장안에 갔다가 어떤 韓國人한국인 하나가 日人일인 세 사람에게 모듬매를 맞는 것을 보고 의협심이 강한 그는 달려들어 발길질 서너 번에 日人일인 셋을 눈 깜짝할 사이에 거꾸러뜨리고 말았다 한다. 그는 그 뒤로 韓國人한국인을 괴롭히는 日人巡査일인순사들이 밤낮으로 잡으러 왔기 때문에 숨어서 살았다 한다. 日人일인들이 몇 차례 체포하려 들었으나 번개와 같은 그를 잡을 길이 없었다 한다. 日人일인들이 택견을 禁금한 것도 택견꾼 가운데 人士인사가 있었기 때문이기도 했을 것이다(이보형, 1983).

이보형 인터뷰(2015년 8월 7일, 노원구 공릉동 커피숍)에서 김경운은 어깨를 밟고 다니면서 일본순사들을 무찔렀다고 진술하기도 했다. 실제 택견의 기술에는 상대의 어깨를 밟고 머리뒤통수를 차는 쌍용발길질이 지금까지 이어지고 있다.

경기도 고양군 뱀개의 유명한 택견꾼 김경운(1876년생)도 일본인과 일본순사마저 두들겨 패주고는 피신하였다.

경향신문 1974년 12월 30일 자(칼럼논단) '바둑야화(357) 제58화 기인 김영식(1893년생)'의 제하로 항일청년운동과 태껸에 대해서 기록하고 있다.

김영식 노인은 젊었을 때 태껸을 했다고 한다. 그가 일찍이 항일청년운동을 할 때에 삼각산 밑에서 지나가는 일본 무장 기마경찰을 날아가면서 발로 차서 마하馬下로 떨어뜨린 경력이 있다는 것. 좌우간 83세의 노인인 그가 태껸시범을 보이면 구경하는 젊은 청년들이 눈이 어지러울 정도로 그는 몸이 날쌔었다.

고용우의 인터뷰(2015년 9월 20일)에서 독립활동과 관련된 내용을 진술하였는데 다음과 같다.

1996년 11월경에 LA에 맥도날드 옆 그랜드 스위트 호텔 옥상에서 대한택견에서 택견 시범을 보이는 자리에서 박 선생님을 처음 만났는데 그때 80대 후반이었죠. 이남석 사범님이랑 옆에 앉아계시는데 어떤 분이 택견을 하셨다는 거야. 내가 태껸수련장할 때 나를 좋아해서 한 달에 2번은 세리토스에서 내려오셨지, 붓글씨를 잘 쓰시고 그때 수신연무라고 걸려 있는 게 그때 썼던 거지, 어려서 택견 하는 모습을 많이 봤는데 본인은 흉내만 내봤다고… 그런데 사촌 형님이 명동에서 사업을 하셨는데 택견의 고수였다고 그랬어요. 박 선생님이 당시 중학생이었을 때 만주에 독립운동하려가기 전에 후미진 곳에 저녁에 서너 명씩 모여서 택견을 배워서 갔다고 하더라고요.

독립운동을 하기 위해서 만주에 출국하기 전에 택견을 배우는 것은 마치 요즈음 군대에 가기 전에 미리 태권도를 익혀 두는 것과 같은 현상이라 할 수 있다.

3. 맺음말

이 장은 광복 70주년을 맞이하여 조국의 광복을 위해서 투쟁한 항일독립운동과 전통무예 택견의 역할이라는 주제를 가지고 살펴보았다. 항일독립운동과 택견과의 관계를 살펴본 결과는 다음과 같다.

첫째, 택견이 항일독립운동 수단으로 활용되어 일제의 민족문화 말살정책에 의해 '택견탄압'이 이루어진 것으로 추정된다.

둘째, 택견을 바라보는 항일독립운동가와 친일파 간에 전혀 다른 두 개의 시각이 존재하고 있으며 이러한 시각차는 적어도 일제강점기라는 시대적 배경과 관련이 있는 것으로 보인다.

셋째, 항일독립운동가 중 택견과 관련이 있는 알려진 인물로 김구, 서재필, 박춘병, 한일동 등이 있다.

넷째, 그 외 택견과 관련된 인물로 경기도 김경운(1876년생)과 김영식 등이 있으며 인터뷰 등을 통해서 다양한 택견인들이 독립운동에 동참했음을 알 수 있다.

우리 독립운동사에 분명 택견의 역할이 적지 않았을 것이 분명함에도 불구하고 한정된 자료밖에 인용할 수 없는 현실이 안타깝다. 더 많은 자료의 발굴로 독립을 위해 자신과 그리고 가족의 피와 생명을 바친 선열들의 넋을 위로할 수 있는 계기가 오기를 기대해 본다.

이러한 연구 결과에 비추어 볼 때 항일독립투쟁을 위해서 택견은 중요한 신체훈련으로 활용되었다. 암울한 시기를 맞아 택견이 민족의 식을 고취하고 어둠을 밝히는 등불의 역할을 했다면 후손된 우리는 그 빛을 다시 밝혀 새로운 성장 동력으로 삼을 수도 있다.

제언으로 신흥무관학교와 숭무학교 그리고 대조선국민군단의 교과목에 관한 발굴이 되어 명확한 결론을 도출하여야 한다. 그리고 항일독립운동과 택견과의 관계를 세부적으로 분류하여 심층적인 연구가 요구된다. 아울러 더 많은 관심과 연구를 통한 후속 연구들을 기대해 본다.

> 근대 학교 교사이자 국학자·독립운동가인 안자산이 집필한 『조선무사영웅전朝鮮武士英雄傳』(1940)에 삼한시대는 문文과 무武의 합일 시대, 삼국시대는 북방의 경우 무武적 문화가 강하였고 남방은 문文의 문화가 강하였다. 이후 통일신라시대는 다시 문과 무의 합일 시대가 되었고, 뒤를 이은 고려시대는 문화가 우위였으며 조선시대는 숭문(崇文)과 기원이 높았다. 우리 민족이 문文과 무武가 이상적으로 합일이 되었을 때 민족의 역량이 발휘되었다.

신윤복의 대쾌도(1785년)　　해산 유숙의 대쾌도(1846년)　　작자미상 태평성시도(18세기)　　이선구의 태평성시도(2008년)

택견　　　　　　　　　　　　　택견

씨름　　　　　　　　　　　　　씨름

신윤복의 그림을 모사한 유숙의 『대쾌도』는 한양의 풍속화로 61년의 세월에도 같은 모습을 엿볼 수 있다.

18세기 한양의 풍속화 『태평성시도』는 중국 청나라의 『청명상하도』의 영향으로 등장인물의 옷이 중국풍이지만 씨름과 택견 등 조선의 풍속이 녹아있다.

제9절 북한의 조선사회과학학술집에 나타난 맨손무술에 관한 연구

- 날파람, 수박, 수박희, 태권도, 택견을 중심으로 -

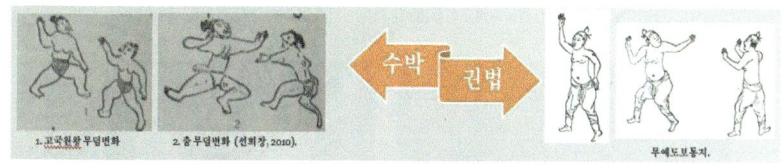

이 장은 미국 University of California at Los Angeles 동아시아도서관 소장 자료를 참고

덕이 차는 모양(숭실대 한국기독교박물관)

명차는 모양(파리 기메박물관)

송덕기의 올려재기(김정윤. 2002)

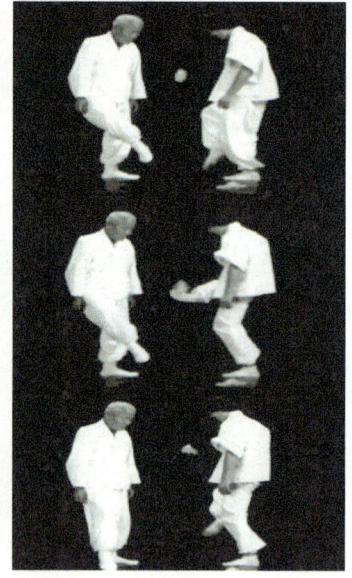
송덕기와 고용우의 제기차기(김정윤, 2002)

송덕기는 제기차기로 택견의 수련을 정진하였다. 제기차기는 하체와 단전을 강화시키고, 발길질과 막음다리 등의 기술로 이어진다.

1. 들어가기

남북통일의 최우선 과제는 체육을 통한 교류이다. 아직도 남북은 전쟁이 종식되지 않은 휴전 속에서 군비경쟁을 벌리며 근래에는 북한의 핵무기뿐 아니라 대륙간탄도미사일 개발로 인해 국제사회의 주목을 받고 있다. 이런 각박한 현실 속에서 정해진 규칙 내에서 이루어지는 체육을 통한 교류는 화해의 계기와 시발점이라 볼 수 있다.

1970년대 탁구 교류, 2000년 시드니 올림픽 남북한 동시 입장, 2004년 남북한 태권도시범단 교류 등이 있었으나, 그럼에도 불구하고 아직 체육과 무술의 교류는 미흡한 실정이다. 우리는 북한의 체육·무술에 대하여 편린만을 인식하고 있는 것이 사실이다. 따라서 현재 북한의 역사서술에 나타난 무술 인식을 통해 이해의 폭을 넓히고 공감대를 형성하게 된다면 나름 의미 있는 일이라 하겠다.

한국전쟁(6.25전쟁) 이전의 역사서술은 남북이 단일민족으로서 동일한 내용일 수밖에 없다. 하지만 북한의 문헌에 나타난 무술의 역사서술에 관한 시각과 연구는 매우 미흡한 실정이다.

University of California, Los Angeles의 동아시아도서관에 소장되어 있는 『조선사회과학학술집』은 북한 사회과학원이 2009년~2013년까지 발행한 것으로 원사, 교수, 박사, 저명학자들이 집필한 총 1,500여 종의 방대한 분량의 연속도서를 북한건국이래 60여 년간 이룩한 연구 성과를 집대성한 총체적인 첫 총서이다.

이 연구는 이러한 내용 가운데 맨손무술인 날파람, 수박, 수박희, 태권도, 택견 등을 기록하고 있는 『조선풍속사 1, 2』, 『조선체육사

1』,『조선민속놀이편람』,『우리나라의 민속유산』,『민속학연구론문집 1, 5』,『조선민족체육과 민속놀이』 등을 살펴보았다.

이러한 문헌들의 근거자료는 고문헌인『고려사』,『경제륙전』,『오주연문장전산고』,『청구영언』,『대동기문』,『동국여지승람』,『신동국여지승람』,『숙종실록』 등이 참고 되었다.

이 서적들은 무술을 놀이라는 개념으로 기록하고 있다. 과거와 현재의 놀이 개념에서 과거의 놀이는 전쟁의 수단이 평상시에 놀이라는 개념으로 사용되었지만, 현재의 놀이는 단순히 여가적인 개념으로 생각하고 있다.

북한에서는 놀이라는 개념을 어떻게 인식하고 있는지, 그리고 택견과 동일하거나 유사한 무술인 날파람, 수박, 수박희, 태권도 등을 어떻게 인식하고 있는지 살펴보고자 한다.

한편 북한의 무술과 관련된 선행연구를 살펴보면, 석사학위논문에 홍성보(2006)의 「북한 태권도의 특성에 관한 연구」, 박웅기(2002)의 「남·북한의 태권도 시범프로그램 비교연구」 등과 박사학위논문으로 김태일(2005)의 「남·북태권도 비교분석을 통한 이질화 극복 방안」 등이 있다.

선행연구는 태권도에 국한된 연구에 불과하고, 북한의 전통무예에 관한 연구는 매우 부족한 상태이다.

한국전쟁 이전의 역사는 남북이 동일한 만큼 남북한의 사회문화교류나 대북정책을 위해서는 남북의 공통분모라 볼 수 있는 무예를 통한 교류는 매우 의미가 있다. 특히 전통적이고 민족적인 전통무예의 교류가 필요한 만큼 북한의 무예에 관한 역사서술의 총체적인 연구의 필요성이 제기된다.

『조선사화과학학술집』은 북한건국 이래 60여 년간 연구 성과를 집대성한 총체적인 첫 총서라는 의미에서 맨손무예의 역사서술을 살펴보는 사료史料로서의 가치가 높은 것으로 판단되며 올바른 역사적 사실을 입증하고 조명하는 데 일조할 것으로 생각된다.

따라서 이 장은 북한의 사회과학원이 발행한 『조선사화과학학술집』중 상기한 서적과 북한의 사전류를 위주로 문헌 고찰을 실시하였다. 이 장의 목적은 북한의 문헌에 나타난 기록 중 택견과 깊은 연관성이 있는 무술을 조명함으로써 남북한 무술의 올바른 인식을 조명하는 데 있다.

2. 북한의 조선사회과학학술집에 나타난 무술 련마와 체력 단련놀이

『조선풍속사 1』(선희창, 2010)과 『민속학연구론문집 5』(리제오, 2010)의 민속놀이에서 김일성 주체사상을 다음과 같이 강조하고 있다.

고구려 사람들은 슬기롭고 용맹하였을 뿐 아니라 조국의 방위를 위하여 충성을 다하는 것을 가장 영예로운 일로 생각하였습니다. 그 때문에 그들은 무술을 배우는 것을 남자들의 의무로 여기고 어려서부터 달리기와 말타기, 활쏘기와 칼쓰기를 배웠으며 민간오락과 경기들도 모두 무술을 기본으로 하였습니다(김일성 전집 1권 551).

활쏘기 (숭실대 한국기독교박물관)

고구려인들은 무술을 기본으로 오락과 경기를 즐겨하였다. 특히 고구려는 강대이웃 나라들과 접하고 있었기 때문에 나라를 유지하고 발전시키려면 평소에 무술연마를 통해 정신적으로나 군사적으로 튼튼히 준비할 것을 요구하였다. 그래서 고구려의 민속은 무술연마를 중요하게 여기고 무예를 익히는 기풍이 조성되었다(선희창, 2010).

고구려의 무술과 체력 단련놀이에는 달리기, 말타기, 칼쓰기, 창쓰기, 씨름, 수박놀이, 편싸움, 투호, 축국 등이 있었다(리제오, 2010).

투 호(숭실대 한국기독교박물관)

또한 삼국시기의 무술연마놀이로서는 돌팔매놀이(석전), 활쏘기, 말타기, 격구, 칼쓰기, 창쓰기 등을 대표적으로 들고 있다(선희창. 2010).

리제오와 선희창의 자료에서는 무술연마놀이가 비슷한 양상을 보인다.

고구려에서 정초에 즐겼던 돌팔매놀이는 사람들을 두 패로 나누어 일정한 거리에서 돌을 던져 승부를 내는 것이었다. 이 석전은 조선시대까지 이어졌는데, 때론 몇 사람이 죽기까지 함에도 놀이라는 개념으로 분류되어 있다(백성현, 이한우, 2006). 이렇듯 과거의 놀이는 목숨을 건 전투가 평상시에는 놀이라는 명제 아래 진행된 것이다.

조선 시대에 태종, 세종을 위시한 왕들이 백성들의 석전을 보고 난 뒤, 돌팔매 부대인 척석군擲石軍을 정규부대로 편성해 군사적 목적으로 돌팔매 기술을 사용했고 실전에서 왜구를 격퇴하며 많은 공을 세우기도 했다. 하지만, 일반 백성들이 석전을 즐기다가 부상자가 많이 나자 세종은 석전을 금지했다. 영조 시기에는 어떤 책임도 묻지 않는 관행을 이용해 아버지의 원수를 갚은 것이 적발되는 등 폐단이 속출하자 가장 강력한 금지령을 내렸지만, 일제강점기에 일제가 미개한 풍습이라며 금지하기 전까지 성행했다(전북일보, 2020.1.30.).

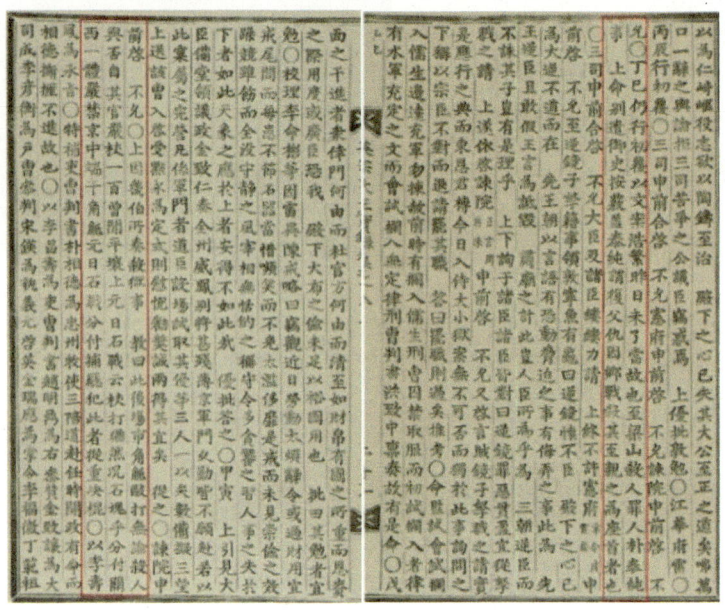

『조선왕조실록』 영조 석전의 폐단과 금지에 관한 기록

맹수들은 세상에 태어나 생명보호 본능에 의해 종족끼리 살벌한 투쟁을 한다. 이러한 투쟁 속에 놀이라는 개념이 포함된다. 서로 간에 살벌하게 싸우지만 이러한 행위를 통해서 서로가 강해진다.

이러한 예는 태국의 어린이들이 돈내기의 수단으로 무예타이를 통해 살벌하게 겨루는 것을 보고 놀이라고 칭하기도 한다.

또한 조선 시대의 마지막 택견기능보유자 송덕기도 '한번 놀아 보자'라고 말했다고 1953년 송덕기와 같은 동네에 살면서 1971년대 블랙벨트지에 송덕기와 사진촬영을 하여 기사를 게재한 김수는 인터뷰(2016.9.17., 관악구택견전수관)에서 진술하기도 했다.

구술채록 후 김수 총재左와 필자右   1973년 한국방문 송덕기右와 김수左

'삼국시기의 체력단련놀이'에 수박, 씨름, 줄다리기, 그네. 축국, 달리기, 투호, 연띄우기 등이 있었다. 그중 수박은 그 연원이 오래된 것으로서 고려, 리조시기에 이르기까지 무술훈련 종목의 하나로, 놀이로 계속 성행하였다(선희창, 2010).

또한 고려시기의 무술과 체력단련놀이에 말타기, 활쏘기, 돌팔매놀이, 수박희(손치기), 격구, 씨름, 그네, 수희(물놀이) 등이 있었다.

『조선풍속사 2』(김내창, 2010)에서 무술련마와 체련단련놀이를 살펴보면, 무술련마놀이는 리조봉건통치배들의 '문존무비文尊武卑'정책으로 말미암아 체력단련놀이에서는 엄격한 계급 신분적 차별이 적용되었으며 본래의 체력단련의 성격보다 의례적인 성격을 더 많이 띠게 되었다고 문존무비 사상에 의한 계급신분의 차이에 따라 체력놀이도 달리하였다는 것을 밝히고 있다.

『조선민속놀이편람』(리재선, 2010)에서는 날파람, 석전(돌팔매놀이), 수박희, 택견 등을 소개하고 있다. 이러한 민속놀이에 대해서 김정일 주체사상은 다음과 같이 기록하고 있다.

민속놀이를 장려하여야 합니다. 우리 인민들 속에서 예로부터 전통적으로 내려오는 민속놀이를 장려하면 사람들에게 민족적 자부심과 긍지를 높여줄 수 있고 우리 민족의 우수한 민족유산을 계승발전 시켜나가는 데서도 좋습니다.

이와 같이 민속놀이를 통한 민족 자부심과 긍지를 높이고 민족유산을 계승발전의 중요성을 강조하고 있다.

날파람은 종합적인 무술놀이라고 보고 있고, 석전은 두 편으로 나누어 많은 사람이 일정한 거리에서 서로 돌을 던져 맞히는 놀이로서 편쌈이라고도 한다. 수박희는 맨손으로 상대방을 치거나 때리고 상대방의 공격을 막으면서 넘어뜨리기를 겨루는 놀이이고, 택견은 상대를 주로 발로 차서 넘어뜨리기를 겨루는 무술놀이이다(리재선, 2010).

『우리나라의 민속유산』(사회과학원 민속연구소, 2010)에서는 경기놀이에 널뛰기, 택견, 수박희, 장치기, 횃불싸움, 돌팔매놀이, 격구 등 용맹과 투지를 키우는 운동이 적지 않다. 경기놀이는 단순한 오락이 아니며 사람들의 체력과 투지와 지력을 키우는데서 일정한 의의를 가지는 놀이이다. 따라서 부강발전을 위하여 중요한 의의를 가진다고 기록하고 있으며, 경기놀이를 통해 체력과 투지와 지력을 키우는 놀이를 하는 것이다. 즉 호연지기를 키우는 놀이이다.

요컨대, 북한의 조선사회과학학술집의 자료에 기록된 놀이의 개념은 무술과 체육의 행위를 모두 놀이라는 카테고리에 포함하고 있다.

봉건사회에서는 이러한 체육과 유희 같은 것들이 모두 민속놀이에 포함되어있었다(선희창, 2010)고 민속놀이, 무술련마놀이, 체력단련놀이 등으로 분류하여 전해지고 있으며, 놀이를 통해서 무술연마와 체력훈련을 즐겨함으로써 강인한 국가를 만드는 데 이바지 하고자 했다.

기산 김준근의 풍속도 석전하는 모양(덴마크 코펜하겐 국립박물관 소장)

3. 북한의 조선사화과학학술집에 나타난 맨손무예

1) 북한의 수박과 수박희에 관한 인식

『조선사회과학학술집』에서는 수박과 수박희를 혼용하여 사용하고 있는데 본 장에서는 북한에서 맨손무예의 최초 기록이라 볼 수 있는 수박과 수박희를 어떻게 인식하고 있는지 살펴보고자 한다.

『조선말사전』(1989)에 수박춤(手拍~) 은 무용으로 분류하고 있으며, 의병들이 손'벽을 치며 추는 춤; 손'벽춤으로 기록하고 있다. 그리고 이응백, 남광우, 이을환(1976)의 『한국어대사전』에 수박(手搏): 손으로 때림. 맨손으로 격투하여 잡음. 수박춤(手拍-): 손뼉을 치면서 추는 춤. 손뼉춤으로 기록하고, 수박춤은 무예보다는 무용으로 보는 게 맞을 것으로 보인다.

김학천, 김학현의 수박춤   (출처:INGO 한민족협의회)

백과사전출판사 편찬위원 편의 『조선대백과사전』(2000)은 수박을 사람이 마주서서 몸을 자유롭게 움직여 자기를 방어하면서 손으로 상대방을 쳐서 넘어뜨리는 무술. 수박은 수박희, 박희, 수벽, 각희, 권법 등 여러 가지 명칭으로 불러줬다고 기록하고 있다.

북한 사회과학원 언어학연구소의 『조선말 대사전 1』(2006)에 수박놀이 = 수박희, 수박춤(手拍-) = 손벽춤, 수박치기 = 손벽치기, 수박희 = 손벽춤, 수박희는 무술련마놀이의 한 가지, 상대편의 급소나 약한 고리를 차장내여 넘어뜨리면 이긴다. = 수박놀이로 수박과 수박희를 같은 것으로 인식하고 있다.

수박은 삼국시기 기록에는 전하는 것이 없다. 그러나 중국 길림성 즙안현에 있는 세칸무덤, 춤무덤, 황해남도 안악군에 있는 고국원왕무덤벽화를 비롯한 여러 고구려 무덤벽화들에 수박을 하는 장면이 그려져 있다(선희창, 2010; 선희창, 조남훈, 2010; 한중모, 2010).

또한 레제오(2010)도 수박은 고구려 때에 벌써 널리 진행되었다. 하지만 고구려의 수박놀이에 대한 문헌기록은 찾아볼 수 없다. 따라서 고구려에서 이런 놀이를 어떻게 놀았다는 것도 아직은 알 수 없다. 다만 고구려벽화무덤들인 고국원왕무덤과 세칸무덤, 춤무덤 등에 수박놀이장면이 생동하게 그려져 있을 뿐이라고 수박의 역사서술이 온전하게 기록되어 있지 않음을 조명하고 있다.

그리고 수박희도 삼국시기 무덤벽화들에 생동하게 묘사되어 있다. 세칸무덤, 춤무덤, 고국원왕무덤 등 여러 고구려무덤벽화들에는 수박희를 하는 장면이 그려져 있다(리재선, 2010). 기록하고 있어 수박과 수박희의 명칭을 같은 것으로 인식하고 있으며, 혼용하여 사용하고 있다는 것을 알 수 있다.

고구려 고분벽화의 수박

선희창(2010)과 선희창, 조남훈(2010)은 수박은 후세의 기록에서 권법이라고 하였으며, 서로 떨어져서 주먹질로 상대방을 넘어뜨리는 것이라 정의하고 있다. 이는 택견의 사전적 의미와 같은 맥락으로 상대를 차서 넘어뜨리면 이기는 승부 방법을 차용한 것으로 생각된다. 한중모(2010)는 수박은 맨손으로 상대방을 치거나 때리며 상대방의 공격을 막는 손치기 무술훈련종목인 동시에 무술련마를 위한 민족체육의 하나이다.

김내창(2010)은 수박희는 손을 위주로 하여 발까지 쓰면서 승부를 겨루는 격투술이라 기록하고, 리재선(2010)은 수박희는 맨손으로 상대방을 치거나 때리고 상대방의 공격을 막으면서 넘어뜨리기를 겨루는 놀이라 기록하고 있다. 선희창(2010)의 수박이 주먹질로 상대방을 넘어뜨린다는 것과 달리, 수박희는 손과 발로 치거나 때리고 방어하면서 넘겨서 승부를 내는 격투기로 인식하고 있다.

『고려사』, 『고려사절요』를 비롯한 옛 문헌기록들에서 보이는 '수박', '박희'에 대해 글자의 뜻풀이를 하면 손재주로 상대방을 제압하는 것으로 이해되지만 실제로는 발길질과 머리받기도 배합된 것으로 인식하고 있다(리제오, 2010).

수박놀이는 맨손으로 상대방을 쳐서 제압하는 한편 상대방의 공격을 막는 손치기 경기놀이라고 말 할 수 있다. 수박놀이를 후세의 기록들에서는 수박(『고려사』 권128 렬전 리의민), 박희(『고려사』 권126 렬전 변안렬), 권법(『대전통편』) 등으로 표현하였으며 그것은 발로 차서 상대방을 제압하는 택견과 배합되면서 더욱 발전하였다(리제오, 2010).

또한 『조선대백과사전』(2000)에 수박에 대해서 다음과 같이 상세하게 기록하고 있다.

리조후반기에 와서 수박에 신법, 수법, 각법을 기초로 하는 25가지의 기법이 있었으며 비밀수법으로서 10가지가 있었다고 한다. 이 시기 수박은 려론적으로 더욱 전개되고 방법이 보다 체계화되었으며 택견, 날파람으로 발전하였다. 택견은 손과 함께 발길질로 상대방을 타격하는 것이며 평안도지방에 성행하던 날파람은 주먹을 위주로 하면서 발로 차고 머리로 받기도 하는 것이었다. 수박, 택견, 날파람 등은 인민들 속에 널려 보급된 무술로서 신체를 단련하며 적으로부터 자신을 보호하는 동시에 적을 칠 수 있도록 준비하는데 유익하였다. 수박이라는 말이 기록에 나오는 것은 고려 때부터 리조 전반기까지이며 18세기 이후에는 권법으로 통용되었다.

그 모습은 18세기 『무예도보통지』에 있는 수박-권법을 설명한 그림들과 서로 비슷하다. 이것은 고구려 때의 수박이 18세기에 진행하던 수박과 비슷하였다는 것을 말해준다(선희창, 2010; 리제오, 2010; 선희창, 조남훈, 2010; 한중모, 2010).

또한 리재선(2010)은 그 모습을 18세기의 수박-권법을 설명한 그림과 비슷하다. 이것은 고구려 때의 수박희가 그대로 후세에까지 전하여왔다는 것을 보여준다고, 한중모(2010)는 수박희를 수박으로 같은 내용을 기록하고 있다.

또한 19세기의 기록 『오주연문장전산고』에 의하면 수박을 '무예 18반'의 하나로 취급하였다. 즉 1궁(활쏘기), 2노(기계활쏘기), 3창,… 18 백타라고 하였는데 백타는 곧 백수(맨손)로써 서로 치는 수박이었다. 일부 기록에서는 권법이라고도 하였다(리재선, 2010; 한중모, 2010)고 기록하고 있다.

위의 내용을 정리해 보면, 수박과 수박희는 손과 발을 사용하는 기술이며 택견, 날파람으로 발전하였다고 이후 권법으로 통용되었다고 기록하고 있다.

북한에서 수박과 수박희에 관해 남한과 같이 『고려사』의 자료를 인용하고 있다.

선희창(2010)은 『고려사』에 리의민이 주먹으로 기둥을 치니 서까래가 흔들리고 벽을 주먹으로 치니 주먹이 벽 뒤로 빠져나갔다고 기록하고 있다(『고려사』 권128 렬전 41 리의민). 그리고 두경승이 공학군에 편입되어 수박하는 사람들의 대오에 있었는데 그의 장인이 상장군 문유보는 수박이란 천한 기예이니 장사가 할 일이 아니라고 말려서 가지 않았다고 한다(『고려사』 권 100 렬전 13 두경승).

리재선(2010)은 고려 시대 보현원의 오문 앞에서 의종을 비롯한 봉건통치배들이 무관들로 하여금 '5명수박희'(오병수박희)를 놀게 하고 구경한 일이 있었다 한다(『고려사』 권128 렬전 권41).

이러한 내용들은 모두 고려 시대에 수박이 널리 보급되어 있었다는 것을 보여주는 자료들인 한편 문존무비 사상에 의해 수박이 고려시대에 일부 지배층에서는 천한 것으로 여기는 풍조가 있었다.

고려 시대에 군사들을 중심으로 하여 자주 수박경기를 하고 우수한자는 군인이나 지휘관으로 선발하고 상도 주고 군사직위를 높여주기도 하였다(리재선, 2010).

또한 고려 무신정권시기 최충헌은 수박희를 시키고 승리한 자에게 교위, 대정 등의 벼슬을 주었다.

조선의 문존무비 풍조 가운데도 일반 백성들의 가장 손쉬운 신분상의 방법이 무재武才를 통한 선군選軍이었으므로 수박과 수박희의 대중화에 기여하였다. 북한의 문헌에 나타난 선군과 관련된 내용을 살펴볼 수 있다.

『조선대백과사전』(2000)에 무과시험과 관련하여 다음과 기록하고 있다.

15세기에는 갑사를 뽑는 무과시험에 수박이 뺄 수 없는 과목으로 되어있었고 『경제륙전』에도 무과시험의 주요항목으로, 규정에 의하면 보통 네 사람을 이기는 무사는 상등으로 평가되고 세 사람을 이기는 자는 중등으로 평가되었다. 이처럼 수박은 당시 무인들의 용맹과 힘을 키우며 그것을 가늠하는 중요한 무술종목으로 되어있었다. 수박은 인민들 속에서 사랑받는 무술놀이로 보급되었다.

또한 김내창(2010)은 리조시기에는 수박을 잘하는 사람도 '력사'라고 불렀고 방패군과 갑사들 속에서 수박을 잘하는 사람을 선발하기도 하였다고 한다. 그 구체적인 내용은 다음과 같다.

15세기에 수박을 쳐서 3명 이상을 이긴 사람을 방패군에 선발하였다는 것과 갑사와 방패군에서 수박희를 시켜 6명을 이긴 사람에게 규격베 3필을 주고 4명을 이긴 사람에게는 규격베 2필을 주었다는 기록(태종실록 권 19, 10년 1월 무자, 세종실록 권4 원년 7월 갑진)이 전하는 것으로 보아 군대 안에서 진행한 무술과 관련된 놀이었다는 것을 알 수 있다.

그리고 김내창(2010)은 『세조실록』에 승정원에서 각 도판상사에게 급보를 띄워 각 고을 백성들 가운데서 수박희를 잘하는 사람이 있거든 량민이나 천민을 막론하고 관청에서 식량을 주어 서울로 호송하게 하라고 한 사실을 전하고 있다(세종실록 권 43. 13년 7월 정축)고 한다. 수박희는 백성들도 하였다.

『숙종실록』 권24 18년 8월 병술에 숙종은 1692년 8월 8일부터 4일간 무예를 관람하였는데, 박천군수를 하던 량익명이란 사람은 주먹으로 돌을 깰 줄 알았다. 이것만 보아서는 돌을 기합술이 아닌가하고도 짐작되나 다음의 사실은 그가 수박에 능한 사람이었다고 인정 할 수 있다. 그의 앞에서 선전관(武官) 네 사람이 돌을 집어던졌으나 손으로 치고 발로 차서 하나도 맞지 않았다고 하였다(리재선, 2010; 선희창, 조남훈, 2010).

김내창(2010)과 리재선(2010) 그리고 선희창, 조남훈(2010)의 기록에 『동국여지승람』과 『신증동국여지승람』에 의하면 려산군 북쪽 12리 떨어진 충청도 은진현 경계에 있는 작지라는 곳에서는 해마다 음력 7월 15일이 오면 전라도와 충청도의 주민들이 모여 수박희(수박)를 하면서 승부를 다투었다고 한다(『동국여지승람』 권34 려산군 산천). 이것은 두 도의 사람들이 이날의 경기를 계기로 한 해 동안 연마한 수박희 기술을 남김없이 이날의 경기를 계기로 한 해 동안 련마한 수박희기술을 남김없이 시위하였다는 것을 보여주고 있다(『신증동국여지승람』 권34 려산군 산천). 수박희는 리조 후반기에 들어와 택견과 평양지방의 유명한 날파람으로 더욱 발전하였다.

2) 북한의 날파람에 관한 인식

날파람은 오랜 옛날부터 평양지방에 유행되었던 무술놀이며, 수박에 그 연원을 두고 있는 특색 있는 무술련마체육의 하나이다. 날파람은 바람같이 날래게 몸을 놀려 상대방을 공격도 하고 방어도 한다는 뜻을 담고 있다(리정순 외 5명, 2010; 한중모, 2010).

영화 「평양날파람」 (2006)

동아일보(1930년 2월 26일) 7면에 「내 몸 내 운동으로 튼튼히 하자」에 '평양에 날파람이며 서울의 택견과 함경도에 뭉구리가 잇고'로 기록하고 있어 각 지방마다 다른 명칭의 맨손무예가 존재했음을 알 수 있다. 리재선(2010)와 한중모(2010)는 날파람에 대해서 다음과 같이 상세히 기록하고 있다.

날파람은 그 타격술이 매우 다양하며 그 위력 또한 우리나라 력대 무술의 위력보다 강하다. 손과 발, 머리를 비롯한 온 몸이 그대로 공격과 방어수단으로 되는 날파람은 수박과 택견보다 더 날랜 동작을 요구하는 것이었다. 발로 차려고 얼릴 때에는 손으로 밀거나 쳐서 저지시키고 손으로 잡으려고 달려 들 때에는 발과 온 몸을 날래게 놀려 막아냈다. 택견보다는 머리를, 수박보다는 발과 머리를 더 쓰게 되어 있는 날파람은 공격 시 상대편의 몸을 잡을 수도 있고 손으로 칠 수도 있으며 발로 차거나 걸어 챌 수도 있고 머리로 받아 넘길 수도 있는 다방면적이며 종합적인 무술놀이라고도 할 수 있다(리재선, 2010).

날파람은 종합격투기의 성격을 지니고 있음을 알 수 있다. 또한 평양의 무술이라 수박과 택견보다 월등히 뛰어난 무술로 표현하고 있다.

또한 수박을 발전시킨 택견의 좋은 점들을 참고하여 근대시기 인민들 속에서 창조되었다(한중모, 2010). 택견에서도 '박치기'와 '목무장' 같은 실전적인 기술들이 존재하고 실존 인물인 송덕기(1893~1987)에 의해서 그 맥이 이어진 반면 날파람은 그 맥의 계승을 알 수가 없다.

목무장에 대해서 남한의 남영신(2000)은 『우리말분류 대사전』에 상투와 턱을 잡고 돌려 넘기는 기술로 기록하고, 북한의 『조선말 대사전 1』(2006)에는 목무장을 씨름수의 하나, 머리 위와 턱을 잡아서 빙 돌려서 넘긴다. 무장으로 기록하고 있는데, 이 기법은 택견에서 사용하는 기술로 과거 택견과 씨름이 같은 종목이었을 가능

목무장 송덕기(김정윤, 2002)

성이 매우 높다. 과거 전쟁에서 사용하는 기법은 종합격투기일 수밖에 없고 전쟁의 소용돌이에서 벗어나 평화가 유지되면서 타격기와 유술기로 분류되는 등 세분화된 것이다. 씨름과 택견의 관계에 대해서는 차후 심층적인 연구가 요구된다.

우리나라에서 날파람이 어느 때부터 누구에 의하여 시작되었는지는 정확히 알 수 없으나 20세기 초를 전후한 근대 시기 평양을 중심으로 한 서북지방에서 많이 진행되었다. 그리고 개성을 비롯한 중부지방에서는 부분적으로 진행되었다. 근대 시기에는 평양의 날파람이라고 하면 전국적으로 유명한 무술로 알려져 있었다(한중모, 2010).

한중모(2010)는 평양지방에서 근대 시기에 진행된 날파람에 대해. 다음과 같이 언급하고 있다.

남문 앞과 남문 밖, 관문 앞(종로 거리)들에서 일정한 지역으로 나누어 경기적인 방법으로 진행하였다. 처음에는 소년들이 먼저 나와 진행하였는데 밀리는 편에서는 대신 좀 더 큰 사람이 이렇게 하여 마지막에는 청장년들의 경기로 끝을 맺곤 하였다. 날파람을 경기로 진행할 때에는 어떠한 도구(물건)도 사용하지 않는 것이 원칙이었다. 평양을 중심으로 한 평안도사람들의 '맹호출림' 성격을 그대로 무술에 적용한 날파람은 그 위력이 강할 뿐 아니라 다양한 타격술을 가지고 있는 것으로 하여 우리 민족의 자랑 높은 무술련마체육의 하나라고 할 수 있다.

평양 날파람의 경기방법은 결련태껸과 매우 유사한 형태를 보이고 있다. 택견의 경기방법을 차용한 것인지, 과거 날파람과 결련태껸이 같은 종목이었는지 심층적인 연구가 요구된다.

3) 북한의 태권도에 관한 인식

태권도는 북한을 주축으로 하는 국제태권도연맹(ITF)과 남한을 주축으로 올림픽 정식종목으로 채택되어 활동 중인 세계태권도연맹(WTF)으로 구분된다. 북한의 태권도에 대한 인식을 살펴보는 것은 남북한과의 태권도의 올바른 인식을 제공하는 데 일조한다고 본다.

리재선(2010)은 북한 태권도에 대해서, 주로 발과 손을 사용하여 여러 가지 재치 있고 날랜 동작으로 공격과 방어를 하는 것을 기본으로 하는 민족격술이라 기록하고 있고, 한국정신문화연구원(1991)의 『한국민족문화대백과사전』에도 남한의 태권도 정의를 손과 발을 주로 사용하는 전신운동으로, 신체를 강건하게 하고 심신 수련을 통하여 인격을 도야하며, 기술단련으로 자신의 신체를 방어하는 호신의 무술로, 남북한이 태권도의 정의에 대해 유사하게 기록하고 있다.

이경명(2002)은 최홍희의 주도로 1955년 '태권도' 명칭제정을 채택하였다는 것과 같이 리재선(2010)도 태권도라는 이름은 주체44(1955)년에 세상에 공포되었다고 같은 연도를 기록하고 있다.

태권도의 '태'는 발꿈치, '권'은 주먹, '도'는 정신수양을 의미한다(한중모, 2010).

태권도의 수련과정은 기본동작, 틀, 맞서기, 호신술, 위력 등으로 이루어졌다. 기본동작은 경기실천에서 적용되는 가장 기초적인 동작으로서 그 가지 수는 무려 3,200여 종이나 된다. 틀은 기본동작의 묶음으로 이루어진 전술적 의의를 가지는 동작으로서 총 24개가 있다(리재선, 2010; 한중모, 2010). 맞서기는 상대자와 1:1, 1:2로 맞서 하는 운동방식으로서 여기에는 약속맞서기와 자유맞서기가 있다(리재선, 2010).

호신술에 대해서 살펴보면, 상대방과 대치된 상태에서 상대의 힘과 자기 힘을 동시에 리용하여 약한 고리를 순간적으로 타격하여 상대방을 피동에 몰아넣는 련속적으로 이루어진 전법이다(리재선, 2010).

위력(격파)은 주먹, 손칼(손날), 발뒤축 등으로 널판, 벽돌, 기와장 같은 대상물을 깨는 능력을 겨루는 것(리재선, 2010)과 남한의 격파도 유사한 방법으로 실시되고 있다.

태권도경기는 승자전의 방법으로 단체전도 하고 개인전도 한다(리재선, 2010)고 서술하여 남한의 태권도의 형태와 유사함을 알 수 있다.

다음으로 태권도에 대한 역사적 인식을 살펴보면 북한의 태권도에 있어서도 전통조위 사관을 설명하고 있다. 즉 과거 수박희로부터 택견으로 그리고 태권도로 이어졌다는 서술을 하고 있으며 그 구체적인 내용을 살펴보면 다음과 같다.

리재선(2010)은 오랜 력사를 가진 수박희는 발전하여 택견으로 되었고 오늘에 와서는 태권도로 발전하여 체육의 한 분야로 되었다고 하였다.

그리고 『조선대백과사전』(2000)에서도 삼국시기부터 널리 보급되었던 수박희는 발전하여 택견으로 되었고 오늘에 와서는 태권도로 발전하여 우리나라의 민족격술로, 세계적인 체육종목으로 되었다고 주장한다.

또한 선희창, 조남훈(2010)과 한중모(2010)도 수박은 택견과 함께 우리 민족의 전통을 계승하며 태권도로 새롭게 발전하였다고 주장하고 있다.

한중모(2010)는 태권도의 오랜 력사적 기간 우리 인민들 속에 전하여오는 전통적인 민족무술인 수박, 택견, 날파람의 우수한 수법들에 바탕을 두고 우리 민족의 기상과 성격, 체질의 특성에 맞게 과학적인 연구 성과를 뒷받침하여 새롭게 창조한 것이다. 우리나라의 민족무술은 오랜 력사적 기간 호신술로 위력한 수박으로부터 택견, 날파람으로 발전하였으며 그것을 바탕으로 하여 오늘에는 태권도로 계승 발전되고 있다고 한다.

위의 내용에서 수박 또는 수박희가 택견, 날파람으로 발전하여 태권도로 계승 발전되었다고 보고 있다.

윤병인(1920-1983)   (사진: 김수)

북한에 태권도를 보급한 주요 인물로, 납북된 윤병인과 최홍희가 있으나 윤병인은 언급되지 않는다. 재미 태권도사범인 김수(본명 김병수) 총재는 윤병인 선생이 북한에서 격술을 평양 모란봉체육관에서 체육특수부원들에게 3년간 집중 교육과정으로 지도하고, 1969년에서 1970년 사이에 고향인 함경도 청진으로 귀향하여 전직轉職 공장직원에서 은퇴한 후에 1983년 4월 3일 폐암으로 세상을 떠났다고 한다. 최홍희는 함경북도 명천군에서 태어난 대한민국 육군 군인 출신 무술가로, 국제태권도연맹이 주장하는 태권도의 창시자이다.

이상의 내용을 정리하면, 태권도는 남북한의 인식의 거의 동일시 되고 있으며, 역사서술에 있어 전통주의적 사관을 주장하고 있다. 수련 과정에서도 기본동작, 틀(품세), 맞서기(겨루기), 호신술, 위력(격파) 등이 명칭의 차이만 있을 뿐 수련체계는 유사하다는 것을 알 수 있다.

4) 북한의 택견에 관한 인식

리재선(2010)과 한중모(2010)는 택견은 상대를 주로 발로 차서 넘어뜨리기를 겨루는 무술놀이라고 정의하고 있으나, 『조선대백과사전』(2000)은 손과 함께 발길질로 상대방을 타격하는 무술련마놀이인 수박희의 발전된 형태로 정의하고 있다. 남한의 사전에는 주로 '상대의 다리를 차서 넘어뜨리는 경기(각희)'로 정의하고 있어 남북한의 택견의 사전적 의미에서 유사한 형태를 보인다.

택견의 방법에는 18법이 있고 그밖에 살법, 활법을 비롯한 비법들이 있었다. 가장 기본적인 방법은 발로 상대방의 하반신을 걸어서 넘어뜨리거나 뛰어오르면서 발로 상대방의 상반신을 차서 넘어뜨린 것이다. 잘하는 경우에는 어깨 죽지나 목덜미를 차서 넘어뜨리기도 한다. 이때는 외발로 차기도 하고 두발을 동시에 사용하기도 한다. 손을 쓰기도 하나 발로 차는 것이 기본이었다(리재선, 2010).

택견은 지난날 민간에서는 동네사이에 내기를 걸고 편시합을 하는 경우가 많았다(한중모, 2010)고 결련태껸에 관해서 설명하고 있다. 조선민주주의인민공화국과학원 언어문학연구소사전연구실에서 출판한 영인본을 한국에서 1989년 출판한 『조선말사전』에 "결련 태껸(結連~) 두 편을 이루어 서로 맞싸우는 태껸; 결련태."로 기록하고 있다. 결련태껸은 무예성과 놀이성을 함께 갖추고 있다는 것을 알 수 있다. 택견은 적으로부터 자신을 보호하며 상대를 강하게 타격하는 쓸모 있는 무술련마놀이의 하나이다(리재선, 2010).

북한은 지난날 민간에서는 동네사이에 내기를 걸고 편시합을 하는 경우가 많았다. 이럴 때면 의례히 애기패로부터 시작하여 어른패의 대항으로 넘어갔다. 경기가 끝나면 두 패가 모여서 서로 치하하며 음식을 차려서 함께 먹으며 우정을 두터이 하였다. 남한의 결련태껸과 같은 것으로 인식하고 있다.

『대동기문』에 의하면 김중명이 범을 발길로 차서 죽였다고 하였는데 그것은 그가 발길질을 얼마나 잘하였는가를 말하여 준다. 발길질까지 하는 것을 택견이라고 하였는데 이것은 수박희가 가일층 발전된 것이라고 택견을 발길질이 뛰어난 무술로 표현하고 있다(리재선, 2010; 선희창, 조남훈, 2010; 백과사전출판사 편찬위원 편, 2000).

리재선(2010)과 선희창, 조남훈(2010) 그리고 한중모(2010)는 1727년에 편찬된 『청구영언』이란 책에는 '소년 15~20살에 하던 일이 어제런 듯 속곱질, 뛰음질과 씨름, 탁견, 유산하기, 장기, 투전치기, 저기차기, 연날리기… 로다.'라고 하였다." 또한 『조선대백과사전』(2000)과 한중모(2010)도 17세기 말~18세기 초의 책인 『청구영언』에 의하면 택견은 "리조시기에 인민들 속에 널리 일반화되어 어릴 때부터 누구나 놀아보는 놀이가운데 하나였다."라고 기록하고 있어 택견이 민중들 속에서 널리 일반화 되어 어릴 때부터 누구나 즐겨하였던 무술놀이였다는 것을 알 수 있다.

『조선말대사전 1』(2006)에는 "택견[명] = 태껸"으로만 기록하고 있다.

상술한 내용을 종합해보면, 택견은 남북한이 발차기를 위주로 한 무술로 인식하고 있다

3. 맺음말

　이 장은 북한의 조선사회과학학술집에 나타난 무술연마에 관한 연구를 통하여 날파람, 수박, 수박희, 태권도, 택견 등에 대해서 문헌고찰을 통해서 살펴보았다. 이는 북한의 문헌에 나타난 기록 중 택견과 깊은 연관성을 잇는 무술을 조명함으로써 남북의 무술이 올바른 인식을 제고하는 데 있다. 따라서 다음과 같은 결론을 도출하였다.

　첫째, 북한의 놀이라는 개념은 무술훈련, 체련훈련놀이 등 평소에는 무예수련을 놀이로, 전쟁 시에는 전쟁의 수단으로 활용된 것으로 보인다.

　둘째, 수박과 수박희는 혼용하여 명칭을 사용하고 있으며, 후세의 기록들에서 권법이라고도 하였는데 서로 떨어져서 주먹질로 상대방을 넘어뜨리는 것이었다. 18세기 『무예도보통지』에 있는 수박-권법을 설명한 그림들과 서로 비슷하다고 인식하고 있다. 수박희는 맨손으로 상대방을 치거나 때리고 상대방의 공격을 막으면서 넘어뜨리기를 겨루는 놀이이며, 손을 위주로 하여 발까지 쓰면서 승부를 겨루는 격투술이다. 또한 조선 후반기에 택견과 평양지방의 날파람으로 더욱 발전하였다.

　셋째, 날파람은 바람같이 날래게 몸을 놀려 상대방을 공격도 하고 방어도 한다는 뜻을 담고 있다. 평양지방에 유행되었던 무술놀이이다. 주먹을 위주로 쓰면서 발로 차고 머리받기도 하는 것이었다. 또한 손과 발, 머리를 비롯한 온 몸이 그대로 공격과 방어수단으로 되는 날파람은 수박과 택견보다 날랜 동작을 요구하는 것이었다. 북한자료에서는 날파람에 보다 많은 지면을 할애하여 정통성을 부여하고 있다.

넷째, 태권도는 오랜 역사기간 우리 인민들 속에서 전하여 오는 전통적인 민족무술인 수박, 택견, 날파람의 우수한 수법들에 바탕을 두고 우리 민족의 기상과 성격, 체질의 특성에 맞게 과학적인 연구 성과를 뒷받침하여 새롭게 창조한 것이다.

다섯째, 택견은 상대를 주로 발로 차서 넘어뜨리기를 겨루는 무술놀이다. 택견의 방법에는 18법이 있고 그밖에 살법을 비롯한 비법들이 있었다. 또한 지난날 민간에서는 동네사이에 내기를 걸고 편시합을 하는 경우가 많았다. 『대동기문』 김중명편에 중명이 범을 발로 차서 죽였다는 내용에서 발길질 잘하였다는 것은 택견이라 하였는데 이것은 수박희가 가일층 발전된 것이다. 또한 1727년에 편찬된 『청구영언』에 탁견=택견이 나온다.

이러한 연구 결과는 상기한 무술에 대해서 남북한의 무술에 대한 인식이 비슷한 것으로 나타났다. 이는 같은 역사자료를 인용하는 데서 비롯된 것이나 관점에서는 다소 차이를 보인다.

차후 후속 연구로 씨름과 택견과의 관계 연구도 계속되어야 할 것이다.

제3장 택견 기술의 비교 연구

송덕기 선생과 김창수 사범 경복궁 경회루 (사진제공: 김수)

이 장은 택견 기술사적技術史的 입장에서 오늘날 택견단체의 기술을 비교하였다. 조선 시대의 마지막 택견명인 송덕기가 택견의 과거와 현재를 이어주는 가교 역할을 하였다.

그의 택견기술을 현재는 준거로 삼고 있다. 그럼에도 시대적 흐름에 따라 택견 단체가 분파되고 각 단체의 수련체계가 상이한 형태로 전수하고 있다.

택견의 전부는 품밟기라고 하듯이 택견의 뿌리는 품밟기이며, 뿌리는 택견의 근간을 의미한다.

이 장에서 논하는 각 단체의 기술 비교는 특정 단체를 옹호하기 위한 목적이 아니라 택견의 올바른 원형을 찾아가는 데 그 목적이 있다.

제1절 택견(태껸) 단체의 품밟기 동선과 용어에 관한 연구

송덕기 택견기능보유자의 품밟기(김정윤, 2002)

"품밟기는 택견의 가장 중요한 핵심원리이다."

택견에서는 품밟기는 밟기의 한 일종으로 가장 핵심인데 나무의 뿌리와 같은 것이다.

뿌리가 무성해야 잎이 무성하다.

1. 들어가기

　현암玄庵 송덕기(宋德基, 1893-1987 卒)는 조선 말기에 출생하여 한국의 격변기를 마지막 택견인으로 살면서 후대인들에게 귀감이 되었으며, 1987년 7월 23일 서대문 적십자병원에서 사망하였다.

　1982년 오장환의 문화재 신청과정에서 1970년대 송덕기로부터 택견을 전수한 신한승(申漢承, 1928-1987 卒)의 택견 학습체계가 제출되었다. 신한승은 무형문화재의 지위를 부여받기 위해서 1970~1980년대 유행하던 타 무예의 수련체계를 참고하는 과정에서 자의적 해석으로 송덕기 택견과는 다소 상이한 학습체계로 구성되었다. 당시 '서구문화의 영향과 사회적 흐름'은 신청 분위기에 매우 중요한 요건으로 작용하였기에 이는 불가피한 상황이기도 했다.

　신채호의 『조선상고사』에 삼국시대에 젊은이들이 익혔던 '덕견'이라는 무술이 기술되어 있다. 그리고 고구려 시대에도 성행했던 무술임이 환도성에 있는 고분벽화에 의해 입증되고 있다. 조선 시대에는 1846년경 혜산 유숙의 「대쾌도大快圖」에 택견의 그림이 묘사되어 있다. 그러나 명칭이나 형태로 짐작할 뿐이지, 원형이 보존돼 있는 것은 아니다. 왜냐하면 택견은 글로 남길 수 있는 게 아니라 동작으로 전수할 수밖에 없는 것이기 때문이다(여원, 1984).

　조선의 마지막 택견인 송덕기로부터 전수된 택견은 국내에는 결련택견협회, 대한택견연맹(現. 대한택견회), 한국택견협회(택견원형보존회 포함) 등 세 단체가 가장 활발한 활동을 하고 있다. 그러나 이 세 단체 간에는 서로 상이한 수련체계를 수용하고 있을 뿐 아니라 원형시비논쟁에서 자유롭지 못하고 있다. 계보가 분명한 한 스승으로부터 전수된 택견이 불과 수십 년이 지나지 않아서 각기 단체마다 다른 목소리를 낸다는 것은 아이러니하고 상식적으로 이해하기 어렵다.

그러나 아직도 택견은 오랜 세월을 거치면서 전수되어 왔던 몸짓들이 여기저기에 고스란히 존재한다. 더 이상 변형고착이 심화하기 전에 퍼즐을 맞추듯 조각들을 모아 제대로 된 택견의 원형을 되살려야 된다.

택견이 생활체육 종목이 된 것은 과거 경기 형태로 전래한 민속경기가 큰 틀의 변화 없이 현대 스포츠로 부활했다는 점에서 의미가 크다. 또한 문화재로서 한정된 테두리 안에서 출발했던 상황에서 자력으로 생활문화로 발전한 것도 주목할 만하다. 더불어 택견의 활성화를 위해 좀 더 사회의 관심을 유발하고 이러한 분위기를 토대로 이론적인 연구가 뒷받침되어야 가일층 발전할 수 있다.

택견의 원형을 복원하는 것은 우리 시대의 사명이자 책무로 택견의 원형을 발굴하는 것이 선행되어야 한다. 택견의 원천소스를 토대로 시대의 변화에 발맞추어 다각적인 관점에서 계승하고, 나아가 전통의 지혜와 정신이 현대적 가치로 거듭나기 위한 재창조가 필요하다. 이러한 재창조는 택견 원형을 기반으로 다양한 프로그램의 개발과 보급이 이루어져야 한다. 택견의 장기적인 발전과 활성화를 위해서는 수련체계의 체계적이고 과학적인 정립이 필요하다.

앞서 언급한 세 단체 외에 주목할 만한 인물과 단체로 송덕기로부터 1969년 늦가을부터 1985년 가을까지 가장 오랜 기간 전수를 한 바 있고, 현재 미국 로스앤젤레스에서 '현암위대태껸보존연구회(現. 세계태껸연맹)'를 설립, 지도하고 있는 고용우(1952년생)가 있다. 고용우는 송덕기로부터 고등학교 시절부터 택견을 배우면서 다른 택견 단체와 접촉할 기회가 없어서 가장 원형에 근접된 송덕기 택견을 보유하고 있다고 할 수 있다.

고용우는 김정윤(2002)의 『태견』을 책으로 남길 수 있도록 송덕기를 김정윤에게 소개해주는 역할을 했다. 또한 송덕기가 "태견을 가장 마음에 들게 한다"고 이 책에 소개하고 있다.

태견(위대, 아래대편)

고용우(출처: 태견, 2002)

이 장의 목적상 고용우의 인터뷰는 가장 핵심적인 부분이라 할 수 있다. 아울러 고용우의 인터뷰한 결과를 토대로 1984년 송덕기의 진술과 동작을 담은『KBS 문화강좌』「선조들의 수련세계 택견」에 관한 VTR과 1985년 한국전통택견연구회에서 부산구덕실내체육관에서 주최한 「제1회 택견경기회」의 송덕기 택견시범 VTR에 대한 재분석결과의 내용도 이 장에 포함했다.

KBS 선조의 수련세계

1985년 제1회 택견경기회 및 시연회

기존 선행연구에서 현재 국내에서 활동 중인 세 단체의 품밟기에 관한 연구가 이루어져 왔지만 현재 로스앤젤레스에 활동 중인 현암위 대태껸보존연구회(現 세계태껸연맹)의 품밟기에 관한 연구는 전무한 실정이다. 택견의 원형을 복원하기 위해서는 송덕기로부터 직접 택견을 사사한 분들의 증언을 통한 연구는 가장 신빙성을 가지게 될 것이다.

따라서 이 장은 택견단체의 품밟기 동선과 용어에 관한 연구를 위해서 각종 문헌 고찰과 경험을 토대로 하는 질적 사례연구인 인터뷰와 영상을 토대로 천착하였다.

질적 연구에서 가장 대표적인 자료 수집방법인 심층 면담은 연구자가 제보자로부터 연구주제와 관련된 정보를 얻기 위한 "목적을 지닌 대화"이다(Burgess, 1982). 심층 면담은 "관찰할 수 없는 과거의 사건, 연구자가 관찰만으로 도저히 이해할 수 없는 관찰 내용이나 제보자의 생각, 의도 등에 대해 알고자 할 때 유용하다"(홍용희). 특히 심층 면담 방법은 제보자가 경험한 다양한 활동 잘 드러내도록 해준다.

따라서 심층 면담을 위하여 고용우로부터 미국 로스앤젤레스에서 2013년 9월 11일과 10월 10일 두 차례에 걸쳐 반구조화된 면접법을 실시하여 귀납적 범주분석을 통해서 범주화하였다. 일련의 과정들은 택견 품밟기의 원형 복원에 일조하는데 그 목적이 있다.

2. 품밟기 동선의 원리 비교

택견의 가장 근본이자 핵심원리인 품밟기에 대해 한결같이 송덕기는 "품밟기는 택견의 전부다"라고 중요성을 강조했다. 실제 송덕기가 최소 1년 이상 품밟기를 수련시켰다는 것은 주지의 사실이다.

품밟기는 品品자 모양으로 지면을 밟는 기술로 하나의 보법, 즉 걸음걸이다. 품이란 택견의 기본자세로 차렷 자세에서 오른발(왼발)을 어깨너비로 벌린 상태를 송덕기는 인승人乘, 신한승은 원품原品이라 한다. 이 상태에서 왼발과 오른발을 번갈아 가며 품자모양으로 앞, 뒤, 좌우에 발을 내딛는 동작이 품밟기이다.

현암위대태견보존연구회(現. 세계위대태견연맹)에서는 품밟기를 '밟기'의 한 기술로 간주한다. 이 장에서는 한국에서 활동하고 있는 3단체에서 '품밟기' 용어를 공통으로 사용하고 있어 편의상 '품밟기'를 주요 카테고리로 잡았다. 택견 단체별 품밟기를 비교해보면 [표 1]과 같다.

품밟기에서 동선의 원리는 상대와의 겨루기에서 매우 중요한 역할을 한다. 예용해(1964)는 "발을 品字로 놓는다는 약속이 있으며…"라고 삼각형 동선인 품자品字의 중요성을 강조했다.

박종관(1995)의 품밟기에 관한 동선은 품(品, 一), 선품(先品, △), 품밟기(△), 갈지자之 발쓰기로 구분되어 있다.

여기서 가장 근본이 되는 자세를 「인승」이라고 하였고, 「八」자 형태의 서기로 기록하고 있는데, "각종 기법을 이 자세에서만 통용되도록 되어 있다"라고 기술했다. 그리고 선품은 오른 선품과 왼 선품으로 구분했는데 "이는 편의상 구분한 것이다"라고 했으며, 발의 간격은 한 족장이 넘지 않는 것으로 설명하고 있다.

인숭(원품)　　　　　　　　　(사진: 박종관, 1995)

[표 1] 택견(태껸) 단체별 품밟기 비교표

결련택견협회		대한택견연맹		한국택견협회		현암위대태껸보존연구회	
품밟기	동선	품밟기	동선	품밟기	동선	밟기(품밟기)	동선
원품(인승)	─	원품	─	원품	─	·	─
선품(좌품, 우품)	△	좌품, 우품	▽	좌품, 우품	△	좌품, 우품	△
품좌우밟기	─	·	·	·	·	굼슬르기 (상하, 좌우)	─
품앞뒤밟기	△	·	·	·	·	굼슬르기(앞뒤)	△
품 기본밟기	△	빗밟기	▽	품내밟기	△	기본 품밟기	△
품 헛밟기	△	길게밟기	◇	품길게밟기	◇	갈지자(之)밟기	□
품 접어밟기	△	눌러밟기	▽	째밟기	⌒	뒷품밟기	△
품 빼며밟기	⌂	제품밟기	▽	·	·	반보잦은걸음	△
품 옆째밟기	⌂	·	·	·	·	사면 들어가기	⌂
품흔들며 밟기	─	·	·	·	·	·	·
갈지자 밟기	之	·	·	·	·	·	·

그리고 품밟기는 "선품으로 좌우로 내딛는 형태를 나타낸 것으로 택견의 전진 또는 후퇴보법의 전부인 셈이다"라고 했다.

오른 선품(갈지자 밟기)

왼 선품(갈지자 밟기) (출처: 박종관, 1995)

그러나 갈지자之 발쓰기를 품밟기의 한 종류로 분류하지 않고 발기술 사용을 위한 발쓰기로 분류했다. 품밟기는 겨루기에서 공방을 위한 보법인데, 박종관은 품밟기에 대한 개념을 단순히 전진과 후퇴를 위한 것으로 보고 있으며, 인승에서 기법을 사용하는 것으로 분류하고 있다. 이는 밟기의 다양성이 결여된 것으로 보인다.

1) 결련택견협회

결련택견협회는 품밟기를 다양하게 분류하여 원품(一: 이 자세를 송덕기는 '인승'이라고 하셨는데 여기서는 편의상 원품이라는 신한승의 용어를 사용), 선품(△), 품좌우밟기(一), 품앞뒤밟기(△), 품기본밟기(△), 품헛밟기(△), 품접어밟기(△), 품빼며밟기(ㅁ), 품옆째밟기(ㅁ), 품흔들며 밟기(一), 갈지자 밟기(之) 등으로 구성되어 있다. 도기현은 "택견의 기본동작인 품밟기에서 보폭의 넓이를 가르칠 때에도 스승님께서도 자신의 한 족장(발의 길이) 정도라고 하셨고…", "품밟기는 품수 品형으로 된 삼각형의 꼭짓점 부분을 3박자로 꾹꾹 밟는 것을 말하는데 일종의 걸음새이다"라고 했다. 도기현은 송덕기에게 한 족장으로 배웠는데, 상술한 품옆째밟기(어깨너비의 약 두 배), 품앞째밟기(보폭의 2배에서 3배)로 기술을 구사하고 있다. 품밟기의 동선은 원품과 품좌우밟기(一)는 양발을 옆으로 일자의 동선으로 한 족장 벌려선 자세로 기본적으로 몸풀기나 품밟기의 준비자세이다. 선품, 품앞뒤밟기, 품기본밟기, 품헛밟기, 품접어밟기, 품흔들며 밟기(△)는 삼각형의 동선을 그리면서 밟는 가장 품밟기의 대표적인 밟기이다. 품빼며밟기, 품옆째밟기(ㅁ)는 등변사리꼴의 동선을 그리면서 밟는 자세로 보폭이 넓어지는 동작이다. 갈지자 밟기(之)는 지그재그 형태인 갈지자의 동선을 그리면서 나아가면서 발길질을 하기 위한 밟기이다.

2) 대한택견연맹(現, 대한택견회)

　대한택견연맹은 2000년도 이전까지 원품 상태에서 서서 익히는 형태로 기술을 구사하고, 품밟기는 역품자(∵) 형태를 기본으로 하였다. 2000년 이후 새로운 수련과정의 제정에서 품밟기는 원품(-), 좌품과 우품(▽), 빗밟기(▽), 길게밟기(◇), 눌러밟기(▽), 제품밟기(▽) 등으로 다양하게 이루어졌으며 품밟기의 기본은 역품자(∵)의 형태를 유지하고 있다. 이용복은 품밟기에 대해서 다음과 같이 설명하고 있다.

　　택견은 매우 특별한 보법을 가지고 있는데 이를 품밟기라고 한다. 품밟기는 택견의 핵심 구성요소인 대접의 규칙과 경기자 사이의 안전성을 고려하여 개발된 '느지르기' 기법과 필연적 관계를 가지고 있어서 그 자체로서 강제성을 갖지는 않지만 이것을 바탕으로 하여 택견기법이 형성되므로 일종의 규칙처럼 그 필요성이 강조되고 있는 것이다. 따라서 품밟기는 고정된 형태를 가지는 것이 아니라 상황에 따라 다양하게 변화할 수 있다.

　이용복은 품밟기의 기본에서 원품, 좌품, 우품에 대해서 다음과 같이 설명하고 있다.

　　품밟기는 '품수 品'자와 같이 삼각형의 세 지점을 밟는다는 의미가 있다. 품밟기는 한쪽 발을 앞으로 내디디면서 왼발과 오른발에 겨끔내기로 체중을 옮기는 것을 말한다. 두 발이

어깨너비 가량 나란히 벌려 선 것을 편의상 원품이라 한다(송덕기는 이 자세를 인성(인승?)이라고 말하였으나 그 의미를 알 수 없다). 왼발을 앞에 내디딘 자세를 좌품, 오른발을 앞에 내디딘 자세를 우품이라고 정해 둔다. 품밟기는 좌품과 우품을 번갈아 취하는 것과 같으므로 이 경우에는 '品品' 보다는 우리말 '품'의 뜻으로 이해하는 것이 합당하다.

이용복은 "품밟기의 제한성과 대접의 규정성의 원리를 가지고 있다"고 했는데, 품밟기의 역품자형(▽)에 대해서 다음과 같이 설명하고 있다.

이용복은 코리언게임스와 1971년 국립영화제작소(국기 태권도, 1976, 국립영화제작소 필름)에서 송덕기 동작의 분석과 박종관 정리(1984)의 『전통무술 택견』과 이용복(1990)의 『한국무예 택견』등에 송덕기의 품밟기가 역품자형이 있다고 했다.

상술한 바와 같이, 대한택견연맹의 기본을 역삼각형의 동선인 역품을 기본으로 하고 있다. 그 이유에 대해서 "송덕기의 지도를 받은 사람이라 하더라도 시기에 따라 약간씩 다르게 배운 경우가 잦다. 그것은 송 선생이 그때그때 생각나는 대로 가르쳤기 때문이다"고 했는데, 이러한 역삼각형의 보법은 좌우 측면 움직임의 동선은 유리하지만, 전후 움직임의 동선은 부자연스러운 현상이 발생한다.

3) 한국택견협회

한국택견협회는 원품(一), 좌품과 우품(△), 원품에서 하는 품내밟기 (△), 앞뒤로 길게 밟는 품길게 밟기(◇), 좌우 옆으로 움직이는 품째밟기(□)로 구성되어 있다. 또한 기본기술의 구사는 품밟기를 별도로 구성하고 있으며 서서 익히기와 나아가며 익히기를 통해 기술을 실시하고 있다.

이승수(2011)의 연구논문에서 신한승의 1975년, 1978년, 1981년의 품밟기의 변화과정을 볼 수 있는데, 1981년 현행 품밟기 과정이 정리되어 오늘에 이르는 것으로 생각된다. 그 내용을 살펴보면 다음과 같다.

- 1975년 택견 수련체계: 右品 품 바꿔서 바로 1. 左品 품 바꾸어서(右品), 2. 바로(原品)

- 1978년 택견 수련체계 : 3. 품밟기(제자리) 내서 길게 째며, 5. 품밟기(두 손 옆으로 흔들기/자금다리), 7. 활갯짓 바로 들며 품밟기(굼실, 굼실)

- 1981년 택견 수련체계 : 1) 품밟기: ① 품내밟기(앞으로), ② 품길게밟기(앞뒤로 길게); ㄱ. 왼쪽으로 길게 밟기(左便), ㄴ. 오른쪽으로 길게 밟기(右便), ③ 품째밟기(옆으로), 2) 활갯짓: ⑦ 품밟기 활갯짓 같이하기

택견이 1983년 6월 1일 중요무형문화재 제76호로 지정까지의 조사보고서와 조사 의뢰서에서 품밟기에 관한 기록들은 다음과 같다. 예

용해의 『택견 무형문화재 조사보고서』(1973)에서 "발을 品字로 놓는다는 約束이 있으며"라는 표현이 있으나 구체적인 품밟기 기술의 설명은 찾아볼 수 없다. 그러나 신한승에 의해서 1981년 정리한 수련체계를 토대로 오장환은 『택견 무형문화재 지정 조사 의뢰서』(1982)를 정리하고, 그 내용을 임동권은 『택견 무형문화재 조사보고서 제146호』(1982)에서 그대로 채택했는데, 그 품밟기에 관한 조사 내용은 다음과 같다.

1. 혼자 익히기

(1) 기본자세(품) ① 원품: 차렷 자세에서 오른쪽 옆으로 오른발을 어깨너비로 벌려선 몸가짐. ② 좌품: 원품에서 왼발을 앞으로 어깨너비로 내디딘 몸가짐. ③ 우품: 원품에서 오른발을 앞으로 어깨너비로 내디딘 몸가짐.

(2) 서서 익히기 품밟기 ① 품내밟기(앞으로): 원품으로 서서 좌품 우품으로 왼발 오른발을 교대로 바꾸어가며 제자리에서 계속 이어서 밟는 연습 ② 품길게 밟기(앞뒤로 길게): 왼쪽으로 길게밟기와 오른쪽으로 길게 밟기를 교대로 나누어서 밟는다. ③ 품째밟기(옆으로): 원품에서 왼발을 앞으로 내밟았다, 왼발을 옆으로 째듯이 밟았다, 또 오른발을 오른쪽으로 바꾸어 가며 째듯이 이어서 계속 밟는 연습. *품을 밟을 때 몸짓을 굼실거리는 연습, 허리를 뒤로 빼며 재기 연습하며, 배를 앞으로 내며 뱃심내기 연습도 같이한다. * 품밟기 활갯짓 같이하기: 품을 밟을 때 활갯짓을 같이하기도 한다.

안희웅은 『마당』(1984)의 「한국의 전통 무예의 재조명」 '택견의 유래와 술기'에서 송덕기와 신한승을 취재하면서 신한승이 정리한 수련 과정을 소개하고 있다. 그 내용을 살펴보면 다음과 같다.

가. 품밟기

품이란 택견의 기본자세를 일컬음이다. 차렷 자세에서 오른 발을 어깨너비로 벌리면 원품이 되고, 이 원품에서 왼발을 어깨너비만큼 양발 사이의 앞으로 품수 品자가 되도록 내딛으면 좌품, 원품에서 오른발을 내딛으면 우품이 된다. 이때 원품에서 왼발 또는 오른발로 좌품, 우품을 밟는 연속 동작을 품밟기라 한다. ① 품내밟기, ② 품길게 밟기, ③ 품째밟기…

오장환(1982)의 내용을 오장환(1991)의 『택견전수교본』에 수록했는데, 그 품밟기를 살펴보면 다음과 같다.

기본자세, 품: 택견의 가장 기본이 되는 몸가짐, (품)에는 원품, 좌품, 우품이 있다. 원품: 적의 공격에 빨리 대응할 수 있는 자세이며… 어깨너비로 벌려선 자세이다. 나) 품밟기: 품밟기는 택견의 3요소 중 으뜸이며 공방에 있어서 독특한 몸짓을 나타내는 발놀림… 1. 품내밟기: (한자의 품品字 모양임). 2. 품길게 밟기(앞뒤로 길게 밟기) 3. 째밟기(옆으로 째밟기): 한일字(一)모양…

한국택견협회의 품밟기는 신한승이 1981년 체계화시킨 품밟기를 기본으로 하고 있다. 정만영은 3단체의 품밟기에 대해서 다음과 같이

설명하고 있다

　　택견의 가장 기본적인 보법에는 품品밟기가 있다. 전수보고서에 의하면 크게 세 가지로 구분할 수 있는데, 제자리에서 하는 품내밟기, 앞뒤로 길게 밟는 품길게밟기, 옆으로 움직이는 품째밟기가 그것이다. 한국전통택견협회와 택견원형보존협회는 이 세 가지를 기본으로 하여 전수하지만, 대한택견협회와 결련택견협회는 서로 상이한 보법으로 전수한다. 대한택견협회는 같은 품 내밟기라도 지정단체가 정삼각형 보법 '∴'으로 움직이는 반면에, 역삼각형보법 '∵'으로 품을 밟는다. 이외에도 품길게밟기, 품째밟기, 빗밟기, 품눌러밟기, 품재게밟기, 제 품밟기가 있어 기존 세 가지 외에 네 가지를 더 첨가시킨 셈이다. 이는 송덕기가 즐겨 쓰던 품밟기라고 한다. 그러나 송덕기 택견을 배운 결련택견협회는 또 다른 품밟기를 쓰고 있다. 기본밟기를 더욱 세분화시켜 품앞뒤밟기, 품좌우밟기, 품기본밟기, 품옆째밟기, 품앞째밟기, 품헛밟기, 품접어밟기, 품빼며밟기, 품흔들며밟기의 총 9가지로 나누어놓았다. 송덕기에게 같이 배웠지만, 대한택견협회와 결련택견협회의 품밟기는 일치하지 않는다. 이처럼 품밟기 하나만을 보더라도 각 전수단체의 차이가 크기 때문에 기술 용어 및 쓰임새의 통일은 가장 우선적으로 이루어져야 할 것이다.

4) 현암위대태껸보존연구회(現, 세계위대태껸연맹)

　현암위대태껸보존연구회(現 세계위대태껸연맹)는 송덕기의 품밟기를 토대로 하여 좌품, 우품(○), 굼슬르기(ㅡ. △), 기본품밟기(△), 갈지자밟기(ㅁ), 뒷품밟기(○), 반보잦은걸음(△), 사면들어가기(○)로 구분하고 있다.

품밟기　　　　　　　　　　　갈지자 밟기

반보 잦은걸음(KBS 선조의 수련세계)　　반보 잦은걸음(제1회 택견경기회)

뒷품밟기　　　　　　　　　　사면 들어가기

고용우는 인터뷰에서 "택견 품밟기에 어떤 종류가 있고, 어떻게 하면 됩니까?"라는 질문에 다음과 같이 진술하였다.

좌품과 우품은 편리상 품밟기를 하기 위해서 좌우로 품을 앞으로 내디디고 서는 자세예요. 굼슬르기는 밟기를 하기 위해서 제자리에서 몸이 출렁출렁 율동을 타면서 체중의 이동을 연습하는 과정이에요. 그리고 할아버지는 발을 한 족장을 벌리고 팔은 八모양으로… 이게 좌우와 앞뒤 굼슬르기예요. 기본 품밟기는 品자 모양으로 밟는 거예요… 그래야 힘이 나와요… 체중은 7:3 비율로 하면 되죠.… 갈지자 밟기나 걸음은 지그재그로 들어가는데 앞발과 뒤발은 항상 한 족장을 유지해서… 뒷품밟기는 가볍게 중앙에 밟는 거예요. 반보 잦은걸음은 좌우 각 2회씩 짧게 앞뒤로 밟는 거예요. 사면들어가기는 할아버지가 어느 날 사면으로 들어가야지 했어요. 할아버지는 공격할 때 기본 품밟기에서 갈지자로 들어가면서 상대를 공격해요.… 엉덩치기가 있어요(결련택견협회의 품접어밟기). 할아버지가 가끔 품밟으면서 하시곤 했어요. 엉덩치기로 품밟기의 박자를 바꿔줘요.…

위의 인터뷰를 정리하면, 고용우는 좌품과 우품에 대해서 언급하고 있으며, 특히 품밟기를 하기에 앞서 '굼슬르기'를 강조했다. 기본 품밟기는 品자로 밟고, 갈지자 밟기나 걸음은 항상 한 족장의 간격을 유지하면서 지그재그로 공방하는 방법이고, 반보 잦은걸음은 송덕기가 즐겨 사용한 밟기이다(KBS 문화강좌 '선조의 수련세계'와 1985년 제1회 택견 경기회 영상). 그리고 기본품밟기와 갈지자 밟기의 조화를 강조했다. 뒷품밟기는 발길질에 사용되는 밟기이며, 반보 잦은 걸음이 송덕기가 가장 많이 사용하던 밟기로 1984년 선조의 수련세계와 부산구덕운동장 대회 등에서 많이 볼 수가 있다. 사면들어가기는 측면으로 들어가는 밟기이다. 다른 형태로 가끔 품밟으면서 엉덩치기를 하는 것으로 진술하였다.

이상 상술한 바를 환언하면, 한일자(一) 모양의 동선은 가장 기본적인 품(品, 一), 원품, 인승, 품좌우밟기, 굼슬르기(좌우)의 동작은 「八」자 모양으로 한 족장(어깨너비) 옆으로 벌린 자세이다. 박종관(1995)과 오장환(1991)은 '각종 기법을 적의 공격에 대응하는 자세'라고 했고, 한국택견협회는 원품에서 서서 익히기를 수련하고 있다. 결련택견협회는 원품(인승)으로 몸풀기를 하고 품흔들며밟기는 하체차기를 피하는 동작, 품좌우밟기(어깨너비)로 "실제 견주기 상황에서는 상당한 고급기술이지만 허점이 많이 노출되고, 뒤로 넘어지기 쉬워 매우 부담이 가는 자세이다"(도기현, 2007)라고 했다. 이러한 자세를 유도에서는 자연체라고 하는데, 이 자세는 유도에서는 공방이 가장 좋은 기본자세이다. 택견은 유술적인 기술뿐만 아니라 타격기가 포함된다. 즉 주먹을 사용하여 경기나 전투를 하는 복싱, 무에타이 등 어떤 무술도 양발을 옆으로 벌려서 자세를 취하지 않는다. 일자로 양옆으로 벌린 자세는 단순히 유술적 관점에서 접근한 생각이라 유추된다. 대한택견연맹은 몸풀기와 기본동작을 시작하기 위해서 취하는 기본자세이다. 위대태껸도 기본동작을 하기 위해서 양발을 옆으로 벌려 선다.

품(品)자 모양인 삼각형(△)의 동선은 선품, 좌품, 우품은 모든 단체에서 동일하게 사용하는 기본자세이다. 품앞뒤밟기는 체중을 앞뒤로 움직여 견주기의 기술로 사용하고 굼슬르기(앞뒤)는 체중을 앞뒤로 이동시키는 기술로, 기본 품밟기의 몸 쓰기를 위한 수련법이다. 품밟기, 품기본밟기, 품내밟기, 기본 품밟기는 택견의 가장 근본이 되는 자세로 가장 안정적인 자세이다. 전후좌우에서 공격을 받아도 안정적인 자세를 유지할 수 있어 일반적으로 타 무예에서도 즐겨 사용하는 자세이다. 또한 결련택견협회의 품헛밟기, 품접어밟기, 품앞째밟기(품밟기 보폭의 2배~3배)와 위대태껸의 반보 잦은걸음은 삼각형의 동선으로 움직이고 있다.

등변사다리꼴(□)의 동선은 품빼며밟기, 품옆째밟기, 째밟기로, 좌우 옆으로 째듯이 밟는 동작으로 좌우로 크게 이동시키면서 옆으로 흘려보낸 후 그 힘을 역이용하는 방법이다.

마름모꼴(◇)의 동선은 길게밟기와 품길게밟기로, 앞뒤로 길게 밟는 동작이다. 이 동작은 기본 품밟기에서 뒤로 내디디면서 밟았다가 다시 앞에 내디디면 길게 밟기가 되는데 앞뒤로 공격과 방어에 용이한 기술이다. 역삼각형(▽)의 동선은 빗밟기로, 대한택견연맹에서 역품을 기본으로 수련 과정이 이루어지고 있다. 기본 품밟기에서 갈지자 밟기로 나가게 되면 자연스럽게 역품이 만들어진다. 이러한 현상은 경기화 되면서 빚어진 현상이 아닌가 생각된다. 타 단체에서는 정품을 기본으로 다양한 변화가 이루어지는 반면에, 역품은 좌우로 들어가면서 공격하기에 유리한 각도이다. 이는 기존의 사전에서 택견을 발로 차서 넘어뜨리는 경기라는 표현을 이용하여 단순히 발차기에 주안점을 두고 있으나 전진과 후퇴가 필요한 주먹질이 누락된 경기규칙에서 빚어진 현상이라고 본다.

그러나 택견은 『한불ᄌᆞ뎐』, 『한영ᄌᆞ뎐』, 『한국천주교회사』 등 조선말 외국인들의 기록에서 주먹과 발, 심지어 무릎까지 사용하여 경기하는 모습을 찾아볼 수 있다. 이에 대한 구체적인 내용은 김영만·심성섭의 「조선말 외국인의 기록을 통해 본 택견」에서 구체적인 내용을 살펴볼 수 있다.

고용우는 인터뷰에서 "태껸은 무예니까, 당연히 손발과 몸의 조화로 치고 차고 넘기고 조르고 꺾는 기술들이 있어요."라고 했다. 고용우의 수련과정에서는 종합격투기의 형태를 고스란히 유지하고 있다.

사각형(□)의 동선은 위대태껸의 갈지자 밟기로, 양발이 원품상태에서 좌우 갈지자 걸으면 자연스럽게 사각형의 동선이 그려진다. 주로 송덕기의 영상들에서 갈지자 밟기를 많이 볼 수 있다. 주로 공격 시에 갈지자로 나가면서 공격하는 동작이다. 결련택견협회의 갈지자(之) 밟기와 박종관의 갈지자 발쓰기는 비슷한 형태이다. 오각형(⌂)의 동선은 위대태껸의 뒷품밟기와 사면들어가기이다. 이 동작은 상대를 순간적으로 동선을 바꾸면서 측면으로 공격하는 기술이다. 밟기의 동선의 길이는 대체적으로 한 족장을 위주로 하고 있다.

「KBS 선조의 수련세계 택견」 송덕기의 사면 들어가기

① 사면 들어가기

② 사면 들어가기

③ 사면 들어가기

④ 사면 들어가기

발의 각도는 힘의 방향과 깊은 연관성을 가지고 있다. 몸과 손발이 멀어질수록 힘의 강도는 약해진다. 품밟기에서 삼각지점에 발을 모았다가 이동하는 것은 빠른 움직임과 강한 파워를 발현시키기 위해서이다. 태권도가 품새(形) 위주의 수련에서 경기화 되면서 발의 간격이 좁아지면서 빠른 움직임을 만들어냈다. 겨루기에서 정확한 타이밍과 빠른 스피드는 경기에서 승패를 좌우할 수 있는 중요한 요건이다. 택견의 기본 품자 모양의 자세는 복싱, 무에타이, 검도, 합기도 등과 같이 기본자세에서 앞에 한발을 내디디고 서 있다. 이는 전진과 후퇴를 자유롭게 하기 위해서이다. 그리고 기본 품밟기에서 갈지자 밟기로 이어진다.

각 단체마다 품밟기의 형태는 상이한 부분이 있지만, 기본적으로 한 족장 넓이의 품品자모양인 삼각형 동선 형태로 밟는다는 공통분모가 있다.

3. 품밟기 용어의 비교

품밟기의 용어는 예용해(1964)의 조사부터 중요무형문화재로 지정되기까지 일관성 있게 품品에 대해서 설명하고 있다. 그러나 신한승에 의해서 새롭게 체계화되는 과정에서 품밟기의 세부화와 명칭의 신조어가 등장하고 대한택견연맹과 결련택견협회도 자의적 해석에 의해서 용어가 정립된 것으로 생각된다.

고용우는 인터뷰에서 "택견의 품밟기에는 어떤 용어가 있습니까?"라는 질문에 다음과 같이 진술하였다.

할아버지는 품밟기에 다양한 용어를 사용하지 않았어요. 그걸 기본적으로 품밟기라고 하지 그것을 일일이 명칭을 붙이지 않았어요. 처음에 찾아갔을 때 품品자를 마당에 그려놓고 '밟아라'고 했어요. 품밟기는 걸음걸이와 같아요. 밟기가 있는데 그 안에 품밟기가 포함돼요. 할아버지가 품자로만 움직이는 게 아니에요. 어떨 때는 앞으로 가다가 옆으로도 가고, 전체가 밟기죠. 할아버지는 어느 날 사면으로 들어가라고 하시면서 사면 들어가기를 보여주셨어요. 어디에도 사면이라고 쓰지 않아요. 그리고 갈지자로 밟아야 한다고 하시면서 공격할 때 갈지자로 들어가면서 공격해야 한다고 했어요. 뒷품밟기는 할아버지가 뒷낚시걸이나 도끼발로 공격할 때 하셨고, 반보 잦은걸음은 발을 반보씩 자근자근 잘게 밟아야지 하시면서 알려주셨어요. 그때 째밟기라고 들어보지 못했어요. 상대 다리를 벌리면서 째는 거예요. 할아버지에게 명칭을 물어봐요. 그리고는 며칠 있다가 갑자기 다시 물어봐요. 그러면 그때 나오는 게 같아요. 그렇게 많이 물어봤어요. 택견 명칭을 자의적으로 만들면 안 돼요. 할아버지가 가지고 있는데 왜 만들어요. 명칭이 중요해요. 한국에 있는 단체들이 막 만드는데 신중해야 해요. 오리지날Orignal로 썼던 명칭이 있어요.

상술한 바와 같이, 굼실굼실은 "벌레 따위가 느리게 조금씩 자꾸 움직이는 모양을 나타내는 말, 여럿이 구불구불하게 물결을 이루며 자꾸 부드럽고 느리게 움직이는 모양을 나타내는 말"(Daum 국어사전)이라는 표현처럼 크기가 작은 형태가 움직이는 것이다. 굼실을 통해서 "무릎의 굴신屈身운동을 통한 하체와 오금의 탄력 증대가 이루어진다."(도기현)고 했는데, 송덕기의 구술에 의하면 '굼슬르기'는 몸이 파도치듯이 출렁출렁(액체 따위가 이리저리 자꾸 크고 거칠게 흔들리는 모양을 나타내는 말: Daum 국어사전)이라 하듯이 살이 움직이게 되는데, 이는 무릎의 오금질보다 큰 살의 움직임이라는 표현으로 환원되어야 한다.

능청능청은 "가는 막대기나 줄 따위가 탄력 있게 자꾸 흔들리는 모양을 나타내는 말"(Daum 국어사전)이므로 대신에 허리재기로 바뀌어져야한다. 품기본밟기와 기본품밟기, 품밟기는 같은 용어이다. 송덕기는 품밟기에 대해 다양한 용어를 사용하지는 않았다. 그러나 상대를 공격하기 위해서 밟기를 다양하게 구사하고 있다. 밟기는 전체적인 발의 움직임, 걸음새 또는 보법을 의미하고 그중 가장 많이 통용되는 품밟기가 주가 되는 것이다. 고용우가 진술했듯이 품밟기에서 갈지자 밟기(걸음)는 품品자에서 지그재그로 이동하는 보법이고 뒷품밟기, 반보잦은걸음, 사면들어가기는 하나의 밟기이다.

"특히 중요한 것은 '밟기'이다. '밟기'의 모습은 우리민족의 중요한 몸놀림 중의 하나로써"(도기현)라고 했듯이 기존의 '품밟기'라는 국한된 사고에서 '밟기'에 품밟기도 하나의 기술로 생각의 전환이 필요하다.

김정행·김상철·김창룡은 "택견은 송덕기 한 사람에 의해 명맥이 이어져 오던 것이어서 그의 문하생들이 받아들이고 이를 다시 전수하는 과정에서 주관적인 견해와 변형의 여지가 많았다. 이는 다수의 민중 문화였던 택견이 소수의 개개인에 의하여 다시금 대중화되어 가는 과정에서 나타난 현상이다"고 하였다. 문화재 전문위원인 예용해(1973)는 「택견무형문화재 조사보고서 제102호」에서 "고유한 전승기법의 변형은 그것이 비록 발전의 결과라 할지라도 문화재보호법과 무형문화재 지정의 관례로 미루어져 있어서 난점이 되는 것이다. 그 결과가 긍정적이라 할지라도 문화재의 원형 변형은 근본적으로 유산적 가치를 잃어버리게 됨을 말하고 있다"라고 했듯이 이제라도 택견의 원형을 올바르게 전승하는 것이 중요하다. 그러기 위해서는 현존하고 있는 각종 송덕기의 영상과 사진 그리고 구술을 토대로 해서 원래의 명칭으로 환원되어야 한다.

택견의 진정한 가치를 높이기 위해서는 송덕기의 원형 몸짓으로 환원되었을 때 단체들과 개인의 기득권과 관계없이 올바른 수련체계가 정립될 수 있고 비로소 우리는 건강하고 과학적인 프로그램의 제공으로 택견의 보급과 세계화로 미래에 후대들에게 부끄럽지 않은 택견이 될 것이다.

4. 맺음말

이 장은 택견 단체의 품밟기 원리에 관한 비교 연구를 위하여 각종 문헌 고찰과 질적 사례연구인 인터뷰와 영상을 토대로 실시하였다. 그 목적은 택견 품밟기의 원형 복원에 일조하는 데 있다. 이에 따른 결론은 다음과 같다.

첫째, 품밟기의 동선에서 한국의 3단체는 시작 전에 서는 자세를 원품(─)을 사용하고, 현암위대태껸보존연구회(現 세계태껸연맹)는 굼슬르기 등의 일자 동선을 사용하고 있다. 대한택견연맹은 빗밟기(▽)를 역삼각형 동선으로 대표적인 품밟기로 사용하고, 타 단체는 기본 품밟기(△)를 삼각형 동선으로 사용하고 있다. 그 외에 품길게 밟기(◇)의 마름모꼴, 갈지자 밟기(□, 之)를 사각형 또는 갈지자 동선, 사면들어가기(△) 등은 오각형 모양의 동선, 째밟기(□) 등은 등변사다리꼴의 동선을 사용하고 있다. 삼각형 동선이 가장 안정적이고 무예의 통상적인 보법이다.

둘째, 송덕기가 사용하던 원래 택견의 용어로 환원되어야 한다. 품밟기의 용어는 밟기에 포함되는 하나의 걸음걸이다. 차후 '품밟기'라는 구체적 의미의 용어보다 '밟기'라는 포괄적인 의미의 용어로 전환이 필요할 것으로 생각한다. '굼실'은 송덕기가 구술한 '굼슬르기'로, 능청은 허리재기로 수정이 되어야 할 것이다. 앞으로 심층적인 연구를 위해서 각종 송덕기의 영상과 사진 그리고 구술 등을 토대로 원래의 동작과 용어를 되찾아야 한다.

예용해(1973)는 "고유한 전승기법의 변형은 그것이 비록 발전의 결과라 할지라도 문화재보호법과 무형문화재 지정의 관례로 미루고 지정에 있어서 난점이 되는 것이다"라고 했듯이, 택견이 중요무형문화재

이자 유네스코에 등재된 무형유산인 만큼 이제라도 택견의 원형을 복원하여 올바르게 전승하는 것이 절실히 요구된다.

송덕기 선생은 "품밟기가 택견의 전부이다" 라고 했듯이,

발놀림은 태껸의 생명력과 같은 것이다.

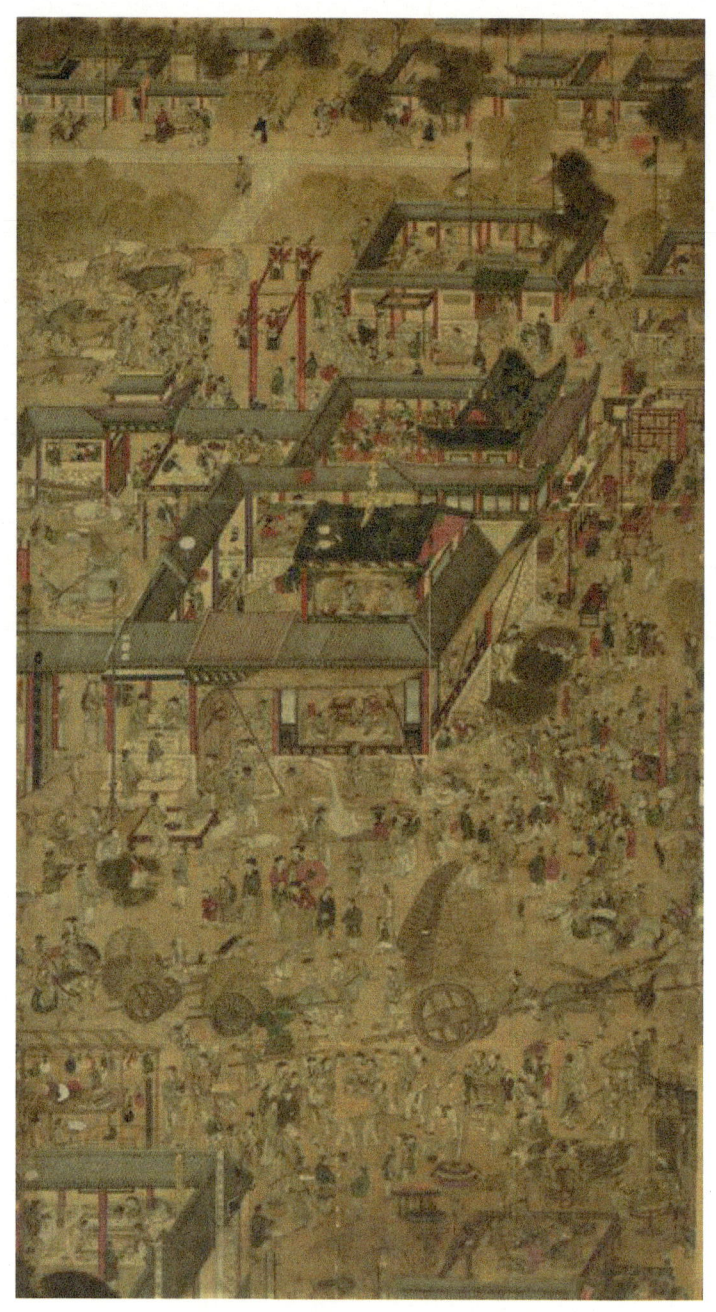

작자미상 『태평성시도』 (출처: 국립중앙박물관)

제2절 택견(태껸) 단체의 품밟기 원리에 관한 연구

"품밟기는 택견의 가장 중요한 핵심원리이다." (김정윤, 2002)

택견의 품밟기는 밟기의 한 일종으로 가장 핵심인데 나무의 뿌리와 같은 것이다.

현대 태권도에서 쓰는 앞차기(송 선생은 곧은 발질이라고 표현)는 그 위력으로 보나 명중도에 있어 옛 태견의 「는 지르기」에 비교해서 효과가 적은 것 같다고 지적하고 '는 지르기' 품을 보여주었다. 이때 보여준 송 선생의 '는 지르기' 품이야 말로 정녕 우리 태권도가 재현(再現)해야 할 희원(希願)의 상(像)이었고 천 년 태견의 전통 품을 고즈너기 증명하는 모습이었다.
그 이유는 발을 앞으로 내어 차는 동작이 파도(波濤)치듯 물결이 일 듯, 출렁출렁 움직이고 리듬을 탄 음률(音律)과도 같이 경쾌무비(輕快無比)의 행위가 연속됨으로써 공방에 유리하고 그 위력도 힘을 축적하고 힘을 정점으로 이끄는 동작의 연속을 이룸으로써 파괴력과 명중률을 증가시킬 수 있는 것이다(태권도지, 1973년 3월 31일 발행 제7·8합본호).

1. 들어가기

송덕기(宋德基, 1893-1987)는 택견에 있어서 조선과 현대를 잇는 핵심적인 연결고리 역할을 하는 인물로서 그의 택견기술은 원형의 준거가 되고 있다. 택견은 무형문화재의 지정으로 고유한 전통의 원형이 보존되어 있어야 하는 것을 원칙으로 한다(예용해). 그러나 현재 택견단체들마다 자의적 해석에 의해서 원형논쟁을 둘러싸고 법정소송으로 이어지는 등 각종 시비에서 벗어나지 못하고 있다.

무도인은 전통을 수용하고 특정무도의 관습과 역사를 자신의 것으로 삼는다. 또한 무도에서 전통에 대한 태도는 무도인의 정체성과 자아성을 형성하는 데 큰 역할을 한다(김창우 외 3명).

인간은 태어나서 걸음마를 시작으로 걷고 달리게 되는데, 걸음과 관련된 가장 마지막 단계이자 난이도가 높은 부분이 격투에 사용하는 보법이라 할 수 있으며 실제 보법은 격투나 무술에서 매우 중요한 자리를 차지한다. 이는 택견에서도 마찬가지로 특히 택견의 가장 근본이자 핵심원리인 품밟기는 '나무의 뿌리'와 같다. 뿌리가 튼튼해야 거목이 될 수 있듯이, 송덕기는 한결같이 "품밟기는 택견의 전부다"(고용우 인터뷰; 도기현; 이용복)라고 중요성을 강조했으며, 최소 1년 이상 품밟기를 밟아야 한다고 강조했다. 이러한 품밟기는 밟기 중에서 가장 핵심이 되는 보법이다.

검도나 복싱에서도 보법을 중요시하고 있는 것을 볼 수 있는데, 택견도 품밟기의 숙련여부가 겨루기의 승패에 지대한 영향을 미친다.

'택견'이란 용어는 무형문화재 지정 이후 한국에서 활동 중인 단체들이 사용하고 있고 보편화되어 있는데, 미국 로스앤젤레스에서 활동하며 현암위대태껸보존연구회(現 세계태껸연맹)를 이끌고 있는 고용우는 인터뷰(2013.10.10. 미국 로스앤젤레스 커피숍)에서 "할아버지(고용우는 송덕기를 할아버지로 지칭했다. 이하 동일)는 택견이나 탁견이라고 하지 않고 태껸이라고 했어요. 그래서 우리는 태껸으로 사용하고 있어요"라는 진술과 단체의 명칭을 존중하여 '택견'과 '태껸'을 혼용하여 사용하였다. 차후 명칭에 관한 심층적인 연구가 요구된다.83)

"1982년 오장환의 문화재 신청과정에서는 신한승의 택견 학습체계가 제출되었는데, 송덕기 택견과는 다소 상이한 학습체계였으며 이는 신한승에 의해 최초로 명문화와 체계화되었다"(박영길·안정덕). 그래서 신한승은 문화재 신청요건에 맞추어 정리한 수련체계는 보급과정에서 몇 가지 문제점이 나타났고 이를 계기로 수련체계의 재정립에 관한 필요성이 대두되고 있다.

수련체계는 택견의 학습과정에서 필수적인 요소로서 수련방향에 긴밀한 영향을 주게 되며, 특히 장기적인 택견발전과 전수관의 활성화를 위해서는 원형을 근간으로 한 과학적인 수련체계에 대한 연구의 필요성이 절실히 제기되고 있다.

택견은 문화재라는 틀을 넘어 1998년 국민생활체육회 정식가맹과 2007년 대한체육회 정식가맹 단체로 승인됨으로써 생활체육과 전문체육이 함께 국민들의 생활 속에 한층 다가가게 되었다.

아울러 전통무예 택견이 시대의 변화에 발맞추어 체육과 예술을 포함한 학술 전반에 전이됨으로써 다각적인 관점에서 한국전통의 정신과 맥으로 계승, 표출되고 있다. 그러나 택견의 원형 시비는 그 근간을 흔드는 것이어서 택견 원형을 복원하는 것은 우리 시대의 사명

---

83) 고용우는 인터뷰(2013.10.10)에서 송덕기는 택견의 또 다른 이름으로 '박양박수', '박양서각'이라는 별칭을 언급하였다.

이자 책무로 가장 우선적으로 선행되어야 한다. 이후 택견 원형을 토대로 재창조하여 다양한 프로그램의 개발과 보급이 이루어져야 한다. 또한, 택견의 발전과 활성화를 위해서는 수련체계의 체계적이고 과학적인 정립의 필요성이 절실히 요구된다.

그러나 "송덕기로부터 1969년부터 1985년까지 가장 오랜 기간 택견을 전수한 고용우가 설립한 현암위대태견보존연구회(現 세계태견연맹, 이하 위대태견으로 명명함)"의 선행연구는 김영만·김창우의 '택견 단체의 품밟기 동선과 용어에 관한 연구' 한 편으로 '위대태견'에 관한 선행연구가 부족하여 인터뷰를 하였다.

이 장은 택견 단체의 품밟기 원리에 관한 비교연구를 위해서 각종 문헌 고찰과 질적 사례연구인 인터뷰를 토대로 실시하였다. 심층 면담을 위하여 고용우로부터 미국 로스앤젤레스에서 2013년 9월 11일과 10월 10일 두 차례에 걸쳐 내러티브 면접법을 실시하여 귀납적 범주분석을 통해서 범주화하였다. 이는 택견 품밟기의 원형 복원에 일조하는 데 그 목적이 있다.

2. 품밟기 원리의 비교

택견의 품밟기 동작을 표현하는 방법으로 굼실, 능청, 으쓱, 우쭐 등으로 표현되고 있으며, 굼슬르기와 허리재기로 원리를 설명하고 있다. 이러한 원리를 사용하는 선행연구들을 살펴보면 다음과 같다.

송덕기에 관한 최초의 기사인 예용해의 『한국일보(1964)의 '續人間文化財' 부제와 「무형문화재조사보고서 제102호」(1973)는 같은 내용을 담고 있는데, 예용해(1964)는 품밟기에 관한 최초의 기록에 택견의 동작을 "우쭐우쭐 몸을 스쳐 놀다가는… 택견에서 몸을 능청대며 느지르는 것도 덮어놓고 하는 것이 아니고 발을 品字로 놓는다는 約束…"으로 '능청'과 '우쭐'에 대해서 적고 있고, 택견의 밀어 차는 기법인 느지르기를 능청(허리재기)을 통해 실시한다고 기록하고 있다.

이러한 발질에서 능청동작은 뱃심을 내미는 아치의 형태이며, 상체를 뒤로 젖히는 반작용의 힘이 발질에 실린다. 엉덩이의 회전으로 능청이 이루어지고 신전의 정점인 단전에 힘이 절로 모이는 자세로 파워 존Power Zone을 사용하게 된다.

이석호(1971)는 "첫째 서로 맞서서 대련을 준비하는 자세는 『품』이라고 하며 품이 움직이면 『굼실』이라고 한다. 계속 움직일 때는 『굼실굼실』"라고 기록하고 있고, 계간 태권도지(1973)에는 "상대쯤은 굼실(복싱의 기본 「스텝」에 해당)을 넣은 후…"로 굼실에 대해서 설명하고 있다. 또한 김명곤(1977)도 택견의 몸짓을 '굼실', '능청'으로 기록하고 있는데, "우선 서는 자세를 원품, 좌품, 우품으로 나누고, 발을 이리저리 옮기며 몸을 굼실대고 허리를 능청거리는 품밟기가 익숙해질 때까지 익히게 했다"고 했다.

'굼실'과 '능청'은 용수철의 원리로 허실虛實의 원리를 발현하여 효과적인 발기술을 사용할 수 있게 한다.

이러한 최초로 송덕기의 기사를 기록한 예용해(1965)와 이석호(1971) 등의 내용은 택견 단체나 연구가에게 택견의 몸짓을 표현하는 주요한 단초가 되어 현재에도 이와 같은 표현들이 사용되고 있다.

전술한 굼실과 능청, 으쓱과 우쭐에 대한 사전적 의미를 살펴보면, '굼실거리다Wriggle'는 "구불구불하게 물결을 이루며 부드럽고 느리게 자꾸 움직이다"이며, '굼실굼실'은 벌레 따위가 느리게 조금씩 자꾸 움직이는 모양을 나타내는 말로 표현하고, '능청거리다'는 "탄력 있게 자꾸 흔들리다"로 설명하고 있으며 '능청능청'은 "가는 막대기가 줄 따위가 탄력 있게 자꾸 흔들리는 모양을 나타내는 말", '우쭐거리다'는 "몸이 큰 사람이나 동물이 힘 있게 춤추듯이 자꾸 움직이다", '우쭐'은 "몸이 큰 사람이나 동물이 힘 있게 춤추듯이 움직이는 모양을 나타내는 말"로 표현하고, '으쓱거리다'는 "자꾸 들어 올렸다 내렸다 하다", '으쓱'은 "갑자기 어깨를 쳐들어 보이는 모양을 나타내는 말"이다. 이러한 형용은 마치 춤을 추는 모습과 흡사하다. 그러면 이러한 표현은 택견 단체에서 어떤 원리로 적용되는지 구체적인 내용을 살펴보고자 한다.

1) 결련택견협회

도기현은 택견의 동작들을 굼실, 능청, 우쭐로 표현했으며, '무릎의 굼실거리는 오금질', '3박자의 탄력', '힘빼기' 등의 움직임으로 설명했다. 그 내용은 다음과 같다.

택견의 동작들은 '굼실굼실' 되거나 '우쭐우쭐'거리면서 부드럽게 곡선적으로 움직이는데 그 몸짓은 우리민족 고유의 3박자의 탄력彈力에 바탕을 두고 있어⋯ 엄청난 힘(뱃심)으로 상대를 일시에 절명케 할 수도 있는 자랑스러운 우리무예이다. 택견의 동작들은 무릎의 굼실굼실거리는 '오금질'을 바탕으로⋯ 송덕기 택견의 기술구사는 굼실대는 오금질과 가까운 거리에서의 교전을 위한 것⋯품밟기를 바탕으로 하는 몸짓의 특성을 얘기하면 오금질의 굼실거림과 자연스러운 편안함⋯.

힘을 빼고 능청거리는 동작과 오금의 연속적인 굴신을 택견 동작의 특징으로 설명하고 있다.

온몸의 힘을 빼고 능청거리듯, 또는 흐느적거리듯 움직이는 택견의 동작은 세계에서 가장 부드러운 무예라고 해도 절대 과언이 아니다. 택견은 다리의 중심인 오금(무릎의 뒤쪽)을 끊임없이 굴신屈伸시킴으로써 온몸의 힘이 빠져 몸 전체가 부드럽게 움직여지는 원리를 가지고 있다. 오금의 연속적인 굴신으로 택견은 자연스럽게 온몸의 힘을 빼는 극단적인 부드러움을 가지고 있다는 것이다.

필자도 힘빼기의 원리에 대해서, "인체의 근육을 경직시켜서 분절이 원활하지 않다면 마찬가지로 최적의 동작이 나오지 않는다. 택견이 타 무술과 다른 점은 바로 전신에 힘을 빼고 분절이 자유로운 상태에서 움직이도록 동작원리가 구성되어 있는 것이다"고 했다.

도기현은 "택견에서 왜 품밟기를 하는가?"에 대해서 다음과 같이 설명하고 있다.

첫 번째 이유는 품을 밟음으로써 발바닥의 지압효과, 오금의 탄력 증대, 하체 근육의 강화, 그리고 이러한 것들을 통해 아랫배에 두둑한 뱃심을 쌓는 일종의 '양생건강운동'을 하기 위한 것이다. 둘째 품밟기는 굼실거림을 통하여 몸의 긴장을 풀어주고 몸 전체의 움직임의 흐름을 잡아주는 택견 기본적인 몸 사위를 만들어 준다는 것이다. 셋째가 가장 중요한 것이라 생각되는데 상대와의 공방에서 하체에 대한 공격 및 방어를 용이하게 해준다는 것이다. 상대가 하체를 공격하지 않고 얼굴만 공격해 오는데 품을 밟으면(다리를 계속 좌우로 바꾸면서 수비를 하면) 그것만큼 어리석은 짓은 없는 셈이다. 상대의 하체 공격을 피하기 위해서 다리를 움직여 품을 밟는 것이다. 또한 하체 공격의 용이하게 하기 위해서이다.

상술한 바와 같이, 도기현은 특히 무릎의 굼실거리는 오금질의 중요성에 대해서 강조했으며, 3박자의 탄력, 힘빼기 등의 움직임을 설명하고 있다. 과연 송덕기가 주장한 택견의 원리로 경기에서 이루어지고 있는 것일까? 이러한 원리가 경기에서 그대로 적용되어 이루어지고 있다면 송덕기의 택견의 원리에 근접하고 있다고 할 수 있을 것이다. 또한 도기현은 "숙련된 품밟기는 상대의 공격, 특히 하체 공격을 아주 용이하게 피할 수 있는 과학적인 방어시스템이다"고 설명했다.

도기현은 "송덕기 스승님께서는 '품밟기는 택견의 전부다'라고 할 만큼 중요하다고 하셨는데, 그것은 '품밟기'가 택견의 모든 기술에 직·간접적으로 적용되어 체중의 이동이나 자세, 기술의 강약뿐만이 아니라 동작의 멋까지 내어주는 역할을 하기 때문이라 생각되어진다"라고 했다.

택견의 원리 중 중요한 허리재기가 단순히 "허리재기는 몸풀기로 실시하고 있다"는 것으로 보아 허리재기에 대한 중요성은 배제된 것으로 생각된다. 특히 '택견배틀' 경기에서 능청과 허리재기의 모습은 찾아보기 힘들다.

2) 대한택견연맹(現, 대한택견회)

이용복은 품밟기의 움직임을 '굼실굼실', '능청능청', '우쭐우쭐', '으쓱으쓱'으로 표현했다.

택견의 동작을 표현할 때 굼실굼실, 능청능청, 우쭐우쭐, 으쓱으쓱 등으로 말한다. 이러한 토속적인 형용사를 적용하여 품밟기를 설명하면 다음과 같다. ① 굼실굼실: 몸의 중심을 유지하고 있는 다리와 무릎의 가벼운 굴신운동. ② 능청능청: 양 무릎을 펴고 아랫배를 내밀면서 허리를 활처럼 탄력적으로 휘는 모양. ③ 우쭐우쭐: 발을 바꾸어 밟거나 내딛을 때 몸 전체의 율동운동. ④ 으쓱으쓱: 품을 밟으며 어깨를 치들며 멋을 부려 뽐내는 모양. 위의 네 가지 형용사는 택견의 운동 원리를 함축성 있게 묘사하고 있는데, 이러한 제 동작이 연속되고 결합되어 나타나는 것이 '느질거리는' 기법이다.

"품밟기가 공간이동의 제한성을 가지고 있고, 굼실거리고 능청대며, 우쭐우쭐, 으쓱으쓱하는 독특한 형태를 가지게 된 것은 택견경기의 원리를 구성하는 대접의 규준성과 느질거리는 기법의 호혜성에 의해 합목적적 수단화한 결과라고 생각된다"고 부연 설명하고 있다.

이용복은 택견 품밟기의 원리를 경기라는 측면으로 접근하여 설명하고 있다. 그러나 밟기는 본질적으로 종합격투기에서 필요한 고도로 발달된 하나의 걸음걸이다. 경기나 실전에서 밟기의 목적은 상대로부터 승리를 위한 것이다. 선수의 스타일에 따라 편한 자세로 발을 움직이면 되는 것이다. 요즈음 유행하는 종합격투기 등에서 경기규칙에 강제적인 밟기는 찾아볼 수 없다.

검도나 복싱에서도 발의 움직임을 끊임없이 연습한다. 검도에서 머리치기의 승부를 좌우하는 것은 발의 속도에서 승패가 갈리게 되고 복싱 역시 마찬가지이다. 이는 허虛와 실實의 빠른 움직임의 원리이다.

3) 한국택견협회

한국택견협회의 몸짓을 살펴보기 위해서, 선행연구인 오장환(1991), 이승수(2008; 2011; 2012), 정경화(2002), 정재성(2005), 정만영(2000)의 선행연구를 토대로 신한승의 기록과 한국택견협회의 품밟기에 대한 내용을 살펴보면, 다음과 같다.

이승수의 논문에서 택견의 몸짓을 표현하는 내용의 자료에, 신한승의 심사채점표에 굼실, 능청, 우쭐, 허리재기, 뱃심내기, 배내밀기 등의 기록이 있다. 그 내용은 다음과 같이 설명하고 있다.

굼실, 허리재기, 뱃힘주기(심내기) (1973년 7월 31일. 본대뵈기 신한승), 배내밀기(1976년 12월 5일, 1981년 5월 26일, 1982년 12월 17일, 1985년 12월 22일 심사채점표. 이승수, 2012). 태껸은 굼실대며 능청거리는 우리 민족 특유의 몸짓(1973년 11월 27일. 신한승이 전오옥에게 보낸 편지 내용 중에서), 태껸은 몸으로 굼실대고 발로 품자를 밟으며 능청거리는 우리 민족 특유의 몸짓… (1977년 10월 2일.

신한승이 권O에게 보낸 편지 내용 중에서, 이승수, 2008), 태껸, 한국의 탈춤 등 '능청거리며 굼실대며 우쭐 우쭐하는 곡선의 몸짓(1981년 6월 25일, 신한승이 예용해에게 보낸 편지 내용 중에서). 1973년 택견 수련체계(1973년 5월 2일), 다섯 가지 품 및 굼심 얼르기(傳習), 1978년 택견 수련체계, 활갯짓 바로 들며 품밟기(굼실, 굼실), (이승수, 2011).

[사진 1]은 신한승이 택견을 무형문화재로 등록하기 위해 육필로 정리한 기록 가운데 하나이다. 1985년경 송덕기가 신한승으로부터 전해 받은 것을 고용우에게 전해준 내용의 사본이다. 고용우는 인터뷰(2013.10.10)에서 "신(한)승 선생님이 정리해서 할아버지께 준 수련 과정인데 둥글게 말아서 실로 묶어서 할아버지께서 저에게 줬어요."라고 술회했다. [사진 1]의 내용을 보면, 1973년~1981년경에 문화재로 등록되기 전에 송덕기의 진술을 토대로 나름 정리한 것으로 위의 이승수가 게재한 신한승의 언급내용과 유사한 부분들을 볼 수 있는데, 그 예로 ① 굼실굼실, ② 허리재기, ③ 배에 힘주기(아랫배에 힘주기) 등이다.

[사진 1] 연대미상 수련과정 필사본(신한승)

정경화는 품밟기란 "택견의 품밟기는 우리의 전형적인 가락 중에서도 굼실굼실하는 균형이 깨진 듯한 3박자로 되어 있다"고 했고, 오장환은 "품밟기란 택견의 기본적인 발놀림으로서 몸짓을 익히는 데 가장 중요한 보법을 말하는 것이다. 특히 택견의 품밟기는 우리의 전형적인 가락 중에서도 굼실굼실하는 균형이 깨진 듯한 3박자로 되어 있다"라고 굼실굼실과 3박자의 품밟기의 리듬에 대해서 설명하고 있다. 또한 정재성은 "품밟기는 무릎관절의 탄력을 이용해 굼실대며…탄력을 이용해 동작(공방)을 이루어 내기 때문이다"라고 품밟기의 몸짓을 '굼실'로 표현하고 공방을 위한 것이라 했다. 또한 "품밟기를 하는 이유"에 대해서 다음과 같이 설명하고 있다.

택견에서 품밟기를 하는 첫 번째 이유는 힘의 원리이다. 품밟기란 삼박자의 리듬을 타면서 굼실대는 택견 특유의 보법(스텝)으로, 품밟기에서 가속도를 내려면 힘을 빼야 한다. 이는 곧 모든 무예에서 공통적으로 강조되는 '힘을 빼는 원리'를 익히는 과정인 것이다. 두 번째, 품밟기는 굼실댐으로써 신체의 탄력을 높이고 충격을 흡수하는 기능을 하기 때문이다. 마지막으로 품밟기를 해야 하는 이유는 세 박자의 리듬이다.

또 정만영도 '굼실'의 중요성에 대해서 "택견의 몸짓을 배우기 위한 첫 입문과정이기 때문에 부드러우면서 섬세한 리듬감이 있어 굼실대며 움직이는 보법이 매우 중요하다"라고 설명하고 있다.

환언하면 위의 3단체는 예용해(1964)와 김명곤(1977)의 선행기사에서 기록한 굼실, 능청, 우쭐 등에서 제시한 형용사를 참고로 하여 인용한 것으로 생각된다. 김정행·김상철·김창룡은 "송덕기의 택견 보유기술에 비하여 신한승이 정리한 택견은 기술의 양적 증가와 수련체계의 외래 무예적 구성 등 상당한 변화가 있었으며 이를 전적으로 수용하기에는 민속학적으로나 무예적 상식으로 볼 때에 문제점이 있었음에도 불구하고 전문적인 무예 지식이 없는 몇몇 문화재 위원들의 연구 보고서에 의하여 문화재로 인준되었다"고 지적했듯이, 택견을 직접 배웠거나 전문적 지식을 갖추지 못한 일반인의 시각에 비추진 택견의 모습을 표현한 것으로 생각된다. 그 예로 마당지의 기자인 안희웅은 "표현한 필자 나름의 형용해 본 글이다"라는 표현처럼 기자들의 눈에 비친 택견의 모습을 송덕기가 택견의 몸짓을 '굼실', '능청' 등으로 표현한 것으로 자의적 해석에서 빚어진 현상이 아닌지 유추해 본다. 안희웅의 기사를 살펴보면 다음과 같다.

두 발을 어깨너비로 옆으로 벌려 원품을 밟는가 하였더니 왼발 오른발이 한 발 앞으로 좌품 우품을 밟고…팔다리의 움직임에 맞추어 굼실굼실 우쭐우쭐, 흥겨운 가락에 맞추어 춤을 추듯 부드럽게 움직이듯… 이상은 중요 무형 문화재 제76호 기능 보유자 신한승씨의 택견 모습을 필자 나름으로 형용해 본 글이다.

또한 신현식(2008. 중앙일보, 택견 원류 LA에 있다)은 "굼실굼실, 우쭐우쭐거리는 추임새는 부드럽다기보다는 흐느적거리는 춤을 추는 듯한 몸동작이…"라고 기사를 기록했는데, 이 기사 역시 고용우의 의지와는 관계없이 기존의 기사를 토대로 작위적으로 기록했다. 고용우는 인터뷰(2013.10.10)에서 "기자에게 아무런 얘기도 안 했는데 그렇게 기사를 썼어요. 태껸은 출렁출렁하는 표현만 하면 되는데 아마 기존에 자료를 보고 기록한 것 같아요. 아마 옛날에도 그래서 굼실이니 우쭐이니 나온 것 같아요"라고 했다.

4) 현암위대태껸보존연구회(現, 세계태껸연맹)

현암위대태껸보존연구회(現, 세계위대태껸연맹)의 품밟기를 조사하기 위하여 고용우의 인터뷰와 자료를 토대로 조사한 결과에서 품밟기의 몸짓은 '굼슬르기'와 '허리재기' 등으로 구성되어 있다는 것을 알 수 있었다. 그 내용은 다음과 같다. 고용우는 인터뷰에  서 "택견의 품밟기를 굼실과 능청거리면서 합니까?"라는 질문에 다음과 같이 진술하였다.

> 할아버지는 능청이라고 한 적이 없어요. 품밟기를 굼실과 능청이라고 표현하지 않아요. 굼슬르기와 허리재기가 있어요. 굼슬르기는 시냇물이나 바닷물이 출렁 출렁하는 것처럼 리듬을 타면서 끊어짐이 없이 몸이 움직이는 거예요. 할아버지는 굼슬르기를 잘하기 위해서는 몸을 출렁출렁해야 된다고 했어요. 할아버지는 아침마다 이렇게 운동했어요. 그리고 할아버지는 가끔 품밟기에서 허리재기를 했어요. 발길질하기 위해서는 허리재기를 해야 해요. 아마 굼슬르기를 보고 굼실이라고 하지 않았을까요. 그리고 허리재기를 보고 능청이나 뱃심내기라고 하지 않았나 생각되네요. 밟기를 3박자로만 하는 게 아니에요. 경우에 따라 2박자나 4박자가 되기도 해요.

위에서 진술한 고용우의 굼슬르기에 대한 표현이 계간 태권도지

(1973)의 '銀髮의 태권도인 송덕기'라는 부제에 실린 기사에서 아주 적절하게 택견의 몸짓을 설명하고 있다. 그 내용은 다음과 같다.

발을 앞으로 내어 차는 동작이 파도波濤치듯 물결이 일듯, 출렁 출렁 움직이고 「리듬」을 탄 음률音律과도 같이 경쾌무비輕快無比의 행위가 연속됨으로써 공방에 유리하고 그 위력도 힘을 축적하고 힘을 정점으로 이끄는 동작의 연속을 이룸으로써 파괴력과 명중률을 증가시킬 수 있는 것이다.

김정행·김상철·김창룡은 "무예는 자연과 우주의 원리를 추구하기 때문에, 모든 기술들은 동물 행위, 파도 모양, 리듬의 모양을 이용한다."는 표현을 했는데 이는 가장 자연스러운 흐름이 가장 이상적인 무예동작이기도 하며 그 가운데 적절한 타이밍을 맞춘다거나 혹은 힘의 안배를 증폭시킬 수 있기 때문이다. 그런 점에서 위 태권도지(1973)의 표현은 가감 없이 택견의 동작을 자연과 빗대어 표현한 것이라 할 수 있다.

이상 상술한 내용을 정리하면, 결련택견협회, 대한택견연맹, 한국택견협회(이하, 3단체로 명명함)는 품밟기의 몸짓을 굼실, 능청, 우쭐 등의 방법으로 3박자로 시행되고, 현암위대태껸보존연구회(現 세계태껸연맹)는 굼슬르기와 허리재기를 통해서 2박자, 3박자, 4박자로 밟기가 이루어진다. 즉 3단체의 굼실이 위대태껸의 굼슬르기에 해당하며, 능청, 뱃심내기, 배내밀기는 허리재기이다.

대한택견연맹에서 품밟기에서 '능청'을 기본적인 몸짓으로 채택한 것은 발차기 위주의 경기에서 빚어진 현상이다. 만약 경기 규칙에 손을 사용하는 기술이 있다면 기본적 몸짓은 변하게 될 것이다. 즉 규칙이 경기를 지배하고 규칙에 따라 경기의 모습은 달라진다. 그 예로 태권도가 경기화 하면서 보폭이 좁아지는 현상을 볼 수 있다. 택견은 경기와 무예적인 목적이 공존한다. 종국에는 무예가 바탕이 되어 경기는 나중에 개발되는 것이다. 놀이나 경기이기 이전에 무예의 관점에서 택견의 접근이 필요하다.

요즈음 3단체의 수련과정에 시행되고 있는 품밟기가 실제 경기에서 얼마나 적용되고 있는가? 하는 점은 현행 3단체 품밟기의 효용성과 적용성을 나타내는 척도라 할 수 있다. 경기규칙과 품밟기가 조화롭고 작위적이지 않으며 매끄럽게 경기가 진행된다면 그 품밟기는 무난하며 최적화한 것이라 할 수 있다. 그러나 3단체 모두 수련과정의 품밟기와 경기에서의 품밟기는 아이러니하게도 상반된 모습들을 보인다.

실제 경기에서 경기와 무관한 품밟기가 이루어지거나 혹은 불필요하게 수련과정의 품밟기를 강요하거나 하는 것은 분명히 품밟기 자체에 문제의 소지가 다분한 것이다. 이 부분에는 지질학자 제임스 허튼이 언급한 '현재는 과거의 열쇠'라는 동일과정의 법칙처럼 현재 경기에서 이루어지고 있는 품밟기의 모습을 통해서 역으로 송덕기의 품밟기를 유추할 수 있을 것이다.

현재 3단체의 수련과정에서는 과도하게 굼실과 능청 그리고 품밟기에서 바닥으로부터 높게 발을 들고 밟기를 한다. 즉 발이 바닥으로부터 높게 뜨는 것은 무게중심이 불필요하게 많이 움직이므로 유술의 기술로서는 적합하지 않다. 반면 요즈음 경기에서 굉장히 조심스럽게 밟는 모습을 쉽게 찾아볼 수 있는데, 제1회 택견경기회에서 송덕기는 연로한 탓도 있겠지만 발을 자근자근 밟는 것을 볼 수 있다. 이는 상대에게 조금의 빈틈도 보이지 않기 위한 것이다.

몸의 움직임을 3단체는 무릎의 오금질을 기반으로 힘이 생성된다고 설명하는 반면에 위대태껸은 엉덩이의 굼슬르기로 표현하고 있다.

굼실, 능청, 으쓱, 우쭐거리는 몸짓은 마치 춤을 추는 듯하여 일반인들에게 우스꽝스러운 모습으로 비치는 경향들이 있어, 택견이 해학적인 부분만 강조되어 각종 매스컴에서 일부 유머로 표현되기도 한다. 이러한 현상은 기존 단체들의 품밟기에 대한 편견에 의해서 편향된 생각으로 빚어진 결과가 아닌가 생각해볼 수 있다.

오금질의 구체적인 사례들을 살펴보면, 오금질은 사람의 신체 가운데 무릎 뒤쪽을 일컫는 오금을 활용하는 한국 민속탈춤의 기본자세로서, 일반적으로 기마자세를 유지하며 앉았다 일어서기를 반복하는 행동을 일컫는다고 했다. 그 외에 풍물굿 등에도 오금질이 있다. 우리 고유의 박자가 3박자라고 해서 택견도 3박으로만 진행된다고 단정하기는 어렵다. 춤의 영역의 표현과 무예는 그 목적성이 다르다. 춤은 일정한 박자와 리듬을 통해 흥과 신명을 표출하고 즐기기 위한 목적이지만 무예는 전쟁에서 상대를 절명케 하기 위해 강한 파워를 필요로 한다. 품밟기의 목적은 그야말로 효과적으로 상대를 공격하고 방어하기 위한 목적으로 움직이는 걸음걸이다. 품밟기는 주로 3박자의 리듬으로 움직이지만 밟기의 걸음새는 2박 또는 4박으로 변화기도 한다 (문예진흥원 VTR영상, 1983; KBS 문화강좌, 1984; 제1회 택견경기회, 1985 등). 그리고 상대를 현혹하기 위해서 3박자로 품을 내딛다가 엉덩치기 등으로 엇박자를 만들어 상대의 리듬 변화로 되받기를 하기도 한다. 이러한 품밟기는 상대와의 겨루기에서 승리하기 위한 것이다. 오금질과 3박자만 택견의 몸짓으로 단언하는 것은 송덕기의 원형적인 몸짓과 괴리를 유발할 수 있다. 기존 알려진 품밟기와는 다소 상이하며 생각의 전환이 필요하다.

무릎의 오금질과 대둔근의 움직임은 질량에서 상당한 차이가 있다. 뉴턴의 제2법칙에서 '힘=질량×가속도(F=ma)'라고 했듯이, 무릎의 오금보다 대둔근은 더 큰 질량을 가지고 있고 출렁출렁 움직이는 동작은 가속도를 더해준다. 또한 무거운 것은 가벼운 것보다 더 빨리 낙하하게 된다. 그래서 품밟기에서 오금질보다 굼슬르기는 강한 타격력을 만들어 낼 수 있다.

뉴턴의 2법칙 (출처: 조우성, 2016. 5. 2.)

송덕기의 다양한 영상에서 머리와 몸을 끊임없이 상하좌우로 움직이는(bob and weave) 출렁거리는 몸짓을 찾아볼 수 있는데, 상대를 발길질하기 위해서 살(엉덩이)을 떨어뜨렸다가 일어서면서 상대의 복장을 지르는 모습을 볼 수 있다.

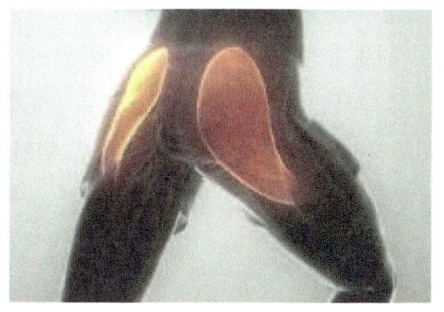

인체에서 가장 큰 파워를 만드는 둔근

즉 굼슬르기 밟기의 원리를 이용했던 것이다.

굼슬르기와 허리재기의 핵심은 대둔근과 대퇴 사두근 등의 움직임으로 강한 파워 만들어내는 것이다. 이는 뉴턴의 작용과 반작용의 법칙으로 지면반력을 통해서 탄력을 얻고 팔로스루의 원리처럼 굼슬르기의 출렁출렁 이는 힘을 진행방향으로 원활하고 빠르게 진행하게 만들어준다.

그 예로, 골프 드라이브, 포환던지기, 원반던지기, 창던지기 등을 할 때 엉덩이를 회전시켜 신체의 질량을 적절한 방향으로 이동시키고, 엉덩이의 회전은 복부와 가슴의 근육을 신장시킨다.

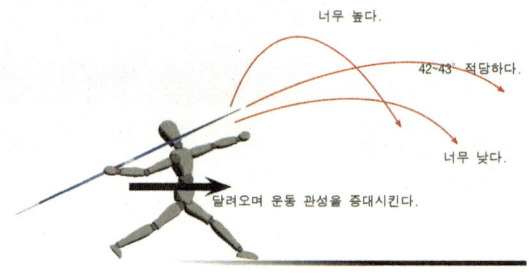

위대태껸의 굼슬르기는 힘의 원천인 파워 존(Power Zone)을 사용하는데, 파워 존이란 허벅지, 복부, 허리, 엉덩이의 근육을 말한다. 즉 배부터 허벅지까지의 앞뒤 부위를 말한다. 이 근육들은 인체에서 힘을 발현하는 데 중요한 역할을 담당한다.

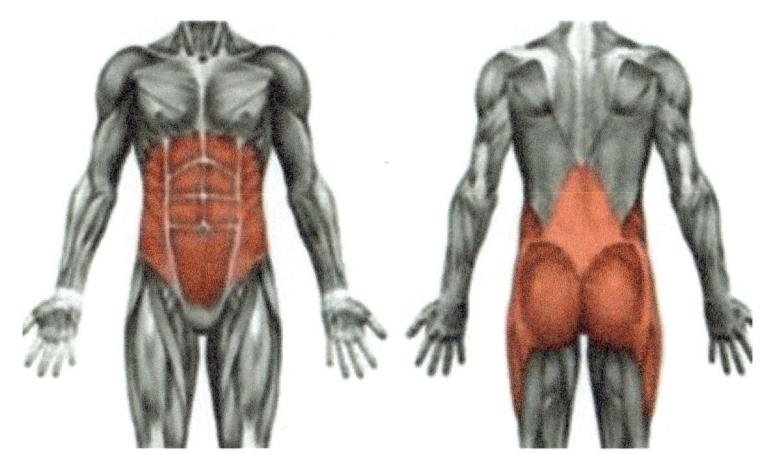

파워 존Power Zone: 허벅지, 복부, 허리, 엉덩이의 근육 (출처: 케티이미지)

품밟기는 신체 각 부위의 활동을 효율적으로 극대화시켜 모든 힘을 공격하는 발끝으로 결집시키는 고도의 신체굴신원리를 담은 몸짓임을 깨닫게 된다. 아울러 최소한의 노력으로 체중과 힘을 효과적으로 집중시키는 동작원리를 지닌다. 전통적인 우리 몸짓으로서 여타 어느 무예보다도 독특한 몸짓을 지니고 있으며 자연스러운 가운데, 허릿심을 이용하고 공격하는 것은 굼슬르기와 허리재기를 이용해서 공격력의 강화와 몸에 힘을 뺌으로써 스피드를 높이는 등 다양한 신체활용원리들이 담겨져 있다.

운동역학적으로 강한 파워를 생성하기 위한 대둔근은 파워 존의 열쇠로 보기도 하는데 하체 근력 중 대퇴 사두근과 함께 움직이는 근육부위이다. 특히 올바른 걸음걸이와 신체의 중심을 잡아주는 중요한 근육 부위이다. 요즈음 일반인들은 운동부족으로 허리 통증을 많이 호소하는데 대둔근이 약해지면서 골반과 흉추가 틀어지고 불안전하게 변형된다. 이로 인해 척추 측만증이 많이 발생되기도 한다. 또 여성들이 많이 고민하는 하체비만의 열쇠라고 볼 수 있다. 엉덩이와 배 그리고 허벅지에 살이 몰리는 이유는 근육세포가 적기 때문이다. 근육세포는 우리 몸의 지방을 태우는 '엔진'이라고 비유하면 된다.

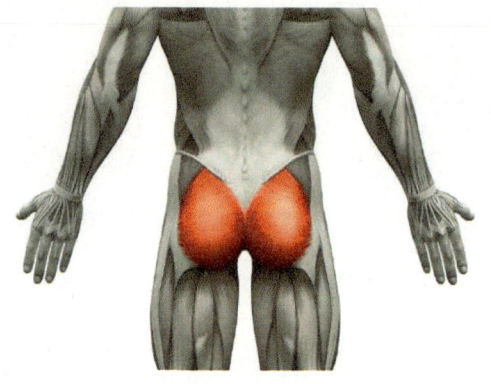

(출처: 케티이미지)

3. 맺음말

이 장은 택견 단체의 품밟기 원리에 관한 비교 연구를 위하여 각종 문헌 고찰과 질적 사례연구인 인터뷰를 토대로 실시하였다. 그 목적은 택견 품밟기의 원형 복원에 일조하는 데 있다. 이에 따른 결론은 다음과 같다.

첫째, 품밟기의 동작에 대해서 결련택견협회, 대한택견연맹, 한국택견협회는 '굼실', '능청', '우쭐' 등의 원리를 이용하고, 현암위대태껸보존연구회(現 세계태껸연맹)는 '굼슬르기'와 '허리재기'의 원리를 이용한다.

둘째, 한국의 3단체는 무형문화재 등록 이전에 조사된 예용해(1964), 태권도지(1971), 김명곤(1977) 등에서 굼실, 능청, 우쭐 등의 선행연구에서 제시한 내용을 인용한 것으로 생각된다.

고용우의 인터뷰에 의하면 송덕기가 직접 이런 표현을 한 적이 한 번도 없다고 한다.

셋째, 품밟기는 주로 3박자의 리듬으로 움직이지만 밟기의 걸음새는 2박 또는 4박으로 변화하기도 한다.

넷째, 한국의 3단체는 오금질을 사용하고, 위대태껸은 굼슬르기를 이용한 파워 존을 사용하기 때문에 오금질보다 더 강한 타격력을 발현하는 원리로 구성되어 있다.

다섯째, 경기규칙에 따라 품밟기의 목적이 상이하다. 결련택견협회는 하단 공방의 목적으로, 대한택견연맹은 느지르기와 대접의 목적 등이다.

여섯째, 품밟기는 '힘빼기의 원리'이다.

일곱째, 품밟기는 공방을 통해 상대로부터 승리하기 위한 걸음걸이다.

여덟째, 품밟기의 원리 중 하나인 오금질과 굼슬르기는 각종 건강운동에 도움이 된다.

이상은 품밟기에 내재한 다양한 측면의 제한된 연구로, 차후 품밟기와 경기규칙과의 관계, 품밟기가 건강에 미치는 영향 등이 포함된 총체적이고 심층적인 연구가 필요할 것으로 사료된다. 이러한 연구를 위해서 송덕기로부터 직접 사사한 전승자의 구술과 참여관찰을 통해서 추가적이고도 면밀한 연구가 요구된다. 이는 택견의 본질적인 원형복원에 한 걸음 더 다가가게 될 것이다.

임창수의 는지르기 공격을 송덕기 명인의 올려재기 (태권도지, 1971 가을호)

제3절 택견의 원형복원을 위한 자세의 원리 분석

팔짱끼기 겨누기(주부생활, 1985)

"자세는 몸의 자세와 마음의 자세가 있다."

택견에서는 '겨누기' 또는 '자세'라 하는데 가장 중심이 되는 나무의 몸통과 같은 것이다.

1. 들어가기

고구려 벽화에서의 무술 자세나 석굴암의 금강역사상 등에서 보면 동방무도는 한국 자체에서 기원했을 개연성도 있다고 한다(김재경). 고구려 무용총의 고분벽화와 안악 3호분의 고분 벽화에 나타난 두 역사의 모양을 두고 택견이나 태권도의 자세로 주장하고 있다(정경화; 최홍희).

현재 택견 기술원형의 준거는 송덕기의 기술을 표준으로 하고 있는데 기술체계에 있어 자세의 형태는 무예로서의 가치를 알아보는데 중요한 의미가 있다고 사료된다.

무예는 자연과 우주의 원리를 추구하기 때문에, 모든 기술들은 동물 행위, 파도 모양, 리듬의 모양을 이용한다(김정행·김상철·김창룡, 1997; 안용규, 2010). Becker는 무예에는 자세가 다른 어느 것보다 기본적인 것이라고 하였다. 기본자세는 어떤 운동이나 일을 하기 위해 기본적으로 가지고 있어야 할 태도나 자세라고 한다.

자세에는 몸의 자세와 마음의 자세가 있다. 올바른 몸의 자세를 가졌을 때 마음도 올바른 마음을 갖게 된다. 즉 모양(Form)은 동작의 디자인이자 동작의 기본원리이다. '효과 있는 모양', '능률적인 모양'을 갖추었을 때 최상의 겨루기 수행을 할 수 있는 형태를 말한다. 공방을 위한 좋은 모양이 자세의 기본이다.

박종관은 택견은 간단한 준비동작과 간단한 기본자세로 단련을 시작한다. 어떤 무술에 있어서도 기본적인 준비동작이 있고 기본이 되는 자세가 있다. 사실상 기본자세나 기본기법이 곧 그 무술의 모든 것을 대표하고 있는 것으로 생각해야 한다고 했다. 그리고 택견의 가장 기본(根本)이 되는 품(品)을 기본자세라고 한다.

그런데 택견의 품은 다른 무술과 비교해볼 때 특별한 형식을 가지지 않은 점이 색다르다고 할 수 있다. 택견에서는 원래 품에 대한 형식이 정해져 있지 않고 각자가 편한 대로 하는 것이지만 배우는 사람이 이해하기 쉽고 또 많은 변화 동작을 익히는데 도움이 되도록 하기 위해서 몇 가지 형태를 나누어 설명한다. 통념적으로 태권도의 앞굽이나 기마자세 등과 중국무술의 등산식, 좌반식 등의 자세가 택견에는 없는 것으로 알려져 있다.

반면, 고용우가 설립한 현암위대태껸보존연구회(現, 세계태껸연맹)에서 품(品) 외에 몇 가지의 자세를 수련과정으로 실시하고 있다. 과연 택견에는 정형화된 자세가 송덕기로부터 전수된 모양이 있는지 그 구체적인 내용을 살펴보는 것은 그 의미가 적지 않을 뿐 아니라 원형에 더 근접해 가는 것이라 할 수 있다.

택견은 우리나라 고유의 민속놀이 또는 무예로, 품밟기나 자세는 어떤 동작을 위주로 체계화 되어 있는가에 따라 모양새는 다르게 될 것이다. 택견을 상대방 다리를 차서 넘어뜨리는 경기(脚戲)로 사전적 의미를 해석하여 품밟기의 모양새가 다양하게 이루어지는 것을 필자의 「택견 단체의 품밟기 비교 연구」를 통해서 살펴보았듯이, 단체의 해석에 따라 품밟기의 모양새는 다양한 동선과 원리를 주장하고 있다.

필자의 「조선말 외국인들의 기록을 통해 본 택견」에서 택견은 손과 발을 모두 사용하여 치고 차고 하물며 무릎까지 사용하는 것을 알 수 있다. 규칙이 경기를 지배하듯이, 택견의 수련과정에 따라 자세는 달라질 수 있다. 발을 위주로 한 무예인지, 종합격투기의 형태인가에 따라 기본적인 자세는 달라질 것이다.

따라서 이 장에서 무예의 가장 근본인 자세에 대해서 살펴보는 것은 그 의미가 있다고 보고 택견의 자세가 어떤 목적으로 사용되는지, 그리고 그 원리는 어떻게 되는지를 살펴보고 이를 통해 택견 자세의 원형 복원에 일조하는 데 그 목적이 있다.

팔짱끼기 겨누기(김정윤, 2002)

2. 택견 자세姿勢의 분석

1) 택견 자세의 원리 비교

택견 자세의 원리는 상대와의 겨루기에서 매우 중요한 역할을 한다. 오장환은 우리나라 전래의 민간희民間戲 대부분이 그러하듯이 택견도 형식을 중요시하지 않아 상세하게 체계화되어 있지는 않았으나 무계획 속에서도 계획이 있듯이 대체로 삼단계의 순서가 있다는 것을 강조했다.

박종관은 택견의 기본자세는 우뚝 선 것이며 매우 간결한 동작을 하여 타 무도와 비교할 때 매우 독특하다. 보편적으로 편하게 서는 「八」자 형태의 서기인데 몸의 힘을 풀고 발뒤꿈치와 발바닥 쪽에 힘을 넣고 무릎은 약간 굽힌다. 두 손에도 힘을 빼고 자연스럽게 둔다. 발만 옆으로 벌려졌을 뿐 자연자세 그대로이라고 하였으며, 이용복은 택견의 품은 그냥 되는대로 서 있는 꼴이다. 택견의 품은 무작위無作爲한 것이기는 하지만… 택견에서는 원래 품에 대한 형식이 정해져 있지 않고 각자가 편한 대로 하는 것이라고 했다.

정경화와 오장환은 택견의 자세로 원품과 좌품 그리고 우품에 대해서 언급하고 있다. 그 구체적인 내용을 살펴보면 다음과 같다.

원품은 적의 공격에 빨리 대응할 수 있는 자세로서 오른발을 오른쪽 옆으로 어깨너비로 벌려 선다. 좌품은 적의 공격을 왼쪽으로 변화하여 선 '방어자세'로서 원품에서 왼발을 양발사이의 중심선을 따라 양 무릎을 구부리고 정면을 향해 앞으로 내디딘 자세이다. 우품은 적의 공격을 오른쪽으로 변화하여 선 방어자세로서 모든 요령은 좌품의 반대이다. 팔짱끼기 서기는 명상을 하기 위한 몸가짐의 자세로서 원품에서 허리를 펴 양팔을 앞으로 펴면서 왼팔이 밖으로 가게 하여 교차하여 가슴에 가볍게 붙이는 자세, 기본자세는 공방과 바로 직결되는 것이 아니라 택견의 독특한 몸놀림을 익힐 수 있는 기초가 되며 원활한 공방을 하기 위한 자연체인 것으로서, 무예에서 품의 자세는 곧바로 공격과 방어를 하기 위한 기본체로서 몸의 중심과 안정성, 정확성이 유지되도록 해야 하면 유사시 언제 어느 때나 민첩하게 행동으로 이루어질 수 있는 자세가 되어야 한다.

도기현은 스승님께서는 두 팔로 몸을 감싸는 자세를 취하시며, 그 땐 이렇게 활개를 접는 거야. 한 자세에도 일정하게 정해진 팔의 각도나 보폭의 넓이 등을 지정한 틀이 없다. 그 동작의 원리만 충분히 이해하면 누구든지 자유롭게 자신의 체형과 성격에 맞게 움직이며 행할 수 있는 자유의 무예이고 즉흥적인 무예이다. 무형의 형을 띠게 된 가장 큰 요인은 앞서 말한 바와 같이 택견은 민중들을 위주로 한 경기 중심의 격투기 문화로 발달하였기 때문이라고 추정할 수 있다. 스승님은 택견을 하기 전에 항상 인승자세를 취하라고 하였다. 맨손으로 떳떳하게 싸우겠다는 뜻을 밝히고자 행해졌던 일종의 예비동작이 아닌가 한다고 자의적인 해석을 곁들였다.

필자의 『택견 겨루기 總書』(2010)에 겨루기 자세는 공격과 방어의 중요한 기본이며 승패에 중요한 역할을 한다. 상대의 변화에 자유자재로 공방을 할 수 있는 자세가 이상적이라고 했다.

고용우는 인터뷰(2013.10.10)에서 송덕기는 자세를 겨누기라고 말했고, 본세는 가장 근본이 되는 자세이고, 고대세는 상대의 중심으로 겨누고 정면과 상하를 공방하는 자세, 팔짱끼기는 정면과 좌우 공방을 하는 자세이고, 사면세는 상대의 측면을 공방하는 자세이다. 그리고 자세는 상대를 겨누고 얼르는 것으로 진술하였다. 그 구체적인 질문으로 '자세를 왜 취하십니까?' 라고 질문한 결과를 살펴보면 다음과 같다.

자세라는 것은 뭐냐면 첫 번 시작하는 거예요. 상대를 겨누는 거예요. 그다음에 겨누는 형태가 나와요. 자세를 잡으면 겨누었다가 얼렀다가 해요. 본세가 가장 기본입니다. 고대세는 상대를 겨누는 거예요. 상대를 겨누면서 기다리는 거죠. 상대를 중심을 향해서 찔려서 들어가는 자세에요. 도끼발로 공격하거나 피하는 기술이죠. 이런 게 있었다가 아니고 이런 형태가 아주 본질적인 거예요. 품밟기를 보면 다 알 수가 있는 거예요. 품의 모양이나 손의 모양이 같다고 봐야죠. 그걸 때에 따라 구분적으로 연습했던 것을 연결동작으로도 하죠. 결국에는 기술이 여기서 나오는 거예요. 자세는 상대성으로 변화시키고, 상대를 홀리는 거죠. 그래서 얼르기가 나오는 거예요. 다른 무술에서 얼르기 형태는 거의 안 나와요. 얼르기가 겨루기에 활용돼요. 공방을 위한 것들이죠.

택견의 자세는 기본적으로 고정된 상태에서 잡는 '겨누기 자세'와 연결기술로 이어지는 '얼르기'가 있다. 겨누기 자세의 기본이 이루어지면 얼르기의 연결기술로 이어지는 것이다. 이는 겨루기에서 공방攻防을 위한 것이다. 그 예로, 임호 선생은 사방의 적을 양손으로 '어르고' 왼발 바른발로 차 넘기는 기술은 마치 번개 치듯 했다(이석호, 1971).

김용옥은 택견에 관한 모든 자료를 종합하여 결론을 내렸는데, 택견은 손기술 중심이 아니라 발기술 중심의 기예다. 손기술은 발기술의 보조수단으로서, 그리고 게임의 효과를 위하여 운용되는 것일 뿐이다. 그것도 절대 권(주먹)을 사용하지 않는다. 택견은 무술이 아니다. 전체적 성향이 방어기중심이 아니라 공격기중심이라고 했는데, 제한된 택견의 자료를 가지고 성급한 결론을 도출한 것으로 보인다.

전술한 바와 같이 택견은 손과 발을 모두 사용하는 무예로서, 종합격투기의 기법을 가지고 있음을 알 수 있다. 송덕기는 태권도지(1973)에서 "훌륭한 무도를 스승에게 배웠으면 그 기술을 간직하기를 부모 섬기듯 하고, 잊거나 잃어서는 안 되며 그 기술을 남용하는 것은 부량(불량)한 짓"임을 강조했듯이 스스로도 택견의 기술을 함부로 알려주거나 남용하지 않았다. 물론 당시의 택견이 현대처럼 체계화되어 있지 않은 까닭도 있었겠지만 택견이 사람을 살상하는 기술로서 '소정의 품성을 지니지 않으면 전하지 않는다.'는 비인부전非人不傳의 사고가 은연 중에 베여 있어서 오랜 시간 배우지 않으면 전반적인 체계나 연결동작 등의 전모를 완전히 파악하기 어려운 점이 없지 않았다.

그리고 현대무술을 이미 습득한 사람들에게 있어서 택견을 받아들이는 고정된 시각이 배우는 사람들마다 택견동작에 대한 선입견으로 부지불식간에 작용해서 자의적인 해석과 다양한 형태의 모습으로 받아들이는 계기가 되었으며 반면에 이미 이전에 습득한 무예관을 통해 택견을 받아들이려는 제한된 시각은 택견의 본 모습을 그대로 수용하려 하기보다는 자신의 틀 안에 가두어 수용하려는 점도 택견의 원형 유지에 걸림돌로 작용한 것으로 보인다.

택견명인 송덕기(박종관, 1995)

20세기 초로 추정되는 아이들의 본세 겨누기

2) 택견의 원형복원을 위한 자세 분석

택견의 원형복원을 위한 자세들을 살펴보면 다음과 같다.

이석호(1971)는 '살아있는 택견인 송덕기 선생'을 소개하는 기사에서 "서로 맞서서 대련을 준비하는 자세는 『품品』이라고" 하였다. 이후 예용해(1973)의 『무형문화재 조사실태보고서 제102호 택견』에서는 택견의 자세에 관한 기록은 없었지만, 한국일보 예용해(1964)의 기사에 실린 11가지 수만 찾아볼 수 있다.

김명곤(1977)은 신한승의 취재를 통해서 "서는 자세를 원품, 좌품, 우품"으로 간략하게 언급하고 있고, 임동권(1982)도 『무형문화재조사보고서 제146호 택견』에서 기본자세(품) ① 원품: 차렷 자세에서 오른쪽 옆으로 오른발을 어깨넓이로 벌려선 몸가짐이다. ② 좌품: 원품에서 왼발을 앞으로 어깨넓이로 내디딘 몸가짐이다. ③ 우품: 원품에서 오른발을 앞으로 어깨넓이 내디딘 몸가짐이다 등으로 서술에 있어서 특별히 주목할 만한 내용이 없이 간단하게 서술하고 있다.

택견의 자세에 대한 언급은 이후의 기록들에서도 별다른 추가내용이 없이 간략하게 취급되고 있는데, 이용복은 택견의 기본자세를 품이라 한다. 우리는 일상적으로 어떤 행위를 할 때 그에 알맞은 자세를 취하게 되는데 그 자세의 좋고 나쁨에 따라 그 행위의 결과가 달라진다고 믿고 있다. 그래서 어떤 기예든지 기본자세를 중요시하고 있다. 택견 역시 기본자세 즉 품은 대단히 중요한 부분이다. 그런데 택견의 품은 다른 무술과 비교해볼 때 특별한 형식을 가지고 있지 않은 점이 색다르다고 할 수 있다. 택견의 품은 그냥 되는대로 서있는 꼴이다. 원품, 좌품, 우품으로 구분하였다.

그리고 박종관은 품品은 택견의 가장 근본이 되는 자세이며 또한 이것 이외에는 별다른 것은 없다. 품은 송덕기 선생의 말씀에 의하면 「인승」이라고 불렀다고 한다. 보편적으로 편하게 서는 「八」자 형태의 서기로 몸의 힘을 풀고 발뒤꿈치와 발바닥 쪽에 힘을 넣고 무릎은 약간 굽힌다. 두 손에도 힘을 빼고 자연스럽게 둔다. 발만 옆으로 벌려졌을 뿐 자연자세 그대로이다. 품은 선품先品: 오른 선품, 왼 선품으로 구분했다.

오장환과 정경화는 택견의 가장 기본이 되는 몸가짐(품)에는 기본자세(품: 원품, 좌품, 우품)가 있다고 했다. 도기현은 "원품原品 바로 선 자세에서 왼쪽 발을 한 족장 넓이정도 왼쪽 옆으로 벌려 선 자세이다"라고 했다.

조사된 자료들은 모두 택견의 자세에 대해서 언급하고 있으나 한정된 품이라는 자세의 테두리를 벗어나지 않고 있다. 이러한 이유는 신한승에 의해 재 체계화된 택견의 자세가 자의적으로 축소되었고 이후에 관련 연구자들에 의해 그대로 이를 답습한 까닭으로 추정된다. 아울러 택견의 손기술을 도외시하고 화려한 발기술에 집착함으로써 무예로서의 자세보다는 품밟기라는 보법에 치중한 배경도 무시하기 어렵다. 그러나 이들이 제시하고 있는 송덕기의 택견 몸짓에서도 택견의 자세를 엿볼 수 있는 자료가 적지 않은데 그 자료들은 이전 연구자들이 간과한 손기술이 포함된 사진들에서 확인이 된다.

필자는 택견 겨루기의 기본자세에 발 위치에 따른 서기자세로 좌품, 우품으로 구분하고, 상체 및 팔의 자세에서 상체의 구분으로 정면자세와 측면자세, 팔의 구분으로 얼굴높이, 가슴높이, 허리높이로 구분하고, 높낮이에 따른 서기자세로 낮은 자세와 높은 자세, 그리고 중심에 따른 서기자세로 헛품자세와 눌러밟기 자세로, 마지막으로 상대의 발의 위치에 따른 서기자세로 엇품과 맞품으로 구분하였다.

고용우의 인터뷰(2013.10.10)에서 택견의 자세로 본세, 고대세, 팔짱끼기, 사면세 등이 있는 것으로 진술하였다. 택견에 자세가 있습니까? 라고 질문한 결과, 그 구체적인 내용을 살펴보면 다음과 같다.

할아버지께 택견에 자세가 있습니까? 여쭤보니까, 자세 '있지' 이러시면서 손을 확 들어 벌이잖아요. 어 이건 또 뭐야 손을 확 들어버리는 거예요. 위로 쑥 들었다가 쑥 내리니까, 원래 원천적인 모습, 본래의 모습, 근본적인 모습이죠, 아 그게 '본세'죠. 할아버지 이렇게 손을 드는 것을 많이 보여줬어요. 사람들이 인식을 못해서 그렇지, 할아버지가 이렇게 들어서 이렇게 내려요. 내리면 반원형태가 되요. 그러다가 나중에 자세에 대해서 이것저것 여쭤 보니까 '고대세'가 나오잖아요. 고대세하는 것을 그 노인정 앞에서 옆으로 쑥 들어가다 보면 나무 같은 게 나와 있어요. 옆에 나무가 있었고 옆에 길 같은 게 있는데. 거기서 고대세하는 것을 할아버지께서 잡아주는 것을 이준서씨가 찍어준 사진도 있어요. 그러니까 '등좌대'도 있는데 고대세와 기법이 비슷해서 고대세를 기본자세로 지도하고 있어요. 그리고 '팔짱끼기'가 있어요. 어느 날 할아버지 취재를 위해서 기자들이 찾아왔는데 택견 자세를 잡아달라고 해서 팔짱끼기를 했는데 자세인지를 모르고 자세를 잡아달라고 했어요. '할아버지께서 자세잡고 있으니 찍어라'고 했던 일이 있었죠. 팔짱끼기를 많이 하셨어요. 그리고 사면으로 자세를 잡아라. 할아버지께서 어느 날 사면으로 들어가 하시면서 사면을 얘기했어요. 상하로 팔을 움직이는 것을 사면으로 하는 거예요. 자세라는 것은 뭐냐면 첫 번에 시작하는 거예요. 자세가 없는 무술이 어디 있어요. 제가 할아버지께서 하신 것을 구분해서 내놓은 것뿐이에요(고용우 인터뷰, 2013.10.10.).

고용우 관장의 고대세 (미국 로스앤젤레스 위대태껸 수련원)

[사진 1]은 고용우가 인터뷰에서 언급했듯이 송덕기가 고용우의 자세를 잡아주는 것을 볼 수 있는 사진이다. 위와 같이 고용우는 인터뷰에서 "할아버지를 손자처럼 손을 끌고 다니기도 했어요."라고 했듯이 아주 가까운 관계임을 알 수 있다. 송덕기와 아주 다정히 손을 잡고 걸어가는 것을 이준서가 촬영한 사진에서 찾아볼 수 있다.

[사진 1].   (주부생활, 1985)
송덕기가 고용우를 지도하는 모습

본세의 흐름	고대세의 흐름
팔짱끼기의 흐름	사면세의 흐름

[사진 2.] 택견의 자세 (출처: 김정윤, 2002; 도기현, 2007; 주부생활, 1985)

 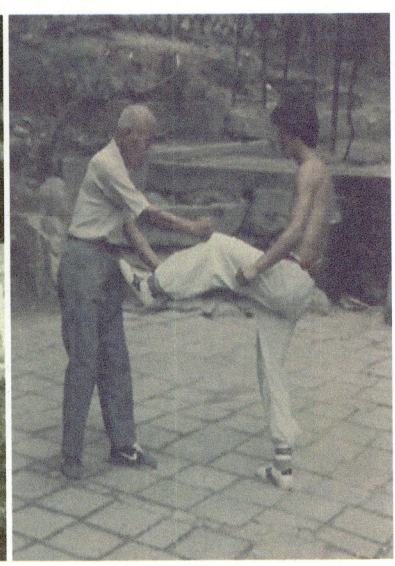

송덕기 기능보유자의 등좌대(박종관, 1995)   등좌대로 공격하는 송덕기左와 고용우右

고용우의 인터뷰의 내용을 김정윤의 『태견』, 도기현의 『우리무예 택견』, 박종관 정리 등에서 사진들을 볼 수가 있다. 송덕기의 자세의 동작사진 일부를 보면 [사진 2]와 같다.

이 사진들에서 다양한 무술의 기본자세에서 본세와 비슷한 형태를 가진 것을 쉽게 찾아볼 수 있다. 그 예로 복싱, 가라테, 무에타이, 유도, 삼보, 레슬링 등 타격기나 유술종목에서 상대와의 겨루기를 위해서는 자연스럽게 양팔을 앞쪽으로 들고 준비자세를 취한다. 이러한 자세는 택견 경기에서도 쉽게 찾아볼 수 있는데 감독이나 코치가 시키지 않아도 발과 손으로 얼굴을 공격하면 보호본능에 의해서 자연스럽게 양팔을 들어 올리게 된다. 또한 필자의 겨루기 자세에서 팔짱끼기와 같은 자세(서기자세)를 살펴볼 수 있으며, 몸을 비스듬히 사면으로 서서 하는 자세(측면자세)를 찾아볼 수 있다. 이러한 자세는 동양의 무술에서는 쉽게 찾아볼 수 있는 기본동작의 원리인 것이다.

이홍의 『조선일보』(1983. 8. 6.) 인터뷰에서 태권도의 후굴자세와 비슷한 예비동작부터 시작되는 택견은 무려 1천여 가지의 수로 구성돼 있다. 그 하나하나의 수가 스포츠화된 태권도와는 달리 섬뜩할 정도로 치명적인 타법이다. 삼국시대 이전부터 '죽느냐 사느냐'는 생존의 기로에서 일격필살의 자세에서 연구해 온 것이기에 각 수마다 매서울 수밖에 없다고 했는데, 송덕기의 사진에서 볼 수 있듯이, 택견의 자세는 기본적으로 마치 태권도의 전굴자세와 후굴자세와 비슷한 형태로 체중이동을 하는 '굼슬르기'가 있다.

송덕기는 택견이 스포츠화된 태권도와 달리 섬뜩할 정도로 치명적인 타법이라고 했으며, 김병국의 『동아일보』(1983. 12. 22.) 기사 "나의 건강비결 무형문화재 송덕기" 부제 '80년을 하루같이 택견運動'에서 "林虎라는 당시 택견의 명수로부터 택견을 배운 이래 80년 동안 하루도 빠지지 않고 이 운동을 계속해오고 있다… 택견은 손과 발을 적절히 사용해 심신을 단련시키는 운동이다"라고 언급했다. 리델의 주도로 1880년에 만들어진 『한불ᄌ뎐』에서도 손과 발을 사용하고 제임스 게일이 1897년에 편찬한 『한영ᄌ뎐』에서 치고 찬다는 기록을 찾아 볼 수 있듯이, 택견은 손과 발 모두를 사용하는 격투기로서의 기술을 모두 갖추고 있다. 따라서 이전에 발질 위주의 택견기법은 기존의 택견 본연의 모습이라기보다는 한 단면만을 수용한 것이라 볼 수 있다. 만약에 손과 발을 동시에 모두 사용하는 무예라면 택견의 자세는 기존에 알려진 단순한 모습과는 달리 다양한 형태의 자세를 포함하고 있을 것임은 명약관화한 사실이다.

송덕기 선생左, 고용우 선생右 무고춤의 일부 (출처: 박종관, 1990)

[표 1]에서 나타난 바와 같이, 송덕기의 자세와 신한승의 자세는 서로 다르게 나타났으며, 기본적으로 품을 자세로 보고 있으나, 송덕기로부터 가장 오랜 기간 배운 고용우의 자세는 비교적 다양하면서도 정형화된 형태의 자세를 볼 수 있다.

경주 용강동 고분 토용土俑(겨누기 자세)
삼국시대 우리민족의 고유무예 태껸(조유전 경기문화재연구원장)

[표 1] 택견 선행연구의 자세 비교표

자세종류		이석호 (1971)	김명곤 (1977)	임동권 (1982)	이용복 (1990)	박종관 (1995)	오장환 (1995)	정경화 (2002)	도기현 (2007)	고용우 (2013)
송덕기	품	○								
	인승					○			○	
	선품					○			○	
	본세									○
	고대세									○
	팔짱끼기									○
	사면세									○
신한승	원품		○	○	○		○	○	○	
	좌품		○	○	○		○	○		
	우품		○	○	○		○	○		

*출처: 고용우, 2013; 김명곤, 1997; 도기현, 2007; 박종관, 1990; 오장환, 1995; 이석호, 1971; 이용복, 1990; 임동권, 1982; 정경화, 2002.

3. 맺음말

이 장은 택견의 자세姿勢에 관한 연구를 위하여 각종 문헌 고찰과 질적 사례연구인 인터뷰를 토대로 실시하였다. 그 목적은 택견 자세의 원형 복원에 일조하는 데 있다. 이에 따른 결론은 다음과 같다.

첫째, 일부에서는 택견은 정형화된 자세가 없다고 주장하고 있다.

둘째, 도기현과 박종관은 품品, 선품으로 대한택견연맹과 한국택견협회는 원품原品, 좌품左品, 우품右品으로 구성되어 있고, 송덕기는 '인승'으로, 신한승은 '원품'이란 용어로 기본자세를 취했다.

셋째, 현암위대태껸보존연구회(現 세계위대태껸연맹)는 자세에 본세, 고대세, 팔짱끼기, 사면세 등 다양한 자세를 수용하고 있다. 이러한 차이는 발뿐만 아니라 손을 적극적으로 사용하기 때문으로 보인다. 여기서 팔짱끼기는 도기현과 정경화도 언급했는데 자세라기보다는 동작 개념의 한 부분으로 받아들인 것으로 보인다.

넷째, 택견의 기본자세를 오장환과 정경화는 방어자세로, 김용옥은 공격자세로 주장하고 있다. 다섯째, 현암위대태껸보존연구회는 택견에는 자세가 있고 '겨누기 자세'와 '얼르기'가 있다. 이는 공방攻防을 위한 것이다. 여섯째, 필자의 겨루기 자세와 고용우의 자세와 유사하다.

택견은 전통무예로서 그 위상을 공고히 하고 있으나 자세에 있어서 '과연 원형을 보존하고 있는가?'라는 의구심을 표하기도 한다. 이러한 의구심을 해소하기 위해서는 택견 전문가들 간의 기술교류 및 자료들을 공유함으로써 가장 근접한 형태의 기술을 복원할 수 있도록 택견인들의 노력을 아끼지 말아야 할 것이다.

제4절 택견의 원형복원을 위한 손질 분석

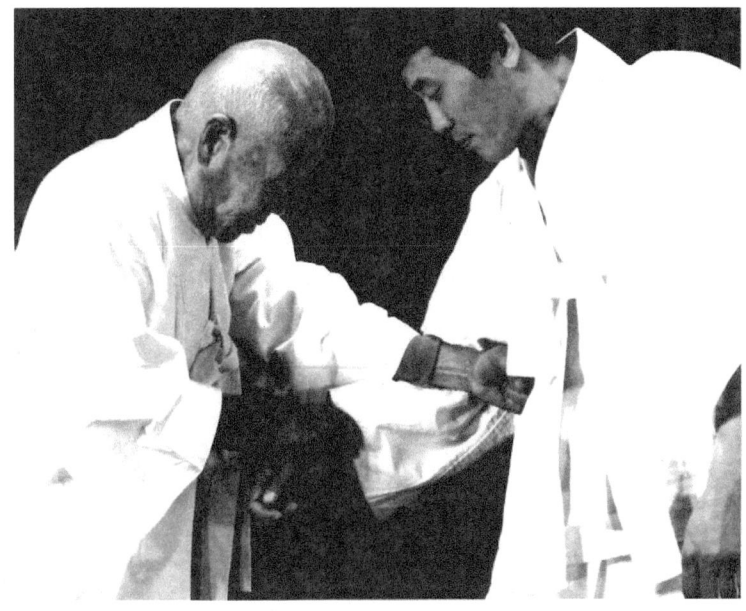

송덕기 명인이 상대의 손목을 잡아대면서 옆구리 재갈넣기(김정윤, 2002)

"**온고지신**溫故知新" 옛것을 익혀서 새로운 것을 안다.

공자는 '옛것을 익히고 새로운 것을 알면 스승이 될 수 있다(溫故而知新可以爲師矣)'고 하였다.

택견지도자는 옛것을 알아야 다른 사람에게 택견을 가르칠 수 있다.

즉, 인류는 옛것을 통해 발전해 왔고, 옛 사람의 지식을 터득한 후 자신의 지혜를 덧붙여 새로운 지식을 계속 쌓아왔기 때문이다.

"**법고창신**法古創新" 옛것을 본받아 새로운 것을 창조한다.
즉, 옛것이 고루한 것이 아니라 새로운 것을 창조하는 기본 바탕이 된다는 것이다.

(박종관, 1995)

택견의 원형은 온고지신이며, 이 시대의 택견지도자는 법고창신하여야 한다.

1. 들어가기

택견 용어의 사전적 의미로 기록된 내용 중에 "『우리말 큰사전』에 '택견' 또는 '태껸'으로 보인다. 풀이하기를 '한발로 서로 맞은편 사람의 다리를 차서 넘어뜨리는 경기, 각희脚戲'라고 했다. 그리고 『조선어대사전』에는 '택견'이라 했고, '한쪽 발로 서로 넘어뜨리는 유희遊戲·각희脚戲로 풀이되어 있다'(예용해, 1964). 일부에서는 택견을 '차기'라고 단정적으로 말하기도 한다. 또한 택견에 대한 인식은 현재 사전뿐 아니라 수련 과정이나 경기에서조차 주로 발을 사용하여 승부를 내는 경기나 무예로 알려져 있다.

택견의 역사를 거론할 때에도 구한말의 시인 매하 최영년崔永年의 시집 『해동죽지』의 내용 중에 '탁견희托肩戲'에서 '百技神通飛脚術'이라 하여 택견의 다양한 발차기를 시詩로써 표현하고 있다. 그렇다면 택견에는 손질이 없는 것인가, 또한 예로부터 전해져 내려오는 수박과 수박희와 택견은 별개의 것인지 의구심을 갖게 된다. 손질에 관한 연구는 택견과 수박 그리고 수박희와의 관계의 정립에도 중요한 자리를 차지한다.

일반적으로 택견의 손기술을 손질이라 한다(박종관, 1995; 정경화, 2002). 손기술에는 손을 사용하는 모든 기술을 포함한다. 택견의 손질에는 활갯짓, 타격기, 관절기(과시, 신주, 풍수) 등이 있으나 이 장은 타격기 중심의 손질에 대해서 조명하고자 한다.

현재 국내에서 활동 중인 중요 택견 단체의 수련프로그램에 손질이 포함되어 있음에도 불구하고 타격기와 관련된 손질수련은 거의 이루어지지 않고 있으며 설사 가르치더라도 요식행위에 그치고 있어 깊이 있는 수련은 이루어지지 않고 있다. 이는 택견이 경기(놀이)라는 관점에서 공격의 보조수단으로 사용하는 규칙에 의한 자연스러운 현상이다.

하지만 김영만·심성섭의 「조선말 외국인들의 기록을 통해 본 택견」에서 손과 발을 모두 사용하여 치고 차고 하물며 무릎까지 사용하고 심지어 머리까지 사용하는 것을 볼 수 있다. 일부에서는 손질을 '옛법' 또는 '살수殺手'라고 부르기도 하는데, 신한승은 서기택견과 결련택견으로 구분하여 서기택견은 경기택견으로 결련택견은 싸움수로 기록하고 있다(오장환, 1991; 정경화, 2002).

이러한 기준은 수련과정에서 손질의 구사방법이 단순히 발기술의 보조 수단인지 혹은 타격을 위한 목적으로 사용되는가에 따라 손질의 기법이 전혀 다른 모습을 갖추게 된다. 규칙이 경기를 지배하듯이 수련과정에도 기술의 방향에 지대한 영향을 미치게 된다.

박종관은 "기본기법이 곧 그 무술의 모든 것을 대표하고 있는 것으로 생각해야 한다"고 서술하고 있다. 특히 택견에서 손질은 아주 중요한 기술이다(정경화). 임동권은 "택견은 다리를 많이 쓰는 경기임에는 틀림없으나 실제는 다리를 쓸 뿐 아니라 손도 쓰게 된다"고 언급하였듯이 손발의 조화로 기술을 구사하는 것은 자연스러운 현상이다. 손을 사용하는 기술은 한·중·일의 동양무예에서 손기술을 쉽게 찾아볼 수 있다. 그리고 서양 스포츠에서 대표적으로 손을 많이 사용하는 '복싱'이 있다.

이 장은 송덕기의 기술을 준거로 하여, 송덕기와 신한승의 손질의 비교분석과 서기택견과 결련택견의 손질의 차이 그리고 택견 단체 간의 기본 수련과정의 손질 비교분석을 하고자 한다.

문헌 고찰에서 미흡한 부분을 보완하기 위하여 송덕기로부터 택견을 1969년부터 1985년까지 가장 오랜 기간 사사하여 미국 LA에서 활동 중인 고용우와 김성복(월드 마샬아츠 센터 관장)의 심층 면담을 하였다. 이는 택견 손질의 원형복원을 위한 중요한 단서가 될 것으로 생각되며, 더불어 무예로서의 가치를 찾는 데 중요한 의미를 지닌다.

월드마샬아츠센터 김성복 관장쵸와 필자(미국 캘리포니아 선랜드)

따라서 이 장은 택견 손질에 관한 연구를 위해서 각종 문헌 고찰과 심층 면담을 통한 연구를 하였다. 이는 택견 손질의 원형복원에 일조하는 데 그 목적이 있다.

옛 법 (박종관, 1995)

2. 송덕기와 신한승의 손질 비교 분석

1) 송덕기 택견의 손질 분석

송덕기 택견과 관련된 내용을 게재한 신문 기사와 계간지 그리고 단행본 등을 살펴보고, 송덕기로부터 직접 택견을 전수한 전수자들의 진술을 토대로 분석하였다.

송덕기와 관련된 택견 손질에 관한 선행연구를 살펴보면 다음과 같다. 한국일보 논설위원인 예용해의 『한국일보』(1964. 5. 16.) 「續 人間 文化財」와 『무형문화재조사보고서 102호』(1973)에 11가지 기본수 중 유일하게 "칼재비-엄지와 검지를 벌려 상대방의 목을 쳐서 넘긴다. 칼재비는 택견에서 손만을 쓰는 단 한가지의 수다"라고 기록하고, 김명곤(1977)도 예용해(1964, 1973)의 기록과 마찬가지로 칼재비가 유일한 손기술로 기록하고 있다.

이석호(1971)는 '살아있는 태껸인 송덕기선생'을 소개하는 기사에서 "칼잽이" 아금손으로 상대 목치기, 「이마재기」상대의 이마를 장칼바닥으로 치기, 「낙함」 턱빼기. 장칼 바닥으로 상대 턱을 치는 것, 「턱걸이」 장칼 바닥으로 상대의 턱을 치며 미는 것"으로 분류했다. 그리고 태권도지 편집실(1973)에 "상대쯤은 굼실(복싱의 기본 「스텝」에 해당)을 넣은 후 날칼(손날)이나 도끼질(메주먹)로 급소를 칠 수 있다. 만약 손을 많이 사용하면 인체의 가장 약한 턱이 빠지고 목뼈가 부러지는 위험이 있어 주먹이나 손이 겨루기에서 공격 무기로 쓰이는 것은 금기로 되어 있어 예전에 스승께서 가르쳐 주실 때 주먹을 상대의 안부를 강타하거나 손으로 잡아서 괴롭힐 경우는 '밟아 죽여도 좋다'라고 할 만큼 그 '룰'은 엄격히 다루어져 왔다고 회고했다." 상기한 손기술에서 6종류를 소개하는데 1971년 태권도지에 칼잽이, 이마재기, 낙함, 턱걸이가 수록되어 있고, 1973년 태권도지에 '날칼(손날)과 도끼질(메주먹)로 급소를 칠 수 있다'라고 기록하고 겨루기에서 주먹이나 손의 사용이 금지되는 '룰'을 사용한다고 기록하고 있어 서로 상충하는 내용이다.

이상 살펴본 바와 같이, 송덕기는 예용해와 김명곤의 기사에서는 단 한가지의 칼재비 기술을 술회했지만 1971년과 1973년 계간 태권도지의 기사에서 6종류의 손기술을 기록하고 있어 손질의 다양성을 예견했고, 손질을 겨루기에서는 금기로 되어 있다고 회고할 만큼 주먹 사용에 대한 위험성을 시사하고 있다.

그러나 송덕기가 출연한 KBS(1984) 문화강좌의 '선조의 수련세계 택견'에서 '問(이보형) 마을끼리 하는 것 말고 호신술로도 택견을 했는지요? 答(송덕기) 예 그거는 결련태껸이라고, 그때는 막참니다. 중인들이, 깡패들이 했다'라 진술하고, 신한승은 '결련택견'에서 다양한 위험한 기술을 사용하는 것으로 진술하고 있다.

조선 말기 외국인들의 기록에서도 무릎과 주먹 등 쌈수를 사용하는 것으로 기록하고 있다. 신한승이 주장한 서기택견과 결련택견의 차이에서 오는 현상인지 차후 태권도지의 송덕기가 술회한 기사문의 내용에 대한 진실성에 대한 입증이 필요할 것으로 사료된다.

태권도지의 "이석호 기자는 가명이다. 당시 편집담당자가 쓴 기사인데, 이석호(5세)는 당시 이종우 아들의 이름을 차용"하였고(이경명), 1973년 태권도지의 기사는 기자가 누군지 구체적으로 기록되어 있지 않아 기록에 대한 신빙성이 결여된다. 또한 태권도를 전혀 접해보지 못한 송덕기를 1973년도 태권도지에 '은발銀髮의 태권도인'으로 소개하고 있다.

기사는 독자가 인터뷰 대상을 직접 접하는 것이 아니므로 기자의 자의적 해석의 개입 여지가 높지만, 영상은 인터뷰 대상의 진술을 직접 영상을 통해서 접할 수 있어 사실감과 현장감이 높다. 그러나 기사는 인터뷰 대상자와 기자와의 관계의 진실성을 확보하는데 한계점을 지니고 있다. 따라서 송덕기가 이보형과의 인터뷰에 더 높은 신뢰성을 가질 수 있다고 본다.

박종관(1983)은 손기술에 대해서 다음과 같이 서술하고 있다.

> 싸움에서 사용할 수 있는 기법을 제외하면 대체적인 손기술은 상대를 밀어제치거나 잡아끄는데 쓰이게 된다. 택견에서도 권拳의 사용을 하기는 하지만 몇 가지의 기법에 국한되어 있고 거의 손바닥을 쓰고 있다. 손기술 하나만으로 사용될 경우도 있겠지만 효과적으로 시합에 임하기 위해서는 발기술과 혼합해서 실시해야 한다. 상대와 격투를 하는 경우에는 과격한 공격을 할 수도 있겠으나 견주기에서는 과격한 공격을 하지 않는다. 이것은 택견이 격투를 하기 위한 것이 아니기 때문이다. 손기술은 한번 한 번의 움직임에 그치게 되어 있으며 여러 가지로 변화하는 예는 거의 없다. 간략한 동작으로 매우 빠른 공격을 시도해야 한다.

상기한 내용에서 박종관은 격투하는 경우에는 과격한 공격을 하지만 견주기는 과격한 공격을 하지 않는 것으로 기록하고 있다. 그러나 택견은 격투를 위한 것이 아니라고 서술하지만, 단행본에서는 견주기에 사용되는 기법은 찾아볼 수가 없고 격투에서 사용되는 손기술을 사진과 함께 기법을 소개하고 있다. 그 내용을 살펴보면 다음과 같다.

가지치기, 안경씌우기, 코침주기, 낙함, 칼재기, 칼잽이, 도끼질, 고막치기, 이마재기, 맴돌리기, 가슴치기, 옛법, 늦은배, 재갈넣기, 덜미잡아치기, 어깨치기, 턱걸이, 면치기, 항정치기, 개부르기, 손따귀, 잡아대기, 비비기, 바로밀기, 외발 쌍걸이 총 25종류의 손기술을 수록하고 있다. 신한승이 주장하는 결련택견 즉 '쌈수' 기술을 소개하고 있다.

도기현은 "손질은 주로 상대를 잡거나, 밀거나, 걸어 넘기는 유술의 원리를 가지고 있으며 손질 단독으로 쓰는 기술보다는 발질의 보조로 많이 활용된다."는 유사한 견해를 보인다.

그리고 손질에는 이마재기, 칼잽이, 칼재기, 덜미잽이(안덜미잡고 당기기, 안덜미잡고 밀기, 밖덜미 잽이), 가지치기(안가지치기, 밖가지치기), 어깨맴돌리기, 개부르기, 손목잽이(손회목잽이), 회목잽이(발회목잽이), 오금잽이, 어깨치기 14종류의 기법은 박종관의 내용과 유사하지만, 도기현은 "시합을 하다가 상대와 붙게 되면 신속한 판단을 해야 하는데 기술이나 완력면에서 자신이 없으면 재빨리 피하거나 혹은 이마재기나 칼잽이 등으로 상대를 밀어붙이며 접근을 못하도록 막아야…" 하는 것으로 경기를 위한 기술을 소개하고 있다.

박종관은 옛법은 손기술의 하나로, 주먹으로 상대의 옆구리나 겨드랑이를 공격하는 것으로 설명하고 있다. 반면 도기현은 "'옛법'이라는 상당히 위험한 기술들이 있는데 이는 경기에서 사용할 수 있는 기술이 아니다. 상대에게 치명적인 상해 내지는 사망에 이르기까지 할 수 있는 위험한 기술들을 택견에서는 총칭해서 '옛법'이라고 부르고 있다."라고 '옛법'에 대한 견해의 차이를 기술하고 있다.

이용복·정경화·도기현은 '손질은 모두 유술적 특성을 지닌 형태와 옛법 등 상대방을 한방에 무력화시키는 타격형태의 손질로 나눌 수 있다'라고 정의 내리고 있어, 박종관이 주장하는 옛법과 괴리성이 있다. 한편 김정윤은 『태견 위대편』의 시합내용에 '예법'이 수록되어 있는데 단순히 두 사람이 예의를 지키는 것으로 위의 내용에서 주장하는 옛법은 찾아볼 수 없다.

고용우(2013.10.10, 로스앤젤레스)의 인터뷰에서 손질에 대해서 다음과 같이 진술하고 있다.

할아버지는 처음 태껸기술을 지도하실 때, 손질을 경기기술과 격투기술을 나누지 않았어요. 처음부터 장심지르기(손바닥)나 재갈넣기(주먹)나 손날로 상대를 공격하는 것을 알려 주었어요. 경기기술이라고 특별히 구분해서 알려주지 않아요.

고용우의 진술은 박종관의 내용과 상당한 차이가 있는 것으로 손질을 격투와 견주기 구분 없이 지도한 것으로 나타났다.

또한 고용우는 인터뷰(2016.1.13)에서 '옛법'에 대해서 다음과 같이 진술하였다.

옛날부터 내려오는 기법을 '옛법'이라고 해요. 할아버지는 어쩌다 한 번씩 말씀을 하시는데 '옛법'이라고 했는데 임호 선생에게 '옛법'이라는 얘기는 들었을 거예요. 그 이전에 태껸의 모체된 근본 기술이 있을 것이 아니냐고, 나는 수박으로 보거든요. 수박이랑 태껸이 다른 기술이라고 보지 않거든요. 옛날의 모체

되는 기술이 '옛법'이라고 봐야 되지 않는가. 위험한 기술이나 살상기술만 아니고 옛날에 형태로 있었던 것… 품밟기라든가 옛법과 태껸을 구분해서 보면 안돼요. 처음에 품밟기 배우고 손으로 치고 발로 차는 것을 배웠지… 발길질에 '옛법 곁치기'나 '옛법 도끼발' 등이 있어요. 오래 전부터 전해 내려오는 기법을 '옛법'이라고 해요. 주먹으로 여기를 쳐서(목)을 칠 때도 '옛법'이라고 해요. 그러니까 태껸의 변천과정을 겪지 않았나. 그 모체는 수박에서 나왔다고 보면 되고, '옛법이 태껸'이고 '태껸이 옛법'이고 같은 거예요. 옛날부터 내려오는 거예요.

선행연구에서는 손질 기법을 '옛법'이라는 용어를 사용했지만, 고용우의 진술에서 손질에만 국한된 것이 아니라 발길질도 포함하고 있다는 것을 알 수 있다. 사전적 의미로 Daum 사전에 옛법은 "옛 규칙이나 법도"를 의미한다.

예컨대, 손질의 '안경잽이(안경 씌우기)' 용어를 정의하기 위해서는 우선 '안경의 어원'을 파악하고, '안경 잽이'인지, '안경 씌우기'인지에 따라 기법이 달라진다. 안경은 '애체', '왜납矮納'이라 불리기도 했다. 안경의 한반도 도입 과정이 다양한 설이 혼재하고 있다. 안경이 도입되기 전에는 안경이란 단어를 찾아볼 수 없듯이, 옛날부터 내려온 기술의 총칭을 '옛법'이라 정의할 수 있다.

따라서 '옛법택견'은 경기에서 금지되고 격투에서 사용하는 기법이 아니라 옛날부터 내려오는 전통적인 기법을 '옛법'이라 하고, 싸움기술은 줄여서 '쌈수'로 정의할 수 있다.

이러한 용어에 대해서 단편적인 접근이나 자의적 해석에 의한 신조어 개발은 신중해야 한다. 이는 전통성과는 요원해질 수 있다. 용어가 단순해 보이지만 결코 쉽지 않다. 이러한 문제를 해결하기 위해서는 지속적인 '택견 용어'에 대한 심층적인 연구가 필요하다.

한편 정경화(2002)의 손질에는 활갯짓을 통해 막는 방어기술들을 추가하고 있다.

김정윤(2002)의 『태견』은 아래대편과 위대편 2권으로 나누어 저술한 내용에 특별히 손기술로 구분되어 있지 않지만, 손으로 타격으로 공격하는 기법을 편리상 손질로 구분하여 정리하면, 아래대편에 먹치기(1~4), 맴돌리기(1~5), 팔뚝구미(갈기 1~9)가 있고, 위대편의 벽치기에 가슴치기, 외벽치기, 쌍벽치기, 벽치기(1~19), 관자붙이기, 코침주기, 면치기, 앙가슴치기, 턱걸이, 도끼날(질)(1~9), 봉수, 칼잽이, 안경잽이, 막음질, 칼재기, 이마재기 등을 소개하고 있다. 아래대편에 총 19종류와 위대편에 42종류로 총 61종류이다. 이 저술에는 기존의 3단체에서 찾아보기 어려운 다양한 기법들을 소개하고 있다.

김정윤·박종관·도기현의 저술에 나타난 기법을 비교해보면, 먹치기와 봉수 그리고 팔뚝구미는 김정윤의 저서에만 나타난다. 그리고 위의 저술에 동일한 용어는 맴돌리기, 칼재기, 칼잽이, 안경잽이(안경씌우기), 가슴치기, 코침주기, 벽치기(고막치기), 면치기(이마재기), 턱걸이 등이 있다. 하지만 '개부르기'는 박종관과 도기현은 용어와 기법이 같지만, 김정윤은 기법의 차이를 보이고, 어깨치기는 박종관의 내용과 차이를 보인다. 관자붙이기는 위 2명의 저술에는 없지만 신한승의 기법에서 찾아볼 수 있다.

이 저서의 사진에 송덕기의 상대자로 고용우가 주도적인 역할을 하고 있으며 '뒷이야기'에서 고용우를 "택견을 마음에 들게 한다고 칭찬을 아끼지 않았던 제자이다."라고 소개하고 있다.

고용우는 박영의(중앙일보, 2000.01.13. C-2면)의 기사에서 "사대문 안에서 택견을 하던 사람들로부터 이어진 택견을 '위대(윗대, 웃대, 우대) 택견'이라고 하며 사대문 밖에서 택견을 하던 사람들로부터 전해진 것을 '아랫대 택견'이라고 명칭하고 있다. 고용우의 '위대택견수련원'의 이름도 바로 여기에서 따온 것이다. 고용우는 69년 입문하여 송덕기 선생으로부터 배웠다"라고 했다. 그리고 현암위대택견보존연구회(現 세계위대택견연맹) 명칭 제정에 대해서 다음과 같이 설명하고 있다. "송덕기의 호인 현암玄庵과 서울 인왕산 근처 위대에서 택견을 수련했고 할아버지는 택견이나 탁견이 아니라 택견이라고 말씀하셨고, 위대택견을 보존하고 연구하기 위해서 고용우는 현암위대택견보존연구회를 사용하고 있다"고 했다.

한편 고용우의 인터뷰(2013.10.10)에서 손질에 코침치기, 가슴치기, 허벅치기, 사면올려치기, 면치기, 턱걸이, 안경잽이, 칼잽이를 기본 수련과정으로 실시하고 있으며, 그 외에 도끼질, 항정치기, 팔뚝치기, 재갈넣기(주먹, 메주먹), 멱치기, 가지치기, 낙함, 벽치기(외벽치기, 쌍벽치기), 따귀치기, 이마재기, 얼러치기, 줄띠잽이, 떼장치기, 공중걸이 등 24종류 이상이 있는 것으로 조사되었다. 그리고 고용우는 '택견은 종합격투기'라고 진술했다.

고용우는 인터뷰(2013.10.10)에서 택견을 배우면서 순서가 생각이 나지 않을 때가 있어 노트에 기록을 다해놓았다고 한다.

요컨대, 손기술의 종류를 살펴보면, 예용해(1964, 1973)와 김명곤(1977)은 1종류, 『계간 태권도』(1971, 1973)는 6종류, 박종관(1983)은 25종류, 김정윤(2002)은 61종류로 구성되어 있어 연도의 변화에 따라 점진적으로 손질의 수가 늘어나는 것으로 나타났다. 그리고 도기현(2007)은 14종류는 단행본에 실린 기술을 수록한 것이고 결련택견협회의 수련과정에는 더 많은 손기술이 있을 것으로 추정되고, 고용우(2013)은 24종류 이상으로 구성된 것을 알 수 있다. 기존에 택견이 발차기 위주로 구성되어 있다고 통상적으로 알려졌지만, 오히려 발차기 이상으로 손기술이 양적으로 더 많은 것을 보이고 있어 수박과 택견과의 연관성에 신빙성을 더해준다.

예용해의 『한국일보』(1964. 5. 16.)에 송덕기의 택견 기술을 11가지 수로 소개하고, 그 이후에도 많지 않은 기술을 각종 언론에 소개한 이유를 『계간 태권도』(1973. 3.) 7·8합본호의 인터뷰 내용에서 송덕기의 기술에 대한 애착을 찾아볼 수 있는데, "훌륭한 무도를 스승에게 배웠으면 그 기술을 간직하기를 부모 섬기듯 하고, 잊거나 잃어서는 안 되며 그 기술을 남용하는 것은 부량한 짓임을 강조했다." 그리고 택견기술을 지도할 때 주위에 사람들이 쳐다보면 동작을 멈추거나, 고용우에게 '저 친구는 다음부터 택견 수련에 함께 오지 말라'고 얘기하는 등 택견 전수도 사람을 가려서 할 정도로 기술을 외부에 노출하는 것을 꺼리었다.

이홍의 『조선일보』(1985. 8. 6.)「千의 祕術 태껸 "마지막 脈 잇기" 97세 宋德基 선생 혼신의 전수」에 "태껸은 무려 1천여 가지의 수로 구성돼 있다 … 중략 … 섬뜩할 정도로 치명적인 타법이다."라고 기술하고 있다.

2) 신한승 택견의 손질 분석

신한승이 정리한 택견 수련내용을 문화재로 등록하기 위해서 조사한 보고서와 의뢰서, 전수실태조사 그리고 신한승으로부터 택견을 전수하여 저술한 단행본 등의 내용을 토대로 살펴보면 다음과 같다.

오장환의 『택견 무형문화재 지정조사 의뢰서』(1981)에서 " '쌈수'에 낙함, 턱빼기, 면치기, 멱치기, 항정치기, 손따귀, 주먹질, 휘뚜루치기 등이 8종류가 있으나 체육적 놀이로 가치가 없는 것 같아 생략함"이라 했다. 이후 임동권의 『무형문화재 조사보고서』(1982)에도 오장환(1981)의 의뢰서를 그대로 반영하고 있다.

그리고 이보형의 『택견 무형문화재 전수실태조사』(1983)에는 '쌈수'를 결련태껸으로 기록하고 "요즈음에는 택견이 경기 민속놀이로 벌이기 때문에 결련태껸은 삼가는 쪽으로 기울고 있다"고 기록하고 있다. 그러나 이용복과 도기현은 타격적인 기법이 배제된 경기로 주장하는 결련태껸과 서로 괴리성을 보인다. 이는 신한승의 서기택견의 영향으로 해석된다.

이보형(1983)의 내용 가운데 손질에는 저편을 밀거나 쳐서 넘어뜨리기, 잡아당기기, 걸어 당기어 넘어뜨리기, 발질을 막는 손질이 있다. 이는 신한승이 주장하는 서기택견의 경기용 기법이다.

[표 1] 이보형(1983)의 치거나 밀어서 넘어뜨리는 손질

종류	설명
칼재기	떼밀리는 칼잽이로 엄지와 식지를 벌리고 손을 엎어 들어 저편의 목이나 가슴을 미는 손질
가지치기	손가락을 약간 벌리고 손을 세워 손날로 내려치는 손질
안경씌우기	손가락을 벌리고 뻗어 저편 눈을 훑거나 찌르는 손질
코침주기	손을 앞으로 뻗어 손바닥 아래 갓으로 저편 턱을 늬어서 아래로 내리치는 손질
도끼질	손가락을 모아 세워 손을 들었다가 위에서 아래로 저편 옆 목을 내려치는 손질
고막치기	손가락을 모아서 약간 오목하게 펴고 손바닥으로 저편 귀를 쳐 고막을 울리게 하는 손질
옛법	송덕기선생이 말하는 권법으로 주먹을 쥐고 비틀며 겨드랑이나 옆구리를 치는 손질
이마재기	손가락을 벌리고 손을 약간 오목하게 펴고 손바닥으로 저편 이마에 꽉 붙이고 밀어제치는 손질
어깨치기	팔꿈치로 저편 어깨의 뒤쪽을 치는 손질
턱걸이	칼잽이라 하여 엄지와 식지를 벌리고 손을 뻗어 저편 목을 아래에서 위로 쳐 턱을 받치는 손질
면치기	손을 뻗어 손바닥 밑으로 저편 얼굴을 치는 손질
항정치기	손가락을 모아 손을 세워 손날로 저편의 덜미를 치는 손질
손따귀	손바닥으로 뺨을 때리는 손질

결련택견으로 분류하는 기술로 치거나 밀어서 넘어뜨리는 손질에 칼재기로 떼밀기, 가지치기, 안경씌우기, 코침주기, 이마재기, 옛법, 늦은배 재갈넣기, 어깨치기, 턱걸이, 면치기, 항정치기, 손따귀 등이 있다(이보형, 1983). 그 구체적인 내용을 살펴보면 [표 1]과 같다.

[표 1]의 내용은 전술한 예용해(1964, 1973), 김명곤(1977), 박종관(1983)의 손질과 매우 유사한 형태를 보인다. 반면 오장환의 『택견 무형문화재 지정조사 의뢰서』(1981)와 임동권의 『무형문화재 조사보고서』(1982)의 쌈수에서 8종류에 불과한 것에 비해 1983년 6월 1일 중요무형문화재 제76호 등록 이후 이보형의 전수실태조사에서 박종관의 저

서를 토대로 13종류의 타격기술을 수록하고 있다. 오장환이 '체육적 놀이로 가치가 없는 것 같아 생략'하여 송덕기의 원형과 멀어지는 양상을 보였다.

이보형(1983)의 신한승이 주장하는 서기택견의 경기용 기법에 잡아당기거나 걸어 당겨 넘어뜨리는 손질에는 덜미잡이, 덜미걸이, 잡아대기, 맴돌리기, 바로밀기와 같은 것이 있다. 그 구체적인 기법을 살펴보면 [표 2]와 같다.

[표 2] 이보형(1983)의 잡아당기거나 걸어 당겨 넘어뜨리는 손질

종 류	설 명
덜미잡이	손을 들어 저편 덜미를 안에서 밖으로 끌어당기는 손질
덜미걸이	손을 들어 저편 덜미를 밖에서 안으로 끌어당기는 손질
잡아대기	손을 들어 저편 위쪽을 잡아채는 손질
맴돌리기	한 손으로 저편 어깨를 잡아채고 다른 손으로 저편 다른 어깨를 모로 밀어내는 손질

[표 2]의 내용은 박종관(1983)의 맴돌리기와 같은 기법이고 잡아대기는 약간의 차이는 있지만 유사한 형태이다. 그리고 도기현(2007)의 덜미잽이와 상기한 덜미잡이, 덜미걸이는 같은 기법이고, 맴돌리기는 박종관, 도기현, 김정윤, 고용우 등의 기법에서 사용하는 기법이다. 상기한 4종류의 기법은 통상적으로 택견에서 사용하는 기법들이다.

이보형(1983)의 발질을 막는 손질에는 활개내려막기, 회목잡기, 활개때려막기가 있다. 그 구체적인 내용을 살펴보면 [표 3]과 같다.

[표 3] 이보형(1983)의 발질을 막는 손질

종류	설명
활개내려막기	저편에서 는질러차고 들어오는 발의 정강이나 발목을 이편 손바닥을 안에서 밖으로 내리쳐 막는 손질
회목잡기	저편에서 는질러 차거나 곧은발질로 들어오는 발목을 이편 손아귀로 잡아 막는 손질
활개때려막기	저편에서 걷어차고 들어오거나 는질러차고 들어오는 발목이나 정강이를 손안귀로 위에서 밑으로 내리쳐 막는 손질

[표 3]의 내용은 활갯짓의 기법으로 활개내려막기와 활개때려막기는 송덕기의 기법에서 찾아볼 수 없고 다만 회목잡기는 일반적으로 칼잽이 기법에서 상대의 발회목을 손아귀로 잡고 공격하는 동작으로 택견에서 통상적으로 널리 사용되는 기술이다.

경기로 하는 서기택견(일반택견)과 투기나 무예로 하는 것을 결련택견의 기예에 대한 엄격한 구분은 없으나 상대편의 급소를 치고 상해를 주는 기예의 택견기술은 일반적인 기예에서 동떨어진 특징을 갖는 기술은 서기택견에서 제외하고 있다. 송덕기 선생이 보유하고 있는 여러 기술 가운데 가지치기, 안경씌우기, 코침주기, 낙함, 도끼질, 고막치기, 이마재기, 옛법, 늦은배, 재갈넣기, 어깨치기, 턱걸이, 면치기, 항정치기, 손따귀, 관자붙이기와 같은 손질은 結連택견에 든다고 한다(박종관, 1983: 이보형, 1983: 오장환, 1991). 이보형과 오장환은 박종관의 저술을 토대로 정리했음을 알 수 있다.

이보형(1983)은 누상동에는 「장칼」이라는 장사가 있어 키도 크고 힘도 좋고 「복장지르기」, 「가슴치기」등 솜씨가 좋았다 하나 그를 이은 택견꾼이 있었는지 알 길이 없다고 기록하고 있다.

신한승은 호신술로 사용하는 결연決然택견은 경기에서 제외되고 서기택견만으로 겨루기를 하고 있다. '태도가 굳세고 결정적'이라는 뜻의 결연決然으로 해석하고, '서거라, 섰다'라고 외치고 나서 겨루기 때문에 서기택견이라 말한다(이용복, 1995). 따라서 그는 제자들에게 낙함, 코침주기, 도끼질, 이마재기, 안경씌우기, 턱빼기와 같은 '결연택견'의 기술을 지도하지 않거나 겨루기에서도 응용을 금하였다. 그는 또 여러 곳으로 택견 보유자들을 찾아다니며 택견에서 응용되는 모든 기술을 정리하는 데 힘쓰고 있다(이보형, 1983). 1983년 6월 1일 문화재로 등록되고 1983년 9월 전수실태를 조사하여 기록한 내용인데 신한승은 택견의 기술을 정리하기 위해서 노력하고 있었다.

1984년경 신한승과의 대화에서 대해서 미국 캘리포니아주 선랜드에 있는 월드 마샬아츠 센터 관장 김성복은 인터뷰(2013.10.20. 자택)에서 다음과 같이 진술하였다.

> 충주에서 합기도 사범으로 있을 때 신한승 선생님께서 나에게 택견을 권유하시면서 이번에 동작을 새로 정리했는데 보기에 어떠냐고 물어보곤 했어요.

신한승은 문화재 등록 이후에도 끊임없는 택견 기술개발을 위해 계속 연구한 것으로 보인다.

문화재 등록 이후 신한승의 주도로 1983년 문화예술진흥원에서 실시한 택견 VTR 녹화에서도 주로 그의 택견학습체계를 응용하였다 (이보형, 1983).

오장환(1991)은 서서익히기로 칼재기, 가로밀기, 세워밀기, 칼잽이, 덜미잽이, 덜미걸이로 손질을 구분하고 있다. 손질은 "손으로 상대를 제압하는 기술로써 단독으로 거의 쓰이지 않고 다른 기술과 병행하여 쓰이며, 손으로 상대의 목을 밀거나 목덜미를 잡아 낚아채어 상대의 중심을 꺾어 잃게 하는 데 쓰인다."

오장환(1991)은 이보형(1983)의 내용과 마찬가지로 막음질에 활개내려막기, 활개 발회목잡기, 활개 바닥으로 막기로 구분하여 기록하고 있다.

또한 상기한 바와 같이 오장환은 이보형의 내용과 같이 결련택견에 대해서 다음과 같이 설명하고 있다.

결련택견(결련수)은 택견을 서기택견과 결련택견으로 나누어지며 지금까지 설명한 것을 서기택견이라 하며 결련택견은 쌈수로서 위험한 동작이 많이 내포되어 있어 초보자에게는 가르치지 않고 있다. 서기택견에서는 결련수를 쓰지 않는 것이 통례이며 결련택견을 익히는 기본동작을 여기 설명하고자 한다. 결련 택견에서의 활갯짓은 손 앞뒤로 흔들면 품밟기로 시작이 된다.

상기한 바와 같이 결련택견에 대해서 기록하면서 사진과 함께 결련택견수에 낙함, 턱배기, 면치기, 항정치기, 손따귀, 안경씌우기, 코침주기, 도끼질, 관자붙이기, 주먹질, 늦은배, 재갈넣기를 소개하고 있다.

이용복은 손질에 잡아대기, 가로밀기, 칼재기, 세워밀기, 낙함, 도끼질, 항정치기, 가지치기, 옛법, 팔꿈치기(어깨치기), 안경씌우기, 손따귀, 이마재기, 칼잽이로 기록하고 있다.

정경화는 "손질이란 손을 사용하는 모든 손기술의 총칭으로서 대부분의 기술이 발질과 더불어 사용하여야 공방에서 좋은 효과를 기대할 수 있다. 택견은 발질 중심이라기보다는 손기술과 발기술을 함께 사용하는 음양 조화의 복합무예인 것이다." 기본 손질로 칼잽이, 덜미잽이, 덜미걸이로 구분하였다.

그리고 손질에 대한 구체적인 내용으로, 활개내려막기, 곁들어 내려막기, 활개 발회목 잡기, 활개바닥으로 막기, 두손 내어막기, 세워막기, 치막기, 가로막기, 떼밀기, 덜미잽이, 가세질러막기, 끼어잡기, 오금잽이 및 무릎잽이, 발회목 잡고 칼잽이(어깨잽이)로 구분하여 오장환, 임동권, 이보형 등의 기록에서 찾아볼 수 없는 두 손 내어막기, 치막기, 가로막기, 가세질러막기, 끼어잡기 등의 새로운 기술을 소개하고 있다.

정경화는 결련택견(쌈택견: 살수)를 소개하고 있는데, "택견은 크게 서기택견과 결련택견으로 나누어지며 지금까지 설명한 것을 활수 위주의 서기택견이라 하며 결련택견은 살수 위주의 쌈수로서 위험한 동작이 많이 내포되어 있어 초보자에게는 가르치지 않고 있다. 서기택견에서는 결련수를 쓰지 않는 것이 통례이며, 결련택견을 익히는 기본동작을 여기서 설명하고자 한다." 라고 기록하여 오장환(1991)의 내용과 같이 서술하고 있다.

또한 결련택견(쌈수)에 낙함, 턱빼기, 면치기, 항정치기, 손따귀, 안경씌우기, 코침주기, 도끼질, 관자붙이기, 주먹질(옛법, 늦은배 재갈넣기)가 있다(정경화).

요컨대, 신한승은 오장환(1981), 임동권(1982), 이보형(1983) 등을 조사를 통해서 택견을 서기택견과 결련택견으로 구분하고 서기택견은 일반 경기택견이고 결련택견은 쌈수 즉 투기나 무기武技로 분류하고 서기택견의 손질은 경기를 위한 수단으로 발기술의 보조수단으로 활용되며, 결련택견에는 타격기의 손질로 기록하고 있다. 차후 결련택견과 서기택견의 올바른 개념정립이 이루어져야 할 것이다.

3. 택견 단체의 기본 수련과정의 손질 비교분석

1) 택견 단체의 손질 분석

현재 결련택견협회, 대한택견연맹, 한국택견협회(이하, 한국의 세 개 단체로 명명함)에서 사용하는 손질에는 '옛법'이라는 살상법과 경기에 사용하는 기술로 나눌 수 있다. 택견 단체의 기본동작 중 손질은 걸이기술의 보조적인 수단과 손질만을 이용한 잽이, 밀기, 당기기, 돌리기 등이 있으며 주로 유술적 기법의 기술들이다. 경기기술에서 상대를 손으로 가격할 수 없고 밀거나 잡아당기고 걸어 넘기는 기법과 상대의 발질이나 손질 등을 막는 것을 위주로 한다. 경기에서 사용하는 손질은 상대를 직선으로 가격하는 것을 배제하고 힘을 비스듬하게 흐르게 한다든지 혹은 손목의 스냅Snap을 이용하여 툭 치듯이 가격하여 상대의 균형을 무너지게 하는 것과 딴죽에 대한 보조수단으로서 목적을 두고 있다. 반면 현암위대태껸보존연구회의 손질은 타격을 위한 수단으로 사용되고 있다.

한국의 세 개 단체와 현암위대태껸보존연구회(現 세계태껸연맹)의 기본 손질의 비교를 구체적으로 살펴보면 [표 4]와 같다.

결련택견협회는 기본 품밟기를 통해 손질을 한다. 2010년 이전의 손질은 단독으로 구성되어 있었으나 2010년부터는 손질과 태질이 함께 구성된 것을 볼 수 있다. 손질로는 잽이 기술인 회목잽이, 손목잽이, 안덜미잽이, 밖덜미잽이, 칼잽이, 가지치기, 허리재기, 덜미밀기, 활개밀기, 덜미감기, 외발쌍걸이, 활개쳐내기, 이마재기, 어깨 맴돌리기 등이 있다.

[표 4] 택견 단체의 기본 수련과정의 손질 비교표

단체	기술 용어
결련택견협회	회목잽이, 손목잽이, 오금잽이, 안덜미잽이, 밖덜미잽이, 칼잽이, 가지치기, 이마재기, 어깨맴돌리기, 허리재기, 덜미밀기, 활개밀기, 덜미감기, 외발쌍걸이, 활개쳐내기
대한택견연맹	회목잽이, 칼잽이, 빗장붙이기, 떼밀기
한국택견협회	잡아대기, 칼재기, 칼잽이, 가로밀기, 세워밀기, 덜미잽이, 덜미걸이
위대태껸	코침치기, 가슴치기, 허벅치기, 사면올려치기, 면치기, 턱걸이, 안경잽이, 칼잽이

대한택견연맹은 2000년 이전의 손질기술은 신한승의 기술체계를 수용하여 서서익히기와 나아가며 익히기 동작을 통해서 기술이 구사되었으나 2000년 이후 이용복의 주도하에 신 수련과정을 정립하면서 품길게 밟기를 이용하여 회목잽이, 칼잽이, 빗장붙이기, 떼밀기 등으로 기술을 단순화하였다. 유단자 과정에 손기술이 포함되어 있으나 형식적인 내용에 불과하다. 경기규칙에 적합한 기술의 재구성에 의한 것이다.

한국택견협회는 서서익히기와 나아가며 익히기 기술에는 상대의 손목이나 발목을 잡아대기, 상대의 가슴이나 목을 미는 칼재기와 칼잽이가 있으며 재기는 방어적 기법이고 잽이는 공격적 기법이다. 가로밀기와 세워밀기는 상대의 상체를 미는 동작이며, 덜미잽이와 덜미걸이는 상대의 목덜미를 잽이하는 기술로 구성되어 있다.

현암위대태껸보존연구회(現 세계위대태껸연맹)는 기본 손질에서 경기를 위한 발기술의 보조수단으로 사용되는 기술은 찾아보기 어렵고 타격의 손질로 구성되어 있다. 상기한 바와 같이 고용우는 송덕기로부터 서기택견이나 결련택견으로 구분하여 기술을 사사하지 않고 처음 수련 시작부터 타격적인 기법을 기술을 배운 것이다.

　　요컨대, 각 단체의 기본 수련과정은 중심핵과 같아서 매우 중요한 역할을 하게 된다. 기본을 토대로 응용기법이 조합되어 다양한 기법으로 진행되게 된다.

　　결련택견협회와 대한택견연맹 그리고 현암위대태껸보존연구회(現. 세계위대태껸연맹)는 품밟기를 통한 손질을 하는 반면 한국택견협회는 서서익히기에서 제자리에서 손질을 구사하고 있다. 택견은 송덕기의 기술을 준거로 삼고 있는데 통일된 수련과정이 요구된다.

2) 택견 단체의 원형복원을 위한 손질 방안

택견 손질의 원형복원을 위해서 단체 간의 교차검증을 실시하여 기술, 용어, 원리 등의 원형복원을 위한 끊임없는 연구가 필요하다. 이러한 원형을 도외시하고, 현대화 기술에 전념한다면 전통무예 택견의 원형은 사장되고 말 것이다. 현재의 기술체계에서 머물러 있을 것이 아니라 손질 원형의 근본적인 뿌리를 찾고 나아가 재창조의 길로 도입하여야 한다.

따라서 조선의 마지막 택견인 송덕기 택견을 원형의 준거로 택견의 통합된 수련과정을 정립해야 한다. 앞으로 송덕기 택견을 사사한 인물을 발굴하고 현장조사와 참여관찰을 통해서 손질 원형을 찾아야 한다.

4. 맺음말

　이 장은 택견의 원형복원을 위한 손질 분석을 위하여 각종 문헌 고찰과 질적 사례연구인 인터뷰를 하였다. 그 목적은 택견 손질의 원형 복원과 정체성 확립에 일조하는 데 있다. 이에 따른 결론은 다음과 같다.

　첫째, 송덕기와 신한승은 손질에서 매우 유사한 형태의 손질을 기록하고 있다. 다만, 송덕기에게 전수한 시기와 기간에 따라 손질의 용어와 기법의 차이를 일부 보인다. 신한승은 오장환과 임동권 그리고 이보형의 조사에서 문화재 등록 이전과 이후의 손질의 개수의 차이를 보이고, 송덕기의 손질을 답습하고 있다.

　둘째, 서기택견과 결련택견에서 사용하는 손질의 목적은 상이하다. 한국택견협회는 서기택견을 경기로 정의하고 걸이의 보조수단으로 사용하고 있고, 결련택견은 실전택견(싸움수)으로 타격을 위한 목적으로 분류하고 있다. 반면 결련택견협회와 대한택견연맹은 결련택견을 경기로 규정하고 손질을 발기술의 보조수단으로 사용하고 있고 타격기의 손질은 옛법으로 분류하여 별도로 수련하고 있다.

　셋째, '옛법택견'은 살상법의 개념보다 예로부터 전해진 기술을 의미하고 있다. 손질뿐만 아니라 발길질도 옛법에 포함된다.

　넷째, 기본 수련과정의 손질 지향점은 경기에서 필요한 기술로 구성되어 있다. 한국의 3단체는 손질의 목적이 걸이의 보조수단으로 사용하는 반면 현암위대태껸보존연구회(現 세계위대태껸연맹)는 종합격투기라는 관점에서 타격기의 기법이 기본과정으로 실시하고 있다.

이상 택견이 무예라는 시각에서 바라본 손질의 정립을 위해서 총체적인 접근이 필요하다.

차후 손질의 용어와 기술에 사용되는 구체적인 손질 기법에 대한 심층적인 연구가 요구된다.

「평양감사향연도」 중 「부벽루연회도」
19세기 김홍도의 작품으로 싸움하는 아이들을 말리는 어른들의 장면이 생생하게 그려져 있다.

제5절 택견의 원형복원을 위한 손질 원리 분석

택견 기능보유자 송덕기左와 신한승右 「칼잽이」 (출처: 문화재청)

도끼질 (김정윤, 2002)

1. 들어가기

송덕기의 택견 수련체계 중 손질의 원리 분석을 위해서 보폭과 각도, 보법 그리고 손의 모양은 손질의 원리를 분석할 수 있는 근거가 되며 이 분석과정을 통해 올바른 택견원형을 찾아가는 단초가 되기도 한다.

무예에서 겨루기를 위한 보폭은 겨루기에 지대한 영향을 미친다. 보폭이 너무 넓으면 동선이 길어 이동이 용이하지 않고, 너무 좁으면 기저면이 좁아 균형을 이루는 데 불리하다. 송덕기는 항상 어깨너비로 보폭을 갖추라고 했다(고용우, 2013.10.10). 이는 발차기와 손질 그리고 유술기 등의 기법 사용에 순발력을 갖추는데 적합한 보폭이다.

공방을 위한 몸과 팔의 각도는 무예마다 다양한 모양을 지니는데 택견에 있어서 손질의 경우는 다음과 같다. 손질을 위해서 몸을 S자가 되도록 고관절(엉덩이)이 뒤쪽으로 45° 빠진 상태에서 축의 다리가 일어나면서 손질로 이어지는 타격은 강한 파워를 생성한다. 또한 팔의 각도 45°를 유지하면서 공격을 하게 되면 공격 당사자로서도 충격을 완화할 수 있을 뿐 아니라 연결기술 또한 매끄럽다. 반면, 팔이 펴져있거나 몸이 펴진 상태에서는 공격 당사자도 효과적인 공격 수단을 발휘하기 어렵고 연결기술을 구사하기에는 매끄럽지 못한 측면이 있다.

인간의 움직임 대부분은 각(angular) 운동요소와 선(linear) 운동요소가 복잡하게 결합한 복합운동으로 나타난다. 즉 선형과 회전움직임이 발생한다.

보법은 손질을 구사함에 있어 적정한 거리와 공간을 만들어 주는 중요한 기술이다. 발의 이동을 통해서 체중을 실은 손질은 효율적으로 상대의 공격지점에 파워를 전달시키는 중요한 역할을 한다. 그러나 대개 보폭이 크면 회전력이 커질 뿐 아니라 동선이 길어져 정밀한 타격이 어려울 뿐 아니라 상대적으로 상대가 피하기도 쉽다. 반대로 보폭이 좁으면 빠른 회전력과 이동이 용이하여 빠른 공격으로 이어질 수 있다.

손질에서 손의 모양은 다양한 공격과 유관하다. 복싱은 단지 주먹으로만 공격하기 때문에 공격패턴에 한계가 있다. 이에 비해 유술은 상대방을 잡기 용이한 손의 모양을 갖춘다. 그래서 택견의 손의 모양을 조명하는 것은 택견의 전반적이고도 원초적인 특성 파악과도 관련이 있다.

송덕기 택견의 손질 원형복원을 위해서 어떻게 보폭과 각도, 보법, 손의 모양을 갖추고 손질을 구사하는지 살펴보고자 한다. 이는 택견의 원형복원에 일조하고 이를 토대로 다양한 콘텐츠 개발 등의 재창조에 기반이 될 수 있다.

택견의 손질에는 다양한 기법이 있으나, 본 연구에서는 주로 타격기를 위주로 조명하고자 한다.

현재 국내에서 활동 중인 중요 택견단체의 수련프로그램에 손질이 포함되어 있으나 타격기의 손질수련은 거의 실시하지 않고 있으며, 설사 가르치더라도 요식행위에 그치고 있어 깊이 있는 수련은 이루어지지 않고 있다.

한편 택견의 손질과 관련된 선행연구를 살펴보면, 단행본에 필자의 『택견 겨루기 총서』(2010)와 『택견 기술의 과학적 원리』(2012) 등에 일부 손질을 소개하고 있고, 학술지 논문으로 김영만·김창우의 「택견의 원형복원을 위한 손질 분석」(2016) 등이 있다. 손질에 관한 연구는 대체로 상당히 미흡한 상태이다.

따라서 이러한 한계를 보완하기 위해 문헌 고찰과 질적 연구방법인 구술채록을 병행하였다. 문헌 고찰에서 부족한 부분을 보완하기 위하여 송덕기로부터 택견을 1969년부터 1985년까지 가장 오랜 기간 사사하여 미국 LA에서 활동 중인 고용우(1952년~現)를 심층 면담하였다. 이는 택견 손질의 원형복원에 일조하는 데 그 목적이 있다.

2. 택견 손질의 원리 분석

1) 손질의 보폭步幅과 팔의 각도의 원리 분석

택견의 손질은 조화로운 동작으로 이루어져야 한다. 특히 손질에 있어 보폭의 넓이와 팔의 각도는 상대와의 겨루기에서 승리를 위해서 중요한 자리를 차지한다.

신한승의 기술을 토대로 이루어져 기본 손질과 본때 등에서 비교적 넓은 보폭을 이용하고 있으며 공격이나 방어 시 팔의 각도가 거의 펴진 상태에서 동작들이 실시되고 있다. 이러한 동작은 비교적 넓은 보폭과 팔을 뻗음으로써 체중을 싣는다는 장점은 있으나 실제 경기에서는 급박하게 공방이 이루어지므로 동선이 긴 보폭에 비해 오히려 좁은 보폭이 상시적으로 이루어지고 있다. 이는 마치 태권도의 품세 가운데 전굴 자세에서 보폭이 넓게 이루어지는 것을 볼 수 있는데 반해 겨루기에서는 보폭이 좁게 실시되는 것과 유사한 형태이다. 앞에 언급한 두 단체와는 다르게 송덕기의 손질은 보폭이 좁고 팔의 각도는 항상 약 45° 정도로 굽혀진 상태에서 손질하고 있다.

물론 상대와의 거리가 가까우면 팔을 굽히고 멀면 팔오금을 펴는 것은 당연한 것이다. 하지만 송덕기의 손질 기본원리는 팔오금의 각도를 약 45°를 기본으로 하고 있다.

이와 같이 복싱에서도 항상 팔을 굽힌 상태에서 기술을 구사한다. 이는 공격 시 짧고 빠른 연속기술 사용에 적합한 형태이다. 제한된 힘으로 큰 충격량을 주기 위해 충돌시간을 늘리는 경우를 골프나 야구베팅에서 볼 수 있는데 맨손무예에서는 동선을 키우는 방법을 사용하고 있다. 그런데 동선이 커질 경우 상대가 피할 수 있는 여지가 동시에 많을 뿐 아니라 공격의 변화가 쉽지 않아 효율적인 공격수단에는 한계가 있다.

2) 손질의 효율성을 위한 짧고 바닥을 끄는 보법

신한승 택견체계에서는 볼 수 없지만, 송덕기 택견체계에서 쉽게 볼 수 있는 것이 반보 잦은걸음이다.

팔을 내려뜨리고 서 있을 때 남자의 무게 중심은 대개 배꼽 부근으로 흔히 무예에서 언급하는 단전과는 다소 차이가 있다. 참고로 단전의 위치는 배꼽(신궐)에서 아래 방향으로 2치 위치의 석문혈이다. 물론 무게중심은 움직임에 따라 변화한다. 이 무게중심과 관련된 무예의 한 예를 들어 보자. 기마자세를 취하게 되면 자세가 낮아지고 남자의 경우 무게중심이 내려가면서 위에서 언급한 단전의 위치와 비슷하게 된다.

박철희 구술, 허인욱 정리(2005)에서 윤병인의 만주권법에는 '발끌기'가 움직임의 기본이었고 지금은 사라졌지만, 예전 태권도의 태극품세 가운데 태극1장에 보이는 막고 지르기 동작에 모두 발끌기가 포함되어 있었으며, 이 발끌기는 발을 끄는 과정에서 신체 내부의 압력을 최대한 높여 속힘(내부의 힘)을 극대화 시켜주고 결국 파괴력의 극대화로 이어지는 수련법이라 하였다.

또한 기마자세의 경우, 무게 중심이 대략 배꼽에서 단전으로 내려오게 되는데, 이때 발끌기를 통해 이동하게 되면 무게중심이자 단전의 위치가 수평이동하게 된다. 체중의 중심이자 힘의 원천인 단전이

수평이동을 하면서 상하좌우로 힘이 분산되지 않고 이동방향으로 관성이 작용하는데, 주먹을 내지르게 되면 바로 그 주먹에 그대로 관성의 힘이 실리게 되므로 파괴력이 극대화되는 것이다. 발끌기의 묘리는 일치된 단전과 무게중심이 흔들리지 않고 공격방향으로 이동되면서 주먹질에 그 힘을 싣는 것이니 이 과정을 무술과정에 포함한 것 또한 대단한 발상이다.

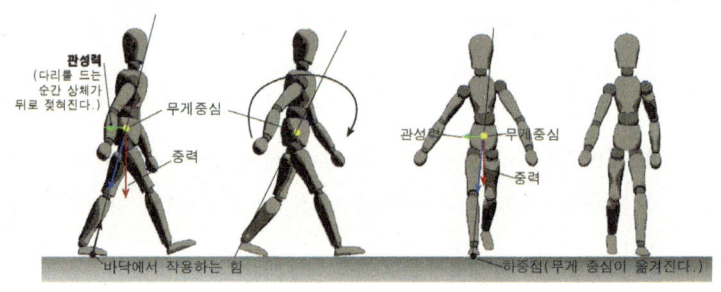

그러나 발끌기에 관한 또 다른 기록들이 있는데, 근대 형의권대사인 이중헌의 구술내용 중에 다음과 같은 내용들이 있다. "보법을 대략 나누면 횡橫 · 종縱 · 사斜 · 전轉이며, 땅을 스치며 가야만 하고, 발이 땅에서 떨어지지 않으면 않을수록 더욱더 변화할 수 있으며, 아무 이유도 없이 뛰어오르면 변화가 곧 없어진다. 형의권形意拳의 작은 보步가 질질 끌며 움직이는 것을 얕보지 말아야 하니, 정말 보기 흉하지만, 교묘하기는 또한 정말 교묘하다."(이중헌 구술)하였으니 무게중심과 단전의 일치와 상관관계가 있음을 언급하고 있다.

이는 합기도에서도 크게 다르지 않은데 "보행 시 발이 지면에서 과도하게 떨어지면 중심의 이동이 커지며 단전의 기를 운용하기 어렵고, 호흡이 고르지 않기 때문에 합기술을 행하기 전에 꼭 익혀야 하는 것이 발의 움직임이라 하였다. 덧붙여 발의 움직임은, 발끝을 약간 뜨게 하고 발뒤꿈치를 세게 딛도록 한다. 그리고 신체의 이동이나 타打, 돌突, 축蹴, 관절기關節技, 손쓰기, 발쓰기 등에 쓰이는 운족법運足法은 단전에 힘이 빠지지 않도록 미끄럼 발로 행하도록 한다."(김이수) 하였는데 미끄러지는 발의 움직임은 특별한 경우를 제외하고는 그 폭이 좁기 마련이다.

일본의 치바 슈우사쿠(千葉周作)가 세운 호쿠신 잇토오류(北辰一刀流)의 경기 중에는 자주 도장 마루에 콩을 깔았는데, 이는 전통으로써 스리아시(끄는 발, 미끄러지는 발)를 단련시키고 실전의 어떤 상황에서도 발의 움직임이 흐트러지는 것을 막기 위한 것이었다. 보행을 하는 것처럼 걸으면 발바닥에 통증이 오므로 수련자들은 경기의 급박한 상황에서도 의식적으로 발을 끌 수밖에 없었다. 그리고 발 폭을 좁힌 상태에서 스리아시를 유지해야 전후前後 움직임이 빨라짐(박상석)을 언급하고 있다.

이러한 발끌기와 관련된 보법은 검도나 택견에서 특히 송덕기 체계의 위대태껸에서 발견할 수 있다.

위대태껸에서는 짧은 보폭으로 반보 잦은걸음을 쓰면서 공격하는 손과 발에 체중을 싣는 동작체계를 갖추고 있다.

미국 로스앤젤레스에서 활동하며 현암위대태껸보존연구회(이하, '위대태껸'으로 명명함)를 이끌고 있는 고용우는 인터뷰(2013.10.10)에서 "택견의 품밟기는 발바닥이 지면과 종이 한 장 이상 떨어지지 않아야 한다."고 하였다.

김영만·김창우는 "반보 잦은걸음이 송덕기가 가장 많이 사용하던 밟기로 1984년 선조의 수련세계와 부산구덕운동장 대회 등의 영상기록물에서 많이 볼 수가 있다"고 하였다. 반보 잦은걸음은 복싱에서 줄넘기를 많이 실시하여 빠른 스텝을 연습하듯이 빠른 발놀림을 통해 빠른 몸놀림과 더불어 공격의 변화가 쉽게 이루어지는 것이다. 이것이 손발의 조화 즉 손과 발이 어우러져 '수족상응手足相應' 또는 '수무족도手舞足蹈'라는 춤사위와 흡사하다.

회전관성은 물체가 회전운동을 유지하려는 성질을 뜻하는데, 회전하는 물체의 관성은 물체의 질량과 그 물체의 지름 그리고 회전속도가 증가할 때 따라서 증가한다. 현재 발질 위주의 택견과는 달리 원래 택견이 손발을 모두 사용했던 것으로 김영만·심성섭은 「조선말 외국인의 기록을 통해 본 택견」에서도 여러 기록을 통해 제시하고 있다.

반보 잦은걸음을 많이 사용했다는 점은 공격이나 방어 시에 많은 변화를 줄 수 있는 보법이다.

이는 닭이나 쥐 등 심지어 꿩병아리조차 쫓을 때 따라잡기 힘든데 보폭이 좁은데도 생태계 먹이 피라미드에서 하위그룹에 있는 덩치가 작은 동물들의 생명 보존에 필수적인 능력이고 그런 능력 때문에 꾸준히 개체가 유지되고 있음을 알 수 있다. 잦은걸음을 사용하는 위대 태껸의 동작들은 움직임이 작은 대신에 체중을 실어 가격하는 동작원리를 보여주는데 현재 신한승체계의 택견이 문화재신청과정에서 불가피하게 재정립되었다는 사실을 인지할 수 있는 부분이기도 하다.

팔꿈치가 펴진 상태로 상대를 가격하는 것보다 굽혀진 상태에서 가격하는 부분도 회전관성을 줄여 스피드를 올리기 위한 의도 뿐 아니라 가격 후 리바운드 되는 힘을 흡수하는 역할을 하는 것이다

회전관성은 물체가 회전운동을 유지하려는 성질을 뜻하는데, 회전

하는 물체의 관성은 물체의 질량과 그 물체의 지름 그리고 회전속도가 증가할 때 따라서 증가한다. 몸의 중심축을 기준으로 좌우 폭이 넓고 무게가 무거울수록 회전관성은 커지고, 반대로 폭이 좁고 가벼울수록 회전관성은 작아진다. 회전관성이 커질수록 회전이 어렵고, 작을수록 쉽게 돌 수 있다. 그런 점에서도 다리가 짧은 사람이 긴 사람보다 빨리 걷는 경향이 있으며 힘도 덜 든다.

따라서 짧고 발을 끄는 보법은 신속하게 움직이면서도 변화를 많이 줄 수 있을 뿐 아니라 이러한 이점을 살려 체중을 이용해서 타격을 한 곳에 집중시킬 수 있다.

위대태껸의 구성동작들은 품밟기와 더불어 체중을 싣는 동작들로 구성되어 있다. 이러한 동작은 짧고 발을 끄는 품밟기를 통해 회전관성($I = mvr$, 여기서 질량 m, 회전속도 v, 지름 r)에서 지름(r)은 작지만 대신 속도(v)를 높이고 질량(m)을 높여 파괴력(I)을 키우는 데 있다. 여기서 특히 보폭이 좁고 잦은걸음으로 빠른 변화 속에 급소를 타격하여 상대방을 무력화시키는 부분도 주목할 만하다. 이러한 양상은 현재와는 달리 체급별 경기와는 무관함을 보여주는 대표적인 사례라 할 수 있다.

수족상응 手足相應이라는 말처럼 반보 잦은걸음은 손기술과 불가분의 관계이다. 통상적으로 품밟기를 왜 하는가? 에 대한 의구심을 제기하지만 손의 빠른 스피드와 함께 풋워크도 함께 상관관계를 유지하지 않으면 손기술의 위력을 충분히 발휘할 수 없다. 체중이 가는 곳에 손발이 이동했을 때 강한 파워를 생성하는 것이다. 이는 축구의 슛과 복싱의 펀치에서 쉽게 찾아볼 수 있는 원리이다.

우리는 과거에 덩치가 비교적 크지 않은데도 불구하고 뛰어난 싸움꾼들을 찾아볼 수 있다. 그들의 천부적이다 싶은 날램은 의외로 부단한 노력과 풍부한 경험에서 얻어진 것이지만 신체를 효율적으로 사용하는 빠른 움직임과 더불어 체중을 정확히 공격지점에 싣는 가장 기본적인 풋워크에 있다는 사실을 깨달아야 할 것이다.

동선이 작은 손질을 하는 것은 제한된 힘으로 큰 충격량을 만들려면 물체에 가해지는 시간 즉, 충돌시간을 길게 해주면 된다.

물리학에서 충격량(I)을 물체에 가해진 힘(F)과 그 힘이 물체에 작용한 시간(t)의 곱으로 다루기도 한다. 이것을 보면 다음과 같이 정리한다.

충격량(I=Impulse) = 힘(F=Force) × 충돌시간($\triangle$t=Time)

여기서 힘(Force)은 무게(Mass) × 가속도(acceleration)

F = M × a

I = M × a × $\triangle$t

(충격량) = (무게)×(가속도)×(충돌시간)

따라서 충격량은 무거운 것으로 빠르게 충돌시간이 길수록 커진다.

예를 들어 골프선수는 공을 칠 때 골프채를 가능한 길게 휘두른다. 이렇게 길게 휘두르면 골프채와 공과의 충돌시간이 길어지고 공은 더 많은 충격량을 받고 멀리 날아간다. 이것을 팔로스루Follow through라고 한다.

팔로스루는 타격 순간에 공에 전달되는 충격량을 늘리기 위해 가능한 공과의 충돌시간을 늘려주는 방법이다. 야구에서도 짧은 스윙보다 긴 스윙에 장타가 나온다. 이것도 공을 칠 때 뚫고 지나가듯 길게 휘둘러 치는 팔로스루로 공과 배트의 충돌 시간을 늘려 공에 주는 충격량을 최대로 만드는 행위이다(이정규).

그런데 위대태껸의 손질동작은 동선이 짧다는데 그 특징이 있다. 같은 동작이라도 동선이 길면 충격량이 크지만 반면에 상대가 피할 시간이 늘어난다. 뿐만 아니라 마지막에는 팔꿈치가 펴져야 하므로 상대방이 받은 충격이 반작용으로 공격한 사람의 어깨를 타고 목과 머리에 전달되어 온다. 그런데 짧은 동선은 언급한 바와 같이 회전관성이 적으므로 상대로부터 충격의 반작용으로 오는 힘을 굽혀진 팔꿈치에서 일부 흡수가 가능하다.

위대태껸에서는 이 점을 보완하기 위해서 체중을 싣는 것이다.

3. 손의 모양에 따른 손질의 용도와 원리분석

1) 손의 모양과 손질

손질은 손의 모양에 따라 사용기법이 달라질 수 있다. 일반적으로 손의 모양은 주먹, 손바닥, 손날 등 다양한 형태의 모양을 가지고 있다.

그 무예 특성에 따라 손의 모양은 달라지는데. 유술 기법은 손바닥을 펴고 상대를 잡기 위한 모양을 갖춘다. 타격기는 용도에 따라 손바닥을 사용하는 경우, 주먹을 사용하는 경우, 손날을 사용하는 경우, 손끝을 사용하는 경우, 손가락을 사용하는 경우 등 다양한 형태를 구사한다.

주지하다시피 복싱은 주먹을 쥐고 타격을 목적으로 상대에 손상을 주기 위한 파워를 만들어낸다. 전술했듯이 복싱도 스텝의 이동과 허리의 회전을 통해서 주먹에 모든 힘을 집중한다.

유술기법인 유도나 주짓수 등 상대를 잡아서 넘기는 경우에는 손바닥을 펴고 상대의 옷깃을 잡거나 레슬링에서는 손바닥으로 상대의 목덜미나 몸통을 잡아서 넘긴다. 또한 씨름도 상대를 넘기기 위해서 상대의 샅바를 잡아서 넘기는 데 사용한다.

1962년 송덕기 명인과 김창수 사범

1985년 송덕기 명인과 고용우 선생

목덜미 잡아 넘기는 태질(김정윤, 2002)

어깨 옷깃을 잡고 태질(김정윤, 2002)

    이러한 손질에서 다양한 모양을 가지고 손을 사용하는 것은 종합 격투기의 형태이다.

    상대와의 겨루기에서 준비 자세는 손바닥을 펴고 있다. 이는 상대를 잡아 넘기기도 하고 손바닥에서 주먹으로 전향을 통해서 타격하기도 한다.

종합격투기는 일정한 규칙 안에서 이루어지는 경기이므로 주로 손바닥으로 잡고 주먹으로 타격을 한다.

하지만 과거 전쟁에서 규칙이라는 틀에 얽매이지 않아 손바닥으로 신체의 모든 부위를 치기도 하고 잡기고 한다. 또한 상대의 살을 잡아 뜯기도 한다. 때론 상대의 급소를 찌르거나 혈을 눌러서 제압하고 관절기로 이어지기도 한다.

손목을 꺾는 신주(김정윤, 2002)

곡지(수삼리)혈을 눌러 제압(김정윤, 2002)

그러면 택견의 손의 모양이 어떻게 구성되어 있고 어떠한 원리로 공격을 하는지 살펴보고자 한다.

택견의 손질을 '옛법' 또는 '살수殺手'라고 한다. 신한승은 서기택견과 결련택견으로 구분하는데 서기택견에서 손질은 넘기기의 보조수단으로 손을 사용하고, 결련택견에서는 쌈수로 사용한다.

2) 송덕기 손질의 손 모양

택견 손질의 모양에 대해서 선행연구를 살펴보면 다음과 같다.

예용해는 『한국일보』(1964. 5. 16.) 「속 인간문화재」와 『무형문화재 조사보고서 102호』(1973) 그리고 김명곤(1977)에 11가지 기본수 중 유일하게 "칼재비-엄지와 검지를 벌려 상대방의 목을 쳐서 넘긴다. 칼재비는 택견에서 손만을 쓰는 단 한가지의 수다"라고 기록하고 있다. 손의 엄지와 검지를 벌려서 사용하는 '아귀손'을 구사하였다. 이러한 '아귀손' 또는 '손아귀'는 김정윤의 사진에 송덕기가 고용우의 젖가슴을 손가락으로 쥐어뜯는 사진이 있다. 칼재비로 기록하고 있지만 칼잽이를 일반적으로 사용하는데 칼잽이도 상대의 목을 치기도 하지만 줄띠(울대)를 잡아 뜯는 '줄띠잽이'로 이어지기도 한다.

송덕기 명인와 김창수 사범 '칼잽이'

송덕기 명인의 살 뜯기(김정윤, 2002)

평소에 송덕기는 손가락의 힘을 기르기 위해서 '앉은뱅이'를 시킨다. 박종관(1983)은 팔의 힘을 기르는 것으로 기록하고 있지만 고용우

(2013. 10. 10.)는 책상다리를 하고 손가락으로 바닥을 짚고 앞으로 뛰어는 가는 동작을 했다고 한 차원 높은 훈련법임을 진술했다.

택견에서는 혈맥을 짚기도 하는데, 안자산의 『동아일보』(1930. 4. 3.)「奇絶壯絶하든 朝鮮古代의 體育」기사에 상대의 혈맥을 짚는다는 기록이 있다. 혈맥을 짚는 기술은 다양한 관절기로 이어지는데 신주나 풍수 등으로 이어진다.

이석호(1971)는 『칼잽이』아금손으로 상대 목치기, 『이마재기』상대의 이마를 장칼바닥으로 치기, 『낙함』 턱빼기. 장칼 바닥으로 상대 턱을 치는 것, 『턱걸이』 장칼 바닥으로 상대의 턱을 치며 미는 것"으로, 태권도지 편집실(1973)에 "상대쯤은 굼실(복싱의 기본「스탭」에 해당)을 넣은 후 날칼(손날)이나 도끼질(메주먹)로 급소를 칠 수 있다." 1971년 태권도지에 칼잽이는 '아금손'으로, 이마재기, 낙함, 턱걸이는 장칼로 기록하고 있다. 장칼은 사전적 의미로 "태껸에서 손의 새끼손가락 끝 부분에서 손목까지의 모서리 부분"(Daum 한국어 사전)으로 즉 손날을 의미한다.

하지만 이마재기, 낙함, 턱걸이는 손날보다 손바닥을 이용하는 것이다. 즉 장掌을 이용하여 공격하는 것이다. 기술의 해석에서 오류가 있음을 알 수 있다.

그리고 1973년 태권도지에 '날칼(손날)과 도끼질(메주먹)로 급소를 칠 수 있다'라고 기록하고 있는데, 도끼질은 메주먹보다 주로 손날을 많이 사용하고, 메주먹은 주먹을 쥐고 장칼부위로 공격하는 기법이라 적고 있다.

도끼질(손날)로 목덜미 공격(김정윤, 2002)　　장심지르기(손바닥)을 앙가슴치기

박종관은 "손기술은 상대를 밀어 제치거나 잡아끄는데 쓰이게 된다. 택견에서도 권拳의 사용을 하기는 하지만 몇 가지의 기법에 국한되어 있고 거의 손바닥을 쓰고 있다."라고, 주먹(拳)과 손바닥(掌)을 사용한다고 기록하고 있다.

또한 박종관의 손기술을 살펴보면 [표 1]과 같다.

[표 1]에 손의 사용 부위는 손바닥, 손날, 주먹, 손가락, 아금, 팔꿈치 등을 사용하는 것을 볼 수 있다. 다양한 손의 모양을 통해서 택견이 종합격투기로서의 면모를 볼 수 있다.

표 1. 박종관(1983)의 택견 타격기의 손 모양 분석

구분	종류	설명
손바닥 (掌)	가슴치기	가슴을 떠밀어 치는 기술
	고막치기	손바닥으로 귓구멍을 쳐서 고막을 상하게 하는 기술
	낙 함	장으로 턱을 내리치는 것
	면치기	장으로 얼굴 측면 공격
	손따귀	장으로 뺨을 때리는 기술
	턱걸이	장으로 턱을 감싸듯이 공격
	이마재기	장으로 이마를 밀어제치는 기술
	코침주기	掌低로 콧등 공격
손날 (手刀)	가지치기	도끼질 하듯이 수도(手刀)로 내리치는 기법
	도끼질	측면(手刀)로 내리치는 기술, 총칭 가지치기
	재갈넣기	가지치기 형태의 측면공격
	항정치기	수도로 뒷목을 치는 기법
주먹(拳)	옛법	陰拳으로 옆구리나 겨드랑 등 공격
	늦은배	늦은배 공격
	재갈넣기	허리의 측면 공격
손가락	안경씌우기	눈을 손가락으로 공격
아금 (虎口)	칼재기	아금(虎口)으로 목을 방어
	칼잽이	아금(虎口)으로 목을 공격
팔꿈치	어깨치기	팔꿈치로 어깨의 뒤쪽을 공격

그리고 그 외 타격기를 제외한 기술에 '맴돌리기'는 상대를 맴돌리는 기술과 '덜미잡아치기'는 뒷목을 잡아당기면서 주먹으로 관자놀이를 치거나 머리를 치는 기술, '개부르기'[84]는 상대의 팔오금을 내리치면서 발을 걸고 옆으로 비틀면서 몸을 치는 기법, '잡아대기'는 목 근처를 잡아채는 것, '비비기'는 상대와 붙어 몸으로 밀치는 기술, '관자붙이기'는 머리나 뒷덜미를 잡아끌면서 관자놀이를 박치기하는 것, '바로 밀기'는 맴돌리기 기법과 거의 동일함, '외발

---

[84] '개부르기'는 용어의 오류로 '개불르기'라는 기법이 별도로 있다.

쌍걸이'는 상대가 차올리는 한발을 두 손으로 걸어 낸다는 뜻 등이 있다. 손질에는 잡거나 맴돌리는 손의 기법을 통해서 유술기가 있다는 것을 알 수 있다.

[표 1]의 내용에 손모양이 손바닥, 손날, 주먹, 손가락, 아금손, 팔꿈치를 사용한 것으로 분류된다. 이러한 다양한 손의 모양은 마치 농사일하는데 필요한 호미, 삽, 곡괭이 등 다양한 농기구를 사용하면서 넓은 구덩이를 파기 위해서는 호미보다는 삽을 이용하는 것처럼 공격하는 부위에 따라 손의 모양이 달라진다.

예컨대, 명치 공격 시에 넓은 손바닥보다 손끝 또는 주먹 등으로 날카로운 공격이 용이하고 가슴 공격 시에는 넓은 손바닥이 가슴을 울려 주게 되어 용이하다.

즉 손의 모양을 통해서 공격의 목적을 알 수 있다. 다양한 손질은 과거 전쟁에서 규칙이 없던 시절에 살상을 위한 목적의 기법들이다.

택견은 무예성과 놀이성을 함께 내재하고 있는데. 놀이라는 개념은 과거와 현재는 아주 다르다. 과거의 놀이라는 개념은 무예를 하는 행위를 놀이로 분류하고 있다. 북한의 조선사회과학학술집에 무술훈련 놀이, 체력훈련 놀이 등으로 분류하는 것과 같은 것이다. 과거 석전에서 몇 명이 죽어도 문제가 되지 않는 것처럼 택견과 석전과 함께 겨루기 놀이로 실시되면서 다양한 기법을 사용했을 가능성을 유추해본다.

도기현은 손질에는 이마재기, 칼잽이와 칼재기(아귀손), 가지치기(안가지치기, 밖가지치기), 등 박종관(1983)의 내용과 거의 동일한 기법을 수록하고 있으나 경기적 기법이 추가적으로 덜미잽이(안덜미잡고 당기기, 안덜미잡고 밀기, 밖덜미 잽이), 어깨맴돌리기, 손목잽이(손회목잽이), 회목잽이(발회목잽이), 오금잽이가 있다. 또한 그 외에 어깨치기, 개부르기가 있다.

고용우(2013.10.10)의 인터뷰에서 다음과 같이 진술하고 있다.

할아버지는 처음 택견 기술을 지도하실 때, 손질을 경기기술과 격투기술을 나누지 않습니다. 처음부터 장심지르기(손바닥)나 재갈넣기(주먹)나 손날로 상대를 공격하는 것을 알려줘요. 경기기술이라고 특별히 구분해서 알려주지 않아요.

고용우는 손바닥(장)과 재갈넣기(주먹) 그리고 손날 등을 사용한 것으로 진술하고 있다.

김정윤의 『태견』은 아래대편과 위대편의 2권 중 아래대편에 먹치기(주먹), 맴돌리기(손바닥), 팔뚝구미(팔뚝)가 있고, 위대편의 벽치기(손바닥)에 가슴치기, 외벽치기, 쌍벽치기, 벽치기, 코침주기, 면치기, 앙가슴치기, 이마재기는 손바닥을 사용한다. 그리고 턱걸이(손바닥), 도끼날(질)(손날), 봉수(손끝), 칼잽이(아귀손), 안경잽이(손가락), 칼재기(아귀손) 등을 소개하고 있다.[85]

---

[85] 김정윤의 『태견』(2006)의 「원전제작 비화」에 대해서 살펴보려 한다.
"역사는 기록이다. 즉 기록은 역사이다."
"송덕기 선생과 필자의 첫 대면은 4318(1985)년 이른 봄 서울 사직골 황학정 앞뜰이었다. MBC-TV에서 태견을 녹화하던 날, 필자의 제자들도 함께 시연을 하게 되어 노파심에 따라간 것이 첫 대면의 계기가 되었다. 송덕기 선생과 필자의 교본은 2년여로 짧은 기간이었다. 그러나 태견에 관한 많은 자료를 준비할 수 있었던 것은, 그때가 덕암 최용술 선생의 대동류大東를 정리하고 있을 때였고, 또 필자가 스스로 만든 '한풀'을 기록하고 있던 터였기에 가능했다."
"4318(1985)년 봄에 시작한 일이 그 해가 다 갈 무렵에야 어지간히 마무리를 할 수 있었다. 촬영을 하고 보니 필름의 양이 무려 3,300자나 되었다."
"처음 촬영을 하던 날이었다. 오전 시간에는 미리 준비해 놓은 기술체계로 촬영을 했다. 오후 다시 촬영하려고 하는데 송 선생이 "내 마음대로 하면 어떻겠는가"라고 했다. 그러면 기술 이름을 먼저 알려주고 시연을 해 달라고 부탁했다."
"오후 촬영에서 일본이 자랑하는 데코이(일반적으로 야와라 또는 쥬쥬쓰로 부른다)의 비전기술 다섯 가지를 모두 시연하는 것이었다. 물론 기술의 이름도 고스란히 살아 있었다. 덕암 최용술 선생이 "데코이는 본래 우리나라 무예라고 하더라"는

본서는 아직 세상에 알려지지 않은 태껸의 역사와 기술, 태껸의 원리 그리고 송덕기 선생 말년의 업적들을 기술하였다.

단기 4318(1985)년 이른 봄 서울 사직골 황학정 앞뜰에서 MBC-TV에서 태껸을 녹화하던 날, 송덕기 선생과 김정윤 선생의 첫 대면이 고용우의 소개로 이루어져 이 저서가 세상에 빛을 발하게 되었다.

이 저서는 고대 무예사를 연구하는 중요한 단서이다.

말이 떠올랐다. 혹시나 하는 짐작은 하고 있었지만, 이토록 분명하게 살아있는 것을 보고 필자도 놀랐다."
"이듬해 늦은 봄까지 촬영은 계속되었다. 그해 여름도 송덕기 선생은 태껸을 가르쳤다. 가을이 되고 찬바람이 불 때쯤 송덕기 선생의 몸에 이상이 생기더니 이듬해 여름 이승을 떠났다. 향년 99세였다. 태껸을 이승에 남겨놓고 떠나려고 모진 삶을 그토록 질기게 견디낸 것 같았다."
당시 고용우 선생의 주선으로 송덕기 선생과 김정윤 선생의 만남을 통해서 택견의 귀중한 기록이 남게 되었다.
이 기록을 남기기 위해서 한풀 지도자가 미국에서 촬영기를 구입하였다고 한다. 엄청난 고가의 촬영기를 통해서 송덕기 선생의 몸짓인 태껸의 기술을 필름에 고스란히 간직하고 있다.
언젠가는 세상에 빛을 보겠지만, 창고 속에 갇혀있는 소중한 보물이 박제화된 전시품 상태로 30여 년 세월을 보내면서 택견에 대한 인식은 현대화된 택견이 전부인 것으로 알려지고 있다. 박제화된 채 갇혀 있는 전통문화를 밖으로 끄집어내야 한다. 하루 빨리 세상이 빛을 볼 수 있기 바란다.
물론 무형의 유산인 택견을 단순히 사진이나 기록으로 접근을 하면 자의적 해석이 개입될 여지가 높다. 예컨대, 무예도보통지의 기술이 다양한 시각에서 해석되듯이 말이다. 김정윤(2006)은 "태껸의 이름들은 체계적으로 정리한 것이 아니다. 촬영 당시 송덕기 선생이 알려준 이름들을 메모해 둔 것을 옮긴 것이다. 이 외에도 이름들이 더 있다. 기술의 이름을 체계적으로 정리하는 것은 태껸 연구가들이 해야 할 몫으로 남았다.", "아울러 태껸을 설명하고 풀이하는 과정에서 용어 부족으로 부득이 한풀에서 쓰는 용어를 일부분 쓸 수밖에 없었다. 독자들의 넓은 양해를 바라는 바이다"라고 기록하고 있다.
다행히도 송덕기 선생으로부터 몸을 통해서 택견을 전수한 고용우 등은 "기술의 용어와 기법"에 대해서 정확히 기록하고 전수하고 있다. 따라서 후학들과 미래의 택견 발전을 위해서 '택견의 원형'의 천착이 필요하다.

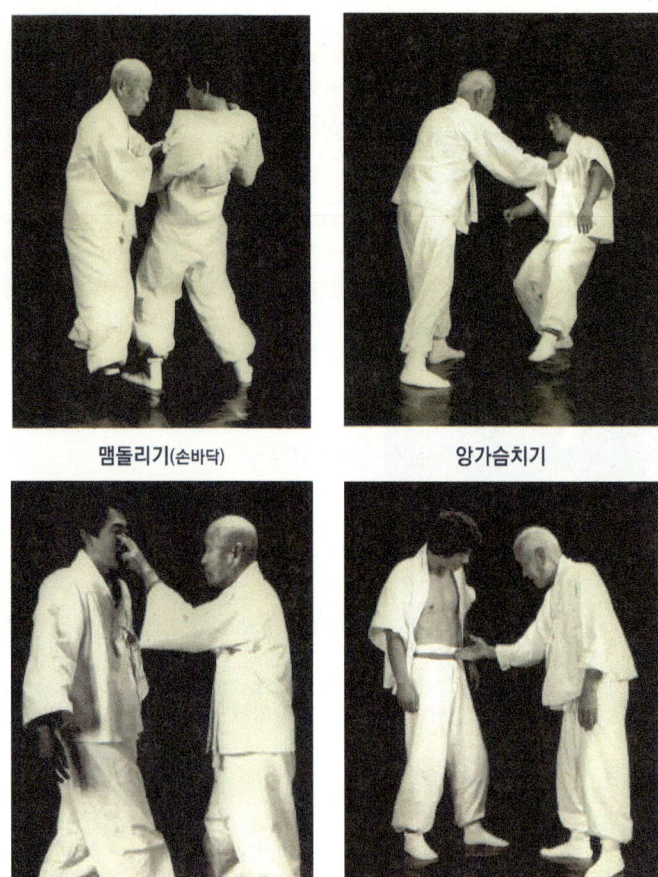

맴돌리기(손바닥)　　　앙가슴치기

안경잽이(손가락)　　　떼장치기(손끝)

　한편 고용우의 인터뷰(2013.10.10)에서 손질에서 손모양은 손바닥(장심지르기), 주먹(재갈넣기), 손날, 팔꿈치 등이 있다. 코침치기, 가슴치기, 허벅치기, 사면올려치기, 면치기, 턱걸이, 안경잽이, 칼잽이를 기본 수련과정으로 장심지르기 실시하고 있으며, 그 외에 도끼질(손날), 항정치기(팔꿈치), 팔뚝치기, 재갈넣기(주먹, 메주먹), 멱치기(주먹), 가지치기(손날), 낙함, 벽치기와 따귀치기 그리고 이마재기는 손바닥, 얼러치기(팔꿈치), 줄띠잽이(손가락), 떼장치기(손끝) 등이 있다.

3) 신한승 손질의 손 모양

신한승이 정리한 내용을 토대로 오장환의 『택견 무형문화재 지정조사 의뢰서』(1981)와 임동권의 『무형문화재 조사보고서』(1982)에 의해 문화재 관리국에 제출되고, 1983년 6월 1일 무형문화재 76호로 등록되었다. 이러한 과정에서 송덕기의 기술을 토대로 신한승의 재창조가 이루어지면서 용어와 기법의 차이를 보이기 시작했다.

오장환(1981)은 낙함, 턱빼기, 면치기, 멱치기, 항정치기, 손따귀, 주먹질, 휘뚜루치기 등이 8종류를 언급하였으며 임동권(1982)은 그대로 반영하였다.

이보형(1983)의 손질 모양을 살펴보면 [표 2]와 같다.

[표 2]의 내용은 전술한 예용해(1964, 1973), 김명곤(1977), 박종관(1983), 이보형(1984), 오장환(1991), 정경화(2002) 등의 손질 모양과 같이 손바닥, 손날, 주먹, 손가락, 아금손, 팔꿈치를 사용하는 것으로 나타났다. 다만, 용어와 기법의 차이에서 코침주기가 손바닥으로 턱을 치는 것으로 서술하고 있으나 박종관(1983)은 콧등을 치는 것으로 차이를 보이고 있다. '옛법'은 "송덕기 선생이 말하는 권법"이라는 새로운 사실을 기록하고 있다. 턱걸이와 칼잽이를 같은 것으로 기록하고 있다.

이보형의 '손바닥'을 이용하여 잡아채기, 밀어내는 손질, 끌어당겨 넘기는 손질에 덜미잡이, 덜미걸이, 잡아대기, 맴돌리기, 바로밀기가 있다.

[표 2] 이보형(1983)의 치거나 밀어서 넘어뜨리는 손질

종류	기술명칭	설 명
손바닥(掌)	고막치기	손바닥으로 귀를 쳐 고막을 울림
	면치기	손바닥 얼굴을 치는 손질
	손따귀	손바닥으로 뺨을 때리는 손질
	이마재기	손바닥으로 이마를 밀어제치는 손질
	코침주기	손바닥 아래 갓으로 턱을 치는 손질
손날	가지치기	손날로 내려치는 손질
	도끼질	옆목을 내려치는 손질
	항정치기	손날로 저편의 덜미를 치는 손질
주먹	옛법	주먹으로 겨드랑, 옆구리를 치는 손질
	늦은배	늦은배를 주먹으로 치는 손질
손가락	안경씌우기	손가락으로 눈을 훑거나 찌르는 손질
아금	칼재기	칼잽이로 목이나 가슴을 미는 손질
	턱걸이	칼잽이라하여 목을 아래에서 위로 쳐 턱을 받치는 손질
팔꿈치	어깨치기	팔꿈치로 어깨의 뒤쪽을 치는 손질

그리고 도기현의 덜미잽이와 상기한 덜미잡이, 덜미걸이는 같은 기법이고, 맴돌리기는 박종관, 도기현, 김정윤, 고용우 등의 기법에서 나타난다.

이보형과 오장환은 발질을 막는 손질에 활개내려막기(손바닥), 회목잡기(손아귀), 활개때려막기(손아귀)는 칼잽이의 기법과 같이 손아귀 또는 손바닥을 응용하여 방어기법으로 사용하는 것이다.

이용복은 손질에(아귀손), 가로밀기(팔날), 잡아대기와 칼재기 그리고 칼잽이(손아귀), 세워밀기(손바닥), 낙함과 도끼질(손날), 항정치기(팔꿈치), 가지치기(손날), 옛법(주먹), 어깨치기(팔꿈치), 안경씌우기와 손따귀 그리고 이마재기(손바닥)으로 기록하고 있어 오장환과 같은 형태를 보인다.

요컨대, 손의 모양에 따라 기법의 차이를 보이고 있으며 상대의 공격부위에 손의 모양은 변화된다. 예컨대 농기구도 용도에 따라 다양한 모양을 지니듯이, 택견의 다양한 손의 모양은 종합격투기로서의 특성을 짐작케 한다.

4. 맺음말

　이 장은 택견 원형복원을 위한 손질 원리의 분석을 위하여 각종 문헌 고찰과 질적 사례연구인 인터뷰를 토대로 실시하였다. 그 목적은 택견 손질의 원형복원에 일조하는 데 있다. 이에 따른 결론은 다음과 같다.

　첫째, 손질 시 보폭의 장단長短에 따라 수련과정과 실제 경기에서 차이를 보이고, 팔의 각도는 원근遠近에 따라 변화되고 있다.

　둘째, 손질의 효율성을 위한 짧고 바닥을 끄는 보법을 사용한다.

　셋째, 손질 시에 공격 목적에 따라 손의 모양이 달라진다. 손의 모양은 주먹, 손바닥, 손날 등을 사용한다.

　송덕기와 신한승은 타격기의 손질은 미세한 차이가 있으나 거의 동일한 손 모양으로 공격하는 것을 알 수 있다. 그러나 손질을 구사하는 보법에 상당한 차이를 보인다.

　넷째, 송덕기의 반보 잦은걸음과 결합한 다양한 손의 모양을 통해서 택견이 종합격투기로서의 면모를 볼 수 있다.

　다섯째, 신한승의 체계는 비교적 넓은 보폭과 공방 시 팔을 길게 뻗음으로써 오히려 손질을 퇴화시킨 감이 없지 않다.

　여섯째, 신한승의 손질은 재 체계화 과정에서 공격기법의 상당 부분이 포함되지 않은 것을 알 수 있다.

　그 원인에는 손질 자체가 상당 부분 살수가 포함되어 현대 사회에 있어 적합지 않은 부분이 없지 않지만 비교적 넓은 보폭을 쓰다 보니 여타 무예보다 효용성이 떨어지는 점도 간과하기 어렵다. 차후 손질의 용어에 관한 심층적인 연구가 요구된다.

무예와 놀이는 하나이다.

무예 연마로 전시戰時에는 전쟁의 수단으로 평시平時에는 상무적 놀이로 진취적인 기상을 기른다.

북한은 무술훈련놀이, 체련훈련놀이, 체력단련놀이 등으로 표현한다.

상무적 놀이 까기, 석전, 씨름, 택견, 활쏘기 등으로 어린이들은 놀이로 호연지기를 기르고, 성인은 심신연마로 건강과 호신 나아가 부국강병을 꾀하였다.

택견은 무예이자 상무적 놀이이다.

조선의 마지막 택견명인 송덕기는 과거와 현재 그리고 미래 택견의 태두이다.

고무예古武藝 택견은 종합격투기였으나 일제강점기를 거치면서 발길질로 퇴보되어 지금에 이르렀으니 원형을 복원하는 것은 민족성 회복과 고대사를 찾아가는 길이다.

택견은 우리의 소중한 문화유산이자 민속경기요, 무예로서의 위상을 제고하고, 전 세계인이 즐기는 대중문화로 자리매김하기 위해서는 원형을 토대로 한 재창조이다.

「백자도」택견의 겨누기 자세를 취하는 아이들

『평양감사향연도』중 「부벽루연회도」아이들의 싸움

「백동자도」 택견하는 아이들

참고문헌

강명관(2004). 조선의 뒷골목 풍경. 서울: 도서출판 푸른역사.
강성문(2002). 朝鮮時代 刀劍의 軍事的 運用. 고문화, 60.
강영심·김도훈·정혜경(2008). 1910년대 국외항일운동II-중국·미주·일본. 천안: 독립 기념관 한국독립운동사 연구소, 17.
강원도민일보. 2004년 02월 02일.
강원식·이경명(2002). 우리 태권도의 역사. 서울: 상아기획.
경향신문. 1974년 12월 30일.
계간 태권도(1973). 銀髮의 태권도인, 태권도 7·8호 합본호. 대한태권도협회.
고유(2008). 서재필 광야에 서다. 서울: 문이당.
고정휴(1986). 開化期 李承晩의 思想形成과 活動(1875-1904). 역사학보, 109.
관상자(1928, 02월 01일). 全朝鮮 怪風俗展覽會, 入場無料. 별건곤 제11호, 51.
구석산인(1929, 06월 23일). 피끌코 살뗑이 뛰노는=現存 壯士 靑春時代의 冒險談, 不汗黨巢窟을 ―鞭에 掃蕩한=飛虎將軍의 神威勇略, -安城郡守時代의 尹英烈翁, 별건곤 제21호.
국립국어원(1991). 표준국어대사전. 서울: 국립국어연구원.
국립국어원(1999). 표준어 국어대사전. 서울: 두산 동아.
국립민속박물관(2004). 한국무예사료총서Ⅰ, 삼국시대편. 서울: 국립민속박물관.
국사편찬위원회(2007). 韓民族獨立運動史資料集. 69. 戰時期 反日言動事件. 4. 국사편찬위원회.
국사편찬위원회(2015년 10월 27일). 국민신문고- 한민족독립운동사자료집의 '脚技'의 번역문 '택견'에 대한 질의. 국사편찬위원회, 문서번호, 기획협력실-912.
권오륜(2006). 택견 용어의 실태와 역사적 고증. 한국체육학회지, 45(4).
권태훈(1989). 천부경의 비밀과 백두산족 문화, 서울: 정신세계사.
그리피스William E. Griffis, 신복룡 역(1985). 은자의 나라 한국. 서울: 평민사.
근육사전(2013, 10월 12일). 대둔근의 중요성. 경미니의 아름다운 몸매만들기.
길모어G. W. Gilmore, 신복룡 역주(1999). 서울풍물지. 서울: 집문당.
김구(1983). 백범일지. 서울: 삼중당.
김내창(2010). 조선풍속사 2. 평양: 사회과학출판사.
김명곤(1977). 팽겨쳐진 민중의 무술 태껸. 뿌리깊은 나무 9월호, 통권 제19호, 142-148.
김산, 님 웨일즈 지음, 조우화 옮김(1993). 아리랑. 도서출판 동녘.
김산·허인욱(2002). 택견의 어원에 대한 小考. 체육사학회지, 9.
김명곤(1977). 팽겨쳐진 민중의 무술 태껸. 뿌리깊은 나무 9월호. 뿌리 깊은 나무.
김병국(1983, 12월 22일). 나의 건강비결, 무형문화재 송덕기. 동아일보, 12면.
김영만(2009). 태권도 경기화 과정을 통해 본 택견경기의 재조명. 제8회 동북아시아 체육·스포츠 史국제학술대회 구두발표, 94.
김영만(2009). 택견 겨루기論. 서울: 레인보우북스.
김영만(2010). 택견겨루기 總書. 서울: 상아기획.
김영만(2010). 민속경기와 전통무예로써 택견 수련체계의 발전 방안. 미간행박사학위논문, 숭실대학교 대학원.
김영만(2011). 택견의 입장에서 바라본 문화적 속성으로써 태권도 현대사. 한국체육철학회지, 19(4).

김영만(2012). 택견 기술의 과학적 원리. 경기도: 한국학술정보(주).
김영만(2013). 택견 단체의 품밟기 비교 연구. 대한무도학회, 2013 대한무도학회 추계학술대회.
김영만(2013). 한국 전통무예에 대한 인식 -마음수련을 중심으로-. 한국체육철학회지, 21(1).
김영만(2013). 한국 전통무예의 한 단면-다원적 사회의 흔적과 관련하여. 한국체육철학회지, 21(3).
김영만(2013). 한국 전통무예의 흥과 신명 속에 내재된 명분. 한국체육철학회지, 21(4).
김영만·김창우(2014). 택견(택견) 단체의 품밟기의 동선과 용어에 관한 연구. 대한무도학회지. 16(1).
김영만·김창우(2014). 택견 자세(姿勢)에 관한 고찰. 대한무도학회, 2014 대한무도학회 춘계학술대회.
김영만·김창우(2014). 택견(택견) 단체의 품밟기 원리에 관한 연구. 대한무도학회지. 16(3).
김영만·김창우(2016). 택견의 원형복원을 위한 손질 분석. 한국사회체육학회지, 64.
김영만·심성섭(2011). 한국전통무예 활쏘기, 씨름, 택견에 관한 연구. 한국체육사학회지, 16(1).
김영만·심성섭(2013). 수박, 수박희와 택견과의 관계. 한국체육과학회지, 22(2).
김영만·심성섭(2014). 조선말 외국인의 기록을 통해 본 택견. 한국체육과학회지, 23(1).
김영만·심성섭(2016). 국외의 항일 독립운동과 택견과의 관계. 한국체육과학회지, 25(1).
김영만·심성섭(2016). 택견의 일제강점기 전후의 변천과 독립유공자에 관한 연구. 한국체육과학회지, 25(2).
김영만·심성섭(2018). 택견의 수련 계층에 관한 연구. 한국체육과학회지, 27(1).
김영만·오세이(2010). 품밟기의 동작원리에 관한 연구. 한국체육과학회지. 19(1).
김영만·전정우(2014). 택견의 원형복원을 위한 자세의 원리 분석. 한국체육과학회지, 23(6).
김영만·전정우(2015). 한국 전통무예의 다면성: 조선아동의 무예에 대한 인식과 격투기를 통한 내기를 중심으로. 한국체육과학회지, 24(3).
김영만·전정우·박성한(2017). 북한의 조선사회과학학술집에 나타난 맨손무술에 관한 연구 - 날파람, 수박, 수박희, 태권도, 택견을 중심으로. 한국체육학회지, 56(5).
김영만·정명섭(2018). 전통무예 '탁견' 용어에 관한 연구. 한국체육사학회지, 23(2).
김영만·천항욱(2016). 택견의 원형복원을 위한 손질 원리의 분석. 한국체육과학회지, 25(6).
김영만·최종균(2020). 서울의 무형유산 결련태견과 석전(石戰)의 상관성 연구. 한국체육과학회지, 29(2).
김영호(2008). 현묵자(玄默子) 홍만종(洪萬宗)의『청구영언(青丘永言)』편찬(編纂)에 관하여 -신발견(新發見) 홍만종(洪萬宗) 저술(著述) 『복부고(覆부藁)』의 「리원신보서(梨園新譜序)」를 중심으로-. 大東文化研究, 61.
김용숙(1962). 가사: 백화당가(百花堂歌) 외 수편(數篇). 국어국문학 25, 국어문학회.
김용옥(1994). 태권도철학의 구성원리. 서울: 통나무.
김원용(1959). 재미한인50년사. 발행자불명.
김원용·손보기(2004). 재미한인 50년사. 서울: 혜안.
김재경(2007). 한국문화사. 서울: 디지털 교보문고.
김재일(2002). 수박론. 국무총론. 배달무예연구원.
김정윤(2002). 택견 아래대편. 서울: 밝터.
김정윤(2002). 택견 위대편. 서울: 밝터.
김정행·김상철·김창룡(1977). 무도론. 서울: 도서출판 대한미디어.

김종달·김상철·최종삼(1998). 유도의 기원에 관한 제학설. 용인대학교 무도연구지, 9(1).
김종수(1994). 17세기 訓鍊都監 軍制와 都監軍의 활동. 서울학연구, 2.
김진구(1929, 06월 23일). 渾身膽勇의 二十靑年으로 甲申變亂의 急先鋒, 當年熱血兒李圭完氏의 初
  冒險, 별건곤 제21호, 삼천리사.
김창수(1999). 일제하 한국민족운동의 역사적 위상. 한국민족운동사연구 23.
김태일(2005). 남·북한 태권도 비교분석을 통한 이질화 극복 방안. 미간행박사학위논문, 세종대
  학교 대학원.
김현길(2003). 택견의 변천고. 한국의 전통택견 충주. 사)한국택견전통회.
나영일(1997). 조선시대의 수박과 권법에 대하여. 용인대학교무도연구지, 8(2).
나영일·노영구·김주연·김은정·오현택·천호준·김기탁·조양수·김대환·김식·정길재·최
  복규·이승수·곽낙현(2004). 한국의 무예단체현황. 대한무도학회지, 6(2).
나영일·최복규·김성재(2001). 전통무예의 문제점과 과제. 대한무도학회지, 3(1).
나현성(1985). 한국체육사연구. 서울: 교학연구사.
남광우·이을환(1976). 한국어대사전. 서울: 현문사.
남영신(2000). 우리말 분류 대사전. 서울: 성안당.
노영구(2012). 16~17세기 鳥銃의 도입과 조선의 軍事的 변화. 韓國文化, 58.
도기현(1995). 우리무예 택견의 이해. 택견계승회.
도기현(2007). 우리무예 택견. 서울: 동재.
독립신문. 1899년 9월 29일.
동아일보. 1924년 08월 05일.
동아일보. 1928년 07월 03일.
동아일보. 1930년 02월 26일.
동아일보. 1933년 04월 15일.
동아일보. 1938년 03월 31일.
동아일보. 1983년 04월 23일.
동아일보. 1983년 12월 22일.
러시아 재무성 편, 최선·김병린 번역(1984). 國譯 韓國誌(1900). 성남: 한국정신문화연구원.
류창돈(1964). 이조어사전. 서울: 연세대학교 출판부.
리재선(2010). 조선민속놀이편람. 평양: 사회과학출판사.
리정순·천석근·김효섭·주재걸·리순희·김내창(2010). 민속학연구론문집 1. 평양: 사회과학
  출판사.
리제오(2010). 민속학연구론문집 5. 평양: 사회과학출판사.
매일신보(1921, 1월 31일). 臥牛山 아래에서 石戰을 보고, 녹동생. 1면.
문세영(1938). 조선어사전. 경성: 박문서관.
문세영(1942). (수정증보)조선어사전. 조선어사전간행회.
문예진흥원(1983). 택견. 문예진흥원, VTR.
문홍주(1986). 일제하의 교육이념과 그 운동. 성남: 한국정신문화연구원.
미하일 알렉산드로비치 포지오Михаил Александрович Поджио, 이재훈 역
  (2010). 러시아 외교관이 본 근대 한국. 서울: 동북아역사재단.

민경환(1986). 한당선생의 석문호흡법. 서울: 서울문화사.
민병용(1986). 미주이민 100년: 초기인맥을 캔다. 로스앤젤레스: 한국일보사출판부.
박경수(2010). 아동문학의 도전과 지역 맥락: 부산경남지역 아동문학의 재인식. 서울: 국학자료원.
박범남(1999). 송덕기 택견의 수련체계 및 특성. 대한무도학회, 99 국제무도학술세미나.
박상석(2002). 일본의 죽도검도 형성과 격검에 대한 고찰. 미간행 석사학위논문, 용인대학교 대학원.
박수진(2007). 옥국재 가사에 나타난 시공간구조 연구. 온지학회, 온지논총 17.
박영길·안정덕(2008). 신한승 택견의 학습체계. 한국콘텐츠학회논문지. 8(8).
박영의(2000, 01월 13일). 전통 태껸 보급에 힘쓰는 고용우 관장. 중앙일보 2면.
박영미(2003). 하와이 한인이민과 비교한 멕시코 초기 한인 이민 과정에 대한 고찰 -제물포항에서 유카탄 에네껜 농장으로(1904-1905). 서어서문연구, 28.
박용규(2011). 문세영 조선어사전의 편찬과정과 국어사전사적 의미. 동방학지, 154.
박용만(1911). 국민개병설. 샌프란시스코: 신한민보사.
박용만(1911). 군인수지. 샌프란시스코: 신한민보사.
박웅기(2002). 남·북한 태권도 시범프로그램 비교연구. 미간행석사학위논문, 용인대학교 대학원.
박정수(1973, 1월 13일). 중앙일보 4면.
박종관(1985). 전통무술 택견. 서울: 서림문화사.
박종기(2006). 5백년 고려사. 서울: 푸른역사.
박철희(1958). 파사권법, 서울: 일문사.
박철희 구술, 허인욱 정리(2005). 사운당(泗雲堂)의 태권도 이야기. 장백비교무예연구소.
박환규(1998). 조선시대 세시풍속에 관한 고찰: 석전을 중심으로. 교양교육연구소 논문집, 3.
배재훈(2014). 해방 전후 하와이 이민 사회의 민족 인식 - 국민보기사를 중심으로. 한국전통문화연구, 13.
백과사전출판사 편찬위원 편(2000). 조선대백과사전. 평양: 조선백과사전출판사.
백범김구전집편찬위원회(1999). 백범김구전집 제3권. 서울: 대한매일신보.
백성현·이한우(2006). 파란 눈에 비친 하얀 조선. 서울: 새날.
백혜리(1999). 백동자도(百童子圖)를 통해 본 조선 후기의 아동인식. 幼兒敎育硏究, 19(2).
백혜리(2000). 백동자도(百童子圖)를 통해 본 조선 후기의 아동인식(2). 兒童學會誌, 21(2).
북한 사회과학원 언어학연구소(2006). 조선말 대사전 1. 평양: 사회과학출판사.
사회과학원 민속연구소(2010). 우리나라의 민속유산. 평양: 사회과학출판사.
새비지-랜도어Arnold H. Savage Landor, 신복룡·장우영 역주(1999). 고요한 아침의 나라 조선. 서울: 집문당.
샌즈William Franklin Sands, 신복룡 역(1999). 조선비망록. 서울: 집문당.
샤를르 달레Claude Charles Dallet, 안응열·최석우 역(2000). 한국천주교회사 上. 서울: 한국교회사 연구소.
서중석(2011). 신흥무관학교와 항일무장독립운동. 서울: 신흥무관학교 100주년 기념학술회.
선희창(2010). 조선풍속사 1. 평양: 사회과학출판사.
선희창·조남훈(2010). 조선체육사 1. 평양: 사회과학출판사.
송기호(2009). 격구와 석전. 대한토목학회지, 57(1).

신수용·정재성(2005). 택견과 수박의 상관성. 한국체육학회지, 44(5).
신영호(2007). 한국무예 변천사 연구. 미간행박사학위논문, 우석대학교대학원.
신채호(1946). 조선상고사. 경성: 종로서원.
신한민보. 1909년 12월 08일.
신한민보. 1910년 07월 20일.
신한민보. 1914년 03월 05일.
신현식(2008, 3월5일). 택견 원류 LA에 있다. 중앙일보.
신현웅(2016). 백화 야연의 성격과 "백화당가"의 형성 과정. 한국학논집 65.
심승구(2001). 한국무예의 역사와 특성-도수무예를 중심으로. 軍史 43.
심승구(2006). 한국무예사료총서 IX-조선시대 문집. 서울: 국립민속박물관.
안용규(2006). 태권도 탐구. 서울: 대한미디어.
안자산(1930, 04월 3일). 奇絶壯絶하든 朝鮮古代의 體育. 동아일보 4면.
안희웅(1984). 택견의 유래와 술기, 한국 전통무예의 재조명. 마당 7월호. 마당.
알렌 저, 신복룡 역(1984) 조선견문기, 서울: 박영사.
알렌Horace. N. Allen, 윤후남 역(1996). 알렌의 조선체류기. 서울: 예영커뮤니케이션.
알렌 백Allan Back·김대식 저, 김창우·김수잔·김동제·이광호 역(2012). 실천무도철학. 서울: 백산출판사.
양재연·임동권·장덕순·최길성(1971). 한국풍속지. 서울: 을유문화사.
언더우드Lillias Horton Underwood, 김철 역(1984). 언더우드 부인의 조선 생활. 서울: 뿌리깊은 나무.
여원(1984). 활갯짓 속에 숨은 한국 전통 태껸의 제1인자 신한승. 여원 5월호.
영남대학교 민족문화연구소(2014). 거창구호라 규중칠유쟁론기 백화당가. 서울: 경인문화사.
예용해(1964, 5월16일). 續人間文化財. 한국일보, 7면.
예용해(1973). 택견무형문화재조사보고서, 제102호. 문화재관리국.
오성근·류지선(2010). 품밟기 유형에 따른 운동학적 변인과 지면반력 차이 분석. 한국운동역학회지. 20(1).
오인철(1998). 하와이 한인 이민과 독립운동 연구 - 한인 교회와 사진신부와 관련하여, 비평문학, 12.
오장환(1981). 택견 무형문화재 지정 조사 의뢰서. 서울: 문화재관리국.
오장환(1984). 택견의 歷史考. 한국외국어대학교 논문집, 제17집.
오장환(1991). 택견전수교본. 서울: 영언문화사.
원의상(1969). 만주독립군의 활동: 신흥무관학교. 신동아, 1969년 6월호.
유선영(2010). 편쌈 소멸의 문화사: 식민지의 근대주의와 놀이 대중의 저항. 한국사회사학회 사회와 역사, 86.
육태안(1993). 바람은 눈에 보이지 않나니. 서울: 중토문화사.
윤백일(1930, 2월 1일). 편싸흠, 朝鮮의 正月노리. 별건곤 제26호.
이경명(2002). 태권도의 어제와 오늘. 서울: 어문각.
이규상(1993). 장대장전, 일몽선생집 3. 서울: 경인문화사.
이극로(1932). 조선어 사전 편찬에 대하여. 한글학회, 한글, 제1권 제1호.
이능화(1927). 조선해어화사. 경성: 동양서원.

이보형(1983). 무형문화재 전수실태조사. 서울: 문화재관리국.
이석호(1971). 살아있는 태껸인 송덕기 선생. 태권도 가을호. 서울: 대한태권도협회.
이성문·여인성(2012). 바른 태권도 현대사 정착을 위한 담론-김용옥의「태권도철학의 구성원리
　　」에 나타난 오류를 중심으로. 한국체육철학회지, 20(3).
이숭녕(1965). 천주교 신부의 한국어연구에 대하여. 아세아연구, 18.
이승복(2013). 옥국재 가사에 나타난 일상성의 양상과 의미. 한국고전문학교육학회, 25.
이승복(2004). 옥국재 이운영에 대한 전기적 고찰. 한국고전문학교육학회, 고전문학과 교육 7.
이승수(2008). 택견 관련자들의 태권도 인식에 관한연구. 한국체육학회지. 47(6).
이승수(2011). 해방 이후 한국 전통무예의 근대화에 관한 연구. 한국체육사학회지, 16(2).
이승수(2012). 택견 기술 본대뵈기에 관한 연구. 한국체육학회지. 51(5).
이용복(1990). 한국무예 택견. 서울: 학민사.
이용복(1995). 택견연구. 서울: 학민사.
이용복(1995). 택견. 서울: 대원사.
이용복(1996). 택견의 구조에 내재한 민속성, 제2회 택견학술발표회, 사단법인 대한택견협회·국
　　립민속박물관
이용복(1997). 택견. 서울: 대원사.
이용복(2002). 한국무예 택견. 서울: 학민사.
이용복(2005). 개정판 택견연구. 서울: 학민사.
이윤근·한재덕(1998). 고려시대 무예활동에 대한 역사적 이해, 한국체육학회지, 37(1).
이은령(2009). 근대 프랑스 사전 만들기와〈한불자뎐〉다시 보기. 프랑스학연구, 48
이은령(2010). 19세기 이중어 사전『한불자전(1880)』과『한영자전(1911)』비교연구. 한국프랑스
　　학논집, 72.
이응백·신수용·정재성(2005). 택견과 수박의 상관성. 한국체육학회지, 44(5).
이응준(1982). 회고90년. 산운기념사업회.
이정규(2012). 태권도의 과학. 서울: 도서출판 상아기획.
이정식 역주(1979). 청년 이승만 자서전. 신동아 9월호.
이중헌 구술, 서허봉 정리, 김태덕 번역(2007). 서거적(逝去的) 武林. 서울: 두무곡출판사.
이지야(2003). 한불ᄌ뎐의 사전학적 연구. 미간행석사학위논문, 숙명여자대학교 대학원.
이태화(2005). 조선 후기 왈자 집단의 구성과 성격. 고려대학교 한국학연구, 제22권, 165-198.
이학래(1990). 한국유도발달사. 서울: 보경문화사.
이흥(1985, 8월 6일). 千의 祕術 태껸 "마지막 脈 잇기". 조선일보, 10면.
이희승(1997). 국어대사전. 서울: 민중서관.
임동권(1982). 택견 무형문화재 조사보고서 제146호: 택견. 서울: 문화재관리국.
임동권·정형호(1997). 한국의 마상무예. 서울: 한국마사회 마사박물관.
임재욱(2013). 小倉本『靑丘永言』에 대하여: 六堂本『靑丘永言』과의 차이점 대비를 중심으로. 한
　　국시가학회. 34.
임재찬(1991). 구한말 육군무관학교의 영향. 고고역사학지, 7.
장경태·정태운(2006). 택견 품밟기의 운동학적 분석. 대한무도학회지. 8(1).
정경화(2002). 택견원론. 서울: 보경문화사.
정근표·이강구(2007) 태권도 명칭과 역사적 관계에 관한 연구. 한국체육과학지, 16(4).
정만영(2007). 택견 전수단체의 현황과 기예의 비교. 한국택견학회, 무예연구(창간호), 1(1).

정병준(2005). 우남 이승만 연구. 서울: 역사비평사.
정삼현・이동건(2001). 구한말 육군무관학교 체육 연구. 한국체육사학회지, 6(1).
정재성(2005). 전통무예로서 택견의 특성. 미간행 박사학위논문, 국민대학교대학원.
정재성(2006). 조선시대 무술의 대중화 요인과 변화. 한국체육사학회지, 17.
정재성(2008). 전통무예와 택견. 서울: 한국학술정보.
정찬모(1999) 태권도의 이론과 실제. 서울: 혜민기획.
정철수・신인식(2005). 운동역학총론. 서울: 대한미디어.
정희준(1948). 조선고어사전. 서울: 동방문화사.
제국신문. 1901년 02월 27일.
제임스 게일, 장문평 역(1979), 코리언 스케치. 서울: 현암사.
조선민주주의인민공화국과학원 언어문학연구소사전연구실, 영인판(1989). 조선말사전. 서울: 탑.
조선일보사(1941). 조선 무예를 말하는 좌담회. 조광 7(4).
조선총독부(1920). 조선어사전. 경성: 조선총독부.
조성균・남도희・차명환(2010). 이승만의 택견인식과 최홍희의 태권도 명칭에 관련된 역사적 개연성 연구 -이승만의 구한말 청년 활동기간을 중심으로-. 대한무도학회지, 12(2).
조성균・남도희・이재돈(2010). 문헌에 보이는 전통무예 택견의 역사성과 정체성(1910년-1958년을 중심으로). 한국체육철학회지, 18(3).
조현범(2002). 19세기 중엽 프랑스 천주교 선교사의 조선 인식 - 다블뤼 주교를 중심으로, 宗教研究. 27.
차기백(1978). 한국 민족주의의 이념과 실태. 서울: 까치사.
차문섭(1973). 구한말 육군 무관학교 연구. 아세아연구, 16(2).
채완(2008). 〈한불ᄌ뎐〉의 뜻풀이에 대한 고찰, 한국어 의미학 26.
최남선(1948). 조선상식 풍속편. 서울: 동명사.
최복규(1995). 전통무예의 개념정립과 현대적의의. 미간행석사학위논문, 서울대학교 대학원.
최복규(2003). 무예도보통지 편찬의 역사적 배경과 무예론. 미간행박사학위논문, 서울대학교 대학원.
최영신(1999). 질적 자료 수집: 생애사 연구 사례를 중심으로. 교육인류학연구, 2(2).
최홍희(1972). 태권도 교서. 서울: 정연사.
최홍희(1997). 태권도와 나. 서울: 도서출판 사람다움.
태권도지(1971). 계간 태권도 가을호, 살아있는 택견인 송덕기. 서울: 대한태권도협회.
태권도지 편집실(1973). 銀髮의 태권도人. 계간 태권도지 7·8월 합본호, 서울: 대한태권도협회.
프레데릭 불레스텍스 저, 이향・김정연 역(2001). 착한 미개인 동양의 현자. 경기: 청년사.
필자미상(1928). 「전조선괴풍속전람회입장무료」, 별건곤제11호, 2월호.
학보(1929, 06월 23일). 絶世之勇! 超人間的怪力! 擊天蹴地의 八壯士頭領, 天地壯士李秀映老人의 弱冠時代. 별건곤, 제21호.
한국사데이터베이스. 2015. 9.20 검색.
한국일보. 1964년 5월 16일.
한국전통택견연구회(1985). 제1회 택견경기회. VTR.
한국정신문화원(1991). 민족문화대사전7. 서울: 한국정신문화연구원.

한국정신문화연구원(1991). 한국민족문화대백과사전 22. 서울: 한국정신문화연구원.
한글학회(1957). 큰 사전. 서울: 을유문화사.
한동민(2006). 일제강점기 불교계의 항일운동연구 동향과 과제. 선문화연구, 1.
한중모(2010). 조선민족체육과 민속놀이. 평양: 사회과학출판사.
허인욱(2002). 수박희에 대한 고찰. 체육사학회지, 10.
허인욱(2005). 옛 그림에서 만난 우리 무예 풍속사. 서울: 푸른역사.
허인욱(2006). 壬辰倭亂期 朝鮮의 倭劍敎育과 『武藝諸譜飜譯續集』의 왜검. 우리춤과 과학기술 제3집.
헐버트 저, 신복룡 역주(1999). 대한제국멸망사. 서울: 집문당.
호레이스 N. 알렌 지음, 윤후남 옮김(1996), 알렌의 조선체류기, 서울: 예영커뮤니케이션.
홍선표·김봉희·이지애·곽승미·김현숙(2006). 근대의 첫 경험: 개화기 일상 문화를 중심으로. 서울: 이화여자대학교출판부.
홍성보(2006). 북한 태권도의 특성에 관한 연구. 미간행석사학위논문, 경남대학교 대학원.
홍원식(2000). 소설 백범 김구. 서울: 도서출판 구사.
홍용희(1998). 참여관찰과 심층 면담. 교육연구의 질적 접근, 그 방법과 쟁점. 교육인류학회, 교육인류학연구회 1998년도 춘계학술대회 자료집.
황성신문. 1908년 03월 29일.

황성신문. 1909년 10월 05일.

황성신문. 1910년 06월 26일.

황순구 역주, 최영년 지음(1984). 俗樂遊戲. 정음사.
Daum 국어사전(2014, 06월 20일; 2013, 12월 15일).
KBS(1984). 文化강좌 '선조의 수련세계'. KBS VTR.

Burgess, R. G.(ed.)(1982). Field Research: A Source Book and Field Manual. London: Allen & Unwin.
Charles E. Tuttle Company of Rutland, Vermont & Tokyo(1958) / Stewart Culin. Games of the orient. Tokyo, Japan: the Mitsumura Printing Company.
Steart Culin, 'KOREA GAMES with notes on the corresponding games og China and Japan Games of the Orient' Philadelphia, University of Pennsylvania, August, 1895.

<사이트 출처>

강민수(2010.11.12). [무술&휘트니스] 김용옥 비판(15) 씨름-수박-택견-태권도의 변증법, http://mookas.com
강민수(2010.11.08)[무술&휘트니스] 김용옥 비판(12) 가라데는 한국식 씨름을 친형제로 보는데..., https://mookas.com
결련택견협회(2013, 12월15일). 결련택견이란?, http://www.taekyun.org.
국사편찬위원회(2020, 2월 1일 검색) 중국정사조선전, http://db.history.go.kr, 한국사데이터베이스 검색.

김창석(2003.12.24). 國史館論叢 第101輯, 石戰의 起源과 그 性格 變化, II. 近代 石戰의 樣相, http://db.history.go.kr
나무위키(2016, 02월 13일). 독립유공자, https://namu.wiki
서울대학교 규장각검색. 2025. 01. 30. https://kyudb.snu.ac.kr/search/search.do.
위키백과(2013, 10월 12일). 오금질, 일제강점기, http://ko.wikipedia.org/wiki
이경명(2011, 11월 18일). 택견 VS 태권도. 이경명태권도문화연구소장. 한국무예신문, http://www.mooyenews.kr
이용복(2013, 10월 12일). 택견원형 논쟁을 통해 본 택견의 본질. 택견코리아, http://www.taekkyonkorea.com
천문권(2011, 03월 08일). [LA중앙일보][하와이 이민 다큐멘터리-13] 초기 이민자들의 애국심 1 한인 상당수 광무군. http://www.koreadaily.com/news.
홍구보(2014, 9월 18일). [강원일보] 한 시대를 풍미한 명필 옥람 한일동, http://www.kwnews.co.kr

찾아보기

【ㄱ】

각력 47, 50, 61, 99, 176, 263

각저 50, 52, 61, 66, 71, 234, 263

각희 10, 11, 13, 50, 52, 71, 186, 248, 263, 285, 297, 381

강명관 5, 126, 130, 134, 138, 140, 141, 160

검계 5, 7, 28, 125, 126, 127, 138, 140, 141, 144, 145, 163

격투기 … 11, 32, 93, 96, 100, 112, 113, 114, 115, 153, 185, 198, 199, 200, 201, 203, 204, 207, 208, 211, 212, 286, 365, 367, 375, 423

결련택견협회 … 206, 305, 312, 313, 319, 321, 322, 323, 324, 327, 340, 350, 357, 392, 402, 403, 404, 406

경기 14, 30, 48, 52, 69, 70, 77, 82, 97, 101, 103, 128, 130, 157, 169, 221, 236, 266, 267, 270

경기구조 …………………………… 15

고구려 21, 28, 33, 35, 47, 63, 151, 164, 255, 278, 279, 285, 286, 287, 288, 305, 361

고대세 366, 371, 372, 373, 377, 378

고려사 13, 21, 28, 29, 35, 38, 39, 40, 41, 42, 46, 47, 50, 51, 52, 63, 64, 97, 101, 111, 119, 120, 204, 286, 287, 288

고분벽화 21, 33, 63, 286, 305, 361

고유명사 45, 56, 58, 62, 63, 64, 65, 66, 67, 68, 69, 70, 89

공중걸이 ……………………………… 392

관절기 …………… 381, 417, 424, 426

관찬사서 22, 31, 51, 119, 123, 133

광무군 7, 125, 135, 136, 144, 145, 161, 219, 220, 221, 223, 226, 227, 233, 235, 236

국민개병제 …………………… 24, 35

굼슬르기 312, 320, 321, 322, 328, 330, 338, 349, 350, 352, 353, 354, 355, 357, 358, 375

권법 23, 41, 42, 45, 46, 47, 67, 71, 108, 234, 285, 286, 287, 288, 299, 395, 433

금산전투 …………… 30, 34, 45, 122

기부 126, 138, 141

기층문화 5, 6, 7, 10, 23, 28, 30, 31, 36, 48, 49, 52

까기 15, 438

【ㄴ】

날파람 6, 13, 66, 151, 273, 275, 276, 281, 282, 287, 288, 291, 292, 293, 295, 296, 299, 300

늦은배　　388, 395, 397, 399, 400, 428, 434

【ㄷ】

단병기 ········· 25, 51, 105, 106, 107
단전　274, 338, 415, 416, 417
대둔근 ···························· 353, 355
대조선국민군단학교 ················ 217
대쾌도大快圖 ······· 3, 4, 100, 272, 305
대퇴 사두근 ···················· 353, 355
대한택견연맹　305, 312, 314, 322, 323, 327, 330, 343, 350, 357, 378, 402, 403, 404, 406
대한택견회 ················· 305, 314, 343
도덕률 ·························· 27, 33, 51
도박판 ························ 35, 111, 203
도수박전 ··································· 30
독립운동　12, 84, 86, 136, 145, 215, 217, 218, 219, 220, 221, 229, 230, 231, 236, 237, 243, 244, 245, 246, 247, 250, 251, 260, 263, 264, 267, 268, 269, 270
독립협회 ································· 171
떼장치기 ························· 392, 432

【ㅁ】

망패　167, 169, 179
매질꾼　5, 7, 9, 129, 130, 131, 132, 133, 138, 158, 162, 163, 165, 168, 169, 177, 178, 233

무반　134, 145, 258
무신의 난 ············· 22, 41, 51, 119
무예별감 ······· 4, 117, 135, 162, 258
무예성 ············ 9, 219, 246, 297, 429
무재　22, 24, 28, 30, 51, 121, 122, 133, 289
문화콘텐츠 ······························· 95
뭉구리 ············· 6, 30, 66, 151, 291

【ㅂ】

박상락 ······································ 86
박양박수 박양서각　47, 75, 78, 84, 88, 90, 336
박재撲梓 ································· 103
박희　35, 39, 47, 87, 111, 204, 234, 244, 285, 286, 287
반상　12, 164
발끌기 ······················ 415, 416, 417
벽치기 ············· 391, 392, 430, 432
변ト　45, 47, 61, 99, 176
별순검　7, 125, 135, 144, 162, 178, 258
병농일치 ···························· 24, 35
보부상 ······························ 171, 178
본세　366, 368, 371, 373, 374, 377, 378
봉석棒石 ········· 6, 129, 131, 162, 175
부전이승不戰而勝 ······················ 25
비인부전非人不傳 ···················· 367

【ㅅ】

사면세 ······ 366, 371, 373, 377, 378
사수射手 ······················ 105, 107, 197
살수殺手   105, 107, 197, 212, 230, 257, 382, 400, 424, 436
삼강오륜三綱五倫 ················· 27, 33, 51
삼수병三手兵 ················ 105, 108, 197
상문경무尙文輕武   25, 26, 51, 95, 96, 114, 249
선군 22, 24, 27, 28, 30, 44, 45, 51, 121, 122, 164, 289
선진후기 ····························· 25, 26
성리학 ·································· 6, 88
세계태껸연맹 10, 43, 209, 306, 308, 310, 320, 330, 336, 337, 349, 350, 357, 362, 378, 392, 402, 403, 404, 406
수무족도手舞足蹈 ························ 418
수성守城 ·································· 26
수족상응手足相應 ················ 418, 419
숭무학교   217, 223, 226, 227, 236, 237, 271
숭문천무 ·································· 122
숭유崇儒 ··························· 95, 114
슈벽 60, 61, 62
습수족 ··································· 120
시박厮撲 ············ 61, 64, 65, 176
신흥강습소 ·········· 230, 231, 233, 234
신흥무관학교 84, 86, 136, 137, 145, 217, 219, 235, 236, 237, 271
씨름 4, 5, 10, 11, 13, 28, 31, 33, 37, 47, 50, 52, 60, 61, 62, 63, 64, 65, 66, 67, 68, 70, 71, 74, 81, 87, 88, 89, 93, 94, 97, 98, 99, 112, 115, 116, 125, 126, 137, 142, 153, 156, 162, 184, 191, 196, 205, 208, 209, 226, 234, 244, 247, 248, 251, 254, 257, 261, 263, 272, 279, 281, 292, 293, 298, 300, 422, 438

【ㅇ】

아동 포살수대兒童砲殺手隊 ······ 107, 197
아동대兒童隊   97, 99, 104, 107, 108, 197
양가감정兩價感情 ························· 5
양각법楊脚法   78, 79, 81, 84, 88, 90, 129, 175
어전행사 ···························· 44, 45
얼러치기 ···························· 392, 432
얼르기 ··················· 345, 366, 378
엉덩치기 ················ 321, 322, 352
여여문呂汝文 ···················· 108, 197
역어유해 ················· 60, 189, 190
연행길 ·························· 96, 114
옛법 7, 50, 52, 382, 388, 389, 390, 395, 397, 400, 402, 406, 424, 428, 433, 434
왈자 5, 7, 9, 28, 64, 117, 125, 126, 127, 132, 134, 138, 139, 140, 141, 142, 144, 145, 153, 162, 163, 164, 178
유네스코 32, 55, 97, 123, 187, 212, 331
유술 12, 13, 53, 66, 71, 84, 85, 86, 88, 90, 136, 137, 145, 176, 218, 219, 226, 229,

231, 232, 233, 234, 235, 236, 244, 256, 261, 293, 322, 351, 374, 388, 389, 402, 411, 412, 422, 429
유희성 ······································ 9
육례六藝 ································ 26
의병활동 ············· 136, 217, 244
의열단義烈團 ···························· 233
인류무형유산 ·········· 55, 187, 212
일반명사 21, 24, 30, 44, 45, 47, 52, 56, 58, 61, 62, 67, 70, 89
일제강점기   5, 7, 10, 12, 15, 31, 50, 52, 66, 75, 80, 81, 82, 88, 89, 139, 155, 176, 230, 241, 243, 244, 245, 248, 249, 250, 252, 253, 255, 257, 258, 263, 270, 279, 438

진관체제 ······························· 24, 35

【ㅊ】

창포검 ······························· 140, 163
척석희擲石戲 ···························· 152
천자총통 ···························· 25, 105
춘면곡春眠曲 ···························· 142
치하포사건 ······························· 259

【ㅌ】

타격기   176, 293, 322, 374, 381, 401, 406, 412, 422, 428, 436
탁견 6, 11, 16, 31, 35, 36, 47, 48, 49, 53, 55, 56, 57, 58, 59, 60, 61, 62, 64, 65, 66, 67, 70, 71, 72, 73, 74, 75, 76, 77, 78, 79, 80, 82, 83, 84, 86, 88, 89, 90, 99, 103, 112, 139, 142, 176, 191, 196, 205, 247, 248, 298, 300, 336, 392
태극학보 ································· 86
태견 16, 19, 46, 47, 48, 56, 62, 71, 72, 73, 74, 75, 76, 89, 90, 91, 92, 148, 150, 151, 181, 198, 206, 207, 211, 239, 240, 248, 249, 250, 251, 255, 260, 263, 268, 297, 298, 303, 312, 324, 333, 334, 336, 344, 345, 348, 381, 385, 389, 390, 392, 393, 426
택기연 ················· 74, 80, 90, 139

【ㅈ】

장계 ······································ 44
장병기 ························ 25, 51, 105
재갈넣기   209, 379, 388, 389, 392, 395, 397, 399, 400, 428, 430, 432
재교梓校 ···················· 31, 60, 61
적수박전 ································· 30
졸교捽校 ············· 31, 60, 61, 176
주자가례 ············ 6, 27, 33, 51, 164
주자학朱子學 ······················ 95, 114
줄띠잽이 ·············· 392, 425, 432
중인 7, 28, 31, 68, 117, 125, 128, 138, 142, 143, 145, 163, 177, 205, 216, 223, 258, 294, 386

【ㅍ】

파워 존 ·············338, 354, 355, 357
팔로스루 ···················354, 420, 421
팔짱끼기   359, 363, 365, 366, 371, 373, 374, 377, 378
포수砲手 ······················105, 107, 197
필사본   31, 32, 49, 68, 70, 123, 247, 248, 346

【ㅎ】

한국택견협회   305, 312, 316, 318, 322, 344, 350, 357, 378, 402, 403, 404, 406
한인소년병학교 ··········217, 225, 238
한일동 ··············259, 264, 266, 270
항왜降倭 ·····················108, 109, 197
해방구 ·····················12, 164, 179
허리재기 328, 330, 338, 342, 344, 345, 349, 350, 353, 355, 357, 402, 403
현암위대태껸보존연구회   10, 43, 209, 306, 308, 310, 312, 320, 330, 336, 337, 349, 350, 357, 362, 378, 392, 402, 403, 404, 406, 417
화포 25, 51, 105
활갯짓   316, 317, 345, 381, 391, 397, 399
활쏘기   10, 26, 28, 96, 97, 111, 112, 114, 150, 204, 239, 278, 279, 281, 288, 438
황성일보 ·············84, 136, 232, 234

훈련도감 8, 88, 104, 105, 107, 108, 109, 141, 143, 160, 197

인명·지명 찾아보기

【ㄱ】

강명관 5, 126, 130, 134, 138, 140, 141, 160
경기 14, 30, 48, 52, 69, 70, 77, 82, 97, 101, 103, 128, 130, 157, 169, 221, 236, 266, 267, 270
경상도 ······································ 95
경주 28, 33, 110, 119
고구려 21, 28, 33, 35, 47, 63, 151, 164, 255, 278, 279, 285, 286, 287, 288, 305, 361
고용우 7, 19, 43, 47, 48, 49, 50, 54, 72, 73, 75, 76, 84, 92, 104, 118, 150, 187, 198, 206, 207, 209, 214, 239, 240, 245, 246, 250, 255, 268, 274, 306, 307, 309, 321, 324, 327, 328, 335, 336, 337, 345, 348, 349, 357, 362, 365, 371, 372, 374, 376, 377, 378, 383, 389, 390, 391, 392, 393, 396, 403, 411, 413, 417, 423, 425, 430, 431, 432, 434
고종 80, 84, 86, 139, 158, 171, 188, 189, 208, 218, 220, 231, 232, 261
군위현 ································ 34, 122
권충일 ······························ 252, 254
그리피스 32, 105, 112, 174, 188, 189, 201, 202, 204
금산 30, 34, 45, 122
길모어 G. W. Gilmore ············ 167, 198
김구 259, 260, 270
김명곤 250, 338, 347, 357, 369, 377, 385, 386, 392, 395, 425, 433
김민순 31, 64, 74, 82, 99, 102, 125, 196, 247
김수 54, 91, 147, 214, 280, 281, 296
김영식 ································ 268, 270
김오흥 ·························· 141, 160, 161
김정윤 43, 54, 104, 118, 213, 214, 239, 274, 292, 303, 307, 363, 373, 374, 379, 389, 391, 392, 396, 410, 423, 424, 425, 427, 430, 431, 434
김종서 ·· 63
김준근 26, 93, 183, 198, 199, 205, 209, 283
김천택 ·················· 64, 66, 82, 99, 247
김홍식 ································ 142, 250

【ㄴ】

녹동생 · 78, 84, 129, 130, 152, 175
님 웨일즈 ································ 233

【ㄷ】

다블뤼 ·············· 188, 189, 190, 200
대동강 ······························· 155
도기현   43, 186, 206, 207, 219, 245, 257, 313, 322, 328, 335, 340, 341, 342, 365, 370, 373, 374, 377, 378, 388, 389, 391, 392, 394, 396, 429, 434
두경승   33, 40, 42, 110, 119, 120, 288

【ㄹ】

러시아 · 32, 37, 112, 173, 202, 216
로스앤젤레스   43, 47, 50, 72, 75, 84, 198, 306, 308, 309, 335, 336, 337, 372, 389, 417
리델Felix Clair Ridel   31, 77, 185, 188, 189, 190, 191, 192, 248, 375

【ㅁ】

마포   128, 130, 131, 141, 160, 178, 193
만경   33, 110, 119
만주   189, 191, 217, 221, 227, 236, 244, 264, 268, 269, 415
멕시코   8, 136, 217, 220, 221, 222, 223, 226, 227, 236, 244
문유보 ···················· 40, 119, 288
미하일 알렉산드로비치 포지오 ······ 112

【ㅂ】

박상락 ································· 86
박은식 ································ 247
박천   22, 133, 290
박철희 ············ 91, 92, 103, 214, 415
박춘병 ······· 259, 262, 263, 266, 270
방언유석 ····· 55, 58, 75, 77, 89, 176
베르뇌Francois Berneus ·················· 189
변안렬 ············· 29, 33, 39, 110, 287
백화당가 ············ 55, 57, 66, 68, 89

【ㅅ】

산소우 ······························ 108, 197
상혜 35
새비지 랜도어   32, 37, 112, 132, 153, 157, 167, 171, 174, 202
샌즈William Franklin Sands   111, 157, 171, 204
샤를르 달레   111, 112, 154, 172, 185, 200, 204
서강   130, 160, 178
서울   5, 6, 8, 11, 12, 30, 48, 52, 64, 66, 69, 70, 77, 82, 97, 101, 112, 127, 128, 131, 132, 135, 141, 142, 149, 151, 152, 153, 154, 155, 156, 157, 158, 159, 160, 167, 168, 171, 172, 174, 178, 186, 188, 191, 192, 200, 201, 206, 208, 212, 220, 221, 222, 236, 262, 264, 266, 267, 290, 291, 392, 430, 431

서재필 ······ 259, 260, 261, 262, 270
선조　7, 23, 28, 71, 95, 96, 104, 105, 106, 107, 108, 125, 135, 138, 162, 197, 205, 245, 257, 258, 307, 308, 320, 321, 322, 325, 386, 418
세조　21, 23, 24, 34, 35, 44, 51, 110, 121
세종　35, 41, 44, 110, 279
송덕기　5, 7, 10, 14, 15, 16, 19, 28, 43, 46, 47, 48, 49, 50, 54, 55, 72, 73, 75, 76, 78, 91, 92, 101, 104, 112, 116, 118, 122, 125, 130, 132, 135, 137, 138, 142, 144, 146, 147, 148, 150, 155, 162, 164, 171, 180, 181, 182, 183, 187, 196, 205, 206, 207, 214, 219, 230, 239, 245, 249, 250, 255, 256, 257, 258, 274, 280, 281, 292, 301, 302, 303, 305, 306, 307, 308, 310, 313, 315, 318, 319, 320, 321, 324, 325, 328, 329, 330, 335, 336, 337, 338, 339, 340, 341, 342, 345, 347, 350, 351, 352, 353, 357, 358, 361, 362, 365, 367, 368, 369, 370, 372, 374, 375, 376, 378, 379, 382, 383, 385, 386, 387, 391, 392, 393, 395, 396, 397, 403, 404, 405, 406, 409, 411, 412, 413, 414, 415, 417, 423, 425, 430, 431, 433, 436, 438
숙종　22, 60, 71, 101, 128, 133, 189, 290
순종　84, 232

스튜어트 쿨린 ············ 100, 192, 193
신윤복 ············· 100, 117, 126, 272
신채호 ················ 35, 251, 252, 305
신한승　5, 16, 37, 55, 112, 137, 187, 199, 205, 251, 305, 310, 313, 316, 317, 318, 327, 336, 344, 345, 346, 347, 348, 369, 370, 376, 378, 382, 385, 386, 388, 391, 394, 396, 398, 401, 403, 406, 409, 414, 415, 418, 424, 433, 436
심양 ····················· 29, 33, 110, 119

【ㅇ】

안동 ······································ 32, 123
안성 ···································· 134, 165
안자산　　47, 53, 86, 136, 137, 233, 234, 235, 244, 251, 252, 257, 271, 426
알렌Horace, Newton Allen　99, 101, 109, 125, 161, 196, 198, 208, 209
양익명 ································· 22, 133
양주은　　8, 135, 221, 222, 223, 233, 236, 257
양창곡 ······················· 245, 246, 250
양화진 ······················ 130, 160, 178
언더우드31, 78, 186, 192, 195, 248
언더우드 여사 ···················· 192, 198
여산군 ······························· 34, 45
영조　27, 102, 128, 198, 247, 279, 280
예용해　　46, 71, 73, 82, 90, 249, 310, 317, 327, 329, 330,

335, 338, 339, 345, 347, 357, 369, 381, 385, 386, 392, 393, 395, 425, 433
오순백吳順白 ·························· 96, 114
오장환   251, 305, 317, 318, 322, 336, 344, 346, 364, 370, 377, 378, 382, 394, 395, 396, 397, 399, 400, 401, 406, 433, 434
오주연문장전산고 · 13, 120, 276, 288
와우산 ····························· 79, 178
요의 ·· 35
용산강 ···················· 130, 160, 178
원봉석 ············· 155, 158, 159, 161
원의상 ······· 136, 230, 231, 232, 233
유교책판 ···························· 32, 123
유성룡 ······················· 88, 104, 105
육태안 ············ 5, 37, 112, 137, 205
윤백일 ··································· 155, 168
윤영렬 ······························ 134, 165
을사조약 ································· 249
의전義田 ·································· 110
의종 40, 41, 63, 119, 288
이규상 ················ 5, 126, 138, 140
이규완 ······ 133, 260, 261, 262, 266
이능화 · 80, 90, 139, 176, 251, 252
이만영   31, 55, 59, 61, 64, 99, 176, 247
이병한 ······· 219, 230, 245, 246, 257
이보형   138, 245, 246, 250, 257, 267, 386, 387, 394, 395, 396, 397, 398, 399, 400, 401, 406, 433, 434
이석호   207, 338, 339, 366, 369, 377, 385, 386, 426

이소응 ···························· 21, 40, 41
이수영 ······· 131, 132, 134, 135, 165
이승만 ······· 216, 238, 262, 264, 265
이용복   43, 61, 62, 186, 206, 207, 259, 260, 314, 315, 335, 343, 364, 369, 377, 389, 394, 398, 399, 403, 434
이의민 28, 33, 40, 42, 110, 119, 120
이인좌李麟佐 ······························· 102
이재완 ···································· 86
이태화 ·································· 142
인왕산 ······· 148, 150, 157, 250, 392
임견미 ··························· 33, 110, 119
임동권   46, 47, 249, 317, 369, 377, 382, 394, 395, 400, 401, 406, 433
임천별곡 ···························· 55, 58
임호 50, 101, 118, 130, 132, 135, 142, 150, 155, 196, 205, 206, 239, 366, 389

【ㅈ】

장사진張士珍 ························ 34, 122
장칼 142, 385, 397, 426
전라도 ····························· 45, 291
전주 33, 110, 119
정경화   43, 186, 206, 207, 344, 346, 361, 364, 370, 377, 378, 381, 382, 389, 391, 400, 433
정도전 ·································· 120
정영일 ·································· 257
정조 23, 31, 36, 55, 59, 64, 247
정중부 ···························· 38, 40, 41

제임스 게일 　31, 78, 89, 171, 186, 211, 248, 375
제임스 허튼 ······························· 351
조헌趙憲 ·························· 34, 45, 122
조희승 ··· 41

【ㅊ】

처의 35
천문권 · 8, 125, 136, 161, 221, 222
최남선 ························· 35, 100, 251
최영년　36, 47, 79, 82, 90, 112, 139, 176, 204, 251, 252, 381
최지혁 · 77, 82, 188, 190, 191, 192
최충헌 ································· 40, 289
최홍희　264, 265, 266, 294, 296, 361
충청도 ························· 45, 190, 291
충혜왕 ··············· 29, 38, 39, 41, 63

【ㅋ】

크리스토 밀러Christo Miller ·· 209, 210

【ㅌ】

태종 ····················· 21, 44, 121, 279
통화군 ···························· 136, 231

【ㅍ】

파녀坡女 ·· 96
평안도 ································ 287, 293
평양　6, 30, 36, 66, 102, 132, 151, 167, 168, 291, 292, 293, 296, 299, 408, 438
평택 ······························ 33, 110, 119
프랑스　32, 100, 106, 163, 174, 188, 190, 191, 193, 202
프레데릭 불레스텍스Boulesteix, Frederic 163

【ㅎ】

하와이　9, 161, 216, 217, 220, 221, 222, 223, 224, 225, 226, 227, 228, 236, 237, 244, 257
한강진 ······················ 130, 160, 178
한뢰 ································· 40, 41
함경도　6, 30, 36, 66, 151, 264, 291, 296
해숙 ·· 35
해연 ···································· 35, 110
허헌정 ·· 46
혜명 ···································· 35, 110
황해남도 ································· 285

고서(古書) 찾아보기

【ㄱ】

고구려高麗史 ······ 21, 28, 33, 35, 47, 63,
      151, 164, 255, 278, 279,
      285, 286, 287, 288, 305, 361
광재물보廣才物譜 ········ 31, 62, 68, 81
교본역대시조전서校本歷代時調全書 16, 55,
                    58, 59, 74, 211
기재사초寄齋史草 ············ 34, 45, 122
기효신서紀效新書 ·········· 23, 105, 108

【ㄴ】

남원고사南原古詞   5, 64, 66, 68, 70,
      85, 89, 125, 126, 141, 142,
      144, 153, 162
눌재집訥齋集 ······················ 24, 120

【ㄷ】

동사일록東槎日錄 ······················ 96

【ㅁ】

무예도보통지武藝圖譜通志   17, 45, 46,
      59, 287, 299, 431

【ㅂ】

방언유석方言類釋 ··········· 58, 89, 176

【ㅅ】

삼봉집三峯集 ······························ 120
서애선생문집西厓先生文集 ········· 105
선조수정실록宣祖修正實錄 ······ 34, 122
선조실록宣祖實錄 ········· 23, 95, 108
세조실록世祖實錄 ········· 33, 44, 290
세종실록世宗實錄 ········ 35, 42, 44, 290
수서隋書 ···························· 151, 164
숙종실록肅宗實錄   13, 22, 133, 276,
      290
신증동국여지승람新增東國輿地勝覽 ······· 54, 43,
      63, 290, 291

【ㅇ】

역어유해譯語類解 ········· 60, 189, 190
영조실록英祖實錄 ····················· 102
오주연문장전산고五洲衍文長箋散稿   , 3 1
      120, 276, 288
용재총화慵齋叢話 ····················· 34, 45

【ㅈ】

재물보材物譜 16, 22, 31, 35, 36, 45, 47, 55, 57, 59, 60, 61, 64, 65, 68, 70, 75, 81, 89, 99, 103, 123, 176, 248
조선왕조실록朝鮮王朝實錄 21, 28, 43, 44, 46, 51, 101, 110, 121, 280
진사록辰巳錄 ·················· 105

【ㅊ】

청구영언靑丘永言 13, 31, 55, 64, 66, 68, 69, 82, 85, 89, 99, 102, 123, 125, 196, 247, 276, 298, 300
청성잡기靑城雜記 ·················· 96
추재기이秋齋紀異 ·················· 141

【ㅎ】

한국지韓國誌 ·········· 32, 37, 112, 202
한국천주교회사韓國天主敎會史 32, 185, 189, 200, 203, 323
한불ㅈ뎐韓佛字典 31, 77, 82, 99, 185, 186, 188, 189, 190, 191, 192, 193, 195, 211, 248, 323, 375
한영ㅈ뎐韓英字典 31, 78, 186, 192, 195, 211, 248, 323, 375
해동잡록海東雜錄 ·················· 120
해동죽지海東竹枝 36, 47, 57, 79, 82, 90, 139, 176, 204, 251, 263, 381

김영만 박사(무예연구가)

【저서목록】
- 택견겨루기論환(레인보우북스, 2009)
- 택견 겨루기의 이론과 실제(레인보우북스, 2009)
- 택견 겨루기 總書(싱아기획, 2010)
- 택견 기술의 과학적 원리(한국학술정보, 2012)
- 스포츠 택견(애니빅, 2019)
- 한국전통무예에 깃든 정신과 철학(글샘, 2020)
- 전통스포츠 택견(글샘, 2022)
- 실전태껸(글샘, 2022)
- 택견과 건강(120세 시대의 건강법0(글샘, 2022)
- 택견사 (글샘, 2022)

【저자약력】
- 숭실대학교 생활체육학과 졸업
- 숭실대학교 일반대학원 체육학 석사 졸업
- 숭실대학교 일반대학원 체육학 박사 졸업
- 서울대학교 스포츠과학연구소 Post-Doc 연구원
- 캘리포니아주립대학교 샌버나디노 Post-Doc 연구원
- 스포츠기억문화연구소 선임연구원
- 국기원 객원연구원
- 경희대학교 겸임교수
- 숭실대학교, 용인대학교, 을지대학교, 한국예술종합학교 외래교수

택견 근현대사

발행일 : 2025년 3월 6일
발행인 : 이 기 철
발행처 : 도서출판 글 샘
주 소 : 서울시 관악구 호암로 582 B01호(신림동, 해동빌딩)
연락처 : 전화 : 02-6338-9423, 010-3771-9423. 팩 스 : 02-6280-9423
등록일 : 2017.08.30. 제2017-000052호
E-mail : gulsam2017@naver.com

저자와 협의하여 인지를 생략함

파본은 바꿔드립니다. 본서의 무단전제·복제 행위를 금합니다.

정가 : 28,000원   ISBN :979-11-94302-06-3(93690)

「이 도서의 국립중앙도서관 출판시도서목록(CIP)은 서지정보유통지원시스템 홈페이지(http://seoji.nl.go.kr)와 국가자료공동목록시스템(http://www.nl.go.kr/kolisnet)에서 이용하실 수 있습니다.